北學南移

港台文史哲溯源

（文化卷）

鮑紹霖・黃兆強・區志堅——主編

序　「北學南移」學術研討會之緣起及規劃

新亞研究所所長
廖伯源

一

　　香港新亞研究所、香港樹仁大學歷史系、國立中央大學中國文學系合辦「北學南移」學術研討會，將於二〇一三年八月廿九－卅一日三天，假香港樹仁大學及新亞研究所舉行。

　　一九四九年，中國大陸政權轉移，馬列共黨當道。不少學者避居香港、臺灣，憂心中國傳統文化之衰落以至滅絕，故辦學興教，宣揚傳統中國文化，傳道授業，培植中華文化之靈根，此為新亞書院與新亞研究所建立之背景。此二機構所聚集之新亞學人，以溫情與敬意研究中國傳統典籍與文化，並反思近世中國之困厄，求索中國文化之出路。此輩學人，指出中國文化對世界文化之發展，必有重大之貢獻。此學術思潮之發展，乃有日後「當代新儒家」之名目。

二

　　民國以來，中國人文科學及社會科學之發展，深受西方學術影響而日趨現代化。一九四九年之變動，避居香港、臺灣之學者言傳身教，造就人才；今日香港、臺灣之人文學者，多為當日自北南來學人之弟子或再傳三傳弟子，此兩地之學術發展，實繼承一九四九年以前大陸之學術基礎而發揚光大。反之，一九四九年後之大陸地區，以政治掛帥，政治領導一切，學術為政治服務，數十年間，文史哲及社會科學等皆不得自由發展，停頓枯萎，至八十年代改革開放始逐漸復甦。一九四九年之變動，對香港、臺

灣學術界而言，可謂「北學南來」，而對整個中國學術界而言，則是「北學南移」，實為二十世紀中國學術史之重大事件。

三

數年前，新亞研究所在臺灣之校友茶聚，臺南成功大學歷史系系主任鄭永常教授語及：一九五○年代，不少來自大陸之學人在香港創辦學校，傳道授業，此事件為香港教育文化史之大事；而研究南來學者之生平學術及其創辦之文化機構，意義重大云云。我有同感。二○一一年秋，我回母校新亞研究所服務，熟悉工作數月後，遂提出於二○一三年暑期舉辦「北學南移」學術研討會之計劃。

四

錢穆先生於一九五三年創辦新亞研究所，為新亞書院之附屬機構，蓋為培養中國文史哲學科之大學師資。二○一三年為新亞研究所成立六十周年，故研究所計劃舉辦「北學南移」學術研討會，作為六十周年所慶系列活動之一。新亞研究所自一九七四年脫離新亞書院後，接受臺灣教育部資助，招收碩士研究生不斷，一九八一年更增辦博士班。一九九七年後，來自臺灣之資助減少，二○○三年更完全斷絕。此後，新亞研究所惟賴學生之學費經營，不足之數，則依賴新亞教育文化會之基金挹注支持。然基金數量甚小，僅用作支持教學營運之必要開銷，研討會乃額外籌辦之事項，實不宜動用基金。故初步構想，研討會之講員與聽眾，皆以新亞研究所之校友為主，就「北學南移」之題目，舉辦若干場演講及座談會，地點在本所之誠明堂，不需費用，而達到研討學術之目的。

五

此構想揭露之後，臺灣國立中央大學中國文學系及香港樹仁大學歷史系，皆有意合辦此研討會。中央大學中國文學系系主任楊祖漢教授為本所校友，謂該校有研究基金，可以資助中文系及哲學系約十餘位教授來港參加會議之旅費及住宿費，會後如出版論文集，該校可按出席人數之比例攤

付出版費。樹仁大學歷史系副系主任羅永生教授謂該系原有研究「新亞研究所所史」之計劃，而樹仁大學亦可提供研討會之會場及外地學者之住宿客房。經三方會議，決定由三方共同組織籌備委員會，合辦「北學南移」學術研討會。

　　「北學南移」學術研討會以廖伯源、楊祖漢、羅永生、黃兆強、張偉國、鄭永常、李啟文、區志堅為籌備委員，規劃籌備會議。「北學南移」學術研討會，研討之子題如下：　南來學者之生平與學術。　南來學者之教育文化事業。　「當代新儒家」之思潮。　新亞書院與新亞研究所之歷史。　新亞研究所校友及各方學者有意參與「北學南移」學術研討會者甚眾，其中五十四位將於會議中宣讀論文。

六

　　「北學南移」學術研討會之議程規劃，請參看：
newasiaiacs.wordpress.com

＊RH2290

序

中央大學中國文學系
楊祖漢

　　廖伯源兄接掌新亞研究所之初，便提議舉辦學術會議，以慶祝新亞研究所成立六十週年，會議的名稱從「北學南來」，改為「北學南移」，大概是用錢穆先生《國史大綱》中所說「中國文化經濟重心的南移」之意。的確，一九四九年中共政權成立，此後之三十年是中國傳統文化備受摧殘的時代，而香港、台灣則成為有幸逃離大陸的中國知識份子托命之地，如果沒有港台學人的艱苦奮鬥，中國文化能否像現在於神州大陸有再起的機運，是誰也不敢肯定的。從此意來看，北學南移，或中國文化的重心在一九四九年之後的三十年，已經移到港台，是說得通的。而且即使是開放改革了三十多年的現在，中國大陸是否已恢復作為中國文化的中心的地位，還是令人懷疑的。如果沒有真心肯定傳統的中國文化，不肯定儒學是中國文化的骨幹，而且進一步順著儒家內聖外王的理想，開出民主、法治的精神，傳統的中國文化精神便不能真正的在現在的中國土地上昂首挺立。故如何使現代的中國真正體現中國文化，表現從古到今一直都存在的活的中國文化精神，是往聖先賢的共同願望。儒道佛三教及中國的傳統史學、文學與藝術的精神，都表現了高度的理性與智慧，那裡有以理性的精神為內容的文化思想會反對民主、法治與科學？如果中國文化的重心真正回到大陸上，則海外的中國知識份子所堅持的文化理想、人文精神必須在大陸上重新作主，不然此一北學南移的趨勢不會停止。

　　這次會議得到香港樹仁大學歷史系參與主辦，使得遠來的學者能夠順利出席會議，做了深度的學術交流。對於樹仁大學，尤其是該校歷史系的仗義幫忙，吾人十分欽佩與感激。國立中央大學香港研究中心為了支持此一會議，在經濟拮据的情況下，仍支持了中央中文系及哲研所的師生七人

參加，又提供了會議印製論文及一些雜支的費用，我們對香港研究中心的主持人李誠教授，特表謝意。

編者序

編輯

鮑紹霖、黃兆強、區志堅

　　香港學術文化的特色既傳承自中國傳統文化，又吸收西方文化，漸漸形成一種東西文化交融的特色。從香港的新界祠堂及學塾，已見香港蘊藏的中國文化乃傳承自中國內地，隨很多學者相繼自內地遷往香港，進一步把中國傳統文化廣披香江；另一方面，自清末、民初，中國出現的新文化、新學術、新史學和新思潮，及後也隨學人南下，更把新文化與傳統文化流播香港、澳門、臺灣及東南亞等地，南下的中國傳統文化，又與香港的歷史文化相融合，也因南下學人執教港、臺等地高等院校，把學術靈根繁殖香港，培育年青一代學者，「北學南移」成為一時精神的重要特色。同時，隨早前南下的當代學人，如錢穆、唐君毅、牟宗三、徐復觀、牟潤孫、全漢昇、嚴耕望、王德昭、郭廷以、余英時等學者的著述，相繼在中國內地重新出版，使早前在港、臺的學術研究成果及觀點，得以傳返內地，故有學者提倡「南學北移」之論。談及一九四九年初「北學南移」對香港、臺等地的影響，不可不注意新亞研究所及整個新亞文化事業的發展，新亞研究所及新亞書院更是當代新儒家發展的基地，新儒家學人首先在新亞相聚，結合成量，其後更成為影響海外的鵝湖學派，新儒家學脈得以廣傳海外，新亞研究所及新亞書院，極具貢獻！今天處在二十一世紀的開端，相信是一個重要的時刻，為學界提供一個討論平台，總結上世紀「北學南移」的學風，正值二〇一三年為新亞研究所成立六十周年，故研究所計劃舉辦「北學南移」學術研討會，作為六十周年所慶系列活動之一，因感新亞學人不獨對香港的歷史文化教育貢獻甚大，畢業生日後均任教海內外的高等院校，也於國內外延續新亞辦學精神，居功至偉！香港樹仁大學歷史也是以推動歷史文化教育為己任，更深刻地感受到新亞辦學精神對啟導香港文化教育的重要，自是義不容辭地與新亞研究所，及臺灣的

中央大學文學院於二〇一三年八月二十九日至三十一日，合辦「北學南移國際學術研討會」。

是次研討會得到中國內地、港、臺及海外學者參加盛會，惠賜鴻文，在此謹代表大會先向各位與會者致以衷心感謝，更代表大會向新亞研究所及中央大學文學院，感謝給予合辦是次研討會的機會，因為各人的努力，使是次研討會得以順利舉行。在是次研討會之後，各位與會者均贊成出版論文集，保存是次研究成果。有關是次論文集內各位學者的觀點，現概括如下：

其一，通論及宏觀北學南移發展的論文，多述及一九四九年前後中國學者及學風自北方遷往香港及臺灣的流播情況。呂芳上（中央研究院近代史研究所、國史館）在〈「文化跨海」：戰後初期臺灣學術與文化走向──以許壽裳、傅斯年領導的機構為例〉一文，研究一九四五年八月中國戰勝日本，隨著臺灣光復，中華民國政府接收臺灣，民國政制及文化跨海而往臺灣，許壽裳受命創辦臺灣編譯館，使中華文化在臺灣廣播，至一九四九年國民黨與蔣介石遷臺，臺灣成為民國政府托命所寄，中國文化也以完全不同於中國大陸的命運而延續，傅斯年也於此時主持臺大，傅氏辦學既上承日人辦學的傳統，也具有五四以來學術自由、教育獨立精神，此文尤可以呈現臺灣在二次大戰後，文化與政治的互動關聯下，重塑臺灣社會文化的面貌。李瑞全（中央大學哲學研究所）在〈當代新儒家之課題與發展：論唐君毅、牟宗三、徐復觀三先生之學思方向〉，指出唐君毅、牟宗三、徐復觀三位先賢從中國大陸撤走至港、臺時，正值四十的壯年，唐、牟二先生在哲學界早具名聲，他們視港、臺為暫避戰亂之地，牟先生曾慨歎是否要遠走新加坡，存中國學脈於海外，然而他們對發揚中國文化，歸宗儒家，樹立心懷宇宙的典範，均具貢獻！廖伯源（新亞研究所）在〈錢穆先生與新亞研究所〉一文，宏觀地研究過去新亞書院及新亞研究所的發展，突出五十年代南來學人如錢穆先生、唐君毅先生等學者，任教新亞書院及新亞研究所的情況，並研究錢先生帶領下，新亞學人的凝聚、南來學人治學方法、新亞的課程設計、學人培養，與學風形成的關係。陳學然（香港城市大學中文及歷史學系）發表〈從「失養於祖國」到「被逼回歸」：南來與本土論述中的香港變貌〉，從域外殖民者、南來香港的文化人與作家，本土論述中的文學作品與評論等，觀察香港從過去到現在的歷史身份塑造問題，及自我認同趨向問題，展示一個從早期「失養於祖

國」的「壓抑」到回歸前後「被逼回歸」的「反抗壓抑」思想發展脈絡，進而反思目前香港的定位與走向。劉建平（西南大學文學院）在〈當代新儒學的「西遷」與「南移」〉一文，指出當代新儒家的「西遷」和「南移」為二十世紀的重要事情，「西遷」的新儒家「價值闡發」也為「南移」後新儒家的「價值重構」，確立理論及思想基礎。

　　其二，也有論文研究自北方南下學人及作品對地域學風的影響。趙雨樂（香港公開大學人文社會科學院）發表〈北學南來的地域文化反思——談1927年的《魯迅在廣東》〉一文，指出一九二〇年代中期，魯迅成為新文學陣營的代表人物，因魯迅嚴厲批評北京腐敗政治人物，致有南下廈門大學及中山大學之舉，此文研究一九二七年鍾敬文編《魯迅在廣東》內多篇論文，以見南北地緣與新舊學問的觀念分歧，和近代中國在轉折期內微妙的學術變化。許振興（香港大學中文學院）在〈北學南移與香港大學〉研究二次大戰後香港為不少學人避地南來的駐足點，香港大學的中文系與東方文化研究院成為戰後其中一批南來學者的匯聚地，他們的貢獻為戰後復校的香港大學中文系確立發展基礎。姚繼斌（香港教育學院社會科學系）的〈南來學者與國史教育：以1950年前後香港教師會出版刊物為中心〉一文，指出香港教師會創辦於一九三四年，為早期香港的重要教師組織，此會於一九五〇年前後出版刊物 *Common Room-Monthy Magazine of the Hong Kong Teachers' Association* 和 *The Path of Learning-The Journal of the Hong Kong Teachers' Association*，此兩份刊物為南來學者及教育工作者，提供發表歷史教育論文的園地，他們的言論對國史及文化教育均甚有影響。鄭永常、范棋崴（成功大學歷史系）在〈戰後（1950-1997）香港私立研究所對學術人才培育之貢獻〉中，指出一九四九年，中國內地出現了大規模的政治運動及經濟困難，不少來自內地高等院校，相繼在香港復校，有些學者更認為七、八十年代香港仍有十三間私立高等院校，而且不少私立高等院校在臺灣教育部立案，又擴建發展研究所，自過去至今，香港一地的私立高等院校均為培養港、臺二地人才的重要地方。區志堅（香港樹仁大學歷史系）發表〈非僅指的是吃苦奮鬥——從《新亞校刊》看五十年代「新亞精神」的實踐〉一文，指出新亞創校精神及辦學宗旨，既指示新亞辦學團體的發展方向，而且師生在校園生活也實踐新亞精神，作者研究一九五二至五七年新亞知識群體出版《新亞校刊》，尤注意此刊物記載新亞師生的生活，引證新亞師生不獨過著「吃苦奮鬥」的生活，更在

生活中實踐了「新亞精神」及推動中國文化教育的活動，還有，在《新亞校刊》發表文章的年青人，不少成為影響港、臺等地的重要學人。

當然也有學者發表一九四九年後，隨北學南移之風，對臺灣歷史文化教育的影響。李元皓（中央大學中國文學系）在〈從北京到臺北——京劇《硃砂痣》演出變遷考略〉一文，表述了《硃砂痣》首見於一八八七年代刊行的京劇劇本集《庶幾堂今樂》，《硃砂痣》後為京劇後三傑的常演劇目，並為孫菊仙「孫派」的代表作，及至一九五〇年代孫派風格僅保留在臺灣，成為僅存的孫派完整全劇錄音的資料之一。侯勵英（香港教育學院文學及文化學系）的〈陶鑄後進：郭廷以與學生的學術承傳〉表述一九四九年前，已就讀東南大學及任教中央大學歷史系的郭廷以，其後隨國府遷臺，任教國立師範大學歷史系和任職中央研究院近代史研究所首任所長，郭氏致力培育臺灣史學的發展，尤注意為研究近代史學人才的培訓工作和建立近代史學研究的學術制度，確立下中研院近史所為臺灣和國際學術界的重要地位。

其三，談及學術自北南移，要注意學風傳承與創新的研究課題，這樣便要研究個別學人的治學觀點。

新亞知識群體在香港辦學，日後也使香港成為宏揚新儒家思想的中心，促使香港歷史文化在國際學術上，扮演了一個把傳統文化植根香江，又把香港成為中外文化交流的要地，這樣必要談及學人治學觀點和其研究方法，與塑造一代學風的關係。研究新亞學人的文章，有徐國利（安徽大學歷史系）的〈錢穆新史學理論的創建及其與傳統史學的關係〉一文，研究錢穆先生在一九三六至三七年發表〈論近代中國新史學之創造〉等四篇文章，其後也發表多篇文章闡述歷史的本質及特性，錢氏倡導的新史學既有傳統史學的因素，也呼應民國新史學界提出的觀點。陳勇（上海大學歷史系）在〈錢穆與港臺新儒家交往述略〉表述新亞書院創辦人錢穆先生與港臺新儒家代表人物唐君毅、徐復觀等學人的交往，和他們對文化關懷，考察一九四五年錢氏拒簽〈為中國文化敬告世界人士宣言〉的原因，並分析錢氏與當代新儒家治學理念及思想相異之處。宋敘五（新亞研究所）在〈一九四九年前後，北學南移潮流中的張丕介先生與楊汝梅先生〉以兩人合傳的方式，把張丕介先生及楊汝梅先生合傳，並述二位先生在南下香港之前的成就，同時，也談及二氏來港後對香港社會及發揚新亞文化的貢獻。李學銘（新亞研究所）在〈牟潤孫先生與「南來」之學〉一文，研究

牟潤孫先生治史的觀點與陳垣先生及柯劭忞先生的淵源，並述及牟先生秉承師教，以北方所學，南下香江教導學生，使北學南下，又略述牟先生為香港培育史學人才的貢獻。梁耀強（新亞研究所）在〈羅夢冊教授──站在二十世紀中途　論析中國社會形態〉研究青年時的羅夢冊先生，已致力推動中國新文學運動，三十年代的羅先生更研究中外法制，四十年代的羅氏更成為「主流社」的領導者，並撰述《福利宣言》，而居港後的羅先生籌辦《主流》雜誌，致力推動民主政治教育。官德祥（新亞研究所）發表的〈我印象中的嚴耕望教授〉一文，記述了作者受學嚴耕望先生的情況，也闡述嚴先生研究中國史的精義，此文對了解嚴先生治學風貌及精神，甚有幫助。

　　還有，研究新儒家學者的文章，有盧雪崑（新亞研究所）的〈關於「天理人欲，同行而異情」的哲學解釋〉闡述朱子提出「蓋必其有以盡夫天理之極，而無一毫人欲之私也」的觀點，並從牟宗三先生提出的觀點，作進一步的引伸。韓曉華（新亞研究所）在〈論牟宗三先生對王塘南「透性研幾」的詮釋〉一文，先指出牟先生曾評論黃宗羲對王塘南詮釋「良知」是「最為諦當」的說法，再依此研究牟先生對王塘南「透性研幾」的定位，從而得見牟先生判語的真知灼見。何一（宜賓學院政府管理學院）發表〈北學南移：現代新儒家的遺民情結及其價值──以唐君毅為例〉一文，指出唐君毅先生為新儒家的代表人物，表現在清理傳統文化，繼續傳統文化的價值及實踐，保持了華人世界東西文化生態的平衡，保留了公共知識份子的存在及中國傳統文化的價值。岑詠芳（Institut des Hautes Etudes Chinoises, Collège de France）在〈唐君毅及牟宗三兩位先生對《楞伽經》中如來藏思想的詮釋〉一文，表述作者以個人受學於唐、牟二先生的經歷，又引用二位先生的著作，得見二氏詮釋《楞伽經》中如來藏思想的相異處。楊祖漢（中央大學文學院）發表〈牟宗三先生對宋明理學的詮釋〉一文，認為牟宗三先生對朱子學的衡定，可以作出微調，作者更認為從康德與朱子，孟子與陸王二種學術系統，既可以會通，也是儒學發展的兩個不可少的義理型態。蔡家和（東海大學哲學系）的〈唐君毅對船山「心性理氣」概念之闡發──以《中國哲學原論・原教篇》為例〉指出唐君毅先生於《原教篇》闡述船山學的理、氣、心、性、才、太極等概念，又認為先生的船山學，是準確而能合於船山的本意。周國良（香港樹仁大學中國語言文學系）發表〈從「實現之理」及「形構之理」論牟宗三先生

及唐君毅先生對中西形上學之了解與會通〉，認為唐君毅先生及牟宗三先生曾在著述中用過一對概念：「實現之理」、「形構之理」，二氏均顯示中國與西方對形上學的「本體論」與「宇宙論」的了解及詮釋，在性格及形態上的區別。賴柯助（中央大學哲學研究所）的〈以「心具眾理」作為詮釋「心」之意涵的起點：不同於牟宗三的「詮釋進路轉向」探究〉表述牟宗三先生以「心之知覺」作為「心具眾理」的先決條件之詮釋進路，牟先生更能清楚及廣泛詮釋朱子的文獻。周栢喬（港專社會科學研究中心）在〈牟宗三的生命與學問〉先述及牟宗三先生的主要學術貢獻，再述及牟先生相信生命有其活力，須要調適，而且不滿足於達己，也在達人的觀點，最後述及牟先生一生堅決反對的事情。呂銘崴（中央大學中國文學研究所）在〈朱子讀書法的工夫進路——以唐君毅的朱子學詮釋為考察〉認為唐君毅先生及牟宗三先生，二氏理解朱子言心的意義，均有不同。楊俊強（新亞研究所）在〈錢穆、唐君毅、牟宗三先生對惠施歷物學說析論之比較〉先研究先秦名家代表惠施倡「歷物之意」，又比較錢穆、牟宗三、唐君毅，三位先生析論惠施學說的異同。何仁富（浙江傳媒學院生命學與生命教育研究所）在〈從錢穆、唐君毅釋「誠明」看新亞的教育理想〉指出錢穆先生及唐君毅先生闡釋新亞書院校訓「誠明」觀點的相異處，從而可知「誠明」雖為新亞人提供有性情的教育人生目標，由是以此解釋當新亞教育理想面臨挑戰時，錢先生可以「理性」地離開，唐先生則用自己的全副生命引證「真理」的行為。黃兆強（東吳大學歷史學系）發表〈徐復觀與毛澤東之接觸及對話〉一文，指出徐復觀先生治史，多述研究歷史要宏揚道德心的觀點，而徐先生批判毛澤東的觀點，是具有史學、史德、史心及史才的治史特色。楊自平（中央大學中國文學系）在〈徐復觀論《易》析論〉一文，探討徐復觀先生闡述《易》學的要義，並確立《易》學在現代的地位，作者也指出徐氏治《易》是回應了同時代古史辨派的觀點。容啟聰（香港理工大學中國文化學系）在〈民主社會主義、儒學傳統與現代化：張君勱晚年政治思想研究（1949-1969）〉一文，研究張君勱先生於一九四九年後在美國的政治活動及著作，以見張氏晚年對民主社會主義和儒家傳統的看法，及其對儒家傳統與中國現代化關係的觀點。

　　也有學者從追源溯流的觀點，研究新儒家的論文，尤注意研究一九四九年新儒家學者提出的觀點，對後世的啟發。吳明（新亞研究所）在〈論賀麟新心學及對辯證法唯物論之批判——〈唯心論與現代中國哲

學〉節錄〉分析賀麟〈近代唯心簡釋〉的要，並述及賀麟自我否定及自我
竄改的問題。許剛（華中師範大學國學院）在〈獨步古今，自證體用，
平章華梵，對話中西──熊十力先生「欲為」之作中的學術旨趣與文化
理念〉表述熊十力先生對中西哲學、道德文化的關注，更以心性體悟中
國文化的重要性，熊氏提出的觀點，對日後新儒家治學影響甚大。區永超
（復旦大學）在〈馬一浮詩學：從徐復觀先生所藏「馬一浮遺墨《詩人四
德》」論「北學南移」〉研究馬一浮先生倡導「詩人四德」的觀點，及此
觀點被香港學界的接受情形，從而探討一九四九年政治轉變、人物遷徙與
香港學術發展的互動因緣。

　　當然，也有學者研究除了新亞學人及新儒家以外，其他南來學人的
治學特色。蕭國健（珠海書院中國文學系）在〈羅香林教授及其香港前代
史研究〉，指出先後任教香港大學中文系及香港珠海書院文學院的羅香林
先生，對香港史、香港宗教文化史的教研工作，貢獻甚多！文中更闡述羅
先生的治史特色。李宜學（中央大學中國文學系）在〈論葉嘉瑩閱讀李商
隱詩的三次視野改變──審美、感覺的閱讀〉一文，論及葉嘉瑩先生一生
的學術事業，尤注意葉嘉瑩鍾愛李商隱詩，作者便以李先生研究李商隱詩
的三個階段，及分析在不同階段視野轉變的原因、內涵，及其體現詩學意
義。胡春惠（珠海學院文學院）發表〈南流臺灣的鄒文海景蘇先生〉一
文，研究自北方南流往臺灣的學者鄒文海先生，表述了鄒先生的治學思
想、心志及行事，更述及鄒先生開拓臺灣學風的貢獻。張文偉（聖公會鄧
肇堅中學）發表〈融貫耶儒，交匯中西的教育思想與實踐：以何世明法政
牧師的文化教育事工為例〉一文，研究何世明法政牧師的教育思想及實踐
工作，並指出何氏對教會中的牧養及教導，融貫神學的探討，致力於建立
國學化神學，及對香港聖公會發展的貢獻。侯杰（南開大學歷史學院）在
〈倓虛法師與北學南移──以《影塵回憶錄》和《香港佛教‧倓虛大師追
思錄》為中心〉中，倓虛大師為近代中國著名三虛之一，於一九四九年法
師應香港佛教界的邀請，與弟子十多人南下香港弘法，作者以倓虛法師口
述，弟子大光記述的《影塵回憶錄》及其他相關文獻，以見佛學自北學南
移進程中，法師的心路歷程。

　　誠然，本論文集主要從縱、橫兩方面，研究一九四九年前後，學風
自北方南下粵港及臺灣的情況，更關注一代學風的形成與學人生活和治學
觀點，及每一時代的政治文化之互動關係，同時，為求深入了解各學者處

於世變時之所思所想，由是作者也發表專題論文，研究各位學者及先賢的治學思想、特色及其建立一個時代學風的貢獻。本論文集的各位編輯，深信學術研究成果得以推陳出新，必然是建基在前人研究成果之上，這就是「傳承與創新」的成效，並寄望本論文集的出版，能帶動學界多注意「北學南移」的課題，藉闡發前賢學人的治學及行事特色，以為後學所效法。又是次研討會得以舉辦成功及本論文集可以順利出版，除了有賴新亞研究所、中央大學中國文學系及香港樹仁大學歷史系的研究生和行政人員的協助外，特別感謝李學銘教授、李啟文博士給予寶貴意見，郭泳希先生、禤駿生先生協助校正文稿，更感謝秀威出版社編輯蔡登山先生及秀威出版社的出版團隊，答允及協助出版本論文集，也要感謝兩位評審人評論本論文集各篇論文，當然，尤為重要者，是感謝參加「北學南移國際學術研討會」的各位學者，及在研討會後，惠賜修改文稿，並予以出版的各位學友，沒有以上學術機構，各位行政人員及各位學者的支持及鼓勵，本論文集不能順利出版，謹此致以衷心感謝！

編輯　鮑紹霖、黃兆強、區志堅　謹識

二〇一四年九月三十日

文化卷　目次

文化 卷

第一章 「文化跨海」：戰後初期臺灣學術與文化走向──以許壽裳、傅斯年領導的機構為例

中央研究院近代史研究所、國史館
呂芳上

一、前言

　　二十世紀中葉，臺灣政治社會歷經兩次大的衝擊，1945年二次大戰結束，臺灣回歸中國，日本勢力褪出，以中國化去日本化，政治與社會雙雙轉型。1947年2月不幸的二二八事變，顯示轉型的陣痛。1949年國民黨執政的政府在國共內戰中失敗，政府及一百多萬人民遷徙入臺。隨後冷戰局面，海峽兩岸社會文化形成分隔，使國民黨意識型態為中心的中國文化基調，得到強化。這時期中國大陸的巨大變動，臺灣成了正統中華文化傳承的基地。臺灣光復初期，許壽裳來臺創辦臺灣省編譯館，企圖以「中國化」取代「日本化」，但並不否定日本原有的學術基礎；1949年，傅斯年來臺主持臺灣大學，執意要建成一個中國的學術中心，他注意日本人辦臺大的學術傳統，但更有五四以來學術自由、教育獨立精神的堅持。戰後一批批中國知識分子渡海來臺，他們肩負文化傳承與創新的角色不可忽視，而「文化跨海」的意義也由此凸顯。

　　本來文化是人類生活的總累積，抽象而言，是一種感受、一種體驗，具體則可能呈現在物質、制度、藝術、知識之中。文化可以流動，甚至可以移植。以臺灣歷史為例，1945年之前已累積形成強烈的日本模式，日語、榻榻米（疊）、木屐、日式料理相形成風，這與日本1895年後領有臺灣，1940年代皇民化運動息息相關。由唐山到臺灣，1945年或1949年當然不是第一次，大陸漢人的生活習慣與模式的移入，17世紀明鄭、清領時期

二百多年已大見漢文化的深化。二次戰後，臺灣回歸中國，文化跨海，半世紀的「東洋風」由「唐山風」取代，尤見政治力與文化互動的關係。本文想呈現的是臺灣在二次戰後社會重塑一些面向的思考，特別是文化與政治互動的關聯。

二、以「中國化」去「日本化」：許壽裳主持臺灣省編譯館 （1946-1947）

（一）戰後臺灣的文化重建

　　二次大戰結束後，依照開羅會議宣言、波茨坦宣言，臺灣回歸中國。依多數中國知識分子的認知，因日本據臺半世紀，臺灣住民[1]已被日本「奴化」，[2]因此包括行政長官陳儀和稍後出任編譯館館長的許壽裳等人的看法，都認為臺灣光復後當務之急，要致力消除日本殖民文化的影響，相對應加強臺灣的「中國化」。

　　1945年3月，二戰結束之前，國民政府設立的臺灣調查委員會（主委陳儀）擬定的「臺灣接管計畫綱要」，「通則」第四條謂：「接管後之文化設施，應增強民族意識，廓清奴化思想，普及教育機會，提高文化水準。」[3]1946年5月，陳儀向臺灣省參議會作施政報告時，把「心理建設」放在政治建設和經濟建設之前，重心是要發揚民族精神，實行民族主義，頂要緊的工作是宣傳與教育。[4]為此，編印教材成為急務，他決定設立編譯

---

[1] 根據1946年臺灣省民政廳的統計數字，當時臺灣的總人口有6090806人，其中本省籍有6056139人（包括88741人的山地同胞）占總人口的99.48%，而外省籍只有31721人，占總人口的0.52%。臺灣省文獻委員會編：《臺灣省通志稿》（霧峰：臺灣省文獻委員會，1966年），卷二，人民志人口篇，頁42、122。

[2] 黃英哲：〈戰後初期臺灣的文化重編（1945-1947）──臺灣人「奴化」了嗎？〉，收入《何謂臺灣？近代臺灣美術與文化認同論文集》（臺北：雄師美術月刊社，1997年）；陳翠蓮：〈去殖民與再殖民的對抗：以1946年「臺人奴化」論戰為焦點〉，《臺灣史研究》第9卷第2期（2002年），頁145-201。

[3] 〈臺灣接管計畫綱要〉（1945年3月），陳鳴鐘、陳興唐編：《臺灣光復和臺灣光復後五年省情》（南京：南京出版社，1989年），上冊，頁49。

[4] 陳儀：〈臺灣省施政總報告〉（1946年5月），陳鳴鐘、陳興唐編：《臺灣光復和臺灣光復後五年省情》，頁228-229。

館專司其事，他更找到留日同鄉好友許壽裳負責進行。

　　本來為了臺灣文化重建工作，陳儀在行政長官公署設立三個機構（表一）：教育處下設「國語推行委員會」，魏建功為主委，推行國語（北京話）取代日語。[5]公署下設「宣傳委員會」，夏濤聲主持，想透過媒體，清除日本文化「遺毒」。三是設立「臺灣省編譯館」，承擔文化教育工作。出任編譯館館長的許壽裳於1946年8月到職。[6]上任之初，許即揭示該館工作方向：一、臺灣既然由中國收回，自然要在文化層面上「祖國化」；其次，他不認為日本的文化「遺產」樣樣不可取，反而認為應去其糟泊留其精華，故而他約聘了絕大多數來自中國各地，少數臺籍及留用日人專家學者共三十多人，要共同經營戰後臺灣新社會。

（二）臺灣編譯館的「中國化」工作

　　許壽裳就任館長一方面注意文化普及的語文工具，一方面也深知臺灣原有文化的優勢。為了重構新文化，在館內設四個小組，各司其職（表二）：

（1）學校教材組。邀約了李季谷、蘇維良、于景讓、徐敘賢、程璟為委員，對教材之編印提出三個觀點：「進化」、「互助精神」、「為大眾」，[7]頗見新意。據報告，到1946年11月為止，學校教材組擬議籌編從初小、高小、初中、高中、師範以及職業學校教科書及各類學校教材共85種，到1947年2月已完成7種，成人班與婦女班應用課本的初稿共7種，編印課外讀物及工具書的編纂也在考量中。[8]

5　更進一步了解光復初期臺灣語文問題，可參許雪姬：〈臺灣光復初期的語文問題──以二二八事件前後為例〉，《思與言》第29卷第4期（1991年12月）。

6　許壽裳（1883-1948），字季黻（茀），號上遂，浙江紹興人。1899年春至1902年夏在杭州求是書院學習。1902年秋以浙江官費派往日本留學，1908年4月畢業於東京高等師範學校史地科。曾任北洋政府教育部普通教育司第一科主任、僉事、參事、江西省教育廳長、國民政府大學院秘書長等職。先後在杭州兩級師範學堂、北京大學、北京高等師範學校、北京女子高等師範學校、廣東中山大學、北平女子文理學院、西北臨時大學（後改稱西北聯合大學）、中山大學師範學院、成都華西協合大學、臺灣大學等校任教。傳記作品有《章炳麟傳》、《魯迅的思想與生活》、《亡友魯迅印象記》、《我所知道的魯迅》等。見黃英哲、許雪姬、楊彥杰主編：《臺灣省編譯館檔案》（以下簡稱《編譯館檔案》）（福州：海峽出版發行集團福建教育出版社，2010年），頁389。

7　1947年1月11日，北岡正子、秦賢次、黃英哲編：《許壽裳日記》（東京：東京大學東洋文化研究所，1993年），頁241。

8　〈臺灣省編譯館工作概況〉（1947年1月），黃英哲等主編：《編譯館檔案》，頁249-266。又參

（2）社會讀物組。編印社會讀物，目的在推進普及國語文，傳播中國文化，提高國民教養，使臺胞了解國家文化、國策及政令。因此要以本省人為對象，以文字淺顯，字數不多，價格低廉的方式呈現。後來形成一套定名為《光復文庫》的叢書，現有書目中，已刊8種，未刊15種。[9]為了充實這套文庫的內容，許壽裳親自編著了《怎樣學習國語和國文》一書，力圖改變臺胞不會說國語、不會寫國文、看不懂中文書的現象。該書兼顧國語和國文兩方面，以中文和日文例句加以比較對照，以了解中文與日文的差別。該書文字淺近易解，說明剴切詳明，極具特色。

（3）名著編譯組。針對民主、民生教養、科學技術、二戰歷史及最近之將來的國際情勢發展等方向編譯世界名著，提供大學生及研究人員閱讀。他很希望像晉唐人譯佛經一樣譯出五、六百部來，以開學術研究的新局。為此，他邀了昔日魯迅創立的文學團體「未名社」的成員李霽野來臺主持，先開出的八種書目，最後出版了兩種。[10]譯介的對象廣及波斯、俄、英有關詩歌、小說、散文等作品，目的在以譯介作品取代日文讀物。

（4）臺灣研究組最值得重視。這一組的設立應出自許個人的構想，著重於臺灣本土文化的建設，目的在繼承日本學者研究的學風，整理日人遺留下來的臺灣文獻。許壽裳在〈臺灣文化的過去與未來的展望〉演講中明白指出：臺灣在文化上認為日本人對臺灣農業發達，教育普及，工業等方面建立現代化基礎，同時學術研究及成績值得珍視，不必盡廢。[11]可見，許壽裳並不滿足單向地輸入中國文化，整

見謝禾生、羅雙根、李韶杰：〈陳儀、許壽裳與光復初期臺灣的文化重建〉，《檔案春秋》2012年12期（2012年12月），頁70。

[9] 已刊者如許壽裳《怎樣學習國語和國文》、朱雲影《日本改造論》、謝康、馬祺光《中國名人傳記》、梁甌倪《美國的女子》、袁聖時《龍門童話集》、黃承燊《經典淺說》；未刊者如黃承燊《魯迅及其阿Q正傳》、汪培元《通俗歌曲集》、楊乃藩《古今文選百五十篇》、謝康《臺灣三百年史》、傅溥《通俗物理學》、楊雲萍《劉銘傳與臺灣》、梁嘉彬《中國史通論》、盧英矛《三民主義淺說》等。書目見黃英哲：〈導讀：臺灣省編譯館設立始末，1946.8-1947.5〉，黃英哲等主編：《編譯館檔案》，頁273-275。

[10] 譯介已刊的有英哈德生《鳥與獸》（劉文貞譯）、英吉辛《四季隨筆》（李霽野譯）；未刊的有波斯莪默「莪默文集」（李霽野）、俄亞克沙拜夫「我的學生生活」（李何林）、英湯那遜「伊諾亞克頓」（劉世楷）、「美學的理想」（金瓊英）等，見黃英哲，前引文，頁23。

[11] 1946年9月5日在臺灣省訓團講詞，第2卷第4期（1946年10月），見黃英哲等主編：《編譯館檔

理日人遺留下來的臺灣文獻，「發揚臺灣文化的特殊造詣」，也成為其工作重點之一。為此，許壽裳聘請本省作家楊雲萍為臺灣研究組的編纂兼主任，[12]還力排眾議，堅持留用了數名日籍學者，他們分別是研究考古學的國分直一、研究臺灣南島語系的淺井惠倫、研究臺灣民俗學的池田敏雄、昆蟲學專家素木得一、標本製作版畫家立石鐵臣、南方資料館司書樋口末廣等人。這也為包含人文科學、社會科學、自然科學全方位的臺灣研究奠下基礎，使日本人的學術研究「中國化」，甚具氣魄和眼光。

（三）文化多元鑲嵌的嘗試

1947年2月發生的二二八事件，對臺灣造成政治社會重大衝擊，結果也直接影響了臺灣省編譯館的命運。5月陳儀離臺，行政長官公署，改組為省政府，附屬於公署的編譯館也遭裁廢，[13]前後維持的時間不到十個月（1946.8.7-1947.5.16），許壽裳隨後轉任臺大中文系主任，不幸於1948年2月意外遇害。[14]

許壽裳在臺灣省編譯館的工作，時間不長，但卻可以看到中國文化渡海來臺的一頁歷史。臺灣光復後，如何「去日本化」、「再中國化」是國

案》，頁100-105。

[12] 楊雲萍（友濂，1905-2000），臺北士林人，1921年入學臺北第一中學校，在學中創刊文學雜誌《人人》；1928年畢業於日本大學第壹大學豫科，1931年畢業於文化學院文學部創作科。文化學院在學期間他受教於名小說家、評論家菊池寬、小林秀雄、川端康成等人，戰後曾任《民報》社論委員、行政長官公署參議，後任臺灣大學教授。

[13] 1947年5月17日《許壽裳日記》（頁250）說：「新生報及省政府公報載，編譯館經昨日第一次政務會議議決撤銷，事前毫無聞知，可怪。在我個人從此得卸仔肩，是可感謝的，在全館是一個文化事業機關，驟然撤廢，於臺灣文化不能不說是損失。」編譯館的業務由教育廳接管，1948年6月，省府成立「臺灣省通志館」繼續臺灣研究組工作，1949年6月通志館改為臺灣省文獻委員會，直到2002年該會改隸於國史館，名「國史館臺灣文獻館」。

[14] 許案不數日即破案（二十二日晚十時宣布），兇手為前長官公署工役高萬伸，因潛入許宅行竊，為許氏發現而痛下殺手。但因許氏與魯迅之特殊關係，左派學者質疑官方說法，懷疑其為政治謀殺案者，始終不絕。許氏之死，是文學院難以承受的損失。許氏去世後，陸校長聘僑大壯繼任中文系主任。參見袁珂（聖時，原臺省編譯館編輯）：〈追憶許壽裳師〉（收入紹興文史資料委員會編：《許壽裳紀念集》，頁57-64）。陳漱渝：〈薪盡火傳、教澤永懷——許壽裳先生殉難五十年祭〉（收入馬會花編：《摯友的懷念——許壽裳憶魯迅》〔石家莊：河北教育出版社，2001年〕，頁1-10）一文，則直指許案是「政治性謀殺」。

民政府官員來臺的一項艱鉅任務，[15]觀察許壽裳來臺的所作所為，有幾點值得注意：一、1946-1947年編譯館的籌備工作正當完成之際，二二八事變爆發，行政長官被迫辭職，許氏以編譯館為中心的文化匯流工作被迫中斷。戰後臺灣文化出路，終不能不再繼續摸索。許氏與一批共同工作的學者，雖非功虧一簣，也都深感遺憾。許壽裳在1947年7月25日的《日記》中說：

> 館中工作專案移交者近三十件，現款專案移交者百五十餘萬，知我罪我，一切聽之。來臺整整一年矣，籌備館事，初以房屋狹窄，內地交通阻滯，邀者遲遲始到，工作難以展開。迄今年一月始得各項開始，而即有二二八之難，停頓一月，而五月十六即受省務會議議決裁撤，如此匆遽，莫解其由，使我表見未遑，曷勝悲憤！[16]

　　二、包括陳儀在內的許多重慶政府官員眼中，過去臺灣五十年的「日本化」其實是等同於「皇民化」、「奴化」和「毒化」，日本遺留下來的文化思想、風俗均有肅清必要。許壽裳也很清楚建館的目的之一是使臺灣「中國化」，所謂「促進臺胞的心理建設」即是此意：

> 講到本館設立的要旨不外兩點：第一，促進臺胞的心理建設。臺灣的教育，向稱普及，一般同胞大抵至少受過六年或八年的教育，這種情形在各省是少見的；可是臺胞過去所受的教育是日本本位的，尤其對於國語國文和史地，少有學習的機會，所以我們對於臺胞，有給以補充教育的義務和責任。本館的使命，就要供應這種需要的讀物。第二，對於全國有協進文化、示範研究的責任。[17]

---

[15] 詳參黃英哲：《「去日本化」「再中國化」──戰後臺灣文化重建（1945-1947）》（臺北：麥田出版社，2007年）。

[16] 《許壽裳日記》，頁254。1947年8月，對東臺灣研究組的楊雲萍也說：「省編譯館已報撤銷，此乃當局的方針，曾在館裡服務的我個人，雖有些感慨，可是，不想說什麼，何況『撤後是非誰管得！』」，見楊雲萍：〈近世雜記（六）〉，《臺灣文化》第2卷第5期（1947年8月），頁12，轉引自黃英哲：〈導言〉引文，頁32。

[17] 許壽裳：〈省編譯館的旨趣和工作〉，黃英哲等主編：《編譯館檔案》，頁32。

　　值得重視的是，許壽裳說的「要旨」第二點，他在另一場合中有所申論，也表現了他來臺灣進行「文化重建」的意義，似乎與其他人不同，至少不認日本在臺五十年散播的思想盡是「毒素」：

　　　　臺灣在文化上至少有兩種特點，這是各省所沒有，同時也可為各省模範的：

　　　　一、有真正實行三民主義的基礎：……臺灣農業發達，教育普及，工業也有基礎，民生主義容易實現。實在是實行三民主義的良好基礎。這是臺灣文化的第一點特色。

　　　　二、是豐富的學術研究：……臺灣有研究學術的風氣，可以說是日人的示範作用，也可說是日人的功績。日本雖然是侵略國家，但他們的學術我們需要保留，需要全國學者繼續研究，把它發揚光大，做為我們建國之用。日人對臺灣的研究很多，他們的著作也很豐富。已經出版的不說，原稿已寫好未出版的還不少，因為不久有一部分日本學者將遣送回國，希望能拿出來，我們把它翻譯校訂付印貢獻給社會，還有材料已找好，但尚未寫出的，也希望能寫出來。他們對臺灣的研究如：地形、植物、氣象、礦產以及人文各科等等都有分門別類的研究，很有成績，如植物一門，就有三十多種書籍，關於動物的研究著作也很多，如過去發生「鼠疫」即有跳蚤、老鼠等研究專書出版。這不但是我國各省所沒有，就是世界各國也很少有。這種寶貴的材料，我們不能不注意而忽略。而且要好好保持，繼續發展。這是我國學術的光彩，對世界文化的貢獻。也是臺灣文化的第二點特色。[18]

　　因為許壽裳是留日出身的「知日」學者，懂得日本學術研究的價值。他留下日本學者並進行其業績的「延續」，作為文化重建的基礎工作，即使從文化的積累來看，也是一個理性的作法，是戰後臺灣文化的多元鑲嵌，「Y」字型理論一個很好的說明。

---

[18] 許壽裳：〈臺灣文化的過去與未來的展望〉，《臺灣省地方行政幹部訓練團團刊》，卷2期4（1946年10月），頁244-245，轉引自黃英哲：《「去日本化」「再中國化」──戰後臺灣文化重建（1945-1947）》，頁96-97。

　　第三，許壽裳個人在臺灣的文化活動，也表現了個人思想的特質。他早年參加過孫中山的革命活動，曾是光復會員，也是同盟會員。他與革命前輩章炳麟、蔡元培有師生情誼，與魯迅更是密友。1920年代之後，他對社會主義及左派思想有過關懷，甚至對社會主義的某些想像與陳儀接近。他對魯迅一直念念不忘，這一點放入臺灣文學史及思想發展史中，尤見意義。1920年代魯迅文學作品及思想在臺灣一度流行，到1940年代，因許壽裳要在臺灣倡導「新的五四運動」，魯迅思想因此得在臺灣二度傳播。許壽裳與木刻版畫家黃榮燦是這時期代表性的人物。[19]許氏在主持編譯館另一特點是他的用人不拘一格，更無地域之分，這與他對文化再建構的恢宏器視有關。他邀請了李何林、臺靜農、黎烈文、李霽野、梁嘉彬、朱雲影、袁珂等大陸文化界知名人士來到臺灣；他留用日本學者淺井惠倫、國分直一、池田敏雄等；敦請臺灣文史專家楊雲萍主持臺灣研究等，戰後各路人馬匯聚臺灣，大量啟用不同立場的學者，接受日本的學術文化，頗具五四「兼容並包」的開闊心胸，亦見五四自由主義精神的體現。[20]「外露為山才一簣，內潛掘井已多導。豈知江海橫流日，坐看前功付陸沉。」[21]二二八事變後的變化，尤其1949年後，新一波的「中國化」在國共對峙的冷戰結構下，多元的特質消失，完全自由學風不再；直到80年代之後，「去中國化」浪潮漸起。國家權力與文化社會力的另一波較勁，方興未艾。

---

[19] 許壽裳：〈臺灣需要一個新的五四運動〉，黃英哲等主編：《編譯館檔案》，頁315-321；黃英哲教授在這方面有相當詳盡的介紹，見黃英哲：《「去日本化」「再中國化」——戰後臺灣文化重建（1945-1947）》，頁81-118，149-204。又參見朱雙一：〈光復初期臺灣文壇的魯迅風潮——以《前鋒》、《和平日報》、《臺灣文化》等為例〉，《臺灣研究集刊》1999年2期，頁80-87。

[20] 參見王小平：《光復初期赴臺知識分子初探：以許壽裳、黎烈文、臺靜農為中心的考察》（上海：上海書店出版社，2011年）。

[21] 許壽裳原著：《許壽裳詩集》（香港：未來中國出版社，1993年），頁106。

三、打造新學術之路：傅斯年出長臺大

（一）傅斯年的大學教育理念

「萬里長征，辭卻了五朝宮闕；暫駐足衡山湘水，又成離別；……千秋恥，終當雪；中興業，須人傑」，西南聯大的校歌，道盡了抗日時期高等教育的辦學目標及遷徙漂泊之苦，也為戰時大學打造了教育的豐碑。但，誰也沒料到，1949年，甫經南渡又北歸，還在流離未定的知識分子，又要為國共內戰，面臨渡海與否的抉擇。[22]

「敦品、勵學、愛國、愛人」，是傅斯年為臺大訂定的校訓，如今校園內的傅園是傅斯年「歸骨於田橫之島」的棲息地，園內傅鐘鑴刻他的名句：「一天只有21小時，剩下3個小時用來沉思。」[23]傅斯年於1949年1月出任臺大校長，次年12月20日病逝為止，在職不到兩年。他不是創校校長，在任時間不長，卻是最享盛名的臺大校長。「早開風氣，是一代宗師，吾道非歟？浮海說三千弟子。」[24]傅是1949年由大陸跨海而來的臺灣大學校長，他代表的是一套學術理念精神的移植。

傅斯年（1883-1950），齊魯之士，五四時已出風頭的學生領袖，1920年代遊歐陸，回國之後主持中央研究院歷史語言研究所，被看成學術機構以團隊集體研究力量造成亮麗學術成績的領導人。他的學術成就表現在史學，不重史觀，提倡「史學只是史料學」，則引發長期以來史學研究方向與態度的爭論。他的學生校勘學家王叔岷說他是為學與做人兼具

---

[22] 中日戰爭時期，中國知識分子的遷徙，參見岳南：《南渡北歸》（臺北：時報文化出版社，2012年）。

[23] 歸骨田橫島是1949年傅斯年題贈中文系黃得時教授的墨寶。這是秦末齊國貴族田橫的典故。田橫在劉邦稱帝後不肯臣服於漢，率眾五百人逃亡，避居海上島中。後來田橫被迫偕門客二人赴洛，於途中憂憤自殺，留居島上者聞訊，亦皆全部相偕以亡。題字圖片見王汎森著，王曉冰譯：《傅斯年：中國近代歷史與政治中的個體生命》（北京：三聯書店，2012年），頁226。「一天21小時」句意提醒臺大學生，在白天讀書、睡覺、做事花21小時，剩下3小時作為反省自己的思想言行。後來傅鐘只鳴21響。

[24] 1950年12月30日，各界在臺大法學院舉辦追悼會，這是臺大師生輓聯，下聯是「忍看銘旌，正滿天雲物，斯人去也，哀鴻況百萬蒼生。」

魄力、骨氣與治學之長才。[25]1930年代，他擁有不差的人脈和社會、學界資源，被人呼為「學霸」，[26]他給人的印象是自由主義者，又是民族主義者；對政治，他個人的態度是不參加政治但要過問政治。審視過渡時代所具學者特色，他一生行事，的確屬於經常陷入種種「兩難」，又是「一團矛盾」的知識分子。[27]1950年傅斯年過世，吳稚暉輓聯說：「是真正校長，主持大學，孑民外一人。」[28]傅斯年晚年最重要的事業，無疑是擔任臺灣大學校長。

　　五四時代北大同學後來擔任校長的有兩人：羅家倫與傅斯年。他們在歐洲的遊學經驗，對德國的大學都具有深刻印象。羅家倫在1930年代前後，陸續主持過清華和中央大學，以柏林大學為榜樣；傅斯年戰後短暫代理過北大校長，後來主持臺大，也以歐陸大學為依歸。他們兩人辦大學共同的理想是以19世紀德國馮波德（洪堡）（Wilhelm von Humboldt）創立的柏林大學及繼起的費希德（Johann Gottlieb Fichte）所標榜的從文化創造獨立的民族精神，即民族文化的創立入手，把大學視為一個學者的社團，以大學為研究中心，堅持大學是精神與學術自由，同時要避免政治、經濟不當干預的自治園地。[29]傅深知「臺大前身學術空氣本是歐洲大陸之正統，當盡力保存，以後如因需要提攜支援，必以學術為標準。」[30]其後他的治校方向大體緣之於此。

---

[25] 王叔岷：《慕廬憶往》（北京：中華書局，2007年），頁86。

[26] 王汎森著，王曉冰譯：《傅斯年：中國近代歷史與政治中的個體生命》，頁94、106。抗戰前，北平流行一句話，說北平城裡有三個老闆：胡適、傅斯年和顧頡剛。胡為北京大學文學院長，有中華教育文化基金會（美庚款），傅有史語所、英庚款，顧有燕京歷史學系、北平研究院及禹貢學會，可說各有奧援。參見陳峰：〈傅斯年、史語所與現代中國史學潮流的離合〉，《清華大學學報》2010年3期，頁98。

[27] 王汎森著，王曉冰譯：《傅斯年：中國近代歷史與政治中的個體生命》，頁232-233。

[28] 引見于述勝：〈真正的大學校長傅斯年〉，《中國教師》2009年5號，頁30。

[29] 羅家倫：〈學術獨立與新清華〉（1928年），羅家倫先生文存編輯委員會：《羅家倫先生文存》（臺北：國史館，1976年），冊8，頁245；〈中央大學之使命〉，《國立中央大學日刊》820期（1932年10月20日）；傅斯年：〈臺灣大學與學術研究〉，收入傅斯年原著：《傅斯年選集》，冊9，頁1549。黃俊傑、孫震另指出傅的大學理念來自紐曼大主教（John H. Newman），加賽特（Ortega Y. Gasset）、弗雷克斯納（Abraham Flexner），歐洲型大學的學術研究為主。參見〈傅斯年與臺灣大學的教育理念〉，《北京大學教育評論》第3卷第1期（2005年1月），頁94-98。

[30] 〈傅斯年致沈剛伯、李宗侗、陳達夫、臺靜農電〉（1948年12月18日），收入王汎森、潘光哲、吳政上編：《傅斯年遺札》（臺北：中央研究院歷史語言研究所，2012年），卷3，頁1857。

（二）光復初期臺大易長

　　臺大前身是臺北帝國大學，是日本政府於1928年4月在殖民地臺灣設立的大學。該校初設文政與理工兩個學部，1936年增設醫學部，1937年4月，原臺北醫院改制為帝大附屬醫院，1939年4月增設熱帶醫學研究所，1943年3月增設工學部，同年理農學部分立，又增設南方人文及南方資源科學研究所。從1928年創辦至1944年，臺北帝國大學設有文政、理、農、工、醫五個學部，三個研究所，是一所規模龐大的完整大學。臺北帝大採行講座制，至1944年計有17學科，114個講座，其他附屬機構尚有圖書館、農場、醫院、熱帶醫學研究所等，有教員201人，職員541人，學生934人。主要目的在培養日人子弟，臺籍學生甚少。[31]

　　日本在殖民地臺灣設立臺北帝大，（表三）從首任校長幣原坦（1870-1953）起，[32]即以「玉成忠良之國民」，以前進南洋之活動政策為目標。[33]因此南方人文資源科學研究與熱帶醫學研究，成績最好。

　　1945年8月，日本敗降後，國民政府派中研院植物所所長羅宗洛（1898-1978）接收，1945年12月羅受命為國立臺北大學校長，1946年1月正式易名為「國立臺灣大學」。當時行政長官陳儀對接收臺大的看法是：朝「中國化」方向走，少留用日籍教師，經費宜節省（月支臺幣八百萬元，國幣約二億四千萬元），學術應與企業配合，採實用主義。[34]學者出身的羅宗洛主張臺大不能侷限臺灣一島，臺大應是純學術機關，不為政治服務。[35]這個想法與陳儀有落差。在實際工作的推展上，羅校長與陳儀也

[31] 參見陳達夫：〈日人統治下的臺灣教育〉，收入陳鳴鐘、陳興唐編：《臺灣光復和光復後五年省情》，上冊，頁357。

[32] 參見歐素瑛：〈貢獻這個大學于宇宙的精神──談傅斯年與臺灣大學師資之改善〉，《國史館學術集刊》第12期（2007年6月），頁230-234。

[33] 日本第11任總督上山滿之進語，見黃得時：〈紀臺北帝國大學設立到國立臺灣大學現況〉，《臺灣文獻》第26卷第4期（1976年3月）。又參考楊榮慶：〈光復初期國民政府對臺北帝國大學接收及改制的困境──以羅宗洛、陳儀之爭為中心的考察〉，《臺灣研究集刊》2011年第1期（2011年2月），頁11-19。

[34] 楊榮慶：〈光復初期國民政府對臺北帝國大學接收及改制的困境──以羅宗洛、陳儀之爭為中心的考察〉，頁12。

[35] 羅宗洛：〈國立臺北大學之展望〉（1945年11月2日《臺灣新生報》），收入殷宏章編：《羅宗洛文集》（北京：科學出版社，1988），頁473-474，轉引自同前註，頁13。

有扞格不睦之處，例如1945年底羅留用日籍教師201人中的90人，引發臺籍教職員的不滿，也有違行政長官公署「去日本化」的政策。其次省行政部門，自陳儀到公署秘書長葛敬恩均介入大學人事，尤令羅束手無策的是臺大經費來自行政長官公署，在陳儀「根絕奴化的舊心理，建設革命的心理」訴求下，羅校長「行政自主，學術獨立」的主張，自是緣木求魚。1946年5月，羅抱恨離臺，可以想像。[36]

　　1946年7月，繼羅校長出長臺大的是原工學院院長陸志鴻（1897-1973），東京帝大畢業，為人溫和，有「好好先生」之稱。[37]好指揮、好相處這可能是長官公署看上非出身同一系統者之原因。陸任內校務漸上軌道，日籍教師陸續遣返；原帝大的南方人文研究所，後易名為華南人文研究所遭停辦，中斷了臺大原有的特色。不過原有的研究室組織，仍承繼講座制度，則顯示帝大時期組織的延續性。陸志鴻校長任內，有二事看出行政長官公署政治力大舉介入臺大，一是二二八事變中，兼任文學院長林茂生之死。林茂生擁有東京帝大文學士、美國哥倫比亞大學博士學位，為臺灣精英，二二八時任《民報》社長，臺大教授、國民參政會參政員。介入政治不多，卻以陰謀叛亂，強力接收臺大及接近美國領事館等罪狀，招來殺身之禍。陸校長懦弱，讓政治力大舉介入臺大，也可能是原因之一。[38]另一事是臺大文學院院長之任用，陸校長原已物色人選，但最後因陳儀屬意，由出身東京高師的錢歌川獲任，顯示陸對校內一級主管都缺乏任命權。二二八事變後，臺灣省編譯館裁撤，轉入臺大任教者多，諸如：館長許壽裳任中文系教授（8月以後並兼系主任），編纂兼名著編譯組主任李霽野、編纂周學普為外文系教授，編纂兼臺灣研究組主任楊雲萍任歷史系教授，編纂謝康、李竹年（何林）及日籍國分直一分任文學院外文及歷史系副教授，編纂周家鳳任中文系助教，日籍立石鐵臣任歷史系講師等。另有黎烈文，亦由省屬單位轉來臺大任教法文課程。這些都顯示，以陸校長個性無法抵擋政治勢力涉入校務。1948年1月，教育部長朱家驊來臺視察臺大校務後，決定撤換陸校長。

---

[36] 羅宗洛：〈回憶錄：接收台灣大學日記〉，《植物生理學通訊》第35卷第2、5期，1999年4、10月。另可參考李東華：〈光復初期的臺大文學院，1945-1950，羅宗洛時期〉，周樑楷編：《結網二編》（臺北：東大圖書公司，2003年），頁455-493。

[37] 錢歌川、蘇薌雨的回憶。錢歌川：《錢歌川文集》（瀋陽；遼寧大學出版社，1988年），卷4，頁753；蘇薌雨：〈臺灣大學二十六年〉，《傳記文學》第29卷第1期（1976年7月），頁54。

[38] 參見李東華之分析：〈論陸志鴻治校風格與臺大文學院，1946.8-1948.5〉，《臺大歷史學報》第36期（2005年12月），頁267-315。

　　1948年6月，教育部決定任命中研院化學所所長莊長恭（丕可）院士（1894-1962）為光復後臺大第三任校長，在任期間不及七個月。1948年12月，臺大前校長羅宗洛曾有一函給即將來臺出任校長職的傅斯年，可以看出莊不久任之原因：

> 　　臺大事內部並不難辦，目前需要健全之班底，即教務、總務、訓導三長與主任秘書，使事務納入正軌，至於名流之延聘，不稱職者之肅清，及各院之改組，祇好圖之以漸，對外之關係必須努力重整，因此半年間，丕可完全不注意外務，與省府、省參議會間感情極劣，因臺幣之存在，必須向省府取得一部分之經費，其他如房屋、治安等事，如省府不合作，事倍功半，年來臺大之無生氣，半由於此。解決對外問題，在兄固輕而易舉者也。
>
> 　　臺大文、理兩院，需人甚急，與本院合作不成問題，本院人員有功課可教者，聘為教員，照向例可支薪，唯低級人員如助理員之類，較難安插。住處醫學院空屋甚多，如得杜聰明之合作，稍加修理，即可居住。市政府保有敵產甚多，可以商借。
>
> 　　對臺灣人做事，第一要公平，第二要直捷，第三要堅決，應發脾氣時，可拍桌怒罵，最忌游疑不定、賞罰不明。丕可犯此病，故政令不行。兄辦事果斷，當能一掃積習，弟不勝馨香祝禱之至。[39]

　　函中述說的不外是人事、房事、經費問題，莊長恭在校長任內遇到教授解聘問題、總務長人選問題、續招轉學生事件，雖以細瑣之事，莊亦無法也無心應付，勢難勝任校長職。這時期在臺省政「有為而不治」，教育則「無為而亂」，[40]正好給予有大器的「學林霸才」[41]──傅斯年校長，施展長才的機會。

[39] 〈羅宗洛致傅斯年函〉（1948年12月19日），傅斯年檔案，轉引自李東華：〈光復初期臺大文學院的轉折與奠基〉，《臺大文史哲學報》第70期（2009年5月），頁113-144。

[40] 〈魏建功致傅斯年函〉（1947年4月1日），傅斯年檔案，轉見李東華：〈光復初期臺大文學院的轉折與奠基〉，頁122。莊校長任內之校務問題，參見歐素瑛：〈貢獻這個大學于宇宙的精神──談傅斯年與臺灣大學師資之改善〉，《國史館學術集刊》第12期（2007年6月），頁215-218。

[41] 許冠三：《新史學九十年》（香港：中文大學出版社，1986年），頁214。

（三）傅斯年長臺大

　　早年受過歐風洗禮的傅斯年，1926年冬回中國，先為中山大學創辦語言歷史研究所，繼獲中研院長蔡元培之聘，開創歷史語言研究所，這是中國現代學術史上舉足輕重的學術機構，正符合傅「將東方學正統從柏林、巴黎移回北平」理想施展的機會。1929年後，他兼任北京大學教授十九年，其間擔任過中研院總幹事，1945年9月在胡適未上任前，做過北大代理校長。1949年，當蔣介石在國共之爭落敗時，除了搶救黃金儲備、故宮、中研院、北平圖書館的珍藏圖書和文物，同時也不放棄「搶救大陸學人」，傅斯年同陳雪屏、蔣經國三人小組，規劃有四種人必須搶救：各大院校館所行政負責人、中研院院士、因政治關係必離開者，及在學術上有貢獻並自願南來者。這些都成為中華民國政府日後延續國祚，在臺灣經濟與文化復蘇打下基礎的一種本錢。

　　1949年1月20日，傅斯年就臺灣大學校長職，可謂臨危受命。這位極少數敢在蔣介石面前蹺二郎腿、抽煙斗說話的「肥貓」，[42]自稱「以體積乘速度，產生一種偉大的動量，可以壓制一切」的校長，竟於1950年12月20日，因被另一尊「大砲」（郭國基）轟擊，以腦溢血倒在省參議會不起，他在臺大校長任期不超過七百天。雖然如此，傅是有意在孤島辦出另一個北大的，[43]到臺灣辦大學，他本有認識：

　　　日本時代這個大學的辦法，有他的特殊目的，就是和他的殖民政策配合的，又是他南進政策的工具。我們接收以後，是純粹的辦大學，是純粹的為辦大學而辦大學，沒有他的那個政策，也不許把大學作為任何學術外的目的的工具。如果問辦大學是為什麼？我要說：辦大學為的是學術，為的是青年，為的中國和世界的文化，這中間不包括工具主義，所以大學才有他的自尊性。這中間是專求真理不包括利用大學作為人擠人的工具。由日本的臺北帝大變為中國的臺灣大學，雖然物質上進步很少，但精神的改變，意義重大。臺

---

[42] 傅身形肥胖，有「肥貓」外號，見王汎森著，王曉冰譯：《傅斯年：中國近代歷史與政治中的個體生命》，頁94。

[43] 許倬雲口述，林恆寧撰：〈我在臺灣大學〉，《讀者文摘》2010年第5期（2010年5月），頁49。

灣省既然回到祖國的懷抱，則臺灣大學應該以尋求真理為目的，以
人類尊嚴為人格，以擴充知識，利用天然，增厚民生，為工作的目
標。所以這一個大學在物質上雖然是二十多年了，在精神上卻只有
四年，自然應該拿今天作為我們的校慶。[44]

　　他這一段話顯示臺灣回歸之後，臺大要新生，他說辦臺大要「由日本
的臺北帝大變為中國的臺灣大學」，又揭示了他的辦學宗旨：「辦大學為
了是學術，為的是青年，為的是中國與世界的文化，這中間不包括工具主
義。」這與他在另一篇文章引用斯賓諾沙的名言「我們貢獻這個大學于宇
宙的精神」，[45]若合符節。在1949年國家處於危急存亡之秋，傅對臺大肩
負的時代任務，也有所註解：

　　現在的臺灣不特不是殖民地，而且是「斟灌一旅一成」的根據地，
　　將來「祀夏配天，不失舊物」，正靠這一個寶島，赤縣既沉，瀛州
　　遂為正朔所在。我們這個大學對於將來關係實在太大了。[46]

　　以臺灣為民國正朔所在，以臺灣為中華文化所寄，這是另一形式的
「中國化」。幾十年後的今天對這段歷史進行反省，格外具有意義。
　　1949年1月，傅斯年出任臺大校長後，通過他發佈的文字，如〈臺灣
大學選課之商榷〉、〈臺灣大學與學術研究〉、〈臺灣大學一年級新生錄
取標準之解釋〉、〈一個問題──中國的學校制度〉、〈中國學校制度
的批評〉等，配合他相關的措施，大體可以掌握他的大學理念。首先，
傅校長主張大學是以學術為中心，進一步發揮教育的力量，故有別於中
學教育，對大學課程因此有七項改革辦法：（一）設講座及講座附屬人
員，以不布置中學功課之方法為大學課程。（二）除第一年課程比較固定
外，其餘多採取選習制（文、理、法、商之選習寬，工、農、醫較有限
定）。（三）每門功課不必皆有考試，但須制定一種基本檢定。（四）畢
業考試由教育部會同大學行之。論文一篇，證明其能遵教授之指導施用一

---

[44] 傅斯年：〈國立臺灣大學第四次校慶演說詞〉，收入傅斯年原著：《傅斯年選集》（臺北：文星
　　書店，1967），冊9，頁1573-1574。
[45] 傅斯年：〈中國學校制度之批評〉，收入傅斯年原著：《傅斯年選集》，冊10，頁1746。
[46] 傅斯年：〈臺灣大學與學術研究〉，收入傅斯年原著：《傅斯年選集》，冊9，頁1547。

種做學問之方法而已。（五）非滿若干學期，不得參加畢業考試，但在學校中無所謂年級。（六）凡有可實習之科目，皆不可但以書本知識為限。（七）最普通的功課由最有學問與經驗之教授擔任，以便入門的路不錯。[47]傅的思考涉及到幾個教育與學術相關的構想和新措施：第一、傅是「五四人」，為學通博重於專精，他重視大一國文、英文、通史、數學、化學、物理等共同科目，主張以一流有經驗之教授教通識課，用基礎課來奠定學習入門之路。[48]他邀臺靜農、屈萬里、毛子水等，擔任大一國文課程，他把國文教學放在第一位，以《孟子》、《史記》列為教材，教《孟子》意在取其高昂磅礡浩然之氣，學《史記》乃為養成淵博學識、特出見解和雄奇文風。其次，傅校長本也嚮往德國的講座制度，以講座為大細胞，以研究室為小細胞的大學構造，但在系學分制下，已難於為繼，因此推動自由選課制度，及設置研究所，便成此後各學院發展特色。各學院大一及大二設必修科，文法學院三、四年級充分選修，理、工、農、醫學院則參酌自由選課之精神排課。學習自由成為課務重要改革內容。不過，他嚴格要求考勤與考試，大學生尤其要懂得學會思考，據說這是傅鐘二十一響的來由。第三、堅持學術專業與學術獨立，提升師資水準。1949年時局動盪，校園難於安定，他提倡「平淡無奇的教育」，要解決學生問題，讓學生「有房子住，有書念，有好玩的東西玩」，[49]他不容許軍警隨便進入校園，反對戒嚴時期的「聯保制度」，「四六學潮」的應付，均費苦心。[50]1950年《新聞天地》在傅過世後的一段報導，述說在動盪不安之際，臺大成為一塊培育人才的學術的安靜土，自由學風得來尤為不易：

---

[47] 傅斯年：〈改革高等教育中幾個問題〉，收入傅斯年原著：《傅斯年選集》，冊5，頁746-747。

[48] 傅斯年在校務會議上說：「我大膽向諸位先生提議，我們要在一年半之內，集中精力，改進全校各種通習科目，建設本校的教育制度，務使來校的學生，一進大門來，便得到第一流的教授教他們的普通課，教課之需要實習者，得到充分的實習機會，有富於教本參考書的閱覽室可用，有優良的助教改他們的卷子，國文和外國文的程度，一年之內頓然改觀。學生的求知欲，是應該加以鼓勵的。……以上所說的一般通習科目，包括在文學院的國文、英文、通史、邏輯；在理學院的數學、物理、化學、動植物、地質；在法學院的普通經濟學、法學通論等。為充實這些一般課程，還要增聘不少的教授，這個辦法，與其謂為充實文理兩學院，毋寧謂為充實全校六個學院的基礎課程。」傅斯年：〈國立臺灣大學三十七學年度第一次校務會議校長報告〉，收入傅斯年原著：《傅斯年選集》，冊9，頁1490。

[49] 傅斯年：〈幾個教育的理想〉，收入傅斯年原著：《傅斯年選集》，冊9，頁1602。

[50] 參見李東華：〈光復初期臺大文學院的轉折與奠基〉，頁131-132。

傅斯年先生長臺大兩年最大的成就，在保持了學術獨立和尊嚴，擴大了研究空氣；但遭遇到最嚴重的打擊、攻訐、阻撓，種種的困難也在此。許多不學無術的黨棍子，想混進臺大；許多翻雲覆雨的官僚政客想染指……兩年來明槍暗箭，栽贓誣陷，就地打滾，集無恥之大成的各種手段，都對傅先生施用過。而傅先生英勇堅定地絕不為所動，貫徹自己主張，且與這些醜惡勢力對壘作戰。[51]

　　特別值得一提的是，傅校長出掌臺大，不是一個人長臺大，而是一批中國大陸精英分子來到臺灣，把中國文化的命脈與香火帶到臺灣，繼續延燒。傅斯年、陳雪屏、毛子水等，都曾是北大人，蔡元培的「思想自由、兼容並包」之風，也不會不吹到臺大，撐持學術中心與學術標準，其實靠的是師資。鑒於前幾位校長的失敗，傅堅持大學是個「教授集團」，不是一個「招賢納士」的衙門。[52]在一定聘請師資的標準和原則，加上傅的號召力，據研究，至1949年2月到校的教員，在文學院史學系有張貴永、方豪、李濟、姚從吾、劉崇鋐、勞榦、余又蓀、方豪，哲學系有鄭通和、許恪士、殷福生，中文系有董作賓、鄭騫、董同龢、毛子水、孫云遐、周法高、王叔岷、屈萬里、牟潤孫、李孝定、何定生，外文系有英千里、羅素瑛、黃仲圖、俞大綵、范秉彝、龔士榮、蔣世熹；1949年8月，李濟另創考古人類學系，史語所董作賓、凌純聲、芮逸夫、陳奇祿專兼任教職；理學院數學系有姜立夫，化學系有錢思亮，物理系有周長寧、陳尚義，植物系有彭佐權；工學院土木系有陶葆楷，機械系有史宣；法學院法律系有梅仲協、曾伯猷、林彬，政治系有蔣碩傑、林霈，經濟系有全漢昇、張果為；農學院農藝系有趙連芳，熱帶醫學研究所有黃文、汪啟源等。就所延攬的師資論，文學院增聘最多，其文、史、哲三系之師資，是中國大陸任何大學無出其右者，形成胡適所謂「中國幾十年來辦大學空前的文史學風」，確為臺灣厚植學術根基。[53]這也與傅重視學術研究，由所主持的老

---

[51] 〈周末隨筆〉，香港《新聞天地》1950年第105期。

[52] 傅斯年：〈兩件有關臺灣大學的事〉，收入傅斯年原著：《傅斯年選集》，冊9，頁1511-1512。

[53] 引見李東華：〈臺灣專業史學的傳承與轉折──從帝大到臺大（1928-1960）〉，收於黃清連編：《結網三編》（臺北：稻鄉出版社，2007），頁323-353。臺大歷史系的中國史學傳統，見陳弱水：〈臺大歷史學與現代中國史學傳統〉，《臺大歷史學報》第45期（2010年6月），頁117-154。有關臺大史學系、考古系師資的傳承分析，參是：李東華：〈臺灣專業史學的傳承與

機構中央研究院歷史語言研究所的遷臺借將有關。醫學院因已有不少臺籍師資，所以增聘之師資最少。1948年底，臺大教職員（1700人）中，「外省人約什一之數，什九皆臺人」的情況，[54]到傅就任半年後的情況已大為不同，1949年5月底止，臺灣大學此時有專任教員531人，與部定員額549人，已頗接近，亦即臺灣大學不僅擺脫師資不足的困擾，且師資陣容亦趨堅強，極一時之盛。尤值得注意的是，這時期延攬之師資，以中國大陸籍占大多數，臺籍不到百分之五，日籍留用者則更少。[55]「文化渡海」，學術文化變動中的政治因素與人文因素，不可忽視。

四、結論：社會轉型中的文化思考

這篇文章表面上只涉及兩位學者與兩個機構的歷史，實質上包括了一大批背負文化重擔的知識分子，在時代巨變中如何渡海來臺的滄桑故事。值得注意的有四：

（一）不論從政治或文化的觀點看，戰後中國、臺灣都遭逢巨變。兩岸也因政治走向殊異，遷動文化與社會的不同發展。1945年臺灣光復，結束了日本五十年的統治，臺灣行政長公署立刻得面臨政治的現實、經濟的困窘，更要面對臺灣回歸與人民文化心理轉向的問題。「心理建設」成為陳儀的施政重點，原因在此。1947年的事變，中斷了原有的施政構想，接踵而來的是中國大陸的變局。二二八事變前，許壽裳來臺主持省編譯館，目的是以中國化去日本化，他留日出身，懂得日本學界的長處，因此他對日本留臺文化「遺產」不作連根拔起的鏟除工作。如果時局安定，或有文化新局形成的可能，可惜時不我予，其道中阻。許是五四型知識分子，以魯迅為不可或忘的密友，個人作為及用人有左派風，如果因此遭來殺身之禍，是時代悲劇，誠為不幸。1949時局再變，更大一批知識分子飄海而來，他們開始締造50年代與大陸迥異的文化氣氛，臺灣成了傳

轉折——從帝大到臺大，1928-1960〉，載黃清連編：《結網三編》（臺北：稻香，2007年），頁197-353。

[54] 〈芮逸夫致傅斯年函〉（1948年12月20日），轉見李東華：〈光復初期臺大文學院的轉折與奠基〉，頁126-128。

[55] 歐素瑛：〈貢獻這個大學于宇宙的精神——談傅斯年與臺灣大學師資之改善〉，頁230-264。

承、延續中華文化的基地。這些知識分子面貌不一，除了馬克思派之外，各路人馬匯聚，比較顯著的有自由主義者、有文化保守主義者，大的特色是他們多半是五四傳人，五四精神雖不一定會立刻迸放，但會適機釋出。這時期五四人傅斯年主持臺灣大學，他的理想和作為成了日後臺大的「精神教父」，[56]其作風，對50年代後臺灣的學術文化有樹立新標竿，建立新風氣之功。這些也顯示政治變動中，學術文化會跟著傾斜，但也會走出新路來。

（二）文化當然有縱向繼承、也可以有橫向移植。由於日本統治台灣達半世紀之久，戰後回歸中國，中日文化不免碰撞。不論許壽裳或傅斯年都清楚認識日本在臺留下的文化「遺產」，好的該保留、壞的應消除。許力圖為重建中國文化提供教育素材，同時堅持保留日人在臺有關農林、工鑛、熱帶醫學及南洋研究的業績；傅在臺大建立「北大傳統」，對臺大講座制的調整，師徒制的遺緒至今仍存。用今天的話來說，臺灣至今諸多「中日混血」的文化狀態，如果用「Y」字型或即以「多元鑲嵌文化」加以解釋，應是可接受的看法。[57]

（三）臺灣在二次大戰後，先是要以中國文化取代日本文化，繼之承受延續中華文化命脈的重擔，時局驟變下，中國大陸各方精英匯集，一時大有「八方風雨會蓬萊」之勢。[58]這批來臺的知識人，其實散播在不同的崗位上有不同的表現。例如1949年以後，台灣師院10個學系教授中有5人是大陸時期的國立大學校長：劉季洪（河南大學、西北大學）、楊亮功（安徽大學）、田培林（西北大學）、陳大齊（代理北大）、陳可忠（中山大學）；又以出版人為例，1949年前後的出版社約82家、期刊60種，中國大陸知名的商務、中華、正中、開明出版社和書店，在臺北都可以找到分店；至於正氣、華國、復興、勝利等出版社，南方、東華、三民書局、臺灣書店等，都有深

---

[56] 校長是大學的靈魂人物，有理想有作為，是大學邁向學術重鎮的主要力量。傅斯年在臺大時間不長，但型塑了「臺大文化」，筆者的經驗，曾約農在東海大學也有近似地位。

[57] 中央研究院臺灣史研究所2013年8月30-31日，舉辦的一個學術討論會其名稱為「戰後臺灣歷史的多元鑲崁與主體創造學術研討會」。討論日治時期的學術遺產，有Y理論與非Y理論的不同看法。參見王汎森：《中華民國發展史：學術發展》（台北：聯經，2011年），上冊，「總論」，頁17-18。

[58] 語見陳弱水：〈臺大歷史系與現代中國史學傳統〉，《臺大歷史學報》第45期（2010年6月），頁148。

刻的時代烙印。臺中中央、瑞成、嘉義玉珍、新竹竹林、臺北三省
堂、高雄慶芳、臺南書局等，則有濃濃的本土味，他們揉和中日文
化也設法滿足戰後初期讀書人在文化過渡中的要求，具有承擔文化
復蘇的深意。不過，文化渡海的討論也不該僅止於表相，文化的碰
撞可能更應深究文化的深層，舉例言之，臺灣行政長官公署的靈魂
人物之一是沈仲九，是五四人物，這時他在臺灣拿主意、出典子，
一般人對他實在所知不多；與許壽裳同時來臺的左派或不同立場的
文人如臺靜農、黎烈文、魏建功、沈雲龍等，他們的生平、背景、
主張都有研究的空間。[59]另以戰後臺灣學術史的角度來觀察，五四
以降學術的南派、北派之分，來到臺灣後的學術界是否依然涇渭分
明？臺大北派為多，台灣師大、中研院近史所、文化學院則南派色
彩較濃，是耶？非耶？此中涉及戰後台灣學術與中國學術的接榫。
文化渡海，臺灣社會文化重構，顯然還有許多議題值得討論。

（四）戰後國共內戰，1949年8月14日，毛澤東發表有名的社論〈丟掉幻
　　　想　準備鬥爭〉，文中提到「為了侵略必要，帝國主義給中國造成
　　　了百萬區別於舊文人或士大夫的新式的大小知識分子。對於這些
　　　人，帝國主義及其走狗，中國反動政府只能控制其中一部分人，到
　　　了後來只能控制其中的極少數人，……」[60]文中毛對胡適、傅斯年
　　　和錢穆三人進行了點名批判。事實上，1949年曾被「搶救」的學
　　　人，多半順利移居臺灣，也有的去了香港、美國或東南亞，有的
　　　晚年才回到臺灣。在戡亂時期的臺灣，學術言論不那麼自由，有些
　　　人涉牢獄之災，或甚至被「封喉」。不過，比之中國大陸仍有天淵
　　　之別。這些遠走的知識分子多懷花果飄零的精神，始終保持對學術
　　　的興趣與文化傳承的昂揚使命。他們沉潛學問、整理國故、繼承傳
　　　統、發揚學術，各有建樹。傅斯年把北大的學風帶到臺大，辦成臺
　　　灣最高學府也辦成中國學術中心；錢穆「千斤擔子兩肩挑」，在香
　　　港白手起家，創辦了新亞書院，唐君毅、徐復觀、牟宗三師兄弟，
　　　為民族文化傳承續寫春秋，均成一代大儒。1949前後渡海到臺的知

---

[59] 有關許壽裳、臺靜農、黎烈文的研究可參見王小平：《光復初期赴臺知識分子初探：以許壽裳、
　黎烈文、臺靜農為中心的考察》（上海：上海書店出版社，2011年）。
[60] 毛澤東：〈丟掉幻想 準備鬥爭〉，《毛澤東選集》（北京：人民文學出版社，1967年），頁
　1372-1379。

識精英，他們在臺灣保住了學術一脈，帶出一批批衣鉢傳人，有相當長的一段時間，使臺灣學界幾乎成了獨占西方學界與中國交流的唯一窗口和資源。戰後中國人才、學術與文化跨海而來，實在是近代歷史可資記憶又特殊的一頁。[61]

表一　臺灣省行政長官公署組織系統表

```
行政長官公署 ─ 行政長官 ─ 秘書長 ─┬─ 機要室
                                  │   人事室
                                  │   統計室
                                  │
                                  ├─ 參事
                                  │   顧問、參議、諮議
                                  │
                                  ├─ 秘書處
                                  │   民政處
                                  │   教育處
                                  │   財政處
                                  │   農林處
                                  │   工礦處
                                  │   交通處
                                  │   警務處
                                  │   會計處
                                  │
                                  ├─ 法制委員會
                                  │   宣傳委員會
                                  │   設計考核委員會 ─ 縣政府 市政府
                                  │
                                  └─ 糧食局
                                      專賣局
                                      貿易局
                                      氣象局
                                      訓練團
                                      農業試驗所
                                      林業試驗所
                                      糖業試驗所
                                      水產試驗所
                                      工業研究所
                                      海洋研究所
                                      地質調查所
                                      交響樂團
                                      博物館
                                      圖書館
                                      編譯館
                                      土地委員會
                                      日僑管理委員會
                                      日產處理委員會
```

資料來源：臺灣省政府新聞處編，《臺灣光復廿年》（臺中：臺灣省政府新聞處，1965），頁參-1。本文依照原表重新繪製。

---

[61] 參周為筠：〈抉擇：1949年的中國知識分子〉，《文史博覽》2009年第1期，頁58-59。

表二 臺灣省編譯館組織表

```
館長 ┬┄ 會計員
     │   聯絡員
     │
     ├── 秘書室 ── 文書課
     │              出版課
     │              庶務課
     │              人事課
     │
     ├── 學校教材組
     │   社會讀物組
     │   名著編譯組
     │   臺灣研究組
     │
     ├── 資料室 ── 圖書課
     │              新聞課
     │
     └┄ 圖書審查委員會
         編審委員會
         各種專門委員會
```

資料來源：黃英哲，《去「日本化」「再中國化」：戰後臺灣文化重建，1945-1947》（臺
北：麥田出版社，2007），頁95。本文依照原表重新繪製。

表三 台灣大學歷任校長表（1928-1950）

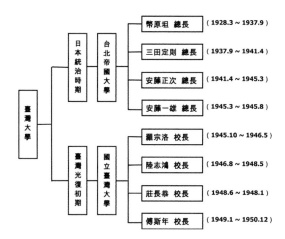

資料來源：松本巍著，蒯通林譯：《台北帝國大學沿革史》（臺北：譯者，1960年）。
　　　　　歐素瑛：〈傳承與創新：戰後初期的臺灣大學（1945~1950）〉（臺北：國立臺
　　　　　灣師範大學歷史系博士論文，2004年）。
　　　　　丁亮等撰述，項潔主編：《國立臺灣大學校史稿（1928-2004）》（臺北：臺大出
　　　　　版中心，2005年）。

第二章　當代新儒家之課題與發展：論唐君毅、牟宗三、徐復觀三先生之學思方向

中央大學哲學研究所
李瑞全

一、引言

　　唐君毅、牟宗三、徐復觀三位先生同被尊為當代新儒家[1]之第二代的最重要的人物，也是繼第一代的儒者之後最有貢獻，使當代儒學不但維繫不墜，且更能往前發展，成為足以繼承和代表中國文化與中國哲學的重鎮，在哲學與文化的成就與貢獻上絕不低於任何西方偉大哲學家的體系。三位先生亦是熊十力先生嫡傳弟子，受熊先生啟迪最深，也實有繼承熊先

---

[1] 我在上世紀80年代到台灣任教後不久，有見於當代儒學的研究在台灣已有重大的成果和發展，因而先促成鵝湖月刊社諸友每年舉辦學術研討會，以三位先生的研究成果為基礎，發表對中國哲學的研究和互相觀摩。由於會議討論熱烈，論文水準很高，而且港台兩地實累積了二個世代的中青學者，大陸也開始有了相關的研究和發展，因此，我進一步建議由牟宗三先生所創立的東方人文研究基金會、中國哲學研究中心與鵝湖月刊社合辦當代新儒學國際研討會，把三位先生之學理和新的研究推向國際。在會議的名稱方面，我提出一個想法。鑒於當時大陸所用的相關研究名為「現代儒學」，雖然已放寬了尺度，容納儒家為在馬克斯主義之外，是一有正面研究價值和重要影響的中國現代的哲學思潮。但在許多論述的表現上，仍是以儒家為已經過去的思想產物，因襲了部份西方學者所謂儒學已成博物館的歷史遺物的說法。然而，不但當時牟先生尚健在，唐、徐二先生也剛辭世不久，港台兩地以至海外，繼承三位先生發展儒學的中青年學者和研究者正日漸增加，當代儒學的發展可說正日益蓬勃，著作甚多，豈是如埃及或拉丁文化之為歷史陳物。因此，我建議作一區分，特別標舉我們的研究是當代正在實踐流行之中的哲學學派，因而訂名為「當代新儒學國際會議」。此會議第一屆由牟先生作主題演講。第一、二屆都在台北舉行，第三屆則由香港中文大學哲學系主辦。當時原擬邀牟先生回香港再作主題演講，由於牟先生體力日減，為免舟車勞頓而作罷。日後，師友之中也有簡稱用「當代儒學」一詞，或稍作廣包各種與當代儒學相關研究的成果與發展，但不必與本人所理解的唐、牟、徐三位先生的學思和方向的內涵與用「當代新儒學」一詞之涵義。凡此見下文。

生作為當代新儒家最重要的學思方向上的洞見。毫無疑問，熊先生以儒學為宗，但同時涵蓋佛道二教，以及諸子百家之學。熊先生於佛學之研究極深，但終出乎佛學回歸儒門，鑄成當代新儒家的基本義理模型[2]。三位先生自然是拜服熊先生之人格與在哲學與文化上的洞見，但三位先生在學術著作中並不多引介熊先生的論述的內容，此並非三位先生不知或不認同熊先生的學思，而是更積極開創和推進當代新儒學的發展與內容。熊先生本是國民革命黨人，中年轉而專注於學術與文化的研究，對於民主的肯定自無疑議。熊先生最重要的一個祈望是開出儒家的「量論」，用以涵攝西方知識成果的知識論。三位先生終身所從事的正是如何從儒家義理回應西方文化與哲學的挑戰，特別是民主與科學的課題。

　　三位先生均在年青時代經歷了五四運動高舉民主與科學的訴求，和西化派與馬克斯主義者對中國傳統文化與哲學的批判，受到強烈的震撼，也作出了深刻的反省。三位先生年輕時都或多或少受到影響而曾對中國文化有所懷疑與批判。但不久都回到保護中國文化的立場。三位先生之作為儒者，一貫秉承儒家的精神，對當前世事無不事事關心，並非只是一學究式的學者。徐先生多年參與軍旅政治，自無庸多言，牟先生也曾屬張君勱先生的政黨，也曾參加街頭的示威集會，唐先生似是最少參與直接行動的學者型人物，但三位先生對於時事之關切，對於天下大事的即時評論，所進行的言文行動，其影響力並不亞於任何政黨或街頭抗議之活動。此見於三位先生在發揮儒家義理以論時事與政務上的多部皇皇大著，其影響世道人心實不下於學術上的貢獻。三位先生以當下即是之儒家精神，批判思考中西文化的課題與發展，廣而通論歷史文化之哲學，內而深發儒家之哲學義理之詮釋與重建，以及在回應西方文化挑戰所必須和應有的發展，都有難以踰越的貢獻。三位先生的著述不但重新詮釋中國經典，批駁和澄清自五四以來對中國文化與哲學之誤解與誣衊，更進而重建儒家的義理系統，以開儒門之新局，此所謂返本開新，是具有深厚基礎和生命力的發展。在此建構之中，三位先生實不限於表彰儒學，而是胸懷天下百世，期為天下蒼生立命，為萬世開太平而著述。這是三位先生所表現的儒者之無限關懷之大願，不限於一國一家之深情，而與宇宙同參。

2　此見熊先生之《新唯識論》、《讀經示要》、《佛家名相通釋》、《十力語要》，和日後出版的《原儒》、《乾坤衍》、《明心篇》、《體用論》等書。

　　三位先生從大陸撤退到港台時，都正是剛過四十的壯年，唐、牟二
先生在哲學界也早有名聲。三位先生所處的時局，前此受西方列強侵凌，
軍閥混戰，後又有日本侵華，烽煙遍地，最後共產主義者奪取國政，中國
文化可謂已到山窮水盡的絕境。港台原只是暫避戰亂之地。牟先生當時曾
慨歎是否更要遠走星加坡，如王船山之保存中國學脈於海外。三位先生當
時具有生命最深切的存在感受，同時肩負中國文化命脈之重擔，故痛切反
省中國文化的問題，不但要回應時代世局之問題，批判時政，反擊各種污
衊中國文化的言論，更從源頭疏解中國文化的困境，進而重建儒學。三位
先生所完成的儒家哲學體系，確是龐大精深，都足以與西方任何偉大哲學
系統並立比美，毫不遜色。這是三位先生對人類和世界哲學的貢獻。綜言
之，在回應時代問題，特別是西方文化強勢的挑戰之下，三位先生之學思
方向可簡括為：發揚中國文化、歸宗儒家、胸懷宇宙。以下試依此三方面
論述三位先生之貢獻。

二、發揚中國文化之義

　　三位先生自1949年從大陸撤退到香港與台灣之後，開始了對中國文化
和哲學最深刻的反省，並開始為文正式回應和反駁自鴉片戰爭以來國內外
對中國文化的誤解、扭曲與激烈的批評。因此，這一時期，三位先生很多
分析時局和中國文化特質的論述，這些論述主要發表於徐先生主持的《民
主評論》與王道先生主編的《人生》雜誌，其後都分別收集為多本文集。
對於三位先生在《民主評論》期間開始的合作，徐先生曾說明：

> 《民主評論》當時以錢穆、唐君毅、牟宗三三位先生為中心，是發
> 揚中國傳統文化的。我則一面強調民主，同時也維護傳統中國文
> 化。於是，我和唐牟兩位先生之間，漸漸形成要以中國文化的「道
> 德人文精神」，作為民主政治的內涵，改變中西文化衝突的關係，
> 成為相助相即的關係。我在政治方面多寫些文章，唐牟兩位先生在
> 文化上多寫些文章。[3]

---

[3] 引自徐復觀先生之〈『死而後已』的民主鬥士──敬悼雷儆寰（震）先生〉一文，此文原刊於
1979年3月12-15日香港華僑日報，現收於徐復觀先生著，蕭欣義編：《儒家政治思想與民主自由
人權》（台北：學生書局，1988年），引文見頁320。

由於面對數十年中國文化受到的多方面的責難，議題極繁，因此，雖然三位先生都是獨力足以承肩世運，但也略作分工，以免重覆用力，因而擴大了對時代問題的回應的廣度與深度。這並不是說分工之後都只是各就一端的論述，事實上三位先生不但對政治文化都有深厚的學養，都能隨時發文挺立儒家的義理。三位先生固然有共同的核心義理與價值取向，如徐先生在引文中所謂儒家的「道德人文精神」，但也有各自專長和不同專研的範疇。三位先生有關回應和發揚中國文化的工作，自是三位先生一生的職志，可以說，在離開大陸最初十年的論述，基本的共同主張綜括於三位先生與張君勱先生在1958年1月1日共同發表的「中國文化宣言」[4]。由此文件，即可見出三位先生的論述不只是具有時代的意義，更由於三位先生之孤懷宏識，所論實有深刻的儒者慧識，就具體的時代與歷史事件作出永恆的反省，於今讀之仍然充滿生命力與智慧。

從十九世紀中葉以下所累積的中國文化的問題，和各種批評與曲解，可謂龐雜而難以一一作解。誠如唐先生在「中國文化宣言」所指出的：「我們之思想，並非一切方面皆完全相同。⋯⋯我們至少在對中國文化之許多主張上，是大體相同，並無形間成為我們的共信。」[5]換言之，三位先生之論述有重覆但亦不盡相同，然而都有一種互相呼應，特別是在廣泛的中國文化問題的討論上，有一種互補的默契。以下只大要綜合三位先生對重要面向的回應作一說明。

（一）中國文化現代化難產之辯解

中國文化在二十世紀遭到最大的質疑與反對固然由於滿清王朝之腐敗與不肯改革，而其後又有各種稱帝與復辟之舉，而且多引儒家為同道，因

---

[4] 1957年張君勱與唐君毅兩位先生在旅美途中深感當時西方學者對中國文化與哲學的錯解誤解，因而擬草一文件匡正此種態度，此一文件即後來出自唐先生手筆，而為牟宗三與徐復觀二先生所認可，於1958年1日1月發表原名為：〈為中國文化敬告世界人士宣言－－我們對中國學術研究及中國文化與世界文化前途之共同認識〉一文。以下簡稱〈中國文化宣言〉。此一文件曾收錄於多種論集之中。以下所引出自唐君毅先生之《中華人文與當今世界》（台北：學生書局，1975年），下冊，頁825-929。有關此文件的發表和後續發展的情況，請參閱李瑞全、楊祖漢合編：《中國文化與世界：中國文化宣言五十週年紀念論文集》（中壢：中央大學儒學中心，2009年）所收錄的三十多篇最新的研究論文。

[5] 〈為中國文化敬告世界人士宣言——我們對中國學術研究及中國文化與世界文化前途之共同認識〉，《中華人文與當今世界》，頁866。

而促成強烈的反中國傳統文化與反孔家店的思潮和行動。五四運動是其中
最明顯的一種反傳統反儒家的運動。而加上當時學界紛紛以反古用新，反
傳統擁新學，因此，各種質疑與批判，甚致全盤推翻中國文化與儒學的言
論可謂盈天下。此時可說是儒家最闇淡的時期。當代新儒家幾位第一代的
學者敢於挺立洪流之中，實不只是道德勇氣，而更是於學於理有所持據，
方開出第三代新儒家的局面。面對中國受到西方列強侵凌，中國文化幾無
抵抗之餘力，於是引生中國文化不但沒有現代化，甚致被判斷為根本是與
現代化相違反的文化，是應被消滅的對象。當代新儒家最迫切的課題是說
明何以中國有數千年的文化，現在卻落後如斯，實不堪西方文化之一擊。
以至蕞爾小島的日本也可以通過現代化並晉身世界列強，不但一舉摧毀滿
清經營數十年之東洋艦隊，更侵入朝鮮，打敗俄國，雄視亞洲如其囊中
物。因此，當代新儒家亟需說明何以以中國文化曾有如此輝煌成就，現在
卻不堪一擊，且無法達成現代化的轉變，將淪於亡國滅種之深淵。

　　對於中國在滿清末年何以不能回應現代化的要求，當代新儒家進行了
歷史的考察和確實的反省，不但提供了一個合理的說明，也提出了如何達
成中國文化現代化的方向和進程。三位先生的研究結果基本上是認為中國
文化與知識分子到了十九世紀中葉以下之所以不能回應西方文化的挑戰，
最主要原因是經過滿清以外族入主中原，採取高壓與文字獄等政策，使傳
統士人不敢以承擔天下為己任，轉而用力於訓詁考證，更由此反對宋明儒
學，自以為是漢學的繼承者，喪失了宏觀天下，實踐內聖內外王事業的理
想。因此，清末士人對世界既不了解，也沒有反省思考的能力，故在與西
方列強對抗中一敗塗地。徐先生曾指出三個歷史與文化的原因：

> 第一是由於清代以異族而統治中國，箝制智識份子特甚。威之以文
> 字之獄，誘之以博學鴻詞。以八股牢籠下乘，以考據銷蝕上選。清
> 代考據，本是工具之學。但他們無形中以工具代替目的，以名物否
> 定思想，自標漢學，以打擊宋明理學為快意，卻把中國文化的精神
> 完全埋沒了。[6]

在政治高壓之下，士子不但不敢以天下為己任，更進而打擊宋明理學家，
喪失了儒家傳統的關懷國計民生，抗議朝政不公不義的勇氣。徐先生認為

---

[6]　徐復觀著，蕭欣義編：《儒家政治思想與民主自由人權》，頁57。

清代之訓詁學家的精神是在睡眠狀態之中。士人的頭腦被束縛久了，不但喪失了近三百年的開展，更思想僵化而不能從大處高處，從全盤的角度看世界的情況和了解中國所面對的亡國滅種的問題。

> 其次，五四運動，也可以說是中國近代一次的精神覺醒。五四係以真誠愛國感情而開始的。則在此運動中，應拿出中國的光明一面，以批評發生流弊的一面，因而迎接西方的民主與科學，這才合於歷史上一般文化轉進的常軌。可是當時的領導人物，多心浮性急，恨不得把中國的東西一鋤挖盡。[7]

這些追求中國現代化的人物，後來分為兩支：一支標榜自由主義一支，一支則是左傾主義。前者指胡適領導的一支，在完成中國文化解體之後，或去當官，或退回書房繼續考據。後者則指陳獨秀等，轉而組織共產黨，宣揚馬列唯物主義，且滲透到各文化與大學之中，形成「一個非理想主義的理想運動」，取得青年與知識分子的支持，最後取代國民黨，對中國文化更極盡批駁推倒的能事。[8]

> 第三個原因，恐怕要算這些年來談中國文化的人士，不論站在正面或反面的立場，都忽視了文化性格上的不同，而僅拿同一尺度去誇張附會。……再加以各有成見，各走偏鋒，更難有持平之論。例如，根據說文上「儒，柔也。術士之稱」的幾個字，便把儒家寫成為「吹鼓手」式混飯吃之流；而對於儒家係以剛健為其精神的許多正面證據，一概抹煞不理。……站在正面的人，則又常常誇張過去的片言隻字，不是說西方有的我們都有，而無待外求；便是拿些空而大的話頭，來和西方爭鬥立戶，以為一切我們比人家的強，甚至超過了人家；使人感到中國文化是這樣的迷離恍惚，而沒有一個著落。[9]

由於痛感這種種浮誇之風的禍害，三位先生都發奮以堅實的研究和反省中國文化的精神與缺失，以回應和重新建立中國文化的價值。徐先生所論可

---

[7] 同前註，頁58-59。
[8] 同前註，頁58-59。
[9] 同前註，頁60-61。

說是從一個時代精神和表現來剖析二十世紀初中國之知識分子之學術與心靈狀態來說明中國在西方文化強勢挑戰下之所以不能作出健康而合理的回應，因而無法建立起以中國文化為主體的現代民主自由國家的原因。

唐先生也對清末從洪秀全之太平天國起義，到民初的五四運動，以至大陸變色變化作出反省與分析，認為其中的主要關鍵是民族與文化未能並立，因而總歸失敗。唐先生的分析主要從文化的廣度立言，從中國文化的根源上反省民主科學之所以不能在中國生根的原因。[10]唐先生指出：因為中國文化精神是由仁心通向天下一家，萬物一體，已超越了民族國家的界限。這種態度使知識分子不受一國一族的拘限，永遠都開敞心胸，在深感自己不足時，不斷向西方學習，而對外國的文化、思想、學理真誠的擁護和推介。但由於救國救民心切，總以西方各種主義為救國靈丹，因而各種學說泛濫而混亂。而研究科學的專家作為知識分子，也常懷有偉大的道德理想，要救國救民，反而不能認真專心從事科學的研究工作，產生類似加利略、牛頓等偉大科學家，使科學研究在中國土地上生根。而在發展民主政治上，中國實無西方階級對立的抗衡分權的社會力量。中國傳統的士農工商四民，擔負國家治理的是士人階層。但中國文化並不以這四個階層代表不同社會力量，士人也只是依個人之修德以踐行公義，一旦出仕即以天下為己任，不受限自己的出身和家族。由於剛從中國傳統社會解放出來，四民並不自覺地構成不同階級的力量，支持特定的代言人，以爭取政治上的權益。中國傳統知識分子恥於自薦和組織黨派去爭取自己或黨派的權益，因此，在政事與組織上，無法制訂客觀的制度，參政的議員都沒有客觀社會力量的支持，變成只是依附握有實權的軍閥政黨的附庸，容易受到收買和出賣，成為只是各謀其利的政客。唐先生認為共產主義之產生與成功，除了在組織策略上成功之外，最主要是利用了中國文化中的世界主義，以救國救世為號召，激動了年青人之追求平等公義的情懷，而使中國大地走向極權主義的政權，更落實了西方學界與全盤西化派認為中國傳統是支持獨裁，違反民主自由的文化。

牟宗三先生則從民族之歷史與哲學根源的深度反省中華民族的精神表現。牟先生認為中西方文化在基本取向上自希臘時代與夏商周三代以來即

---

[10] 詳參唐君毅：〈中國今日之亂的中國文化背景〉，此文現收於唐君毅：《人文精神之重建》（香港：新亞研究所，1974年），頁254-275。

各自奠定，而且極不相同。牟先生認為西方哲學家基本上先向外，理解自然，由是觀解理性成為主導的思想。西方由此而開展出燦爛的知性世界。現代科學是觀解理性的產物。觀解理性長於觀照外物，採取高度理想化自然物理現象，構成普遍原理，再經由實驗實證，發展為可以增加生產之應用科技。而中華民族所尊崇的聖哲都是身負民生重擔的思想家，以護持生命為首出的聖王，以「正德利用厚生」為基本原則，因此中國文化所表現的是實踐理性。觀解理性善於觀察世界之情狀，採取一種主客對立的模式，因而能專注解開自然世界中的種種內部結構，亦長於概念之分析，較容易建立起現代科學之理論。此種心態在政治上即展現為一種對立之局，形成一種分權的取向，由此而發展出民主的思想。當然，正如三位先生所共認的，此中仍需在現實上有社會階級的出現，社會有足夠的實力可以向傳統王權爭取各自權益，進而有各種不同利益群體之組織，由互相爭權與激烈相對峙，強調國民個人的基本權利，形成現代的民主政治架構。牟先生稱此為理性之架構表現或分解的盡理精神。而中國文化中所主導的是聖賢實踐中的理性表現。道德實踐基本上是攝物歸心，使主客成為一體，擴而為追求天地萬物為一體的境界，因此，中國哲人與自然世界相處重視「萬物靜觀皆自得」的心靈境界，而在政治上容易走向大一統的構想，總以天下一家為念。牟先生稱此為理性之運用表現、內容表現或綜和的盡理精神的表現。[11]牟先生認為中國文化在過去由綜和的盡理精神主導，分解的理性不顯，但並非缺乏此種理性表現的能力。而理性之內容運用與外延架構表現雖有重要的差別，但亦總是一根而發，因而並非兩極不相干，更不會是互相對立的表現，只要適宜地界定其相互關係與所屬之範疇，即可相得益彰，更能促成人類文化的圓滿發揮。因此，中國文化現代化即是如何由道德理性開出辨解理性，由道德主體開出知性主體、政治主體。

（二）當代新儒家回應二十世紀國人對中國文化之各種批評

　　牟先生常說，當代新儒家是四面作戰，需要回應來自共產主義、自由主義、天主教和科學一元論的攻擊。自五四運動以來，馬克斯主義者就

---

[11] 有關牟先生論述中西文化中理性的不同表現模式，詳請參牟宗三：《歷史哲學》（香港：人生出版社，1970年）與《政道與治道》（台北：學生書局，1987年）。

對中國傳統文化與儒家作出激烈的批評，50年代之後共產主義的攻擊自是最龐大和巨大的壓力；自由主義則是指自五四以來的西化派和胡適之所領導的所謂自由主義者；天主教則是指台灣天主教之以孔子之前的中國傳統信仰中的具有人格神意味的帝或天帝，以貶抑和扭曲孔子以下，特別是宋明儒學的論述；科學一元論則指殷海光等所持反對中國傳統文化的以科學為至高的偏面觀點。因此，三位先生一方面努力重新研讀和詮釋儒家之經典，同時，更針對自民國以來所有對中國文化與儒家思想之批評與攻擊作出有力的回應。首先，共產主義主政時較諸之前的批評中國文化與儒家的各種說法可說更嚴厲和激烈，且常把儒家夾雜在各種黨內外的鬥爭之中，把儒家思想等同一切腐敗思想和社會禍害的總根源，要把中國傳統和美德從人民生活中連根拔起。諸如批鬥知識分子，強迫子女揭發父母隱私，學生鬥爭老師，推動慘烈的文化大革命，等等。三位先生自然不可能在行動上做出多少的反擊，但在思想上反共可說是當代新儒家最堅定的立場。因為，這是從深度的哲學根源上，對馬克斯之階級論、唯物論作出嚴正批判而來的結論。就回應共產主義之挑戰，不但牟先生曾寫專文批駁毛澤東的矛盾論與實踐論，唐先生也屢屢強烈批判唯物論之貶抑人性與人之價值，常深痛天安門上懸掛馬、恩、列、斯之頭像，是把中國人民壓在外族外國文化之下。徐先生在時論中更常針對各種在共產主義制度下人民的慘狀，和生命與文化受到的扭曲，發出嚴正而強烈的評論。牟先生更直就孔孟之文化生命與德慧生命所印證之「怵惕惻隱之仁」而立人性論，以「對治共黨之唯物論，與馬克斯之心性論」[12]，確立每個人之獨特價值，維護每個人之生命，故儒者不能容忍蹂躪百姓的暴政。唐先生在「中國文化宣言」中更明確綜合反對馬列主義之專政思想的五點理由：

> 馬列主義之專政思想，所以不能長久成為中國文化政治之最高指導原則，其根本理由。一、在馬列主義想否認普遍的人性，而只承認階級性，因而想打倒一切建基於普遍的人性基礎上之宗教、哲學、文學、藝術、道德、而徹底以階級的觀點，加以劃分。此處是違悖了世界一切高級文化之共同原則，尤與中國數千年之文化思想之植根於此人心人性，以建立道德主體者相違，而想截斷中國歷史文化之統緒。二、在由其階級的人性觀，所產生的無產階級的組織，

---

[12] 參見牟宗三：《道德的理想主義》（台中：東海大學，1970年），特別是頁2-3。

想否認每一人的個性與自由人權，這是與一切人之各為一個人，因而必有其個性，亦當有其自由人權相違的。三、在中國文化之歷史的發展，是必然要使中國中除成為一道德主體外，兼成為一政治的主體、認識的主體，及實用技術的主體。人要成為一認識的主體，則其思想理性決不能為教條所束縛，而思想之自由，學術之自由，必當無條件的被肯定。四、在中國人民要成為政治的主體，則既不能容許君主一人在上，人民成為被治者，亦不容許一黨專政，使黨外人只成為被治者。五、在中國傳統政治中問題之一，在對於改朝易姓，君主繼承等問題，無妥善的解決。……而在共產之極權政治中，則最高政治領袖之繼承問題，……只有歸於如蘇聯列寧死後史大林死後之互相砍殺。此砍殺之必然產生，乃在於共黨體制內，視抱不同之意見之人，為必不能並存的敵人。有我無敵，有敵無我。……故此砍殺，乃由一黨專政之本性所注定者。欲避此砍殺，只能依由全民共同遵守之憲法，以行自由之選舉，使政權能在和平中轉移。[13]

由此可見，三位先生對於時局的評論與分析基本上是採取儒家之立場，批判馬列式之專政。儒家之傳統不但堅持人性具有普遍性，更主張人性善，對於共產主義者之破壞家庭倫理，抹殺人性之價值，造成各種巨大的傷害的政策，如三反五反、大躍進等死亡以千萬計的事件，及後之文化大革命等，實深感天地無光，人間成煉獄，言之心中實戚然難已。三位先生一生無不以生民為念，雖然站在人性人道與中國文化與哲學的立場堅決反對中共之專政，但對於其間偶有為善於民之舉，亦不吝嗇予以讚揚。此如唐先生自謂將樂見日後摘下天安門四外國人之頭像，若能見到孔子像被立於天安門側，相信亦會予以嘉許。而徐先生為文中更有不少苦口婆心的語重心長之勸勉之詞，甚致被批評為對共黨尚未死心云云。這是不知儒者為天地立心，為生民立命所不能自已的情懷。

至於所謂自由主義的攻擊，則自民國以來，最早反對中國傳統文化與儒家最力的所謂中國的自由主義實與西化派同一鼻孔出氣。中國的自由

---

13 〈為中國文化敬告世界人士宣言——我們對中國學術研究及中國文化與世界文化前途之共同認識〉，《中華人文與當今世界》，頁908-909。

主義者認為儒家思想與中國傳統文化與自由民主完全是對立的，是不可能調和的。他們視傳統為現代化的絆腳石，一無可取，必須全部去之而後快。因而他們不止是極端地反中國文化傳統和反儒家，也要求全盤西化的改革。這種反中國文化的態度進而表現為一種疑古的態度，藉對傳統文化的檢查考證而反中國文化。這種疑古的學風對於傳統經典不但徹底排拒，更進而披上科學研究的外衣，以清代之訓詁方法，解讀古代的文物，懷疑古代的史實，作出許多極端和不可置信的論斷，如認為大禹不過是一條大蟲，孔子不過是一個吹鼓手之類。左傾主義者和日後的共產主義者依馬克斯的歷史唯物論，把夏商周三代定性為奴隸社會，硬指歷代儒者都是封建階級或其代言人，都是專制帝王統治的支持者，等等。徐先生在中年回頭對中國文化進行學術研究之初，曾慨歎無確實的史學與經典研究成果可資運用，深感當時學界不但許多先入為主地盲目反對儒家與中國文化，常作出片面不充分和有偏差的詮釋，更常對經典作出斷章取義，隨意比附和肆意扭曲的論述，徐先生因而發奮研習經典，更運用訓詁方法，廣採先秦與歷代大量經典文獻，引據文物，博攬中外學理，對中國歷史與思想作出合理和全面的詮釋，以回復歷史的原貌，證立中國文化傳統的優美和偉大之處。例如，徐先生論證和反駁郭沫若等以三代為奴隸社會實是對文獻曲解，澄清孔子誅少正卯如何被實行法家專制者所偽造，考證出三綱之說乃出自漢初之《白虎通》，因而被統治者利用以壓制臣民，而非儒家重倫理及君臣甚至父子夫婦相對義務的合理取向，等等。在這方面，徐先生的論證與分析，使許多謬說乖論都被戮破。同時，在回應西方學界的一些偏見，如認為中國文化與傳統，特別是儒學在1949年之後已在廣大的中國大地上，完全失去影響力，成為歷史遺物，猶如西方埃及或拉丁文化等之已死亡的古代文化，或認為中國大陸的獨裁政權是中國傳統的產物，等等，三位先生不但以自身的存在證明此種論述之荒唐，更從各方面發展儒學與中國文化的生命力，強力證明儒學仍是人生的活水源頭。除了反駁西方若干漢學家之誤解與曲解，如費正清之流認為孔子的言論是侵略者，孔子之德治是神話等反儒家言論之外，三位先生指出，西方學界歷來由於研究中國文化之出發點與興趣常是帶有特定的偏差，如最早的傳教士以傳教為目的，主要是宣揚天主教義，故喜歡與先孔之天命天帝觀念比附，貶抑孔子以下，特別是宋明儒學的心性論，去除人格意義的天理、天道的義理發展；其後鴉片戰爭則是以強大軍力入侵，意在掠奪中國資源與文物，對中

國文化自無任何尊敬學習之可言；中國共產主義興起之後，這些外國學者又以外交國防之需要去了解中國國情，認為中國傳統文化直接或是間接成為支持極權的意識形態，或是已被驅逐出中國大地，是已經死亡和無足輕重的文化傳統。這三種態度都不能平心靜氣，客觀研究中國的歷史與經典，以見出中國文化與哲學的真正面目。[14]

　　三位先生侷處港、台的時候，由於在台灣的當政者對哲學與自由思想的恐懼與鉗制，因而哲學界漸為天主教所籠斷。天主教不但在幾百年前到中國傳教時已制訂對中國傳統哲學的基本態度，即以孔子之先的原始宗教所保留的有人格意味的天、天帝為主，曲解《詩》、《書》等古經與《論語》中孔子的論述，以壓抑儒家孔子以下的重人性、人道、人之自主性的心性之學的發展，特別是宋明儒者的所盛發的內聖之學。當代新儒家不但繼承先秦儒家，也同時繼承宋明儒學的發展，因而不得不對天主教之誤導國內外學者，歪曲中國傳統思想之論述，大力貶斥。徐先生在發揮先秦經典之學，不但通過訓詁申論孔、孟、荀論心性之切義，更提出中國古代聖哲都有一種關心民生的「憂患意識」，是中國文化的核心價值，有異於佛教之苦業意識、基督教之原罪意識。[15]此一考證所奠立的中國文化的根源意識和儒家的基本學思方向，自是三位先生所共認的。而對於孔子繼承三代文統所開創的儒學傳統，孔子之轉化傳統政治上的君子、小人之分而為德行上的人格表現，把人格意味的天帝轉化為哲學意義的天或道，更由每個人所稟有的仁與仁心，奠立了中國的哲學與人文主義的傳統。此在三位先生多種皇皇巨著中都已在文獻與義理論述中確立無疑。宋明儒學之繼承孔孟之學，回應佛教與道家的挑戰，而發揮儒家的道德形上學，成為當代新儒學往前發展的根據，可說已成為定論。三位先生在這方面的詮釋與開新的建樹，可說把民初以來對中國文化與儒學的扭曲、錯解、誤解都一掃而清。任何誣妄都只顯得是井蛙之見，確是別有用心的扭曲。

　　對於在台灣特別發展出來的科學一元論的攻擊，當代新儒家都明確指出其偏面性。科學研究在尋求對世界的客觀理解與發展科技改善人生上的合理性和必要性，儒家自然不會反對，也承認科學與科技對現代人生有巨大的貢獻。但當代新儒家必然強調倫理價值的重要性，以致優位性，即以

---

[14] 此為〈中國文化宣言〉最原初寫作的動機，參見《中華人文與當今世界》，頁868-872。

[15] 參見徐復觀：《中國人性論史——先秦篇》（台北：商務印書館，1969年），詳論請參考牟宗三：《中國哲學的特質》（台北：學生書局，1974年）。

倫理道德為指導原則，不能以科學涵蓋人生一切。以科學涵蓋人生一切實無疑馬克斯主義者之假科學之名而實行一切抹殺人性價值的思想。三位先生對於以殷海光為首的這種言論，實都抱同情理解的態度，雖然屢受攻擊都不忍激烈批判。[16]對於儒家在文化的態度上，唐先生為文最多，先後已成多種巨著，從詮釋發揚中國文化之價值，到人文精神之重建等，都在實現上引徐先生之言，發揮「道德的人文精神」，以建構使中西文化相容的「道德的人文主義」，為天下蒼生求一切合人性人情的出路。牟先生標舉儒家的道德理想主義，以為本諸孔孟之怵惕惻隱之仁，必函人文主義之完成，而把新學統內容之知性主體、政治主體融納於三統之中。

　　對於中國傳統與西方民主與科學的相容性，可借用蕭欣義為徐復觀先生論自由民主人權的論文集在編序所提的區分作一釐清：

> 時下對於儒家思想和民主自由人權之關係的看法，大致有下列幾大派：第一派主張儒家思想根本上是反民主、反自由、反人權的，唯有徹底打倒孔家店，才可能建立民主憲政。目前民主憲政一再受挫，是由於當局提倡儒家傳統的緣故。第二派則認為民主、自由、人權是西洋人的玩意兒，不合東方國情；而目前民主、自由、人權氾濫為害，必須借重儒家或法家的照妖鏡來彰顯其邪惡的面貌。第三派強調儒家思想完全符合民主、科學、倫理，要實行民主，必須從根源處推行儒家精神教育。第四派則覺得儒家有其符合民主自由與人權精神的地方，但在長期專制政治壓制之下，儒家滲入了反民主自由及人權的成份。[17]

雖然引文所述是以當時在台灣的政學界為背景，但亦同時反映和延續了自民初以來對中國傳統文化和儒家是否能與民主自由和科學相容的爭論。第一派自是指所謂自由主義者與西化派，以及馬克斯主義者。徐復觀先生曾為文剖析國民政府成立以來，其實都沒有真正的儒者參與，都是一些留洋回國不懂國學或儒學為何物的學者專家，以及一些傳統遺民與軍閥等在作亂，根本與儒家無關。且徐先生來台之後更被排除在黨政核心之外，唐、

---

[16] 其中曲折可參考徐先生悼念殷海光：〈痛悼吾敵，痛悼吾友〉一文，現收於《儒家政治思想與民主自由人權》，頁327-336。

[17] 徐復觀著，蕭欣義編：《儒家政治思想與民主自由人權》，頁11-12。

牟二先生本不屬國民黨人,且長期在香港,兩岸現實政權之反民主自由的表現,顯然都與儒家思想或學者無關。國民政府雖對傳統多予以尊重,亦以復興中華文化為號,不像大陸政府之常歸罪儒家傳統要為一切腐敗落伍負責,但國民政府所任用的人或政策,難說是儒門學者所提出的,且這類文化復興活動亦不足以影響現實的政治運作。至於第二派以為自由民主乃是西方洋人玩意,不合中國國情的說法,要運用孔子誅少正卯的行事來限制自由與人權,更不是儒家與當代新儒家的思想。徐先生對台灣國民黨內這種反民主自由的言論與政策,已多次為文抗爭與反對。第三派代表傳統士人之以中國為無所不包,因此,只要發展傳統文化即可以完成現代化,而有民主與科學。此種保守自大的心態不但不能見出儒家或傳統文化中的精義,也不能理解西方文化有其創造與多面的貢獻,不是中國傳統文化所能專擅的。此所以三位先生一再強調何吸收西方文化,擴展中國傳統文化,以建立真正具有倫理人道關懷的民主自由社會,此即所謂中國文化與哲學的現代化。至於第四派顯然是指徐先生等所代表的當代新儒家的基本思路。三位先生對此都有深刻反省和在學理上足以證立的論述。關於儒家與民主、科學之關係與發展,詳見下二節。

(三)中國文化之現代化課題之一:儒學與科學

　　三位先生對於文化與思想或哲學之間的關係,有一個共同的理解,此即牟先生常說的,了解一個文化不在它的器物,而是它的哲學。此哲學可以通泛地說包括一個文化的價值,特別是它的道德、宗教、哲學思想等。中國自鴉片戰敗之後,士大夫皆力求富國強兵,以雪國恥。這可說是中國智識分子直到二十一世紀仍然不忘的意識。清末士子固然不懂西方哲學科學,因而以為學習西洋科技,以夷之技制夷即可。然而數十年的學習與製造槍炮等科技,卻在甲午戰爭一敗塗地。士人才開始醒覺西洋科技之長處不止是在其科技,乃在其各種政治社會制度。由此而開啟政治之改革。然而深藏在滿清皇朝的專制獨裁思想,絕不肯放棄手中的絕對權力,縱使敗於外敵,仍然是「寧與外人,不與家奴」,制憲種種只是虛應故事,因此,康梁改革徹底失敗,立憲六君子遭殺戮,最後以康梁出走結束。此時,滿清政府大權落在軍閥之手,國人之求改革富強已不能寄望於上,終於由辛亥革命成立共和,促成政治上的徹底改變。但此種純然以為改變制度即可以

使中國臻於現代國家之行列，實忽視其中文化與思相的必要支持。缺乏具有真正的民主自由價值的文化，即所謂民主的政治文化的支持，民主政體不但不能落實民主，而且只流於各種原有的價值權力繼續搏鬥混戰。此即有諸如袁世凱稱帝，張勳復辟，軍閥混戰，最後日本侵華，折斷中土的政治改革，以致中共坐大，國民政府退處台灣。民主政制尚遙遙無期。

　　三位先生於退居港、台之後，痛切反省民族生命之百年苦難，深知非進到中西哲學與思想的深度去進行融會貫通，實難使此老大中國走上現代化之路。因而，中國文化與哲學之現代化成為當代新儒家第二代核心學者的中心課題。所謂現代化不同於西化，更不是全盤接受西方文化，毋寧是通過發揚中國文化之特色與優良傳統，吸收西方現代化的成果，促成中國文化之高明成就。同時，在現代化的過程中，由於秉持中國文化重生命之核心，即孔孟之怵惕惻隱之仁道，此可近乎西方啟蒙時代特別是康德所標舉的實踐理性。換言之，當代新儒家之現代化絕非放棄自身的優點和特色，而是以中國文化之根本精神和取向，擴大包涵西方文化的優點。如以吸收西方在文化上最重要貢獻的科學與民主為例，基本上當代新儒家是以怵惕惻隱之仁為基礎，作為外王事業上的開展，用以充實發揮人心之不安不忍的道德與生命價值的要求。此實孟子所謂「以不忍人之心行不忍人之政」的現代版。因此，三位先生所建構的現代化是依中國文化的理想，並不受限於西方現代化之帶有黑暗面的限制，而是批判的吸收，由是超出現代化，解除現代化中理性所帶有對個體的強制性、宰制性與鐵籠化的控制。[18]嚴格來說，西方文化之優點不能只說有民主科學兩項而已。民主與科學是一種指標，西方現代社會中許多優良的制度，如社會安全、福利保障、工商業規範、自由市場等制度，儘有值得中國文化進行現代化的參考價值。至於西方在藝術、文學、科技，以至宗教等，也有許多是中西文化可以互相觀摩激盪，吸收轉化，讓人類文化與生命更豐富多姿的價值。本文專就當代新儒家的現代化課題而論，未能廣及其他，所以仍然集焦在科學與民主的吸收融納的問題。

---

[18] 西方現代化之會造成鐵籠化現象是偉伯（Max Weber）對啟蒙運動的社會分析的結論。當代新儒學從現代化到後現代之論述，請參閱本人在上世紀80年代開始的一系列研究，如〈論現代性與後現代主義：當代新儒學的反省〉等，此文現收於本人之：《當代新儒學之哲學開拓》（台北：文津出版社，1993年），頁291-309。

　　新儒家之返本開新，已涵有面對西方文化的挑戰所必須作出的開展。首要的自是五四運動高舉的科學與民主。三位先生並不以為儒家即具備一切，也承認中國傳統文化之中沒有科學與民主。這種肯認並非自卑或崇洋，而是根據對於中國傳統文化與儒家傳統，對照西方民主與科學的深度了解而作出的論斷。特別是科學方面，三位先生並不以為中國傳統有不少器用科技上的成就，即以為中國已具備西方現代科學或科學精神。此如徐先生即明確表示不同意熊十力先生以朱子之格物致知為類同於西方的科學的方法：[19]

> 故熊師十力之《讀經示要》，獨於致知格物，採程朱之說，意欲由此以轉出科學，其用心甚苦。但於此有不容含混者，即程朱之所謂物，主要上仍係指人倫而非指自然。而格物窮理之目的，仍是為了道德實踐上之實踐。

唐、牟二先生亦不取朱子之格物致知之方法為西方追求知識與科學的方法。甚至英人李約瑟（Joseph Needham）根據中國傳統許多經典理出中國傳統文化中許多高度精細和重要的觀念與發明，三先生並不認可此即為現代西方所成功的科學。此實因西方現代科學實具有高度抽象化與理想化現實之物理狀況，提出一些諸如理想氣體、無摩擦力的斜坡等，然後經數學化，方得以推論出一些重要的定律，再進行預測，經由實驗作出檢證，方建立為科學法則。這種思考方式不是重視實踐和偏向實用而有益民生的儒家思想所贊許的。朱子之格物致知的方法，也仍然是倫理實踐的方法，所尋求了悟的是太極之理，即牟先生所謂存在之理，而非科學家所追求的物理世界中的結構之理。[20]

　　牟先生論科學是根據對西方哲學傳統的理解，分辨科學知識與道德實踐之主客模式的根本不同之處。道德實踐是攝物歸心的模式。因為，在道德實踐之中，行動者出自道德本心或仁心而行，是把所對之事物，如孺子之將掉到井中受到的痛苦，視如自己的痛苦，因而發出無私的自我要求的義務行動。這種忘我無私，與所涉之人與物視如同自己一身的方式，在一

---

[19] 徐復觀著，蕭欣義編：《儒家政治思想與民主自由人權》，頁79。
[20] 牟宗三：《心體與性體》，第一冊。

切道德行為中俱如是。而科學研究中卻正好是把對像隔離於自己的個人情況，所謂採取一價值中立的態度。此即把所要研究的對象推出去，與自己形成一認知上的主客對立的模式。這是道德與科學兩種對待事物的方式。因此，偏重道德實踐的儒家思想，不容易積極建立這種認知的態度。但儒家本有「正德利用厚生」的實踐要求，對於有益實踐之正德與厚生之事，也積極予以利用，此所以儒者如王陽明也提出，要孝順父母，也總得要能分別何者為有益，何者為有害父母身體之物，不能把砒霜當補品。因此，儒家並不排除知識與科學，但傳統中重視不足，士人也不全力去發展，因而中國傳統中有很多很實用和偉大的發明，如眾所周知對西方和世界文化有巨有影響的火藥、指南針與活版印刷的發明，但卻無現代的科學理論。中國傳統社會中科學與科技知識，如天體運行的規律、數學常數∏之數值等，都可以跟據經驗作出遠較西方同期細緻和合理的論斷。此可以證明中國人的心靈並非不可具有科學科技的表現。儒者也從無以為道德實踐是排拒知識之事。

　　因此，傳統文化不能開出西方現代科學的成果，並非因為傳統文化和儒家的思想中有與科學不相容的成素，而是一種價值偏重的結果。中國傳統三教都著重實踐修行，嚴格來說，都與對物理世界知識之多少無關。所謂一字不識，也做個堂堂正正的人。修成聖人、真人、佛都是實踐之工夫所至。只由於實踐所需而帶出各生活知識的發展。此所以傳統道家典籍中有很豐富的化學食療的知識，與同期西方比較，實遠為客觀而真確。但儒家或道家，以及佛家也都成不了現代科學。然而，就儒家而言，能增進人民生活幸福，保障人民生命，自是道德實踐應有之義，此即是從「內聖開外王」[21]之道德實踐所必的要求。換言之，科學科技有助生命之生長、發展和保障，自是儒者應有之關懷與要求。至於如何開出科學，基本上是

---

[21] 有謂「內聖外王」不是孔孟所說，甚致宋明儒者也鮮用，乃是當代新儒家所屬入的觀念。參見梅廣：〈『內聖外王』考略〉，原文刊於《清華學報》新41卷第4期（民國100年12月），頁621-667，亦請參見本人之：《儒家道德規範根源論》（台北：鵝湖出版社，2013年），特別是第二章所論。三位先生當然知道此詞出自莊子書中，但此一模式用於儒、釋、道三教都可說是應有之義。因為作為一大教，絕非閉門自修了事，都是為眾生求升超解脫之道，都求有所用於群生，自然有所謂「外王」之要求。事實上，真正符合外王之為在社會政治上的發展，實以儒家最為恰當，因儒者歷來都是負擔國計民生的知識分子。且《莊子》一書中所指稱的實以代表儒家的魯紳之士的構想，此與孔孟，以及《中庸》、《大學》之基本取向相同，特別是《大學》所示的內聖直接推演出外王事業之實踐，可謂是儒家內聖外王的最佳說明。

一種轉變對事物研究的心態與取向，即從實踐的態度轉而為客觀研究的態度。用哲學的用語來說，即是開出「知性主體」。因此，依三位先生之論述，中國傳統文化雖然沒有開出西方現代的科學，但也有充足的科學科技追求的表現，儒家思想與科學自然相容，實無任何相對反之處。當代新儒家之論述所以超出一般泛論和所謂科學一元論等之處，是能究實了解科學之本質和認知模式之與道德實踐之不同，因而真能把科學吸收到中國文化與儒家哲學之中。換言之，知識分子能暫時放開道德實踐的直接要求，專注於對對象的認知與研究，實不難建立現代之科學。此由近年中國或華裔科學家傑出的表現，並不遜於西方任何科學家即是一種例證。同時，在儒家的思想中，科學固然可以暫時放下實踐而專作知識的追求，但知識技術如應用到現實生活上，則儒者正可以提供重要的倫理規範。對於把科學與科技用於傷生害物之處，諸如製造毀滅性的原子彈、生化毒氣之類，儒者必堅決反對。甚致如果要犧牲人類生命去做不人道的實驗，如納粹黨以猶太人，日本在東三省以中國人進行不人道的實驗，儒家更嚴正的反對。依儒家的醫學傳統，醫者以自身為試驗者，如神農嚐百草，自是可敬的偉大實踐，但絕無以他人或病人，甚至是動物試藥之事。唐代孫思邈甚致不忍以含靈之生物入藥，可謂代表傳統儒醫[22]對生命的愛護，對醫藥科技使用的道德態度。

（四）中國文化之現代化課題之二：儒學與民主

三位先生對於中國傳統文化之沒有實現民主政體是共認的，但是並不同意中國文化與儒家思想中沒有民主的精神或與民主精神相矛盾。三位先生均指出西方之能發展出現代的民主政治，不但先有民主的理念，如人人在上帝面前平等，統治者要得到人民同意才可以有合法性，進而有康德之人人生而有自由與人格尊嚴以奠定個人具有不可被剝奪的基本人權等等；但也得要具備現實上之機緣，社會有足夠的力量，一步步從絕對的王權手上爭取人民的權利，最後才成就西方現代的民主政治。從英國大憲章運動

[22] 「儒醫」一名出自宋代，北宋開始設立正式的醫官制度，此亦見儒家思想貫徹到治病救人的基本態度。歷代儒醫有許多行醫的倫理守則，以及病人守則，極富人道和道德意義，對現代社會中醫病關係之重建實有重要的啟示與參考價值。詳論請參見我的〈卓越醫學之醫藥專業質素：中國傳統醫患關係之理代功能〉，《醫學與哲學》第34卷第4A期（2013年4月），頁27-31。

到現代的君主立憲，英國實經歷了數百年的流血奮鬥，豈如無知的學者專家以為民主可以一蹴而至。三位先生認為在中國傳統社會中沒有明確的階級，沒有有組織的教會或社會團體為各自的利益而爭取權力，也沒有建立起社會的客觀力量以對抗和分享王權，因而在過去歷史中沒有開出民主政體。但是，基本上，三位先生認為在孔孟依怵惕惻隱之仁心建立的仁政王道，即含有民主自由的意義。三位先生不但深探民主政治在西方之興起因緣，也更深入探究中國文化不能開出民主政體的因素，以解答和解決儒家二千多年來的為生民立命的大願。

牟先生在疏理中國古代經典，條理出中國文化與哲學的源頭之後，總結為中國只有治道而無法建立政道。外在原因自是每個民族的歷史都來自初民之戰爭而建立部族的統治，自是由有力者掌控統治之大權。此無待多言。牟先生專就中國根源價值的疏通中指出，主要原因是中國思想之表現為綜和的盡理精神，只有理性的運用，有高度的治道的表現，但未能如西方發展出分解的盡理精神，開出政治的架構表現，定立互相制衡的政體。儒家自然不限於個人之道德實踐，道德實踐即是在家國天下中實踐，因此內聖必涵外王的開展。由內聖開外王是一基本而合理的方式，此即攝政治於倫理，這是中西大哲的共同信念。即如康德亦從人之作為理性存有，生而即具有普遍的自由，人與人之間結合成為公民社會正是為要保障在自然中原有的各種自由或權利。這種基本的自由與權利並非政府或任何政黨所賜與的。政府的合法性端在保護人民這種自由和權利。當代西方政治哲學主流之羅爾斯（John Rawls）即繼承此一西方傳統而以公義原則先行於國家的憲法，亦是以政治奠立在道德的基礎上之義。因此，傳統儒家由內聖開外王是一具有先見和重要的政治組成的基本原則。此可謂儒家與法家最重要的差別。儒家傳統的內聖外王的典型模式可見於《大學》之八條目：從個人之道德實踐之格物致知、誠意、正心、而修身，再往外推展而齊家、治國、平天下。此一模式一方面可見出儒家雖然重視家庭和家庭倫理的根源意義，但絕不止於家庭或家族，甚致不止於國家，而必推致於天下。嚴格來說，儒家的理想實更及於宇宙萬物。另一方面，也由此可見傳統儒家的內聖外王是直接由內聖開出外王的模式。如此形成了外王事業直接籠罩在內聖成德的實踐之中，理性的架構表現即無法獨立運作，傳統政治也就只能由聖王之實踐，在理性的運用表現中呈現。但現實上的統治者多是以武力取得政權，必將政權視為私產，因而成為帝王世襲。政權不會

分享，也不容碰觸，因此，雖有經由科舉而立的以儒士為主的外廷，宰相以及士人政府體制實難抵擋來自絕對權力的侵擾或腐蝕。而內廷中王位的繼承常以激烈無情的鬥爭進行，每況愈下，最終由於帝統衰落，朝政日益腐敗，以致民不聊生，則又由有力者起而取代之，再一次演繹一治一亂的循環。牟先生認為要建立民主政體，須把傳統由內聖直接開外王的模式轉換為間接的型態，讓觀解理性得以在外王事業上開展。

　　牟先生之說法是基於觀解理性與實踐理性的差異，而直接開出外王即把觀解理性的精神吞沒。中國傳統不但建立不起民主政治之對立方式，傳統中對名家與知識的興趣都不大。因此，牟先生提出由實踐理性辯證地開顯知性，或後來所說的「良知之自我坎陷」，以建立新外王。牟先生提出的觀點，自然是以實踐理性或道德理性為主體，開出知性以成就民主與科學知識乃是道德主體的運用。在知識方面，此一說法似有貶抑科學的地位，因而使許多人不滿意。但牟先生之說法正是要使科學與知識之研究獨立於道德實踐之外。因而以實踐理性之自我否定，或良知之自我坎陷來說明兩者之不同性格。人生有生活上使用各種資源的必要，科學知識可以使我們更客觀有力掌握事物的原理，而科學的研究必須專心致志，只為知識而尋求了解，不宜把實用和實踐所需的面向同時滿足。若不如此，科學即回到中國傳統的模式，只隨日用倫常的需要而進行，則必定無法達到高度理論化的現代科學。牟先生更說明此乃良知自覺自願的自我轉化，既讓辨解理性得以獨立運行，也使良知之深情大願真正得以實現。此實無弔詭之可言。在民主政治方面亦如此。民主架構使政權脫離特定的個體或家族，得到貞定，同時開放為人民共有，政事基本上是依民意而決定。這正是使中國傳統上所謂：王位繼承、宰相難處、一治一亂的循環得到最後和合理的解決的方法。

　　唐先生自然也認同中國傳統政治上沒有西方式的民主政體，但認為中國政治之表現實有超前於西方基於個人主義與民族主義的政治體制。唐先生似乎並不認為中國政治體制現代化需要有如牟先生所提出的辯證開顯方式。唐先生把民主政體放在文化的角度來考量，首先指出在孔子之仁心的自由可涵蓋中西各種自由的論述。[23]唐先生之意是從作為民主政治所要保

---

[23] 參見唐君毅：〈自由之種類與文化價值——中西文化思想中自由觀念之會通（上）〉，此文收於《人文精神之重建》，頁323-340，特別是頁339-340。

障的每個人之自由，見出儒家在民主政體的慧識。唐先生認為政治雖然也是文化的一支，但政治基本上沒有自己獨特的文化貢獻，政治最重要功能是讓其他文化活動，如文藝、教育、倫理、經濟、宗教、科學等所謂第一序的文化活動得以自由開展，不受不必要的人為干涉或障碍。因此，唐先生認為政治中的一切概念都應放在人文思想之下來考量，民主政治的概念在此也是一「引申的第二義以下的思想概念」。唐先生認為我們要確認政治本身不是文化價值的創造活動，也不是要實現自己的文化價值，因而：

> 我們對於政治之應有的第三認識，是政治與國家組織之成立，其最原始的亦應當有的心理動機，是涵蓋社會各個人之人生文化價值，而使之俱成不悖的道德動機。此即人之仁義心。[24]

此即表示政治乃是道德實踐之發展，是外王基於內聖的表示。然而，唐先生進而指出單憑道德的實踐並不足以防止人們從事政治活動時所具有的權力意志，可以操控他人的權力，因此，必須有民主的政治制度的保障：

> 人之直接的道德意識，可以實現政治上之善，而不能根絕政治上之惡。可以逐漸根絕政治上之惡的政治，不能只是聖王之治與哲學家之治，而祗能是民主政治。因民主政治可以立各種人權保障之法律，來限制政權之使用。同時以普遍的選舉權，來決定政治上人物之進退。而此種立法與選舉之所以可能，除依於人各種欲實現其人生文化價值之動機外，亦兼依於用人民的權力意志，來限制政治上人物的權力意志。人與人之權力意志，互相限制互相否定的結果，亦可使人之放縱其權力意志之事，漸成不可能。由此而使欲憑其生殺予奪之權，以毀滅他人之人生文化價值之事，漸成客觀地不可能，而消極的保證社會人文世界之存在。[25]

唐先生在此指出政治之要求出於人之仁義之心，但單靠行使權力者之道德表現實不足以限制他的權力意志和生殺之行動。因此，仁義之心必要求引

---

[24] 唐君毅：《人文精神之重建》，頁385。

[25] 同前註，頁390-391。

進對統治者之權力之限制。唐先生認為只有民主政治可以達到此一限制。此自是要人民能成為政治之主體，來共同制訂各種保障人民生命與財產的權利。唐先生在此並不給民主政治體制以絕對的保證，只表示民主政治可以漸漸消除此種種違反人文與權利的行為。此是唐先生之審慎樂觀之詞，不是一廂情願而以為有了民主政體即可臻至天下太平。因為，甚至是西方民主國家先驅的德國，也可以因納粹黨上台而變成法西斯暴力政權，以及無數假民主的統治者常利用國家危機而廢除民主憲政，實施獨裁統治，即可知單靠一紙憲法並不足以保障人民的生命財產人權。唐先生為文當年，中華民族已經歷了數十年的民主奮鬥，海峽兩地之政治體制都未能走上真正民主之路。

　　唐先生認為在民主選舉中，我們實含有一種互相推讓的態度。由於人生真實的生命是在第一序的文化創造和享用，而政治領導實只能為少數人所擔負和執行的工作，因此，我們也可以說在民主選舉中我們是自我謙讓，推選有德有能的人來為民眾服務。而在推選賢能之時，我們選擇一接近民主政治理想的人，則我們實作了一實現政治理想之事，創造了一政治價值。此表示在民主選舉中，人民真正實現為民主政治之主體，而經由選舉委任或推翻某一候選人或當權者，即實現了一民主政治的價值。唐先生認為西方所謂天賦人權的觀念尚有含混之處。因為，在政治活動之中，我之得享各種文化成果是由他人與社會所提供，我也提供自己的文化創造給他人和社會享用。換言之，在文化生活中，人並非一孤立的個體，而是在一共同體中不可分地共同分享和互相承認。因此，唐先生認為「人權可說是天賦於我，亦是他人或社會所賦於我，我所賦於他人的」[26]。唐先生在此強調了社會群體的重要性，民主是一種政治互為主體性的表現。唐先生認為最能客觀保障人權的是社會上有多種社會文化團體的存在。個人須在社會群體中方能有效地與政治上的當權者對抗，也藉由各種不同的文化團體保障，才真保有個人之地位與尊嚴。

　　唐先生認為我們可以從不同的理由主張民主，而唐先生自己則以「人皆可以為堯舜，人皆是平等的能為聖之道德主體，因而人亦皆當平等為政治社會之主體，以主張民主」。[27]唐先生此說所代表儒家對民主的肯

---

[26] 同前註，頁393-394。

[27] 唐君毅：《中華人文與當今世界》，頁500。

定是認為民主政治的依據是由於每個人的生命都具有同等的價值，都是具有可以實現最高人格價值的個體。因為這一人之為人的價值使得一切在政治上壓迫任何人的制度都不合理，亦不道德。這是針對和批判一種理解西方民主政治文化背景的特殊論點，即以民主制度是因為人性惡，為防止人們利用政治權力傷害他人而有的制度，以限制公權力的運用。在西方政治哲學有較近於這種論述的是霍布斯（Hobbes），但主流如洛克、盧騷、康德等，都是依人性之光明面來肯定民主的合理性。如果每個人的人格本身不是具備同等而又至高的價值，則強權者仍然可以不予他人以同等權利，或壓迫少數，不履行民主政治對公平的要求和對公共權力的限制。這是從肯定人格價值而證成民主政治之合法性。唐先生進一步申論指出，一切主張民主政治之不同的理由，最終都可說是根據兩個由同一根源而來的原則，即：

> 一為人與人人格平等的肯定，與人與人之個性之差別的肯定。而民主之基本精神，即一平等的肯定差別之精神。平等是普遍性，差別是特殊性。民主的精神，所要求者即在普遍與特殊之結合。[28]

唐先生在此批評西方現代民主政治只強調人人平等之不足，認為民主乃是平等性與差異性的結合。此由於人格的實踐，人人所達到的境界不可能完全相同。人也有智愚賢否之分。選舉執行國家權力與代表國家的人選自然是要求具備才能與賢德之人。對於政治人物之道德要求是自然而合理之規範。而且，唐先生之說突顯出民主政治對於「差異性」之應予以重視。此於西方近期重視所謂「差異政治」（politics of difference）實有先見之明。對於民主之應結合平等性與差異性，亦可謂是儒家在現代化的過程中，經由實踐理性的批判吸收，對於現代性之流弊作出批判而超越過之的後現代化的表現。

　　唐先生對於西方現代的民主選舉的流弊也作出了以下的批判表示。唐先生指出，西方現行的民主政治在實踐上，即偏向重視平等性的選舉中的一些重要的缺點。由於民主選舉基本上是一人一票，而現代選舉過程中的宣傳和拉選票工作，實極為花錢。其中一個後果是沒有相當財富的賢能之

---

[28] 同前註，頁501。

士既沒有財力，也較沒有誘因去參選。而參選者則運用豐富的財力和宣傳以贏得選舉，有失民主選舉原有的選出賢能之士的本意。民主選舉因而重量不重質，而一般人民的意見可能是貪安逸貪舒服而短視的，因而不會接受賢能者之高瞻遠矚的主張，民主政治會庸俗化。此在西方民主政治中固然是常遭遇的批評。唐先生之意自不是要取消或反對民主選舉，也不是說民主的原則有問題，而是希望在推行中，「在民主政治中，加上一個尊賢讓能的意思，使民主政治中之重量原則與重質原則，互相結合」[29]。唐先生認為：

> 只由現代式之社會團體之組織，亦可使人陷於平面的物化。中國之民主之理想的實踐，必須重肯定傳統之價值等差之觀念，而以中國傳統式社會組織之原理，為一根據。因唯此方可真實成就中國之民主政治之實踐，而亦可將現代式之社會組織與民主政治，再向前推進一步，以開拓人類社會政治之更高遠的前途。[30]

在現代世界中，西方各民主國家固然具有基本的民主體制和民主精神。但由於各國在不同的歷史與社會發展階段進入民主體制，因而必根據當時之歷史文化特性和社會狀況制定其民主體制，此如英國的內閣制、美國的總統制、法國之共和制、德國之聯邦制等。在國家分權與權力安排上都不同，選舉的形式和議會組織也各不同。因此，西方各民主國家都有共同的民主精神，即主權在民之理念，但並沒有一個西方民主政治體制的共同模式。民主體制作為現代國家最基本的生活架構，自然會結合各民族的特殊情況與傳統，才真可能成功。因此，中國的民主政制自必會帶上中國文化傳統的特色。唐先生認為中國的民主政治建構必須與中國文化傳統，特別是儒家之人皆可為堯舜的理想相結合，可謂理所必至。

　　雖然徐先生基本上認可中國傳統沒有民主政治體制，但在談中國文化的限制時，只列舉了科學，而不以民主並列，因為，徐先生實認為中國不但自孟子以來即有民主之觀念，亦有一定的民主制度的實現。徐先生最明確的觀點見於以下對於孟子的政治哲學的論述：

---

[29] 同前註，頁411-412。

[30] 同前註，頁534-535。

因為他〔孟子〕堅持政治應以人民為出發點，為歸結點，所以他
明白確定政權的移轉應由人民來決定。他提出「天與」（「萬章
上」）的觀念來否定統治者把政權當作私產來處理的權利；而他之
所謂「天與」，實際便是民與。所以當齊宣王伐燕勝利，想援傳統
的天命觀來作取燕的根據時（「不取必有天殃」），孟子乾脆告訴
他，「取之而燕民悅，則取之；……取之而燕民不悅，則勿取」
（「梁惠王下」）。即是說，這應當由民意來決定的事，與天命
無關。正因為他認定政權應由人民來決定，所以他在二千年以前，
已經肯定了政治的革命權利（「梁惠王」：「聞誅一夫紂矣」）及
人民對統治者的報服權利（同上：「夫民，今而後得反之也」）或
將人君加以更換的權利（「梁惠王下」，「四境之內不治，則如
之何？」「反覆之而不聽，則易位」）。他是非常反對戰爭的，
但湯之伐葛，他認為是為「匹夫匹婦復仇」，他卻認為是王者之
師。……這都是表明人民有力量來決定政治。他這些話初聽來不僅
是當時的統治者認為迂闊；現在讀孟子的人，恐亦多有同感。[31]

徐先生所引主要是孟子論述堯舜禪讓政治的方式。孟子在該段文獻中所明
顯表示的是天下不是天子的，縱使以堯舜之聖德，天下仍不是天子的。此
實涉及天下的主權誰屬的問題。孟子之意明顯地認為天下是人民共同擁有
的，即舜及其後的大禹要得到天子之位，要經過人民的同意。此即表示國
家的主權是人民的，此乃是現代民主概念的基本意義。[32]換言之，徐先生
認為儒家的思想中已具有民主的觀念，並不必向西方取經。

　　徐先生甚至進一步認為孟子的政治哲學中，已表明人民有決定用人的
權利，具有「民治」的原則。徐先生說：

　　過去，我也和許多人一樣，以為孟子的民貴、君輕思想，只
是民本思想。與民主的思想，尚隔一間。用蕭公權氏的話說：「孟

---

[31] 徐復觀：〈孟子政治思想的基本結構及人治與法治問題〉一文，此文現收於《儒家政治思想與民
　　主自由人權》，頁21-132；引文見頁124-125。

[32] 我曾在〈孟子政治哲學之定位：民本與民主之論〉一文，分析孟子論禪讓政治的文獻，並以西方
　　民主的兩種標準，即主權在民與人民同意的程度來評論孟子在此段文獻中所表示的人民的意願和
　　權利，均屬於當代民主的基本意義之內，由此見出孟子所謂禪讓政治即是人民民主選舉的模型。
　　此文現收於我的《當代新儒學之哲學開拓》，頁291-309。

子貴民，不過由民享以達於民有。民治之原則與制度，皆為其所未聞」（中國政治思想史九一頁）。現在看來，民治的制度，實為孟子所未聞；但民治的原則，在孟子中已看出其端緒。「梁惠王章下」：

「國君進賢，如不得已。……左右皆曰賢，未可。也諸大夫皆曰賢，未可也。國人皆曰賢，然後察之（察其賢之事）。見賢焉（見其有賢之事），然後用之。左右皆曰不可，勿聽。諸大夫皆曰不可，勿聽。國人皆曰不可，然後察之。見不可焉，然後去之。左右皆曰可殺，勿聽。諸大夫皆曰可殺，勿聽。國人皆曰可殺，然後察之。見可殺焉，然後殺之。故曰，國人殺之也。」

就全文看，這裏省掉了「故曰國人用之也」，「故曰國人去之也」的兩句。這段話的意思，是說用人，去人，殺人之權，不應當由人君來決定，而應當由人民來決定。人民的好惡，決定政治的具體內容（「離婁」：「所欲與之聚之。所惡勿施爾也。」大學：「民之所好好之，民之所惡惡之」），而對於用人，去人，殺人的政治權力，又主張保留在人民手上，這怎樣沒有透露出「民治的原則」呢？但人民如何有效來行使這種權力，則係制度問題，孟子的確沒有想到。[33]

徐先生之反駁有力是因為根據孟子明顯的文獻而來，並不是意氣上的反對。徐先生並引述《禮記》「天下為公，選賢與能」，以及西漢開始鄉舉里選，以說這種民治制度之實現。當然，孟子的論述仍然是觀念與原則的陳述，而西漢及以後開創科舉取士，使行政權力對人民開放，也只是在政權在帝王手上的治權民主而已。由於政權之不民主，治權上的民主不能直接說為人民有參與治權的法定權力，而只能是一種道德的權力。[34]當然，徐先生並非強說中國傳統文化之中已有民主的制度，而是論證儒家思想中實具備民主與民治的觀念。

如果我們從西方論述道德與政治的關係的形式來，說正如上文已指出在康德或羅爾斯的政治哲學中，民主政治是可以直接自道德原則所開

---

[33] 《儒家政治思想與民主自由人權》，頁161-179。

[34] 有關徐先生論述人民參與治理國家的權力的分析，我曾在〈先秦儒家之人權觀念——為徐復觀先生之重構進一解〉一文詳加考量，認為孟子所述確是人民應有的道德權利，但尚未能見諸法律的確立。此文現收於《當代新儒學之哲學開拓》，頁275-290。

出的。西方政治哲學家從道德原則開出政治原則，如康德的定然律令或羅爾斯的公義原則，都著重由道德的普遍要求客觀化成為政治結構的第一原則。此是採取道德原理的普遍法則性的一面。此可說是從道德本心之形式面而立普遍的政治原則。此中即含有人人平等，因而在政治領域中每個人的權利義務均一律相同，無有差別。此即無異在構造政治體制時暫時擱置道德本心之具體內容，只就其普遍性理想地構造基本的憲政原則。由於在平等與公義的條件之下，所構成的體制必定是人民所共同擁有的，人民在締結契約之前所本自有的自由，不是國家所給的，而是國家憲法所必要保障的權利。而此乃是一民主立憲的國家制度。此亦是儒家所指向的民主體制。

（五）中國文化之關懷：現代化與國際化

當代新儒家一方面重新研究傳統經典與中國歷史文化，以回應二十世紀對儒家的批判與攻擊，另一方面亦同時對西方文化與哲學有所批判與補救。經過深研中西哲學與文化之後，牟先生指出西方社會與哲學實面臨一種困境，即淪於「無體、無理、無力」的表現。西方當代英美哲學的主流是經驗主義，加以語言分析，哲學家自以為所能做的只是第二序的哲學反省，只是消極的對傳統哲學和日常語言作分析，並不肩負社會人生的責任。此種風氣直到二十世紀中葉，使哲學完全退縮到書房之內，對於社會世事，完全不能著力。在英美流行的語言哲學家不但全力排斥形上學，亦對道德與價值採取懷疑態度，哲學乃成不食人間煙火的語言遊戲。此情況要到60年代之後由於環境之惡化、越戰之危機、生命醫藥之發展，促使倫理學家必須回應時代和社會的道德難題，才開始有所謂應用倫理學的發展。在社會政治之現代化中日漸揭露的現代化的黑暗面，包括價值理想之沈淪，個人主義之泛濫，形成社會人際關係之疏離異化。西方社會物質固然豐富了，但相對的精神價值卻日形衰頹。生命缺乏立體的價值，成為一種單向度的人。人與家庭社會分離，反社會的行為日多。當代新儒家認為這是由於西方哲學與文化已走到死胡同去，中國文化在經歷現代化之後，實可為西方文化之困境提出一條新路。

基本上，當代新儒家以孔孟之怵惕惻隱之仁定住人的生命與價值，強調人心之相互感通，由仁心之自覺而自立，穩定自己的生命；由感通而

可與他人相接，產生心靈之共鳴，組成家庭、社會與國家，取得重重社群
保障的安全感，讓個體包藏在不同親密程度的群體之中，得以安身立命。
依徐復觀先生之觀察，西方最主要的生命的異化是由於個體與全體之間的
疏離：西方文化現代化出於個人主義的覺醒，反對黑格爾式的全體主義，
形成個體與全體的衝突，而更由於黑格爾之全體主義為由理性主義而來，
理性成為對個體的外在的壓迫性，因而存在主義、出而反對全體主義，日
漸流向經驗主義，底徹的個人主義。西方社會日漸由懷疑而虛無，反而在
二十世紀初期讓極權的全體主義，即共產主義與社會主義風靡全球。徐先
生指出：

> 我從另一角度看出歐洲文化的難題，是在個體與全體的衝突上面。
> 而儒家在這一點上，卻提出了一條可走之路。……儒家精神，是超
> 越而內在的理性主義。在其內在的方面肯定了個體；在其超越的方
> 面肯定了全體。全體表現於個體之中，無另一懸空的全體。每一個
> 體涵融全體而圓滿俱足，無所虧欠，所以個體之本身即是目的，而
> 非以另一東西為目的。……個體之對於全體，現在之對於未來，乃
> 「當下即是」，絕無阻隔。此種個體與全體之統一，可以打開西方
> 個體與全體對立而互相翻壓之局。[35]

徐先生之言實已超乎時代而見出現代化之流弊，可謂預見其後二十多年
西方對於現代性之批判，提出走向後現代化的發展。但西方後現代主
義正如徐先生所預見的，全面批判普遍的理性，批判理性之鉅構論述
（grand narrative）之為限制個人之自由，實為了擺脫全體意義的理性而
走向極端的個人解放。這種後現代主義式的解放，實使個體成為任意隨
意而無所謂理、體、力的存在，實不足以言克服由現代化而來的普遍理
性的壓力。徐先生之提法自是依儒家之本義，由個人必在一群體中方可
安身立命，而由個人之個體性與主體性的和諧為一，方可言真正的生命
的解放。[36]

---

[35] 徐復觀著，蕭欣義編：《儒家政治思想與民主自由人權》，頁91-92。
[36] 參見〈論現代性與後現代主義：當代新儒學的反省〉一文。

　　唐先生在「中國文化宣言」提出西方人應向東方或中國文化學習的共有五點：

> 1.西方人應向東方文化學習之第一點，我們認為是「當下即是」之精神，與「一切放下」之襟抱。
> 2.西方人應向東方文化學習之第二點，是一種圓而神的智慧。
> 3.西方人應向東方文化學習之第三點，是一種溫潤而惻怛或悲憫之情。
> 4.西方人應向東方學習之第四點，是如何使文化悠久的智慧。
> 5.西方人應向東方人學習之第五點，是天下一家之情懷。

唐先生代表當代新儒家認為西方人與西方社會所應向中國和東方文化學習的重點，主要是減輕個人主義與分析理解，即觀解理性或理論理性的偏差與片面性。西方現代化的流弊主要是理論理性的獨大，造成所謂科學一層論，科學科技由工具成為目的，因而造成現代性的黑暗面。西方學界諸如社群主義、哈珀瑪斯之批判理論、羅爾斯的公義論等，都可說是針對現代化下的自由個人主義之各種救弊補偏的學理。然而，這些理論仍然不能擺脫西方啟蒙時代以來的一種基本取向，極盡理性之分解的盡理精神，未能臻至儒家之圓而神的綜和盡理以及綜和盡氣的表現。當代新儒家同時瞭解到縱使能回歸康德之實踐理性，以及西方古代的社群精神，固然可以略減現代性中的黑暗面，但終不足以使人類社會達到一種天下一家、萬物為一的境界。人類必須進到當下即是，放下一切人執法執、人我分隔，達於圓而神之感通無限，生命方能安身立命。此則是當代新儒家在推動中國文化現代化而又超過西方啟蒙精神之限制而有的一種批判的發展，吸收而不限於西方之現代性，故可以進而對西方文化與人類全體可以有所貢獻之處。

　　有關三位先生對中國文化之發揚，到此為止。以下進一步申論當代新儒家在哲學上現代化的發展與貢獻。

三、歸宗儒學之旨：中國哲學現代化

（一）歸宗儒家之義

　　依以上所述，我們可以窺見三位先生之主張中國文化與儒家為達成現代化，一方面吸取西方（及印度）文化之貢獻，充實中國文化的內容，同時重新詮釋和開展中國文化，見出有進於西方現代化的地方。三位先生之論述，實基於非常紮實的學理與文獻研究，特別是哲學之研究上的成果，並非隨意浮泛的自大之詞。經過近一個半世紀的學習，中國學界一般對西方的理解，實遠優勝於西方學界對中國的理解。就三位先生而言，他們對中西方文化、思想、哲學的理解是屬於一流哲學家、大思想家的理解。所以他們對中西文化所作出的批判都擲地有聲，都極確當而具有前瞻性。而在長期的研究、吸收與反省之下，三位先生無疑都在周遊人類歷史文化與哲學之後，最後仍然歸宗於儒家，實有至理所在。

　　三位先生所歸宗之儒家在義理與層面實廣大無邊，著作之多誠終生而難以盡其精妙。在此只能簡要地以牟先生之用詞，綜括儒家的基本精神為「道德的理想主義」。牟先生指出，道德的理想主義

> 　　實為一中心觀念之衍展。其目的唯在對時代喚醒人之價值意識、文化意識、與歷史意識。故其中心觀念之衍展亦在環繞此三者而為其外延。
>
> 　　此中心觀念為何？曰：即孔孟之文化生命與德慧生命所印證之「怵惕惻隱之仁」是也。由吾人當下反歸於己之主體以親證此怵惕惻隱之仁，此即為價值之根源，亦即理想之根源。直就此義而曰「道德的理想主義」。……
>
> 　　再進即為踐仁之過程，由此而有家、國、天下（大同）之重新肯定，其極則為，「與天地萬物為一體」。此則為虛無低沉之時代立一立體之綱維，並對治共黨之邪惡而徹底與之相翻者。以為非自己如此站得住，不足以言挽救人類之狂流，非如此認得透，不足以言識時代之癥結。……

　　故「道德的理想主義」亦必涵，以「人文主義之完成」。不惟極成此綱維，而且依據此綱維，開出中國文化發展之途徑，以充實中國文化生命之內容。由此而三統之說立：

　　一、道統之肯定，此即肯定道德宗教之價值，護住孔孟所開闢之人生宇宙之本源。

　　二、學統之開出，此即轉出「知性主體以融納希臘傳統，開出學術之獨立性。

　　三、政統之繼續，此即由認識政體之發展而肯定民主政治為必然。

　　此皆為隨時建立此綱維，而為此綱維之所函攝而融貫者。[37]

簡言之，三位先生所歸宗之儒家是一涵蓋中外古今學術之總體的建構。而且是道統、學統、政統三統並立的立體的理想主義。學統與政統之開出，略如上所述。歸宗儒家的重點在道統之肯定。此即儒學之核心義理與價值所在。徐先生所簡述為個體與全體，唐先生所謂內以對己、外以對人、上以對天，皆是儒家的中心綱維所在。牟先生分三統而言，更能簡要見出儒學之宏規。儒家並不是謹守一家一派之學說，而是回歸日用倫常的大教。此一大教之意義應採取《中庸》所謂「天命之謂性，率性之謂道、修道之謂教」所涵之「教」之意義，即乃由天道天命所貫注於每一個人之生命的最內在本有的價值，由此而開展的一切「修道」實踐歷程中之事。此中不只是具有根源的道德意義，此道德之莊嚴性可通於道，可與天地參，具有崇高而無限的創生意義。因而人人可以通過下學而上達天德，與天合一、與天合德，使每個生命具有超越的意義。儒者這種天地情懷，既超越而內在，所立儒家或儒教，並不限於西方所謂宗教之義。

　　孔孟之怵惕惻隱之仁乃具體表現於我們對生命受傷害之不安不忍之自然流露之處，此即是生命當下即是的仁心的無限感通。此仁心之不安不忍即呈現出天地之大德曰生，是生生不已的仁心仁道。「人能弘道，非道弘人」，「當下即是」之生命主體，即是那能通極於道的、通極於宇宙的道德主體、道德行動者。由仁心之開展，由親親而仁民，仁民而愛物，實踐所及之處，俱是與個體不可分之道德社群，由此層層推擴，即肯定家、國、天下之為

---

[37] 牟宗三：《道德的理想主義》，頁2-4。

一體。仁心之無限，終極而言，「仁者與天地萬物為一體」，此道德社群必涵蓋天地萬物。「窮理盡性以至於命」，即為儒家之人生使命。由盡己性以盡人之性，以盡物之性，使天地萬物均能各盡其性分，則為參於天地之道德實踐之最高度的成就。此為聖人而後已。而「三事一時並了」即當下即是，道德實踐即感通於天地，可說完成了宇宙的使命。

（二）中國哲學之詮釋與重建

　　當今世界之中，西方文化當時得令，哲學領域也自是以西方哲學為主流。中國哲學現代化即是以西方哲學之為學的方式而開展，並不是改變中國哲學的核心與智慧以遷就西方哲學。中國哲學雖經百多年的累積，雖然研究者日漸增多，相關的哲學論述也不少，但尚未被列為西方主要哲學重鎮的教研科目。由於西方哲學重知解與分析，此顯然與中國哲學的綜和，圓融，甚致非分解的方式和取向不同。然而西方哲學之所長，即分析辨解的方法，是中國哲學現代化所必經之過程。運用分析與辨解，也才能使中國哲學之豐富內容和慧識得以大明於現代世界。但中國哲學的全部內容並不是單以分析辨解的方法所能窮盡，必須再由此進而超出分析辨解方法之限制，而直陳中國哲學之奧義。此一方法即超出分解而進於非分解的進路。在陳述中國哲學的奧義時，不免借用西方哲學大家之用詞概念，但要能出入其義理，方能藉西方主流哲學呈現中國哲學的內容，更由比對而見出中國哲學實有超乎西方哲學而更切合宇宙人生之真際之處。凡此，即所謂中國哲學之現代化。三位先生於重新詮釋儒家之義理，批駁種種誣妄謬說，使儒學之真義大明於世，並進一步建構和發揮儒家之義於現代世界，可說各有專精之建樹，亦可謂共成一龐大的儒學體系，足以與西方任一大教，以致整文化的論述相比較而毫不遜色，這是三位先生對中國哲學現代化的最重要的貢獻。這方面的論述自非本文所能引介萬一，以下只能略述三位先生的研究重點，以為例示而已。

　　三位先生似有一種默契，各有不同重點的精深研發。徐先生在發掘先秦與兩漢之經學最多，一掃清朝以來近三百年之誤解。徐先生提煉出中國文化特具的「憂患意識」可謂劃龍點睛之發現，奠立了中國文化的基本精神。徐先生進而疏通先秦諸子之人性論，闢除了許多歷代以及時人的謬解，有力地展示出先秦諸子的哲學精義。徐先生其後專注於兩漢經學之研

究，使儒家之經世之大義得以明暢於學界。其中對於被詬病的三綱之說，作出有力之澄清，揭發帝王之利用儒學文飾帝權，扭曲儒家之學理精神。徐先生以深厚的功力對藉考據訓詁醜詆中國傳統文化與哲學的偽科學式論述，給予確實之學術回應，實有大功於儒門。徐先生除了哲學思想之論述外，尚有關於中國藝術與文學之論述，對於中國之藝術精神與文學理論，亦自成一大家之著述，是有異於唐、牟二位先生而又可謂就發揚中國文化以互相補足之重要貢獻之處。

　　牟先生固有專研中國歷史哲學而深探中華民族最根源的三代哲王的生命取向，抉發出中國文化之精神表現之特色，但牟先生最重要的哲學貢獻是專就魏晉之玄學、隋唐之佛學與宋明理學等專研，寫出皇皇大著，建立前所未有的中國哲學全面的系統分析，提出在學術上許多重要的革命性的論述，奠立了中國哲學研究之新境界。牟先生善於利用西方哲學分析的方法而又不限於西方之狹隘之理性主義或經驗主義，掌握語言分析之技巧但更能出乎其外，能借用康德之超越分解的表示，張開中國哲學的內容，而發展出非分解的論述，以見出中國哲學中超出西方哲學的洞見和系統。牟先生出入中國儒、釋、道三家之義理，自成一兩層存有論的偉構。牟先生所奠定和建立的中國哲學之龐大系統，足以與西方任何大哲之系統相比較。

　　唐先生以圓融智慧縱橫於上下古今之哲學，舉凡先秦、兩漢、魏晉、隋唐，以迄明清之各家各派之哲學，均能鎔於一爐共冶。唐先生的哲學論述顯示中國哲學家之先後相續，為哲學之慧命承先啟後的一脈發展。唐先生所發揚之中國傳統哲學的各種體系，各個重要哲學概念在各家各派中的相承與創新的義理，連成一貫，但同時亦一一眉目分明。唐先生之依哲學史講哲學，實質上是使中國哲學史成為一大哲學之輾轉引申發展，具有一統貫的哲學巨大心靈於其間。唐先生於人文主義與文化哲學的貢獻更為突出，不但表現出中國文化之精神價值之特色，更能涵攝西方人文主義而調適上遂，是真能完成上引牟先生所謂人文主義之完成的文化宇宙中的巨人。唐先生晚年所鑄心靈九境的哲學，融通中西印哲學，罄無不盡，世間一切哲學盡入其心靈九境之哲學體系之中而圓融為一體。哲學氣魄之大，體系之圓通，世界哲學中鮮有其匹。

　　凡此只能略舉三位先生在哲學上較為一般學者所能理解及之面相，至於精微析論，只能請讀者直就原典專研，非本文所能為力於萬一者。然以

下仍盡所知一述所理解的三位先生之哲學上的全球意義，以明三位先生之學術貢獻，亦以就教於方家。

四、涵蓋乾坤（宙宇）之命：儒家之圓教與判教[38]

（一）以康德為代表之西方哲學對普遍哲學之構想

西方哲學自柏拉圖即有建立一無所不包的龐大的哲學系統。柏拉圖哲學即是一典範。然而其弟子亞里士多德卻又以其巨大魄力，完成另一不遑多讓的哲學體系。由是西方歷代大哲均從頭建立各可獨立的哲學系統。此中實含有一哲學的理想，即建立一普遍哲學，以為天下萬世的典型。此一理想到康德與後之黑格爾仍然存在。為明當代新儒家所建立的哲學體系的普世意義，茲引康德對哲學的理解和如何自述其批判哲學的地位所表示的哲學之普遍意義。

康德心目中認為哲學是一門理性的科學，哲學本身是一「宇宙性的概念」，哲學體系也只有一個是客觀無可爭議的哲學之原型（archetype）：

> 依此觀點而言，哲學是把一切知識關聯于人類理性底本質目的之學，而哲學家不是理性領域中的一個技匠，而是其自身就是人類理性底立法者。[39]

---

[38] 由於圓教與判教意義深邃，唐、牟二位先生一生所述幾乎都在其中，實不易懂理。徐先生一生自是為生民立命，為中華民族生命之圓滿而奮鬥，但徐先生論學之焦點不在圓教之討論，志亦不在成立圓教之系統，因此，無文獻以繼述，或有待來者之詮釋與建構。又，圓教與判教課題，是作者近年所較為關注之議題，亦已先後發表幾篇相關之研究，於今似無若何進展有超於以前數文之處，故謹依以下三文作為依據，加以簡化修飾，以補此節之義。第一篇是〈當代新儒家哲學之普遍意義——圓教與普遍哲學之理念〉，該文發表於國立中央大學於2012年9月26-28日主辦的「當代儒學國際展望」國際會議。第二篇是〈天台圓教之哲學意義〉，該文原發表於玄奘大學於2012年5月26-27日主辦之第十一屆海峽兩岸「印順導師思想之理論與實踐」學術會議，此文經修訂後刊於玄奘大學佛學研究學報（2012年）。第三篇是〈唐君毅先生之判教理論與圓教模式〉，該文發表於香港中文大學哲學系於2009年在5月18-21日主辦之「中國哲學研究之新方向——中大哲學系60週年紀念暨唐君毅百歲冥壽」國際學術研討會。

[39] *Critique of Pure Reason*, A838-839=B866-867.中譯採自牟宗三：《現象與物自身》，頁459。

康德之意是此哲學家是人類理性的立法者，即按人類理性而建立理性之基本法則。此所立的法則乃是依於人類之「理性底本質的目的」而來的法則。對於此本質的目的，康德進一步說明：

> 本質的目的，自其當身而言之，並不就是最高的目的；依理性在完整的系統統一方面之要求而言，在這些本質的目的中，只有一個始可說為是最高的目的。因此，本質的目的或是終極目的，或是諸隸屬目的，此等隸屬目的是必然地當作工具而與那終極目的相連繫。終極目的不過就是人底全部天職，而討論此全部天職的哲學即被名曰道德哲學。由于道德哲學所有的這種優越性，即優越於理性底其他業績的這種優越性，所以古人在其使用「哲學家」一詞時，常特別指「道德家」而言；而甚至在今日，我們亦因著某種類比而被引導去稱一個在理性底指導下顯示自制的人曰哲學家，不管其知識為如何地有限。[40]

康德所謂最高的本質目的是指德福一致之目的，即康德所謂圓善的目的。而此乃實踐理性所追求的目的，因而，實踐理性有優先於觀解理性的優先性。康德所意想的哲學體系自是包括純粹理性與實踐理性所成就的一切理性知識，以及兩重立法，即知性為自然立法與自由意志為目的王國立法在內的一切理性知識在內的系統。這一理性系統本質上是一道德哲學，它即是康德所說的哲學的基型，也就是普遍哲學。而能體現此哲學天職的才真是哲學家，也是古之所謂道德家。康德顯然有自況的意味。但究實言之，此表現哲學全部天職的哲學理念的正是儒家的學理與聖人一詞之意。

康德在晚年完成批判哲學的大系統之後即以批判哲學為哲學的基型：

> 說來是很傲慢，自私自利，而且，對於尚未放棄他們的古代哲學系統的人來說，更是自取其辱的，即肯斷在批判哲學出現之前並沒有哲學。在我們對這一明顯的自以為是之說加以判斷之前，我們必須問：是否可以有多過一個單一的哲學？當然，我們有各種進行哲學的方式，以及各種具有不同程度的成功表現，回溯理性的第一

---

[40] *Critique of Pure Reason*, A840=B868.中譯採自牟宗三：《現象與物自身》，頁460。

原理以建立一系統之基礎。不但這是曾經有的嘗試，且這類也是應當有的嘗試，而每一嘗試也是值得當代哲學所給予的認可。然而，如果客觀地來說，我們只有一個人類理性，我們不可能有多種哲學；即，不管人們曾對那唯一而且相同的命題作過如何多變化，甚致自相矛盾的，哲學的反省，只有一單一的哲學系統可以奠基在原理之上。

　　因此，當某些人宣佈一個哲學體系是他的創造時，他實即是說在他之前沒有其他哲學。因為，如果他承認有另一個（而且是真的）哲學，則他無疑承認有關於同一物的兩套不同的哲學，而這是自相矛盾的。是以，當批判哲學宣稱它是一哲學體系而在此之前絕對沒有哲學，它並沒有做了什麼與其他按其自己計劃建構一哲學的人所做或會做，甚致是必須做的事。[41]

康德在此表示了所有大哲學家的一個共同的心願，即成就一個無可諍議的哲學系統，是一個日後從事哲學工作的人可以據之為典型而開始更深入的研習，不必像之前的哲學家不斷要從頭來。當然，每一個時代所特有的偉大哲學家，既具有一定的超時代的特色，但也常不免帶有該時代的特定的時空限制，無法預見之後的哲學世界為如何。康德的哲學也不能自免。故康德之後即有菲希特、謝林、黑格爾相繼而出，形構出不同且更龐大的哲學系統。在儒家來說，西方學者更常自限在西方文化傳統中而不知自己所受的限制。從中國儒學的角度，更容易看出偉大的康德批判哲學之西方文化與哲學之特殊性。但是，由於哲學所反映的應是我們所面對的世界，如果我們只有這樣的一個共同的世界，則一個完整而全面回應此生命世界的哲學應是可以成功而且只能是唯一的一個完整的體系。這即是西方哲學傳統中的普遍哲學的理念。此一理念自黑格爾之後已被西方哲學界所放棄，認為是不可能完成的理想，甚致認為哲學已經終結。

　　但是如果人類不是命定要以非理性的方式解決彼此的爭端或差異，如果不同民族和不同語言之間仍然有可以互相溝通的功能，或跨文化跨民族之理性溝通仍然可能，此則表示，作為人類彼此之間還是有一些基本的共

---

[41] Immanuel Kant, translated by John Ladd, *The Metaphysical Elements of Justice: Part I of the Metaphysics of Morals* (Indianapolis: Bobbs-Merrill Educational Publishing, 1965), pp. 5-6.

通性。對此生命的共通點作出反省，理性的普遍功能即可實現。從普遍哲學的基礎上，我們可望解決人間所有的對反和爭端。如此，哲學的慧命仍然可續。當然，建立普遍哲學的前路仍然有許多曲折和巨大的困難，恐怕也得有至誠高慧之哲學家，或可望得以成功樹立千年之人極。但這個普遍哲學之夢並非虛幻。

（二）儒家之圓教與判教的理念與方法

　　普遍哲學的理想卻在當代新儒家以另一課題出現。這即是牟先生借用佛教天台宗之圓教與判教理論而重新詮釋和運用的方法。在建構圓教的體系方面，唐、牟二位先生所成功的哲學系統可說是近乎康德的普遍哲學的模型。牟先生借用天台宗之圓教論述，建立圓教之進路和必須解答的兩個問題。第一、系統的建立要通過非分解的方式；第二、由此所成立的理論必須對一切法的根源有所說明。[42]牟先生認為西方哲學的分析方法到康德運用的超越分解是分解進路之極，無法可再進。分解方法是建立系統所必須的方法，由此正面建立一些基本的概念，以組成一哲學體系。康德的超越分解建立了康德的超越哲學系統，如時空、範疇等。但是凡分解必有所取捨，因此，必有所遺留在外而非此系統所能包含的元素。如此，這一系統一方面必有所爭議，因為有所取且有系統相；另一方面這一系統也必不圓滿，因為有所遺漏之故。所以，要成立一圓教系統，必須要進一步運用非分解的方式完成系統。非分解的進路所建立的系統無系統相，因而沒有可爭議之處。要圓滿無盡則要能包含一切存在。事實上，在說明一切法上更不容易達到無爭，因為，此系統必包括一般所謂正反面的各種情況和原則，否則即不圓滿，但若相對反的存在都包含在內，又容易產生內部的矛盾。因此，圓教必須能包含正反的東西同時並存而為一圓滿而不自相矛盾的教義。

　　圓教與判教之理念最初出於天台宗之判教。天台宗有見於佛祖所講之大量經典及佛法與修行，不止廣大而無所不包，甚或時有似相矛盾的論述。由於皆為佛法，而佛祖也不能一時說盡一切法，也得因就眾生之根器

---

[42] 有關圓教之方法論的說明，詳請見〈當代新儒家哲學之普遍意義——圓教與普遍哲學之理念〉與〈天台圓教之哲學意義〉兩文。

與因緣而有當機之說法，因而有種法門，種種宣示。然佛祖之說法總不外引導眾生成佛，此是佛祖說法之本懷，實貫徹於一切佛經之中，因此，天台宗以佛祖此一本懷為準，細就佛講諸法之一切經典之義理所當之處，說明一一經典及諸大德就不同經典所立的宗論與教派，作出分判，由是成就判教，而其間之差別則分為諸種層次不一之教派，最終極者自是最能稱佛本懷之教，此一稱法本教，無所不包，即是圓教。

　　牟先生推廣天台宗之圓教與判教之理念，建立一普遍的圓教論。牟先生首先重訂圓教的意義：

> 籠統方便言之，凡聖人所說為教。即不說聖人，則如此說亦可：凡
> 足以啟發人之理性並指導人通過實踐以潔純人之生命而至其極者為
> 教。哲學若非只純技術而且亦有別於科學，則哲學亦是教。[43]

牟先生所說之「教」之意義自是如上所述心目中是以《中庸》所謂「修道之謂教」之義而立言。牟先生認為哲學不止是一語言遊戲或純粹哲學分析的技術表現，而是以理性指導人生實踐的學問，則哲學即是教。此教就實踐上而言，自以道德實踐為主，但亦不礙其他導人向聖善之哲學和各宗教亦可為此義之「教」。因此，牟先生再擴充以涵蓋天下之大教：

> 凡聖人之所說為教，一般言之，凡能啟發人之理性，使人運用其理
> 性從事于道德的實踐，或解脫的實踐，或純淨化或聖潔化其生命之
> 實踐，以達至最高的理想之境者為教。[44]

聖人所說之為教乃指其為能引導人之理性從事實踐，修德而得到德福一致之教法。此如佛家之成佛、道家之成真人、儒家之成聖人等，都是教。

　　牟先生進而就此意義而界定圓教：

> 圓教即是圓滿之教。圓者滿義。無虛歉謂之滿。圓滿之教即是如理
> 而實說之教，凡所說者皆無一毫虛歉處。故圓滿之教亦曰圓實之

---

[43] 牟宗三：《圓善論》（台北：學生書局，1985年），〈序言〉，頁ii。

[44] 同前註，頁267。

教。凡未達此圓滿之境者皆是方便之權說，即對機而指點地，對治地，或偏面有局限地姑如此說。非如理實說。[45]

圓教既是圓滿無盡，則自無所虛歉，一切均包涵在其中。而圓教所說均如理而實說，自是沒有不足不實之處，此即是無可諍的教。任何尚未達到稱理而說之各種教法或哲學體系，都不免有偏差或片面之處，若就其可指向最終極之圓教之方向或歷程之中，則可稱為權教。牟先生並不認為些未達至圓教的各種說法為一無是處，判教正是要指出其價值與意義所在。嚴格來說，這種種說法可說是圓教所必須的先行前部，是構成圓教所必要的部份。因此，判教並不意在排斥其他的說法而只自我尊崇自己所學所主張的哲學或教義。當然，此中須有客觀的分判。哲學之為普遍哲學或哲學基型，圓教哲學自然也得成立和顯示其為圓滿無任何虛歉之處方可自稱為圓教，不可能各圓其圓而無所分判。

因此，成為圓教必須有一判準。此一判準乃是可以客觀陳述，也可經各體系之內部與外部之審核而建立。牟先生的圓教理論進而提出兩個判準，作為任一哲學可稱為圓教的依據。第一，一個圓教系統必須具備存有論上的圓滿，即，它在存有論上能說明一切法之根源，因而在內容上是圓滿無虛欠的。第二，此系統之建立須通過非分解的方式而建立。因為，凡有分解，不管是經驗的、超越的或邏輯的分解，都不免有所立有所廢，亦必有特定的教相。有教相即不免為語言意旨所限，因而都不能不有所遺漏，也不能不引起諍議。一哲學或不能無分解而建立，但最終必須把分解之特定性與分解所帶上的著相及由此而有的執相或執著化掉，如此方能圓滿而不起諍議。於存有上要達到無諍，可謂圓教最核心而難於達致的圓融表示。牟先生由天台宗之講「一念無明法性心」之「即」義而提出「詭譎相即」之說，提供了一重要的分析說明，是考驗哲學之思考與智慧的試金石。牟先生對圓教在方法論上之建立，對重建普遍哲學，與對恢服哲學之有體有理有力之貢獻，可說無有能出其右。

---

[45] 同前註，頁267。

（三）當代新儒家之圓教與判教（1）：牟宗三先生之圓教

　　牟先生所建立的系統主要的展示在《現象與物自身》一書中，牟先生名其義理型態為「兩層存有論」。此系統是建立在康德之超越分解之上的一個儒家體系。牟先生是由批判康德之超越哲學在關鍵的現象與物自身之區分上不能確實證成，因而必須有進一步的批判的建立。牟先生依儒家之義，由生命之根源首先關注自身之行動實踐，由而見出本心良知之呈現。以道德為本的本心之良知明覺，其呈現即為一創生之行動，世界為之改變，而自然王國即時轉為目的王國。此見出良知明覺乃天道於我身上的實現，實現為道德之創造。因此，良知明覺是創造之源頭，由是開展而言之，即為天地萬物之根源。良知自是直接開出，並無中介，因而無所牽搭，是以直而無曲，因而良知明覺所呈現即是實現，即是真實無妄的存在，是以為無執的存有論。由此而開存在界。由道德實踐而來之事事物物，亦總有需要理解分析，以確立實踐之方法和合理表現，因此，良知明覺暫作退隱，轉而為依感官、知性與想像，構成對事事物物的客觀理解。此依認知理性所帶有之先驗架構，時空、範疇等，因而理解所對的世界推出去而成為認知主體所對的對象。就對象而言即是客觀的自然世界，但主體之理解的架構也必然帶上，而非事物的原樣。因此，認知主體所對之客觀世界，就本心之良知明覺而言則是一現象界。因是而有認識心所對之自然世界之存在。此自然世界乃是有由知性而來的概念所架構的，所以是一執的存有論。良知明覺自立法則，自律執行，乃是本心之為道德立法。良知自我坎陷而顯認知機能而成現象界，知性在此所運用的先驗架構，即成為自然世界所不能或缺的法則，此即是知性為自然立法之義。因此，兩重存有論說明人類理性的兩重立法。此即回應康德所意想的哲學基型的理念。

　　至於此一基型是否符合牟先生自訂的圓教判準，我們可以作如此之辯解。首先，牟先生是藉康德的超越哲學的系統而立兩層存有論。康德之系統可說是集西方哲學之大成而來。康德吸收理性主義在邏輯與理性分解中所成就的結果，又批判地接受經驗主義由經驗分析而來的對理性的懷疑與限制，經由批判而建立具有普遍意義的超越哲學（transcendental philosophy）。牟先生是在此涵蓋西方諸大哲學體系之下，建立兩層存有

論。此系統即涵攝了西方諸大教。而在無執的存有論方面，牟先生申論和分判了儒、釋、道、耶四教的教相與系統，由於基督教割切了現實世界，信徒只能成基督徒，故為離教。儒、釋、道三教都是圓教，因都能說明一切法與存有，都有超出分解表述的方式，具有當下即是的圓頓意義之非分解的表示。牟先生在此作了更細密的區分，即，依於無限心之創生意義而以儒家為大中至正之正盈圓教，佛、道二家為偏至形的圓教。牟先生最後由哲學言說回歸第一義的實踐，由此消去兩層存有論的教相：

> 哲學原型雖就盈教而立，然而一旦付諸實踐，則不但無主觀哲學可言，亦無哲學原型可言，此即哲學無哲學相，而只是在存在的呼應中，即，與聖者之生命智慧相呼應之呼應中，上達天德之踐履，並在此踐履中，對於無限心之如如證悟與如如朗現。然而人生覺悟之事，創造即重覆，重覆即創造，每一人皆須從頭來。是以學不厭，教不倦，各種專題哲學必須有，千差萬變的主觀哲學亦不可免，而哲學原型亦必須不斷地予以昭明而不使之沈晦；此亦是法輪常轉也。[46]

盈教只在教說上為有形有相，在實踐上則無形無相，回歸良知明覺的自我呈現，呈現即創造，於人身上即創造大同世界，上帝王國。此時自亦無所謂執與不執。如是，一切哲學皆融於圓教之無相中而渾為一體，亦可謂相即相泯而無對立相，而可於理上為無諍。但良知明覺必須在人心之靈明上發用和自覺，才能起用，才真為自我所驗證為真實而無妄，此則非言說或理解古聖先賢之言行而可盡，故人人仍需自力於實踐，作出實踐的創造，參與天地之化，此方為圓教之教義所在。

　　牟先生晚年在明確化圓教之義理後，對於儒家之圓教實有更進一步的構想，即以明道之一本論為核心，輔以陽明與龍溪之致良知教，結合胡五峰之「天理人欲同體而異用，同行而異情」之儒家式的詭譎相即的表述，以完成儒家的圓教模型。此一模式之內容尚有待後繼者的發展和建構。

---

[46] 牟宗三：《現象與物自身》，頁469。

（四）當代新儒家之圓教與判教（2）：唐君毅先生之圓教

　　唐先生沒有獨立構造一圓教之理論或理念，但唐先生在哲學上論述上的圓融表現是很明顯的。唐先生的哲學觀念採用黑格爾之以哲學史上各大哲學系統即是人類心靈在歷史的歷程中的開展，因而提出「即哲學史以論哲學」的方法。

> 所謂即哲學史以論哲學者，即就哲學義理之表現于哲人之言之歷史秩序，以見永恆的哲學義理之不同型態，而合以論述此哲學義理之流行之謂。既曰流行，則先後必有所異，亦必相續無間，以成其流，而其流亦當有其共同之所向。[47]

視哲學史上之哲學為哲學義理之相續無間，即視之為一大哲學系統之開展，猶如一哲學心靈之持續流出，實無分彼此。唐先生以宋明儒學為例，認為北宋三先生之由經學開始，而王船山結以注疏四書五經，是為一圓環，而周濂溪以《中庸》與《易傳》之義理，立人極以承太極，而繼後之程朱、陸王以迄明末劉宗周以人譜立人極，是申展孔孟之由心性論而申論天道性命相貫通之義，而成一一義理之圓象。唐先生稱之為兩重圓象，乃宋明儒學之圓教的表現。此由實含藏了唐先生的圓教的內容。

　　唐先生在晚年最後的巨著《生命存在與心靈境界》兩大冊中，申論哲學之本義指出：

> 人之心靈活動依其一以遍運遍觀于宇宙人生之事物所成之哲學，即不同于依其另一以遍運遍觀于宇宙人生事物所成之哲學。由此而宗不同哲學之人，各有其不同種類之人生觀宇宙觀，而不能互觀其所觀，乃恒互斥其所觀者之非是。則宗不同哲學者，雖各能遍觀，而不能互遍觀其遍觀，不能有對遍觀之遍觀，此不能有遍觀之遍觀，亦似有義理上之必然。[48]

---

[47] 《中國哲學原論教篇》（香港：新亞研究所，1975年），頁7。

[48] 唐君毅：《生命存在與心靈境界》（台北：學生書局，1977年），上冊，頁22。

哲學作為遍觀遍運，則實應有所通。在歷史上之哲學家不能遍觀其他哲學家而會通之，因而有互相批評反對之舉。但唐先生同時認為此非不可克服之困難，因為哲學乃人類心靈之活動，此活動可以反觀其自己，因而可以通過依某一哲家所用之概念進一步遍觀遍運而暢通之。因此，唐先生說：

> 然人類之哲學心靈，仍有一克服上列之困難之道，此即人尚可有
> 對哲學之哲學。此即其不特依一普遍義理概念以遍觀，且能于既
> 依之以遍觀之後，更超越之，另依一普遍之義理概念以遍觀。此
> 一不斷超越之歷程，即為一次序之歷程。由此次序之歷程，而人之
> 哲學心靈，遂可歷諸遍觀，而更回顧其所歷，以成對諸遍觀之遍
> 觀。[49]

此諸遍觀之遍觀即通過遍觀其他哲學家之論述而融納之，更進而提升為更廣大的遍觀遍運，此即成一哲學之哲學。唐先生認為哲學即哲學之哲學。而此哲學之哲學仍為一遍觀遍運之哲學，乃是一能包容前此一切哲學之哲學，此一哲學即是一普遍的哲學。因此，唐先生之以哲學作為遍觀之遍觀之思想，實具有一圓教之意義。因為，這樣的一哲學之哲學的體系，實融涵了各家的哲學在內，且各予以適當的定位，則此遍觀之遍觀即為能涵攝一切哲學之哲學而無外，此即是包容一切哲學與存在之無諍的哲學[50]。此哲學乃是以言說成教之學，即是圓教。

　　哲學之為教仍然以能掌握世界之實情，依理性而起如實行為主，此可見於唐先生在《生命存在與心靈境界》一書之開宗明義所陳：

> 今著此書，為欲明種種世間、出世間之境界（約有九），皆吾人生
> 命存在與心靈之諸方向（約有三）活動之所感通，與此感通之種種
> 方式相應；更求如實觀之，如實知之，以起真實行，以使吾人之生
> 命存在，成真實之存在，以立人極之哲學。[51]

---

[49] 同前註，頁23。
[50] 唐先生之以遍觀遍運論哲學之哲學之說法，雖與牟先生之說不盡相同，但其中實有相通之義。但此非本文所能處理，須有另文詳論。
[51] 唐君毅：《生命存在與心靈境界》，頁1。

唐先生以生命為首出，生命之感知感通主體在心靈，與物相接而為境。唐先生以境立言，實見出世界乃是人心與外物相互作用所成，此所成之境既有客觀之對象義，也有主觀心靈之作用。此境並不是由心識所變現，乃是心靈之感通作用所呈現，而是一主客相通之生活世界。心靈所感通之有向外、向內、向上之方向，也分別就所感之體、相、用而感通，因而形成三重九境。唐先生以千門萬戶為喻，則九境也只是一方便言說，實不必限於九境，不必執實。唐先生之立說最重要是達到如實觀如實知，由此起如實行，以達至真實的存在，安身立命。由此奠立千年之人極，此即是一圓教，此可說是唐先生之生平大願。

　　唐先生之體系內容無所不包，卷秩浩繁，不能盡述，在此實只能略提名相，詳請另參專文之討論。個人之前曾有一簡要陳述，茲錄如下：

　　　　人類心靈之表現為客觀的、主觀的、超主客觀的三重，每一重又各有三種分別為體、相、用之境界。心靈永遠總由當下的一端而起行，此總有一特定之指向，因而成特定的觀運。其初自不免從直接感通之世界開始，直接訴諸於人類的原始的向外撲捉的感知，由是而有對外之客觀境界之開展。心靈在此層乃展轉由對像之個體相、到普遍相，以至功能運用相，即體相用之三面而開拓，乃成三種客觀境界：萬物散殊境、依類成化境與功能序運境。此三境函蓋相應的各種哲學體系與觀念。而三境雖初看各不相類，甚或相互排斥。然就心靈之為一心，則三境雖相區分，實亦相互融通。然人類心靈不止是一向外撲捉外物之活動，同時是一能具有自覺與自我反省之能力，因而心靈必因就此客觀境界返而就其自身之活動進一步開展心靈自身之體相用三面，而成主觀層之三境。此心靈之三境為感覺互攝境，以言心靈之間之互為主體之義；觀照凌虛境則成一初步的普遍關係，包括時空數學等性相之主觀構造之境界；最後則由心靈之用而見道德實踐境。由此三境與前三境之相對而立，心靈亦不能安於此而思有以超越此主客之對立而為超主客之絕對境，此則為第三層之最高境界。此超主觀客觀相對之境，乃是一形上境。此超主觀客觀之境界也順序開展為三重：「歸向一神境」、「我法二空境」、「天德流行境」。唐先生以此三境涵攝世間一切大教而會為一體。此第三層之三境最後之終於儒家之「天德流行境」。唐先

生指出，此三境都是超主客相對之絕對境界，但「歸向一神境」與
「我法二空境」不免對生命自身先予以否定，以建立生命之絕對義
之境界，此固然有其理據，但此只能是第二義。第一義仍得以「天
德流行境」之直下對生命之肯定為心靈之最後歸宿。[52]

唐先生書中詳述各境界所涵蓋的種種不同哲學與觀點在內，在此略過。至
於此九境最後以儒家之天德流行為最高，自是唐先生歸宗儒家的表示。但
九境互通，都是生命存在中心靈之感通表現，實常交感互通，無分先後。
唐先生指出：

> 吾人上來先分論九境，更綜論九境開合，及盡性立命境之通達餘九
> 境，更論生命存在心靈之主體升降中之理性運用。此皆通九境為
> 說，以使人能總持其義。然凡此中所論之理性皆為一具體之理性，
> 亦即通貫於普遍與特殊、一與多、同與異等，一切相對者之絕對理
> 性。此具體之理性所通貫者，是種種理，亦是種種主觀客觀或超主
> 客之事。如人之升天、成佛，為聖為賢，亦是一事。所謂耶穌為人
> 贖罪，佛為一大事因緣出世，天生仲尼，破萬古之長夜，皆事也。
> 此一切事之所以成，其中即有通貫此一切事，使一切事得相續，成
> 為可能之理在。則此理皆只所以說事，亦在事中行，其超越已有之
> 事之意義，亦見於其成已為之事。[53]

唐先生強調此九境之互通，顯示心靈之感通無隔，事理圓融。任一通觀之
哲學自有其特定之進路，但心靈由此種種通觀之路，自可以通達到各個層
面的通觀，則一切相對相立的境自無所不可通。如此，一切哲學既表現任
一境之真相，讓心靈得到如實知與如實行，則表面之似相反相違，實皆可
相通而不為害。此所以唐先生所建立之心靈九境的體系，固然內含判教之
次序，但並不是一封閉系統，因為唐先生所要表述的是心靈之無窮開拓的
表現：

---

[52] 摘引自〈唐君毅先生之判教理論與圓教模式〉。
[53] 唐君毅：《生命存在與心靈境界》，頁1034。

> 道之之為道，在其恒可引而申之，以成新道，分而歧之，以成多
> 道。於此新道與多道，吾更許人更開之，故與天下之道，皆可並行
> 不悖。然吾書亦自開出三進九重之道。其次序而進，則人可無趑趄
> 之危；層疊而上，亦無顛趺之憂；類分而陳，則無傾趺之患。吾之
> 此所開之道，要在步行而進，故為漸而非頓。喜頓者，固可徑路絕
> 而風雲通，吾亦不以其為非道也。然人之畢竟步行時多，乘風雲以
> 通者少。步行之事，中庸之道也。此固所以成教，而非只在成一人
> 之論，立一人之說者也。[54]

心靈九境之說只是架設一橋樑，以讓由心靈所造之種種哲學及哲學之哲學
得以會通，讓人可依各種途徑，各種方式以達道，促成就眾人之建德立
業，安身立命。此是圓教本義。而心靈九境之教，最後體現心靈之感通活
動，則教無教相，而歸於中庸平庸之日用倫常，正是成立人極之哲學之哲
學。此是心靈九境之圓教義。

　　以上所簡要引介兩位當代新儒學大師對普遍哲學之執著與追求，固不
必真能讓抱持不同哲學理念，文化價值之哲人所完全認同，但儒者此種哲
學以成圓教之堅持，哲學乃生命之真實體現，而非口說耳聽，是與每個人
之德福密切不可分，是人類心靈最有價值的工作，卻是不可輕易否決的。
心靈感通之運用之妙，存乎一心，亦各自求多福而已。

（五）對世界文化與哲學之貢獻

　　如上所述，三位先生雖以中國文化之現代化為終身關懷與事業之核
心，貢獻自是良多。但是，三位先生所秉持的儒者天下一家的理想，所作
的學術貢獻實不限於中國文化與中國學界之內。三位先生對於西方文化的
批判吸納，並不故步自封，也因此可以超越西方文化與哲學的一些不自覺
的局限。在現代社會中人文精神愈趨庸俗化，人格價值日益貶損，西方高
亢的人文精神日漸無力，三位先生在發揚中國文化的努力，實對未來人類
前途有重要的影響力。徐復觀先生所謂儒家的「道德的人文精神」或「心
的文化」，是針對西方社會精神與價值日漸提不起來的一種針貶。牟先生

---

[54] 同前註，頁1160。

提出的重建以實踐理性為體，發揚道德的理想主義，是建設世界文化的路標。唐先生長期對於中西文化與人文精神之研究與申論，以道德理性與文化意識之結合，為人類社會各種文化活動或人文成就注入道德與精神價值，不但發揚中國文化的傳統價值，也開拓了全人類共同的文化與人文前景，是未來人類走向天下一家的重要思想資源。

在圓教的建立方面，唐牟二位先生不但發揮了中國哲學的重要內涵，充實了傳統哲學中所謂圓教之內容，使原本相當含糊的理念，成為一個明確的哲學判準。同時，二位先生都建立一龐大的圓教系統，發揚這個哲學的理想，顯示出中國哲學之兼容並包，一切有價值的哲學與思想都得到一席位，而非西方哲學之盡量挑剔批評其他哲學，不但形成許多不必要的爭議，以致有流於極端懷疑主義和相對主義的後果。圓教之發展可以見出哲學必須表現一種圓而神的境界，並非只是一味的分解排斥的對立態度。圓教的理念可以確立和保住真正的多元價值，建立人類一家，種族與宗教和平共存的哲學基礎。對於國際哲學往前發展，不致流於相對主義和不可調和的對立，實具有重要的貢獻。圓教的成功也可以調解宗教之紛爭，消弭宗教戰爭於無形。

中國文化不但以天下為一家，亦以天地萬物為一體。因此，三位先生之哲學與思想的論述，常有一種無限寬廣的關懷，使人讀之真有醒愚立頑的感動。三位先生的論述不但確當而常有新意，而且常有一種真生命投注其間。三位先生為文常有激勵的作用，常能提升讀者的意向與志業，視世界的財富如過眼雲煙。更重要的是三位先生能仔細分析論證，真能論證天下一家，建立萬物一體的概念。由此推展到生命、環境與企業等倫理反省，儒家亦可以提供一可靠和合理的證成。儒者在此所謂一體乃是類似同一軀體，是我們的仁心本具的感通所達致，人類畢竟是宇宙生命的一環，實不可割離。此是三位先生所懷抱的信念。

第三章　錢穆先生與新亞研究所

新亞研究所
廖伯源

　　一九四九年，大陸政權易手，馬列主義當道，一批學者移居香港，憂心中國傳統文化之滅絕，欲以辦學教育再培植中華文化之靈根。其時亦有為數不少之流亡學生到香港，無依失學，此為新亞書院與新亞研究所建立之背境。

　　1949年，錢穆先生與友人崔書琴、張丕介、唐君毅等，在十月開辦「亞洲文商夜校」，[1]租用佐頓碼頭附近偉晴街華南中學的三間教室，夜間上課。全校師生僅有二三十人。稍後羅夢冊、程兆熊又加入任教。

　　錢先生在香港認識上海商人王岳峯，其人對錢先生等人之艱苦辦學，甚為欣賞，願意資助。1950年三月，租九龍深水埗桂林街61、63、65號的三、四兩層為校舍，停辦夜校，改為白天上課，校名改為「新亞書院」。錢穆先生為校長，唐君毅先生為教務長，張丕介先生為總務長。[2]

　　桂林街校舍原是六個居住單位，每個單位約300英尺左右（約十餘平方公尺）。三樓之三單位，一單位作為學生宿舍，其餘二單位各隔為二間，成四室，錢先生、張丕介先生夫婦、唐君毅先生夫婦各住一間，餘一間為辦公室。四樓之三單位改裝成四間教室。[3]

　　學生多為流亡青年，皆不能繳學費，更有在學校天台露宿，或晚間臥於三、四樓之樓梯者。全校學生不到百人，且流動率極高。

---

[1] 此學校之名稱有「亞洲文商夜校」、「亞洲文商學院」之異名。（兩者皆見錢穆：〈新亞書院創辦簡史〉《新亞遺鐸》（台北：大圖書股份有限公司，1989年），頁917、918。又新亞書院創辦人之一張丕介，於其〈新亞書院誕生之前後〉一文中，稱此校為「亞洲文商專科夜校」。（見新亞研究所編輯：《新亞教育》〔香港，新亞研究所，1981年〕，頁45）此校存在僅半年，當事者之記憶有分岐，其確實之名稱為何，待考。

[2] 張丕介：〈新亞書院誕生之前後〉，收入前引《新亞教育》，頁47。

[3] 見錢穆：〈新亞書院創辦簡史〉，《新亞遺鐸》，頁919。

　　王岳峰為新亞書院頂租一校舍，及給予前二月之維持費用，以後因其生意不順，不能繼續資助。錢先生乃於1950年冬，到台北請求政府之支援。錢先生乃一介學者，從未在黨政機關服務，與台灣黨政軍要員亦無甚交情。然錢先生此次到台灣，受到黨政軍要員之尊敬與招待，並受邀到總統官邸午宴。原因當是一九四九年八月，毛澤東為文怒罵不依附共黨之知識份子，文中指名之代表人物為胡適、傅斯年與錢穆。[4]胡適抗戰時任駐美國大使，抗戰勝利後派任為北京大學校長。傅斯年自一九二八年中央研究院成立始，任中央研究院歷史語言研究所所長凡二十多年，遷台以後，又兼任台灣大學校長，皆為地位最高之「學官」。錢先生則僅為一大學教授，抗戰後且不見招返北京大學任教，乃為私立學校之教授。經毛澤東此一罵，錢先生在台灣黨政界要人之心中，地位大大提高。故錢先生此行順利，總統府從辦公費項下每月撥給新亞書院港幣三千元，勉強可以維持新亞書院之運作。此項撥款持續至1954年5月，新亞書院得到美國耶魯大學雅禮協會之資助後，錢先生乃函謝總統府停止。

　　錢穆先生自十八歲始，即以教書、研究為業，從無創辦學校經歷。然到香港後，以年近六十垂老之人，創辦新亞書院，可謂是機緣巧合，不得不然。1949年春，錢先生與江南大學同事唐君毅，應廣州私立華僑大學之聘。到廣州，於街頭遇其老友浙江大學文學院長張其昀。張其昀日後在台灣創辦中國文化大學，當是素有創辦學校之志者。張其昀告訴錢先生，謂其擬去香港辦一學校，已約謝幼偉、崔書琴等數人，亦邀錢先生參加。錢先生「本無先定計畫」，乃同意加入。但不久後，聞張其昀得蔣總統電召去台北。而謝幼偉、崔書琴等人已在香港創辦學校「亞洲文商學院」，謝幼偉之友人劉君為校監，以錢穆先生為院長。錢先生去函同意踐諾共事，但不能當院長。蓋以不通廣東話及英文，且與校監劉君不認識，請另任院長。及錢先生到香港，謝幼偉謂院長一職，已在香港教育司署正式立案，甚難更換，錢先生乃不得不勉強任院長。不久，謝幼偉受聘到印尼報館為總主筆。亞洲文商學院開辦半年後，得王岳峰之資助，租桂林街之校舍，欲轉為日校。亞洲文商學院之校監劉君不再合作，錢先生乃另向香港教育司署註冊辦新校「新亞書院」，而

---

[4] 見毛澤東：〈丟掉幻想，準備鬥爭〉（一九四九年八月十四日），《毛澤東選集》，一卷本（北京：人民出版社，1966年），頁1374。

崔書琴又受邀去台北。新亞書院乃由錢穆先生一人主持。[5]是錢穆先生本接手張其昀、謝幼偉、崔書琴等人創辦之學校，[6]此三人先後離開香港，所招致之學生不能不管，錢穆先生乃承接重擔，創辦新亞書院，繼續教育流亡青年，讓學生「瞭解祖國的文化歷史和人類的前途」。[7]蓋為了「一種高尚之文化目的」。[8]

以錢穆先生之學問名聲，在其離開中國大陸之後，若僅為稻粱謀，可以容易得到舒適之生活。錢先生自謂「余等辦此學校，惟盼學校得有發展，儻為私人生活打算，可不在此苦守。」[9]前述錢先生於1950年冬到台灣，受黨政軍要人之尊重與招待。若其離開大陸即到台灣，為大學教授固無問題，即使成為文教界之領袖人物，亦未嘗不可能。

錢穆先生留在香港，要進香港大學擔任教職，亦大有機會。1951年夏，香港大學聘英國漢學家林仰山（Frederick Sequier Drake）為中文系主任。林仰山曾任教於山東之齊魯大學，太平洋戰爭開始後，英日為敵國，林仰山見囚於集中營，讀錢先生之《先秦諸子繫年》，大為佩服。[10]及其為香港大學中文系主任，親訪錢先生，邀請到港大任教。錢先生以「新亞在艱困，不能離去」推辭。林又請錢先生到港大兼課，錢先生又辭以「新亞事萬分艱辛，實不容……在校外兼課分心。」[11]以後錢先生與港大中文系維持非常友好之關係，常參加其學術聚會。

1953年初夏，美國耶魯大學歷史系主任盧定（Harry Rudin）教授來香港，與錢先生多次商談，選定新亞書院為受雅禮協會資助之學校，補助費每年二萬五千美元，從1954年5月開始撥款。新亞書院稍後乃租嘉林邊道28號樓房，作為第二校舍，地方稍大。盧定教授又另洽請福特基金會捐

---

[5] 參見錢穆：〈新亞書院創辦簡史〉，《新亞遺鐸》，頁917-918。

[6] 錢穆先生於〈新亞書院創辦簡史〉文後之「須特加更正者」第一項曰：「新亞前期亞洲文商學院之創辦，主張自張其昀曉峰先生。謝幼偉、崔書琴、某君（忘其名）及余，皆曉峰所邀……可謂無曉峰，即無亞洲文商。無亞洲文商，亦不可能有新亞。余不敢掠美，特加更正。」見《新亞遺鐸》，頁943。

[7] 新亞書院第一屆畢業生余英時謂「瞭解祖國的文化歷史和人類的前途」是他進新亞書院讀書的目的。見余英時，〈為「新亞精神」進一新解〉，收入劉國強編：《新亞教育》，頁94。

[8] 余英時謂他在「第一屆畢業同學『臨別的話』中說道：『我的的師長們，為了一種高尚的文化目的，在香港創辦了新亞書院……』」見《新亞教育》，頁94。

[9] 參見錢穆：〈新亞書院創辦簡史〉，《新亞遺鐸》，頁930。

[10] 錢穆：《先秦諸子繫年》，（香港：香港大學出版社，1956年），〈新版增定本識語〉，頁28。

[11] 參見錢穆：〈新亞書院創辦簡史〉，《新亞遺鐸》，頁925-926。

款，資助新亞書院興建校舍之款項。而香港政府亦撥農圃道土地以供建新校舍。[12]從此新亞書院步入日漸發展壯大之坦途。

　　在1954年5月雅禮協會撥款資助新亞書院之前，1953年秋天，美國之亞洲基金會開始資助新亞書院成立新亞研究所。錢穆先生在其〈新亞書院創辦簡史〉謂1953年夏盧定教授確定要資助新亞書院後，亞洲基金會之香港主持人艾維亦對錢穆先生表示，願意資助新亞書院。其文曰：

> 余告艾維，新亞創辦乃因大陸遭劇變促成。余意不僅在辦一學校，實欲提倡新學術，培養新人才，以供他日還大陸之用。故今學校雖僅具雛形，余心極欲再辦一研究所。此非好高騖遠，實感迫切所需。儻亞洲協會肯對此相助，規模儘不妨簡陋，培養得一人才，他日即得一人才之用，不當專重外面一般條例言。艾維深然之。謂願出力以待他日新機會之不斷來臨。乃租九龍太子道一樓，供新亞及校外大學畢業後有志續求進修者數人之用。新亞諸教授則隨宜作指導，是為新亞研究所最先之籌辦。時為民國四十二年之秋。[13]

錢穆先生在新亞書院仍在極為困難維持之時，即有創辦研究所之心。其原因稍後再論。於此先辦一事，有關亞洲基金會之最初資助新亞研究所之款項，其一半是否移作新亞書院之用。據張丕介先生在其〈新亞書院誕生之前後〉一文曰：

> （亞洲協會之香港主持人艾偉（James Ivy）知新亞辦學宗旨。）經數次懇談，決議新亞書院接受該會初步的援助，藉建立新亞研究所之名，由該會撥助專任研究人員的研究費。而以其中的半數，轉交新亞書院，以應付學校最低限度的經費需要。研究所設立於太子道。一層租用的房屋，有專任教授四人，及研究生四人。[14]

謂亞洲協會資助新亞研究所費用之半，轉交新亞書院。錢穆先生對此說特

---

[12] 錢穆：〈新亞書院創辦簡史〉，《新亞遺鐸》，頁933。
[13] 同前註，頁932
[14] 《新亞教育》頁53。

別指出「此乃不實之言。」[15]按錢先生的文章之辨正部份是寫於新亞書院
成立四十周年，即1989年，[16]其時錢先生已九十五歲。四十年後之記憶，
恐與事實有出入。張丕介先生之文則原載於《新亞書院二十周年校慶紀念
特刊》，張先生年紀小於錢先生九歲，[17]其於六十五歲時撰寫該文，其文
撰寫時間離創校較近，記憶較為近真。此其一。

　　錢先生謂亞洲協會未資助新亞研究所設立專任教授職位。而張丕介先
生之文則謂亞洲協會資助新亞研究所於太子道租一層樓，「有專任教授四
人，及研究生四人。」以此駁斥張先生文所言不實。今查1954年新亞書院
之〈校聞一束〉，在「學校籌辦研究所」之小標題下，有如下文字：

> 『新亞研究所』是本院預定事業計畫中的一部份，現因種種條件尚
> 未具備，一時還不能成立。現在舉辦的只是一個籌備階段，也可以
> 說一個雛型。主持人是我們錢院長，參加研究的教授有余協中、張
> 丕介、唐君毅三位先生。另聘有研究生四人，即余英時、葉時傑、
> 唐端正、列航飛四位。[18]

明列四位教授及四位研究生之姓名。此可證張丕介之文所言不虛。至錢先
生之文強調新亞研究所之「專任教授」。在張先生之意，此四位教授皆新
亞書院之教授，其參加新亞研究所之工作，指導學生作研究，即是新亞研
究所之教授。似不必刻意分別新亞書院教授與新亞研究所教授。張丕介先
生為此四位教授之一，其以自己乃新亞書院之專任教授，參與新亞研究所
之研究指導工作，新亞研究所乃新亞書院之一部份，自己自然可稱為新亞
研究所之專任教授。此其二。

---

[15] 參見錢穆：〈新亞書院創辦簡史〉《新亞遺鐸》，頁944-946。

[16] 錢穆的〈新亞書院創辦簡史〉寫於1989年。錢先生於文中自謂「今欣逢創辦四十周年，余責無旁
貸，理應為新亞寫一創校簡史，此實為余應盡而未盡之責任。惟余已老邁不堪，近年來思路日
塞，已無力特撰專文，今僅將余《師友雜憶》一書中所述，剪裁成篇。該書為余十年前所撰。」
（頁916）按1949年秋亞洲文商學院成立，1950年3月改組，別創辦新亞書院。然錢先生等新亞創
辦人述新亞書院之歷史，常溯源於亞洲文商學院，以新亞書院之創立始於1949秋亞洲文商學院之
開辦；從1949年始算，創辦四十周年是1989年。《師友雜憶》寫於1980年，至1989年又據《師友
雜憶》剪裁成〈新亞書院創辦簡史〉。而其中辨正新亞研究所款項有無移用於新亞書院部份，則
是1989年所新撰。錢先生卒於1990年8月30日。是新撰部份應是錢先生卒前年餘所寫。

[17] 錢穆先生生於1895年，張丕介先生生於1904年。

[18] 《新亞遺鐸》，頁46。

　　錢先生又謂「艾維已詳知雅禮即將資助新亞，何需另藉名再補助？」[19]
按前引錢先生之文，已謂艾維於盧定教授確定要資助新亞後，向錢先生提
出資助之意願，錢先生以辦研究所為言，亞洲基金會乃資助於太子道租一
層樓，辦新亞研究所。是錢先生此問，乃否定自己前文所言。張丕介文較
可信。此其三。

　　張丕介先生治經濟學，從亞洲文商學院創辦始，即加入為創辦人之
一。新亞書院成立，張先生為總務長，學校之收支庶務，是其主管業務。
雅禮協會之盧定教授於1953年夏確定資助新亞，然第一筆款在1954年5月
始到。在此日期之前，新亞書院之經費仍非常拮据，挪用亞洲基金會補助
創辦新亞研究所之款項於新亞書院之日常用度，可以理解。張先生主管新
亞書院財務，所言當較近事實。且新亞研究所日後僅有文史哲三組，無經
濟學組，故日後張丕介先生不復為新亞研究所之人員。其言新亞研究所
之款半移用於新亞書院，並不是為新亞研究所抱怨，只是說明其記憶之事
實。此其四。

　　1954年新亞書院之〈校聞一束〉，有「新亞的『人口』」小標題，
其下之內容謂新亞書院上學期「全校上課人數仍然有一百一十六人……文
史系五十二人，哲教系二十二人，經濟系二十一人，商學系七人，選課生
十六人……一年級四十人，二年級三十五人，三年級一十七人，四年級六
人。」[20]全校四個年級學生，合起來才116人，[21]可稱為最小的大學。雖然
雅禮協會的盧定教授返美國前已確定資助新亞，但錢尚未到，此時錢穆先
生又想創辦一研究所。[22]新亞書院之境況如此艱困，為何錢先生尚急於要

---

[19] 錢穆：〈新亞書院創辦簡史〉，《新亞遺鐸》，頁945。

[20] 〈校聞一束〉，《新亞遺鐸》，頁45。文中所謂「上學期」，應是1953年8月至1954年元月。其
　　時雅禮協會之款尚未到。按此引文所列數字謂總數是116，然各系人數之和加上選課生是118人。
　　若按年級計，各年級之總數加上選課生，共114人。引文所列數字有錯誤。

[21] 1957年春季的〈校聞輯錄〉記載新亞書院歷年註冊學生人數如下：

年份	1949秋	1950秋	1951秋	1952秋	1954秋	1955春	1956春	1956秋	1957春
註冊人數	42	48	35	63	129	135	190	249	299

　　此學生人數統計缺1953年之人數。（〈校聞輯錄〉，《新亞遺鐸》，頁116-117。）前注之學期
　　（1953年8月至1954年元月）人數為116人，剛好可以補足1953年秋季之學生人數。

[22] 新亞研究所創辦，經新亞書院之同人長期辯論。錢先生在民國四十九年一月四日第二十六次月
　　會的講話〈新亞書院十年來的回顧與前瞻〉曰：「當初所辦研究所，即曾經過一長時期之辯論。
　　如要不要辦，如何辦法等？其他學系的增設等亦均如此。」（《新亞遺鐸》，頁269）大概錢先
　　生在新亞如此艱困時要辦研究所，有同人不同意，必須經過長期之辯論說服。於此可見錢先生

辦新亞研究所？今推論其原因如下：

其一，錢先生認為中國現狀之形成當從中國之歷史文化中找尋其原因，中國人恢復對中國歷史文化之溫情與敬意，認真研究中國歷史文化，不但對中國為必要，且「對世界大同與人類和平有必然可有之貢獻。」故有必要結集同志深入研究中國歷史文化，同時指導「有學術興趣而略具研究能力」之青年，「從事於純粹性的學術研究」。錢先生於〈研究所計畫綱要（一九五五年）〉曰：

> 目前中國問題，已緊密成為世界問題之一環。但若昧失了中國歷史文化之固有特性而僅就世界形勢來求中國問題之解答，則不僅會阻礙中國之前進，而且將更添世界之糾紛。近幾十年中國現狀之混亂，其主要原因，即為太過重視了外面，而忽忘了自己。
>
> 我們認為要挽救中國……更重要的在中國民族的本身自有的歷史文化的基本意識與基本觀念之復甦。而且我們認為，中國固有歷史文化的基本意識與基本觀念之復甦，不僅對此後新中國之建立為必要，而且對世界大同與人類和平有必然可有之貢獻。
>
> 我們本此意念流亡到海外，認為不僅須從事教育，把這一理想、這一信念來培植中國後起的青年，更須從事於純粹性的學術研究，使此一理想、此一信念，獲得深厚堅實的證明和發揮。在此理想下之研究工作……我們當從活的現實問題出發，時常經集體的討論，來向歷史文化淵源之深遠處作基本的探索。
>
> ……而我們的討論和探索中，自可有不斷的向書本以及其他材料上之研究作為我們這一理想的研究工作之副產品。
>
> 我們目前，暫只以少數人成此研究之集團，其中有對歷史、對哲學、對經濟，以及對中國現代社會與政治有認識的幾位有素養的學者作中心。我們期望於共同目的與經常討論中，各就專門，分途工作。並就青年中，選擇一些有學術興趣而略有研究能力的人，向之指導。
>
> 我們盼望以後能逐漸地擴大我們的團體和研究的範圍，來共同完成此一目標。

做事做人之作風。

　　我們的研究成績，將來當可分幾個部門作公開之報告：

一、專著

二、論文（及翻譯）

三、某些材料之搜集與整理[23]

上述之理想甚大，其落實於研究人員之日常工作仍是學術之討論，研究中國歷史文化之具體問題，撰寫專書、論文，或對古籍等材料作整理。

　　其二，前引文謂錢穆先生與艾維言，謂其創辦學校，蓋為「提倡新學術，培養新人才，以供他日還大陸之用。」然學生僅受大學本科之教育，尚不足以成材，應豐富其學識，培訓其獨立研究之能力，乃可獨當一面。時不我予，故亟欲辦研究所，培養有用之人才。

　　其三，其時香港僅有一所官立之大學，即香港大學，其教學之目的為培養殖民地之中下級官員，學生甚少。其他私立大學皆不為官方承認其資格，其畢業生無社會地位。蓋為鞏固其殖民統治之措施。其時香港無培養中國傳統文化高級人才之機構。錢先生已年近六十，其他同事年少者亦四五十。要在香港延續發展中國傳統文化之教育事業，必須培養一批有能力對中國文化作高深研究之學者，所以必須趕快成立研究所。一九五七年春之〈校聞輯錄〉內有「新亞研究所簡訊」，明謂「本院研究所之設立，旨在培養中國文史專材暨大學師資。」（《新亞遺鐸》頁115）

　　其四，錢穆先生二十餘歲始，即喜愛研究文史學問，並以之為一生之事業。故雖在流亡之中，為眾友人所推，不得不主持亞洲文商學院，後又改組為新亞書院，主理書院之行政十餘年。然其最愛仍是研究之工作，進而指導學生作研究。只有在研究所與同事學生研究學問，錢先生才找到其真正之自我。故新亞書院仍在財政困難下苦苦支持，又有建立新亞研究所之構想及行動。研究所成立後，錢先生一直以新亞書院院長兼新亞研究所所長，直至其辭去新亞書院院長為止。

　　亞洲基金會資助新亞研究所之時間甚短。1953年秋，亞洲基金會之香港負責人艾維資助新亞租太子道304號樓房，新亞乃於該樓成立新亞研究

---

[23]　《新亞遺鐸》，頁69-70。

所。[24]其後不久艾維離開香港，「此事遂無發展。」[25]然新亞研究所並無停止運作，所招研究生不經考試，面談擇人，或留一年或二年，或長留在所。[26]此時期之研究生有章群、何佑森、余英時、蕭世言、葉時傑、唐端正、列航飛等人，在所各做研究。[27]至1955年，美國哈佛燕京學社確定將資助新亞研究所，研究所才正式考試招生，開課授業，成為正式培養研究生之研究所。

　　1954年12月2日，[28]哈佛大學雷少華（Edwin Oldfather Reischauer）教授代表哈佛燕京學社來訪錢穆先生。錢先生說及新亞教學目的「乃為將來新中國培育繼起人才」。故學校雖小，已創辦研究所，以培養中國「文化傳統文學、哲學、歷史諸門」之高級人才。唯限以經費短缺，研究所尚不能積極運作。雷少華謂哈佛燕京學社或可資助。錢先生乃提出要辦好研究所，必須先解決三事。其一，一位研究生必須每月有港幣三百元之獎學金，以維持最低之生活，乃可安心讀書。研究所初辦招生五六人，其後學生人數增加，研究所經費當亦增加。其二，辦研究所必須購置書籍，充實圖書館。其三，研究所當出版學報，刊登研究所指導教授與研究生之著作，以此顯示成績。雷少華同意辦研究所必須有此三事之支出，囑錢先生作一具體之預算，其將報告哈燕社。[29]哈燕社同意資助新亞研究所。1955年9月至1956年2月之〈本院半年來大事記〉曰：

> 該社已決定一九五六年度將捐助五千美元作為本院研究所的發展經費，指定用於研究所的購置圖書、出版刊物著作及其他研究工作之用。該社並答應今後每年能幫助本院研究所畢業生赴美留學之費用。其最初名額，每年將為一、二名。[30]

---

[24] 新亞書院〈建校九年大事記〉記錄：「本院研究所成立，一九五三年十月一日。」（《新亞遺鐸》，頁164。）

[25] 錢穆：〈新亞書院創辦簡史〉，《新亞遺鐸》，頁944。

[26] 同前註，頁935。

[27] 1957年夏之〈校聞輯錄〉中，有「新亞研究所簡訊」一節，謂「（研究所）自一九五三年開辦以來，已有研究生多名。其出國者，余英時在美國哈佛攻讀博士學位，蕭世言在比利時攻讀博士學位。留所者，章群、何佑森編纂清史稿索引。」（《新亞遺鐸》，頁115。）

[28] 錢穆先生於〈新亞書院創辦簡史〉記此日期為1955年春。（《新亞遺鐸》，頁934）。〈本院半年來大事記〉說此日期為12月2日。當是1954年12月2日。（《新亞遺鐸》，頁90。）

[29] 錢穆：〈新亞書院創辦簡史〉，《新亞遺鐸》，頁934-935。

[30] 《新亞遺鐸》，頁90。

錢穆先生於1954年12月得雷少華之口頭承諾，雖哈燕社之款尚未到，即於
1955年秋季開學之學期正式招考研究生。1955年[31]之〈校聞一束〉有「新
亞研究所」之小標題，其下之內容如下：

> 　新亞研究所於本年九月正式成立。由錢院長兼任所長。張葆恆
> 教授任教務長。導師除錢院長、張教授外，尚有唐君毅、牟潤孫二
> 位教授。並於九月初公開招生，經嚴格之考試後，共錄取研究生五
> 名：柯榮欣（國立中央大學畢業），羅球慶（新亞書院畢業），孫
> 國棟（國立政治大學畢業），余秉權（國立中山大學畢業），石磊
> （國立中央大學畢業）。查研究所未正式成立之先，已有四位同學
> （唐端正、章群、何佑森、列航飛）從事研究。
>
> 　研究所規定研究生畢業年限為兩年。在兩年內，必須修習
> 三十六學分，精習一種外國語文，完成論文一篇。課程計有中國
> 思想、中國歷史、中國文學與文字、英文等，並規定指導閱讀書
> 為《論語》、《孟子》、《莊子》、《通鑑》、《詩經》、《楚
> 辭》、《宋元學案》、《明儒學案》、《史記》、《漢書》、《左
> 傳》、《禮記》等。課外閱讀為《近思錄》、《日知錄》、《讀史
> 方輿紀要》、《文史通義》、《廿二史劄記》、《經學通論》等。
>
> 　研究所擬每半年出版學報一期。第一期創刊號，日內即可出
> 版。[32]

此引文所述對研究生之學業要求，有若干官樣文章之成分。如要求「精習
一種外國語文」，則沒有嚴格執行。至於規定指導閱讀諸書，則非每一研
究生皆須讀完所列書之全部，而是各隨其專業，選讀若干種。新亞研究所
自創辦至今，研究生必須完成論文，方可畢業。由於錢先生對研究生畢業
論文要求嚴格，故畢業生之論文水準甚高。錢先生在1958年3月6日的月會
上講話，華僑日報刊登其摘要，轉錄如下：

---

[31] 〈校聞一束〉常不書年份，僅書月日。此一〈校聞一束〉述三事，是為「本院第四屆畢業典
　　禮」、「院長獲授港大名譽學位」及「新亞研究所」正式成立。按新亞書院第一屆畢業在1952
　　年，第四屆畢業應在1955年。又香港大學頒榮譽法學博士學位予錢穆先生亦是在1955年。則此則
　　〈校聞一束〉雖無年份，可以確定所言之事是發生於1955年。
[32] 《新亞遺鐸》，頁79。

> 至於本所過去畢業生，是由台灣自由中國教育部承認頒發碩士學位
> 的。根據送部的論文成績，這次我去台灣講學時，教育部的負責
> 人對我說，新亞研究生的論文特別好。甚至還要我們新亞設立博士
> 學位的研究生。這是有關經費等問題的，只好留待將來再說。但鑑
> 於本所研究生成績好，教育部方面是希望我們能申請設立博士學位
> 的。[33]

按新亞研究所第一屆研究生是1957年夏天畢業，除1955年正式招生的二年畢業者外，尚有章群、何佑森、唐端正三人是自1953年研究所開辦即在所作研究者，1957年尚留在研究所，都歸入為第一屆畢業生，其論文水準高，自不足為奇。

新亞研究所自1955年秋第一次考試招碩士研究生，以後每年皆招考碩士研究生數人。至今不斷。

1960年代初，香港政府有意結合新亞書院、崇基學院、聯合學院成為香港中文大學，新亞書院以辦學成績佳，最為香港政府看重，希望新亞書院加入中文大學為成員學院之一。故新亞所提之條件，香港政府皆接受。新亞書院所提諸條件中，新亞研究所隨新亞書院加入中文大學，為新亞書院之附屬機構，經費列入預算。唐君毅先生的演講稿〈新亞的過去、現在與未來〉曰：

> 而當時新亞書院提出的意見亦是最被尊重的。例如：錢賓四先生、
> 吳士選先生堅持新亞一定要辦新亞研究所，屬於新亞書院，經費列
> 入預算……都為富爾敦報告團之團員所共同接受。後來此報告書之
> 不為大家所信守。[34]

又錢穆先生在其〈新亞書院創辦簡史〉則曰：

> 港政府又特自倫敦聘富爾頓來，為創建新大學事，與三校磋商。富
> 爾敦[35]力贊新亞研究所之成績，謂當保留此研究所，成為將來新大

---

[33] 同前註，頁137-138。

[34] 唐君毅先生講，崔錦鈴記錄：〈新亞的過去、現在與未來〉，《新亞教育》，頁156。

[35] 錢先生此文前作「富爾頓」，後作「富爾敦」，是英國人名Fulton之音譯。香港政府籌辦香港中

> 學成立後之第一研究所，一任新亞主辦。並將此意寫入新大學創建
> 法規中，俾成定案。[36]

後來新亞研究所雖隨新亞書院進入香港中文大學，然大學當局不守當初之
約定，大學另辦研究院，招收研究生。大學不負責新亞研究所之經費，大
學亦不承認新亞研究所畢業生之學位，此種下日後新亞研究所脫離中文大
學新亞書院之遠因。一九七四年，新亞研究所脫離新亞書院，成為獨立之
私立研究所，在中華民國教育部註冊立案，教育部准許新亞研究所繼續招
收碩士研究生。

又自1982年起，教育部批准新亞研究所每年招考五名博士研究生，至
今不斷。

新亞研究所1955年之後的發展，下文從師資、圖書、研究生之教育及
畢業生之出路四方面述之。

首述師資。前文已言新亞研究所於1953年初成立，錢穆、余協中、張
丕介、唐君毅四教授參與研究所之研究及指導學生之工作。1955年，研究
所正式成立招生，錢院長兼任所長，外文系主任張葆恆教授兼任研究所教
務長，此外，尚有唐君毅、牟潤孫二位教授為研究所導師。1960年元月，
謝幼偉代替張葆恆教授，接任研究所教務長。又增聘潘重規教授為研究所
導師。[37]1962年，增聘東南亞史地研究學者陳荊和為研究所導師，並在研
究所內成立「南洋史地研究室」。[38]稍後，又聘嚴耕望、全漢昇、牟宗三
等教授為研究所導師。

至1970年代初，錢穆先生雖已退休，隱居台北。其當初所聘之名師
則多仍在新亞研究所。其時所長唐君毅，教務長王德昭，導師有牟潤孫、
嚴耕望、全漢昇、牟宗三、徐復觀、潘重規、汪經昌等。按唐君毅、牟宗
三為二十世紀之中國哲學大師，其對中國哲學之詮譯與論證，至今為學者
所宗述。徐復觀治先秦兩漢思想史，鞭辟入微，論多原創，勝義紛陳，亦
為大師。此三位先生皆「當代新儒家」之代表人物。新亞研究所乃為學者

文大學時，從英國聘來數人組成委員會，與三成員學院磋商聯合建校事。委員會之主席為英國人
Fulton，故委員會稱為Fulton commission。

[36]《新亞遺鐸》，頁938-939。
[37]〈本校今後的理想與制度〉，《新亞遺鐸》，頁273。
[38]〈回顧與前瞻〉，《新亞遺鐸》，頁502。

視作其時「當代新儒家」之最大堡壘。又嚴耕望治中國政治制度史與歷史地理、全漢昇治經濟史，皆專業之史家，治專家之學而成就臻於極至。潘重規則是黃侃季剛之女婿，傳黃氏文字聲韻訓詁之學，又治敦煌學與紅樓夢研究。此諸位先生皆於其所治學科中為執牛耳之人物，因錢穆先生之聘請，而集中於新亞研究所。新亞研究所在1960-1990三十年間，為海外中國文史哲學術之重鎮。

次言圖書。新亞書院自與耶魯大學雅禮協會合作，受其資助，又受哈佛大學哈佛燕京學社之資助辦研究所，經費較為寬裕，即盡量購買圖書。負責其事者為新亞書院圖書館長沈燕謀先生，先後購入大陸流出之線裝古籍五萬餘冊。其後各方之捐助，及一九五九年獲得香港政府之津貼，圖書大量增加。一九七四年，新亞研究所與中文大學新亞書院分離，成為獨立之私立研究機構，原新亞書院圖書館所藏凡蓋新亞研究所藏書章之書籍雜志，皆隨新亞研究所留在農圃道校區。據新亞研究所圖書館舊稿，李啟文整理之〈新亞研究所圖書館簡介〉，[39]現在新亞研究所「圖書館之藏書總冊數約十三萬冊，以文、史、哲書籍為收藏重點。」其中線裝書五萬餘冊。文中又特別列舉館藏珍本曰：

> 如《明實錄》（南監本）、《魏書》（明版）、《張太岳集》（明版）、《五代史記註》（彭元瑞註）、《古逸叢書》、《續古逸叢書》、《咫進齋叢書》、《士禮居叢書》、《擇是居叢書初集》、《託跋廛叢刻》、惠棟親批《說文解字》等；此外，如《新疆圖志》、原刊本《通志堂經解》、《續資治通鑑長篇紀事本末》、有正書局石印本《紅樓夢》等，都是珍本。

又圖書館內的顯微膠卷圖書閱覽室，藏有「由美國國會圖書館攝製的中國北平圖書館藏中國善本書二千七百二十種及抗戰前全國主要學術期刊二十八種……英國博物院藏敦煌經卷目錄六千餘種。」

三言新亞研究所學生之教育。前文已引新亞書院之〈校聞一束〉，謂新亞研究所之研究生修業二年，學習若干課程，考試及格，取得三十六

---

[39] 新亞研究所圖書館舊稿（作者待考），李啟文整理：〈新亞研究所圖書館簡介〉，《新亞研究所通訊》第15期，頁39-42。

分，並完成論文一篇，經導師及校外考試委員考核通過，乃得畢業。

研究所上課之情形，新亞研究所故總幹事趙潛曰：

> 上課除了聽老師的課，有時自己講；每一班只有四、五人，輪著
> 講，才到先生講。如果你不講，便寫報告給先生看，得益很大。最
> 困難是上錢先生課，你一定要準備的。例如講《莊子》，前一晚圖
> 書館的《莊子》書都借光，每天晚上二、三點在走廊上很多同學在
> 傷腦筋，因為大家都看同樣的書，怎樣有不同的看法是很難的。
> 如果寫文字亦只限五百字，在兩張原稿紙寫出來，這也很考功夫
> 的。[40]

上課不僅是老師講，學生在下邊筆記。而是每一堂課都要學生預習，上課
時學生各申己見，或寫五百字書面說明，然後錢先生才講課。

中國傳統之學術與教育，皆無文、史、哲之分。學術分裂，學者僅
治專家之學，乃近世事。錢穆先生於新亞研究所提倡之教育，是培養文、
史、哲會通之學者，故研究所畢業生各有專業外，皆曾兼修非其專業之學
科課程。如專業為歷史之畢業生，曾修習若干文學及哲學之課程，反之亦
然。趙潛又曰：

> 錢、唐、牟（牟潤孫）諸先生開的課很多；尤其是錢先生的最多，
> 每一位學生限定起碼選修一門。文、史、哲不分，二、三年寫論
> 文才分。學史學的在月會報告一定要報告其他組別的，其他的也
> 是。[41]

是新亞研究所早期學生修業，第一年不分組，文、史、哲課程得起碼各選
一門，到二年級，才各以興趣選擇文、史、哲組，撰寫論文。而研究生的

---

[40] 〈研究所的過去、現在及將來──訪問趙潛先生〉，《新研會訊》〔四〕，頁2。訪問者為新亞
研究所之學生張萬鴻（時任新亞研究所學生會會長）及汪彼德（時任新亞研究所學生會出版幹
事）。稍後二人編輯此文刊登於《新研會訊》〔四〕。出版日期應是1991年六月二十二日至七月
五日之間。因為此期《會訊》有羅夢冊教授之訃聞，謂羅教授於六月二十一日逝世，七月五日至
七日在殯儀館追弔。趙潛先生為新亞研究所第四屆畢業生（1960年），後在新亞研究所任職總幹
事凡三十餘年，於1995年卒於任內。

[41] 前引〈研究所的過去、現在及將來──訪問趙潛先生〉，《新研會訊》〔四〕，頁1-2。

月會報告題目不得是其專業學科之題目；如專業史學之研究生，其月會報告之題目內容必須是屬於文學或哲學，不得是史學的，反之亦然。

　　按所謂「月會」，乃是全所師生皆出席之學術討論會，主講者宣讀一篇論文或報告，然後與會者提出批評討論之意見，再由錢穆先生等師長作評論。月會自新亞研究所成立之日即開始實行。趙潛在訪問中曰：

> 研究生每個月一次月會報告，副研究員兩星期一次，先生、導師一星期一次。每星期六報告，下星期一便向下一位報告的同學要題目、提要。先生、同學都非常緊張。新亞研究所有文獻類目記載，《新亞生活雙周刊》也有記載講什麼題目。先生間彼此有競爭，講的時候圓亭（階梯教室）都坐滿了人。講得不好很不好的，那時是研究所最興旺的時期。[42]

「月會」是對研究生和助理研究員而言，研究生與助理研究員輪流主講討論會，一個月舉行一次，如二個年級有十二位研究生，加上六位助理研究員，則一年半才輪到一次，其實負擔不算大重。但對剛進入研究學問之門的年青人，當然非常緊張。副研究員人數很少，教授則較多，若一星期一次，也要二、三個月才輪到一次。「月會」是全所都參加，大概每星期六都舉行，有時研究生講，有時助理研究員講，有時副研究員或教授講。講前二、三個星期，就要交出講稿，由研究所的書記洪名俠先生鋼板謄錄，油印出來，分發全所師生。[43]由於宣讀之論文是文、史、哲皆有，學生經過二年之參與，對很多非其專業之學術論題，漸能了解認識。畢業後留所為助理研究員者，受數年之訓練與學習，多寫數篇論文，養成學問知識廣博，而又有精深專業之學者。

　　四言新亞研究所畢業生之出路。新亞研究所之教學目的之一是培養文史哲科目之大學師資。為達成此目的，必須提高畢業生之學力，錢穆先生乃推出助理研究員之制度。從畢業生中選擇成績較佳者，留所為助理研究員，月支若干津貼，使其安心讀書。此項津貼逐年增加，在新亞書院加入香港中文大學時增至港幣六百元，當時六百元已等於小學教師之薪水。趙潛又曰：

---

[42] 同前註，頁2。
[43] 我一九七三年離開新亞研究所時，仍是如此。

　　早期成績好的同學留下來（當助理研究員），那時候哈佛燕京社資
　　助我們做兩個題目：宋史研究和清史稿，需要很多同學，成績好的
　　做助理研究員，每月六百元，還有副研究員、研究生。[44]

按《宋史》為元丞相脫脫領銜修撰，於正史中最為粗疏，且錯誤多。《清
史稿》為民國初年之前清遺老所撰，亦粗疏而觀念不正，不得與正史之
列。錢穆先生有意以新亞研究所之師生群力重修「宋史」與「清史」，乃
以此為研究計畫，向哈佛燕京學社申請資助。五十年代後期及六十年代前
期，得到資助，乃擴大招收副研究員、助理研究員，從事研究。其實在新
亞研究所一九五五年正式招生之前，一九五三年十月新亞研究所掛牌成
立，錢穆先生就已安排台灣大學畢業之章羣、何佑森在研究所「編纂《清
史稿》索引」。[45]是錢穆先生在新亞研究所剛成立，尚未得到哈佛燕京學
社之資助前，就開始領導學生整理《清史稿》。

　　助理研究員仍在導師指導下讀書、研究、寫論文，亦可旁聽研究所
之課程，又必須參加「月會」，其論文亦提到月會宣讀，論文佳者選刊於
《新亞學報》。早期《新亞學報》之作者，主要是新亞研究所之師長；數
期以後，作者主要是助理研究員。助理研究員制度無異「博士班」之教
育，其效果比大學之博士班更佳。此制度培養不少文、史、哲之研究者與
大學教師。今統計新亞研究所之畢業生，一九七四年脫離新亞書院之前，
共有畢業生108人，其中曾在大學擔任講師（英國制大學講師，其資深者
等於美國制之教授。）以上者48人，佔全體人數44.4%。如算至1991年，
畢業生共224人，其中曾在大學擔任講師以上者82人，佔36.6%。

　　新亞研究所畢業生人數，至2013年7月止，共計碩士班57屆，凡339
人。博士班28屆，70人。

---

[44] 前引〈研究所的過去、現在及將來——訪問趙潛先生〉，《新研會訊》〔四〕，頁2。
[45] 見一九五七年〈校聞輯錄〉之「新亞研究所簡訊」，《新亞遺鐸》，頁115。

第四章　從「失養於祖國」到「被逼回歸」：
南來與本土論述中的香港變貌[*]

香港城市大學中文及歷史學系
陳學然

一、域外人士的香港觀感

　　香港著名文學家也斯的一段廣為人知的文字，使人在思索香港過去、現在乃至未來的歷史軌跡時，曾引起不少共鳴而廣受援引：

> ……香港的故事？每個人都在說，說一個不同的故事。到頭來，我們唯一可以肯定的，是那些不同的故事，不一定告訴我們關於香港的事，而是告訴了我們那個說故事的人，告訴了我們他站在什麼位置說話。[1]

　　的確，很多人在講述香港的故事，但他們最終要講的並不是香港的故事，而是借香港這杯酒來澆他們心中的塊壘，講述著另一段他們自身的故事或所關心的人與事，又或者是話中有話地寄託另一層的思想關懷。故不少圍繞香港或褒或貶的文字，沒有把香港視為敘事的中心或論述的目的。這固與香港在過去一直以來沒有主動建立精神主體性有關，但時局環境、香港的高度流動性和港人本身的複雜身份意識也制約了香港意識的建立。長期以來欠缺主體意識或強勢的意識型態，事實上也造就了香港的開放性與多

---

[*] 本文為香港城市大學CLASS College Research Grant撥款資助項目的階段性研究成果（項目編號：9610264）。

[1] 也斯：〈香港的故事：為甚麼這麼難說？〉，《香港文化》（香港：香港藝術中心，1995年），頁6。

元性。後殖民理論裏強調的「夾縫性」、「混雜性」，正是使香港為每一個時代的來港者、過港者提供不一樣於文化故國的「異國情調」。異於生活經驗的感覺，使一些人對如此一個被搶佔小島上的萬種風情或是調侃譏刺、或是豔羨讚歎。造成了今人所謂一直難以講清的香港故事。越講不清，越吸引大家繼續講下去。

在香港故事的敘述者中，治港英國殖民者不大喜講香港故事。否則，一不小心便會引發人們關於他們鴉片販賣、發動戰爭、用「文明」條約掠奪人家產物的種種不光榮浮想與追問。於是，英國殖民者從過去到現在，只著意向世人炫耀他們是如何把一個荒涼漁村打造成世界航運樞紐和國際金融商貿中心。殖民者只喜歡向國際展示他們如何成就了一個只有輝煌成就而沒有貧窮落後的「東方之珠」。很早便為香港寫歷史的安德葛（G. B. Endacott）告訴世人，經濟正開始騰飛的香港，她的歷史「實際開端是在一八四一年英人到來的時候」。[2]這是香港故事敘述的一種方法，背後的政治意識和敘事角度不言可喻。如論者所言，這不過是「一種以英國為中心的論述，是英國人在說香港的故事。」[3]

換另一些角度看，一個由鴉片戰爭揭開的殖民史如何能稱為香港史的起源？近年的香港史研究，把香港史向前推至秦漢時代或新石器時代，透過陶器鑒定、骸骨化驗等科學驗證，說明「早在六千年前，香港地區已有人類居住」。[4]明朝萬曆年間的《粵大記》也標示香港不少地域名稱；即或不然，1841年英國佔領香港的前一年，香港島已是一個擁有14個村莊及一個擁有人口高達7450人的大市鎮，當時的人口平均密度「大於全國的人口平均密度」。[5]這一敘述香港史事的角度，無疑是站在中國歷史主體性上的。

不過，從愛國史觀敘述的香港史，背後目的恐怕不是單單重寫香港史那麼簡單。當然，「重寫」一段歷史代表著對現有的不滿和補充，本身已具備強烈的批判意識，重心就在於揭露殖民主義者的虛偽與野蠻。發展下來，就是連串拆解香港如何被「工具化」、「功能化」的闡述。譬如說，

---

[2]　G. B Endacott, *A history of Hong Kong,* (Hong Kong: Oxford University Press, 1973), p. 4.轉引自王宏志：〈中國人說的香港故事〉，王宏志、李小良、陳清僑：《否想香港》，頁21-22。

[3]　王宏志：〈中國人說的香港故事〉，王宏志、李小良、陳清僑：《否想香港》，頁22。

[4]　周子峰編著：《圖解香港史（遠古至一九四九年）》（香港：中華書局，2010年），頁2。

[5]　劉蜀永：《香港史文集》（香港：中華書局，2010年），頁60-61。

香港被如何看作「英國對華金融侵略的中心」，[6]如何成為英軍在遠東的「作戰基地」——甚至是「應該成為中國海域的海軍總部」。[7]各種解說與批判，不一而足。由此奠定香港故事書寫的多歧性與複雜性。香港的本質既涉及了繁複的歷史人事，要界定也就變得困難。

「東方之珠」的美譽無疑反映了殖民者在遠東地區的雄圖偉略，但最早期的殖民者佔據香港的目的「不是著眼於殖民」，而在於她所能提供的作用與功能——「外交、商業和軍事的目的」。[8]然而，目的之達成，其中一點即在於移植英國的各種社會、司法制度，讓這個中轉站和遠東軍政基地成為安其居樂其業之地，長遠地攫取在華的最大利益。

這個在中國學者看來是西方殖民者從政治、經濟、軍事、文化諸方面進一步侵略中國的「基地」，[9]百多年後被英國人稱為只是「借來的土地，借來的時間」而已，反映殖民者對此地沒有歸屬感和情感，畢竟這不是自己的家園，不需有長遠規劃和打算。說到底，如何在利益算盤下最大化地發揮一個城市的「功能」和「作用」才是目的所在。這一切都注定了香港精神的流轉性和城市功能變動性的本質。王德威所說的「都會的流動變貌是香港的本命」，可謂一語中的。[10]

作為一個有著逾百年殖民史的城市，能為殖民者賺取怎樣的利益和好處才是她的真實城市意義，其歷史身份和當中意義是無須多談細論的。於是，在城市建築景物外，她的人文風景與城市底蘊不被注意和受到肯定；過客也總能在其風光背後找到一些可以大批特批的邊遢角落。

1842年以來，除了中英兩國之外，日本人來港訪港算是最為頻繁的第三者了。[11]至一百年後的二戰期間，日本把這個讓人豔羨不已的華麗城

---

[6] 同前註，頁9。

[7] 1863年時任香港輔政司馬撒爾之言，引自劉蜀永：《香港史文集》，頁9。

[8] 1843年6月3日香港總督璞鼎查（Henry Pottinger）公佈的訓令。引自劉蜀永：《香港史文集》，頁9。

[9] 劉蜀永：《香港史文集》，頁7。

[10] 王德威：〈香港——一座城市的故事〉，《如何現代，怎樣文學？》（臺北：麥田出版、城邦文化事業股份有限公司，2012年），頁280。

[11] 在眾多國家中，與英國曾二度簽訂同盟協約的日本便是很推崇英國在香港的成功經驗，而日本也是當時與香港在商業、軍事方面有極為頻繁交往的國家，緊密地維護彼此在中國一帶的既有利益。譬如當時每當有日艦訪港，期間的種種酬酢活動都受到各大報刊均詳細報導，並獲得港府隆重招待。香港是日本政商船艦來回日本殖民地臺灣與越南、菲律賓、馬來西亞、新加坡、印尼等南洋海域的中途站。在上世紀初的民間船隻往來香港可說是出乎今人想像。單以1919年為例，雖

市據為己有，成為了她的第二位佔據者。能夠把香港這個曾不斷禮贊有加的地方霸佔，證明了他們比英國人更優勝。今天重讀他們在初期香港留下的各種文字，讓我們對香港早期形象和殖民者與殖民者之間如何看待這個地方的價值功能，都是饒有趣味的。簡單而言，日人筆下勾勒的香港印象大致上可以這樣說：香港──除了華人外，一切都是美好的。他們對香港的文明華麗及其規劃者莫不眾口交譽，但對在港華人則莫不鄙視。透過陳湛頤編譯的《日本人與香港：十九世紀見聞錄》、《日本人訪港見聞錄（1898-1941）》，訪港日人除了一致批評香港中式食物難吃和物價昂貴外，大致上還有以下三種觀感：讚歎香港都市的繁華與美麗、折服於英國殖民者的管治能力、看不起香港的中國人和悲歎中華文化的喪失。

讚歎香港都市之美貌的文字甚多。其中，夏目漱石於1900年9月19日至20日訪港期間所寫的日記，可視為瞭解日人對香港夜景喜悅心情的顯例：

> 自船上望香港，萬燈照水，與其說像映於天際之綺羅星辰，不若說像漫山鑲滿寶石。滿山滿港都掛上鑽石和紅寶石的項鍊。時間是晚上九時。[12]

不過，華麗背後，日本人看到的更多是華人的齷齪、野蠻、愚昧、無知、軟弱和受壓迫。以「中國人為英國人欺侮」、「中國人為英人所壓迫」（益頭駿次郎《美行航海日記》）一類為條目的日記，深刻反映早期港人在港英時代的生活景況和日本人的亞洲意識。[13]在日人眼中，香港華人除了骯髒不堪外，實質上也被英人當作豬狗管治和差遣，「皆極鄙陋，全聽英國人之指使」是日人對港人的整體印象，除此之名，就是一些私攢利益而沒有恥辱感的生意人。[14]這些均觸動了日人比中國人更為強烈的夷

然中國因為五四爆發排日風潮，但香港與日本的商貿來往並沒有受到任何顯著影響。在這一年，日本船舶駛入香港便共計有1148艘；中國船隻總數只有620艘；與英日友好的美國也只有150艘，而此段時期與英國共同協作對抗德國的俄羅斯也只得8艘。*Administrative Reports for the Year 1919* (Hong Kong: Government Printer), p. 9.

[12] 陳湛頤編譯：〈夏目漱石〉（19/9/1900），《日本人訪港見聞錄（1898-1941）》（香港：三聯書店，2005年），上卷，頁58。

[13] 益頭駿次郎（Masuzu Shunjiro, 1820-1900）：《美行航海日記》（1861年），引自陳湛頤：《日本人與香港：十九世紀見聞錄》，頁84。

[14] 福澤諭吉（Fukuzawa Yukichi, 1835-1901）：《西航記》（1862年2月4日），引自陳湛頤：《日本人與香港：十九世紀見聞錄》，頁125。

夏大防意識，對昔日中華民族失卻文化正統與尊嚴不無譏歎。在日人鄙夷香港華人的同時，他們也極端述說香港市容的美麗和商貿的成功，並把這一切完全歸功於英國人的才智和能力。

　　他們高度評價的背後，事實上是希望撰寫好一個可供日本參考的殖民地建設藍本，要他們管治好臺灣就猶如港英政府般管治好香港。儘管兩地都是由同樣差劣的中國人構成的華人社會，香港的成功經驗可作為臺灣借鑒。陳湛頤結合濱下武志的〈香港和日本〉研究指出，從臺灣過港的日本人大聲疾呼，籲請日本的殖民主義者向英國統治者取經，使香港作為經營臺灣的藍本，日本明治政府後來也採用了英國人柯克伍德（Montague Kirkwood）的香港模式提案。[15]

　　不過，日人在讚賞既是合作者但又是競爭者的英國殖民者之餘，並不妄自菲薄自身才智和能力。香港之所以在列強競逐的時代社會安穩，並能夠繼續成為列強在遠東的經濟中心，跟日本的協作有關，其中一例就是英日二國同盟造就了香港的安穩繁榮：

> 當時在青島的德軍及太平洋上的德國軍艦都不能讓港督感到樂觀。尚幸有賴我國同盟高誼，封鎖青島，又派艦隊赴南洋，香港始得安穩。[16]

要言之，香港之於英國殖民者而言是借來的土地與時間以掠取他們在華的最大利益；對於日本人而言，香港的意義或功能除此之外還有很重要的參照作用。

　　把香港作為參照對象，轉而批判其種種不足的，除了日本人外，還有在過去百多年來南下香港的中國士人、學者、文人、作家。他們是在一種大中國歷史背景下觀照香港的不足，再用中原的強勢文化和國族意識批判香港的荒涼與頹廢。

---

[15] 陳湛頤〈序言〉，見陳氏編譯《日本人訪港見聞錄（1898-1949）》，上卷，頁XI。

[16] 大谷光瑞：（〈致德富蘇峰信〉1914年12月）《放浪漫記》，引自陳湛頤編譯：《日本人訪港見聞錄（1898-1949）》，上卷，頁165。

二、南來者的香港述論

與日本來港人士般對香港有類似負面觀感的，可以舉出1862年避難香港的「長毛狀元」王韜為首例。王韜與日人一樣，極力批評香港的飲食難以下箸、下嚥和物價如何昂貴，他也對香港的氣候和居住環境的看法十分負面。正如王宏志所言：「在王韜筆下，香港只不過是一處在『非我族類』的『侏離』所統治下的『蕞爾絕島』、『荒域』、『蠻荒』。」王韜這種厭惡香港的情緒與他本人被中心排擠的悲情環環相扣。他是被逼滯留在「人生路不熟」之地的政治犯、落難者。在此心境上再另加一種「居天地之中者曰中國」的中原心態，[17]香港的「邊緣」位置與收容中國政治犯、逃犯的城市功能便由此定下。

不過，相對於王韜，後其踏足香港的另一近代政治、文化名人黃遵憲，他五度到港共留下十數首香港詩作。1870年秋於廣州考畢鄉試途經香港回鄉，他眼見國權國土盡喪，在悲痛無奈心境下寫詩十首，取名〈香港感懷〉。1885年秋，他由美國三藩市歸國，再次踏足香港，其〈到香港〉詩云：「登樓四望真吾土，不見黃龍上大旗」，再抒國權國土淪喪之悲悵。1890年，他再寫下〈自香港登舟感懷〉，「龍旗獵獵張旆去，徙倚闌杆獨愴神」道盡感時憂國情志與蒼涼心境。但這些在一種匆匆過客心境下完成的詩，沒有反映香港的本身問題，所詠歎者是作者經國救世的士大夫情志，香港只是他用以自勵自勉的和有待救贖之對象。

當然，對於另外兩位影響近代中國十分深遠的著名政治人物康有為與孫中山而言，香港也有其獨特意義。康有為一如同期訪港的日本人，深被香港瑰麗建築、整潔街道折服，對英國人的管治推崇有加，由是改變了康氏過去以「古舊之夷狄」觀念定義英人的舊見。[18]

對於孫中山而言，香港為其革命思想誕生的搖籃，也是他建國大業的一面鏡子。他在投入革命事業初期，選擇赴港習醫，所貪圖者就在於香港英文醫校「學課較優，而地較自由，可以鼓吹革命」。[19]至1923年2月20

---

[17] 王宏志〈怎樣去界定香港文學：香港文學史書寫的一個最基本問題〉，《現代中文文學學報》卷8.2-9.1（2008年），頁30。

[18] 康有為：《康南海自編年譜》（臺北：文海出版社，1972年），頁11。

[19] 孫中山：《孫中山選集・有志竟成》（1918年）（香港：中華書局，1966年），頁169。

日，仍任中華民國軍政府大總統的孫中山路過香港，到訪曾求學的香港大學和發表演講。他對香港大讚特讚，一再稱道者共計有——相對自由的社會，良好之居住環境與社會秩序、政府的卓越管治和文明司法制度等等。他自述革命思想之產生，乃是在一種處處把思想上的「家鄉」（香港）與鄉籍（香山）比較後形成的。其言曰：

> 回憶卅年前，在香港讀書，功課完後，每出外遊行，見得本港衛生與風俗，無一不好，比諸我敝邑香山，大不相同。吾於每年放年假，必返鄉二次，每次約數禮拜。覺得在鄉間與在本港，確大相懸別。因在鄉間要做員警及看更人方可，因斯二者有槍械在手，晚上無時不要預備槍械，以為防備之用。由此想到香港地方與內地之比較，因香港地方開埠不過七八十年，而內地已數千年，何以香港歸英國掌管，即佈置得如許妥當？……現時香港有六十余萬人，皆享安樂，亦無非有良好之政府耳。

香港也被孫氏一再作為參照系的角色而存在：

> 深願各學生，在本港讀書，即以西人為榜樣，以香港為模範，將來返祖國，建設一良好之政府，吾人之責任方完，吾人之希望方達。[20]

同樣，香港的本身在孫中山的演說裏，絕非目的與中心所在，其所指向者乃是「在本港讀書，即以西人為榜樣，以香港為模範，將來返祖國……」。香港的功能，一言以蔽之就是如何幫助中國建立一個「良好之政府」。

不過，香港也有一批以保護中華聖教、國粹民魂於不墜自居的南下衛道之士選擇定居於此，他們聲言在這個域外之地、但實質上仍是中國不可分割的領土上，繼續藉經史講讀以傳揚儒家聖教、拯救世道人心和保護文化彗命。賴際熙、陳伯陶等粵籍清室遺民是這群南下聚書講學、保存國粹者的代表。他們的詩文反映香港是中華禮儀節文的保存之地，香港於他們而言是舊宋帝臣殉國守節之地，是文化故國之寄託所在。他們寧願居港也不願失節回

---

[20] 羅香林：《國父在香港之歷史遺跡》（香港：珠海書院出版委員會，1971年），頁42-43。

國出任新朝（民國政府）官職，更倡言不以舊日夷狄之舊觀省視香港，把香港視作當前「昌明經術」、「敦勵士行」、「明詔興行」的守節行志之地，是立孝、行忠、踐義、守禮的最後一片可供終老之靜土。相反，大陸反是「滄海橫流，處處不安」的「國亡教淪」的率獸食人「無道」之地。如此見解，實因他們更加懼怕歐風東漸、國內革命風潮和共產思想氾濫所出現的天下亡變局。[21]順是，選擇居港乃有文化故國寄託在身的使命感與責任感。不過，香港在他們的論述下仍然是文化故國的配角而已。

上述之談折射了香港與中國文化歷史的思想脈絡與地域特性，並反映了香港歷史的多面性。不過，在目前國家大論述下，這些為數不多但實質上影響香港學術文化發展十分顯著的前清遺民、民國保守份子、共產中國反革命份子，他們在1920年代香港的文化活動畢竟少人提及，更不受兩岸或海外學者重視。

香港在被論述的過程中，常被過客否定的例子不只見於上述得志、失志或有志之士，也是後他們而至的百年南來人士慣常做法。論者把王韜個案演繹成為個多世紀裏南來文化人的模式，稱作「王韜模式」。這個模式很能概括百年來不少作家、文人的居港心境，展示一種落難香港而又不滿香港的大中原文化意識，並又在居港日久後漸染西風之故而思想不斷發生變化，他們一方面在特殊的空間裏從事其指向「祖國」的文化活動，始終心系祖國，但又在未以香港為家為關心物事的情況下為香港開闢「作為大陸以外的『中國』的文化空間的特殊性」。[22]關於這點，小思（盧瑋鑾）編輯的《香港的憂鬱——文人筆下的香港（1925-1941）》一書可讓我們找尋到大量相關心態的閱讀，同時也可以看到因為香港未能發揮他們心目中的功能設想而批判極力。

該書介紹了近五十多位名動一時的作家如何描述香港的文章。分別有聞一多的〈七子之歌〉、魯迅的〈略談香港〉與〈再談香港〉、巴金的〈香港或九龍〉、胡適的〈香港小記〉、穆時英的〈英帝國的前哨：香港〉以至被小思引為書名的樓適夷的〈香港的憂鬱〉。透過這些作家和這

---

[21] 上引賴際熙及陳伯陶之見，見賴氏《荔垞文存》、陳氏《瓜廬詩剩》，《瓜廬文剩》，轉引自區志堅：〈香港學海書樓與廣東學術南下〉，《嶺南近代史論：廣東與粵港關係1900-1938》（香港：商務印書館，2010年），頁245-248。

[22] 王宏志：〈怎樣去界定香港文學：香港文學史書寫的一個最基本問題〉，《現代中文文學學報》卷8.2-9.1（2008年），頁31-32。

些書寫香港的文章，讓我們看到香港這塊地方的獨特性及其在來自文化中原的知識群體城市印象。小思為這本資料集所寫的〈序〉中，總結了南來者對香港好壞參半的印象：

> 香港，這個命運奇異的小島，百多年來，承受了無數中國人的血和汗，愛與憎，但她卻受著外人的管轄。有人稱許她是「夢之島、詩之島」（穆時英〈英帝國的前哨：香港〉），有人唾罵她「可厭」（文俞〈可厭的城市〉），有人認為她足以成為「南方的一個新文化中心」（胡適〈南遊雜憶〉），有人鄙棄她是個「野孩子」（屠仰慈〈寄懷上海〉）。

根據這些南來文人的截然不同的觀感，小思接著提出一個疑問：「香港是個怎麼樣的地方？」。與其說是疑問，倒不如說是一種對外來者、寄居者或避難者把香港片面化描述的詰問。

不難明白的是，既然港人被南來國人看作蠻夷、雜種、娼妓、沒有家國觀念、洋奴同胞、非我族類、異化了的中國人，甚至是墮落到沒有任何價值、連充當「狗糧」的價值也沒有的時候，[23]就如論者所質問的：為什麼還一再有不少的南來聲音要求香港這個被棄養的「野孩子」要投入保家衛國的抗戰？同理，既然本為蠻夷和已經被奴隸化了的香港人對抗戰漠不關心，即使接受了日本人的統治又有何不妥呢？為何又要受到批判和辱罵他們呢？[24]這是南來者以強勢的文化視角看待香港人和事後作出的相互矛盾的雙重批判，在書寫其華麗之餘亦要「不忘挖她的瘡疤」。這就是小思所說的「香港的憂鬱」所在。

讀畢這批文章，看來也的確沒有什麼比「憂鬱」一詞更能「配合香港的遭遇和性格」。如果香港是一位風華正茂的少婦，她的美貌或者是濃脂豔抹背後的醜陋，不是母家成員可以隨便評頭品足的。相反，以包容、諒解和反省的態度對待其美麗背後的瘡疤會是較易讓人接受。

相比於處處譏刺香港在殖民者手上如何被工具化或者是異化的香港，聞一多的〈七子之歌〉有其劃時代的意義和中國士人的精神意識，從黃遵

---

[23] 屠仰慈：〈寄懷上海〉，《香港的憂鬱》，頁158。

[24] 王宏志：〈中國人說的香港故事〉，《否想香港》，頁54-55。

憲詩作到1997年回歸前的大量愛國史觀書寫下的香港作品，都貫穿了這種相類似的「國家有難，匹夫有責」的自責意識。這篇文章被小思編選為第一章，除了該文描寫香港的背景時段比較早外，與它能告知讀者香港憂鬱史的根源有關。聞一多的文章讓讀者感受到香港「失養於祖國……孤苦亡告」的失落與哀痛，也敦勉讀者要對香港的被搶佔有所反省和自責，不能眼見「國疆崩喪，積日既久」而「國人視之膜然」。聞一多把香港島比喻作被獰惡海獅——英帝國主義者啖啃骨肉脂膏的鳳闕階前守夜的黃豹」，把九龍比喻作被鎮海魔王——英帝國主義者逼婚下嫁而天天數著歸甯吉日的「幼女」。

香港和九龍都在哭訴苦痛和哀求回歸祖國，這是1925年聞一多這位多愁善感的名作家的感觸與想像。但他對香港的看法於當時或往後而言，恐怕也是一廂情願居多的。香港縱然受英國殖民地政府管轄，但對比各地軍閥混戰的1920年代中國，恐怕還是具有很大吸引力讓人留下來的。相對於母國，香港在殖民管治的百十年中，長治久安的日子遠遠多於動亂的時日。正如不少香港歷史、文化研究者所認為的，香港自割讓給英國後的150年殖民地歷史中，除卻1925年的「省港大罷工」、香港淪陷的「三年零八個月」和1967年的「暴動」外，整體局面相對而言還是相對穩定的。[25]

不難明白的是，南來的聲音往往是基於一種作家、學者自我心靈救贖的需要，把香港作為一個參照對像，由是伸張家國情懷、文化意識並撫平心中的缺撼。

三、冷戰時期的香港論述

在當代學術界裏，相信很難找出第二位既有深遠學術影響力但同時又長期居住香港的哲學家、思想家和教育家會好像唐君毅般嚴厲批判香港。他與1949年大批帶著五四新文化傳統到港的南下文人不同，他是帶著花果飄零的憂患意識、強烈的民族文化傳統與儒家道統守護者的心境到港，希望在香港這個被看作無根無歷史的邊陲小島上栽植靈根，藉以抵抗五四運

---

[25] 王宏志：〈「借來的土地，借來的時間」〉，《本土香港》（香港：天地圖書有限公司，2007年），頁44。

動以來國內各種砍斷文化根脈的社會政治運動。[26]

在港期間，唐氏與一眾深受傳統國學薰陶而學識淵博的民國學人興學施教，延續民國學術遺風之餘更致力於掀起文化回流反哺運動，使已經遭受外來政治意識型態砍斷的中國文化傳統得到重建和更新發展。他與五十多位具備各種學問專長的學者免費在新亞書院裏公開演講達150多次，內容遍及新舊文學、中西哲學、史學、經學、各大宗教思想、中國傳統藝術、繪畫、詩歌、社會學、經濟學等等。講演者除錢穆、唐君毅、張丕介三位新亞的創辦人外，還有名家如董作賓、印順法師、夏濟安、羅香林、饒宗頤、劉百閔、林仰山、曾克端、徐籲、沈燕謀、羅時憲等，而這段時期前後在校任教的亦有具備各種學問的學者。除錢、唐、張三位創辦人外，還有吳俊升、羅香林、梁寒操、胡建人、任泰、羅夢冊、夏濟安、黃華表、左舜生、陳伯莊、王書林、糜文開、李璜、余協中、程兆熊、牟潤孫等人，可謂士林名家一時雲集。他們帶給當時香港好學之士的思想影響，尤其是在這段時期對有幸親聆教誨的一眾青年學生的影響，在今天仍有值得仔細估量的意義。

然而，雖然他在港努力地工作和生活，但他並沒有要為香港這個地方建立什麼，他所做的一切都是指向心目中的文化中國。職是之故，他在港居住了二十多年後，仍然沒有對此地心生半點眷戀。在他看來，香港只是英人的殖民地，他與這塊地方及其上居住的港人關係疏離。在他眼中，香港不過是由外夷管理的蠻荒之地，他與其他文化人是不得已地流落於此。這種心態一方面反映了他的強烈中原意識與文化正統思想，故以他者（相對於本土，native）的眼光審視作為他者（相對於殖民者，the others）的香港：

> 香港乃英人殖民之地，既非吾土，亦非吾民。吾與友生，皆神明華胄，夢魂雖在我神州，而肉軀竟不幸亦不得不求托庇於此。[27]

即使是晚年回顧前塵往事，仍然保留著流亡心態審視一切：

---

[26] 關於唐君毅如何批判五四運動，可見拙文：〈唐君毅的五四運動詮釋〉，《鵝湖》第5卷總359期（臺北：鵝湖雜誌社，2005年），頁44-57。

[27] 唐君毅：〈中華民族之花果飄零〉，《唐君毅全集第7卷·中華人文與當今世界（上）》（臺北：臺灣學生書局，1992年），頁33。

> 我們當時未注意香港殖民地政府問題，因為我們當時只是流亡在
> 此。當時我們所注意關心的，亦非香港，只是中國當時的時代情
> 勢。[28]

　　唐君毅對香港的種種不滿和極為濃烈的疏離感，很大程度上源自他眼
中的港人崇洋情結，他既批判知識份子不知恥地用英文作日常溝通之言，
也反對香港奉耶穌出生為聖誕，更不滿年青一輩競往海外升學以求文憑之
淺薄。他始終以「客居」心態審視香港的一切，並由此斷定「一切來到香
港的人與我個人之感覺亦不會差許多。」[29]故其筆下無時不以「他者」角
色評斷小島上之種種，以域外之地看待香港的文化及其地理位置，咸視
「香港華人社會的子弟」不過是基於百年民族災難而不得不「次第飄落到
香港之花果」。[30]他提示學生們要自重身份價值，要「自覺到自己是歷史
意義的中國人」，並以之為「自己生命的本質」。相反，不要給「身份證
上的白紙黑字」所迷惑了自己。否則，就沒有資格「作為中國人」。他開
宗明義地對新亞書院的師生說：「大家必須在文化生命上，作個『仰不愧
於天，俯不怍於人』的中國人」。[31]

　　作為唐氏教學事業的新亞書院，被他視為因政治緣故而「偶然同聚
在香港」而創辦的書院。但這種生命中的偶然又是命運的必然，新亞書院
之創辦是意義非凡的。其言曰：「新亞書院之適創辦於孔子二千五百年之
後，亦不可只說為一偶然的事，而當說是一當然的事，必然的事。」新亞
的本質和使命，被他看作是一所擔負獨特文化使命與時代責任的「流亡大
學」。在這個「借來的土地」、「借來的時間」上向一切「僑居異地，為
臨時之計」的滯港青年人提供教育，以待他們學有所成後回國作出一番貢
獻。於是，在唐君毅的大量向學生發表的演講中，都圍繞著救國救時大任
為題展開，強調要如何保持戒慎之心渡日的重要性，提示南下青年要有身

[28] 唐君毅：〈中國現代社會政治文化思想之方向，及海外知識份子對當前時代之態度〉，《唐君毅
　　全集第8卷・中華人文與當今世界（下）》，頁232。原刊1972年6月。
[29] 唐君毅：〈海外中華子孫之安身之道〉，《唐君毅全集第10卷・中華人文與當今世界補編
　　（下）》，頁453。原刊1973年。
[30] 唐君毅：〈對香港學生的期望〉，《唐君毅全集第9卷・中華人文與當今世界補編（上）》，頁
　　449。原刊1970年7月《中學生》。
[31] 唐君毅：〈中國現代社會政治文化思想之方向，及海外知識份子對當前時代之態度〉，《唐君毅
　　全集第8卷・中華人文與當今世界（下）》，頁261-262。

陷香港而心系神州之志，否則，忘了自己的來處和寄居異地的緣由，將會是一樁「最可怕的事」。他直言害怕旁人一旦「習慣了」就會「樂不思蜀」、心思歸於麻木，從而自忘「自何處來」，因此一再寄望他們要常存國破家亡的流亡感和建國的迫切感，免得失去志氣、抱負、責任心與使命感。[32]香港的人事物，最後都被他指向母國，他無意要為香港的本身留下什麼業績。

　　然而，在有國歸不得而不得不在暫居之地做點實事，分寸在於一方面不能脫離在地生活而有所開創事業以待世運，一方面不能眷戀在地生活而「樂不思蜀」。於是，一種帶有神秘意義的經驗意外地把香港塑成為千年世運轉移聚落點的獨特歷史文化之地，而這種神聖的位置所要發揮的功能是面向中國大陸而掀起「文化回流反哺運動」。香港這塊地方在當世的意義和價值在他的「世運說」論述下得到曠古絕今的彰顯。在「每一個時代，都是有它的世運的」論述下，不斷轉移的「世運」自近世開始已從中國北方轉移至珠江流域，目下且從珠江流域轉至港臺等海外之地。[33]準確地說，世運已寄託於身在香港的「我們」這群流亡海外之士身上。他進一步聲明近代政治、文化思潮的發展趨勢是由南而北，「都是由香港與海外，向中國大陸回流反哺」。[34]基於這種見解，他既為身邊學生和同儕的確立身份價值，也同時使他們偶然聚居之地在1950年代以來的冷戰世局中有了新的塑造，是承接世運轉移而開闢新世局的中樞要地。從此觀之，不獨新亞有十分巨大的時代責任，香港也不再只是一個與中國毫無相干的殖民地了，反而是建立未來「人文中國」的搖籃地和基地。

　　唐氏把香港或「新亞」視作重建中國人文傳統和「反共壁壘」的想法，[35]其實也告訴了我們香港故事的複雜性背後的另一個人文圖景：文化中國意識與文化正統思想對政治中國與現代性的批判或抗衡，這種由接續五四前文化傳統的南來學人所標舉的文化精神構成了香港近數十

---

[32] 唐君毅：〈僑民教育的新問題〉，《唐君毅全集第9卷‧中華人文與當今世界補編成（上）》，頁430-432。

[33] 唐君毅：〈在台講學之感想〉，《唐君毅全集第9卷‧中華人文與當今世界補編（下冊）》，頁524-525。（本篇演講稿由楊祖漢記錄，於1978年2月3日原載《鵝湖》第3卷第9期）

[34] 唐君毅：〈中國現代社會政治文化思想之方向，及海外知識份子對當前時代之態度〉，《唐君毅全集第8卷‧中華人文與當今世界（下）》，頁254。原刊1972年《明報月刊》。

[35] 關於唐君毅的相關思想，可見劉述先：《傳統與現代的探索》（臺北：正中書局，1994年8月），頁117-120。

年來文化界或高等教育界文科中的文化批判意識與保守性。在某種程度
上，唐氏的思想與清末粵籍翰林們賴際熙、陳伯陶等為文化故國招魂的
悲願若合符節。

　　異於唐君毅對香港不無疏離的過客心態和香港的他者角色定位，成長
於香港的鄭樹森對上世紀中期香港在兩岸乃至中西對峙格局下扮演的角色
和地理位置則有較中肯的分析。他的論述立足於香港的具體環境如影視媒
體、學界、出版界，告訴我們香港如何成為溝通兩岸、中西的重要樞紐。
他在〈遺忘的歷史‧歷史的遺忘〉一文中指出：

> 香港的特殊自由空間，在五、六〇年代的冷戰高峰，無意中也讓香
> 港在文化上扮演中國與外界的溝通、轉口及仲介地點。五〇年代訪
> 問中國的緬甸、錫蘭、尼泊爾、紐西蘭、日本等左翼文化代表團，
> 都得先來香港……對不能夠或不願意去中國大陸的西方右翼作家，
> 香港是「窺視」當時所謂「竹幕低垂」的中國的瞭望站。[36]

香港不只是西方左右翼或海外華人窺視中國的重要門窗，同時更是美國軍
政機構、情報單位窺視中國的基地。正如香港土生土長並又長期任職美國
駐交領事館的關士光所說的：

> 很少香港人知道美國在香港設有陸、海、空三軍聯絡處。但很多香
> 港人注意到美國海軍軍艦常常在香港海港內出現。五十年代以前，
> 停泊在維多利亞海港的軍艦多數是扯「米」字旗的英國皇家海軍戰
> 艦。五十年代之後，扯「米字」旗的英國軍艦漸漸減少，扯「星
> 條」旗的美國海軍戰艦則愈來愈多。[37]

　　一時間，國共兩黨、左右兩翼人馬和美國的政治、軍事、外交及情報
部門均聚集於此，同時也影響著香港的文化發展、文學創作甚至日常社會
運作。於是，文學書寫裏的冷戰時代香港，一邊聚集了來自世界各地的情

---

[36] 鄭樹森：〈遺忘的歷史‧歷史的遺忘〉（寫於1996年），見所著：《從諾貝爾到張愛玲》（臺
　　北：INK印刻出版有限公司，2007年），頁172。

[37] 關士光：《七十年家國──一個老香港的回憶》（加港研究計畫‧香港傳記叢書）（多倫多：多
　　倫多大學、約克大學聯合亞太研究中心，1999年），頁94。

治人員，同時也因為自由通商港之故而成為資本主義的消費場，這就如王德威所說的「既是反共鬥爭的前哨，又是資本主義罪惡的深淵」。[38]

如此一個最接近共產中國的資本主義城市，既是英美遠東政治軍事最後的據點，也是西方外來者窺探神秘中國的視窗。因此，英國於冷戰時代極在意香港管治權何去何從的問題。她對英國而言，是大英帝國權力在遠東的歷史象徵意義。此外，很實質的意義還在於她作為英國全球戰略上遠東地區最後保壘的政治考慮和軍事考慮，經濟考慮反在其次。這是英國內閣大臣諾曼‧布魯克（Norman Brook）一封寫信給首相麥克米倫（Harold Macmillan）所強調的內容。為了防止或阻擋中國軍隊收復香港主權，英國於1950年代中期便制定動用核武器來「保留立足點」（keep a foot in the door），並於1961年春夏間與美國聯合制定對華核打擊的秘密計畫。[39]

香港之於中國而言，其重要性無庸置疑，但在中共建國初期並沒有即時收回香港的打算。這與中國在軍事政經實力上沒有可能從英美手上搶回香港有關，更重要的是新中國政府要用香港的主權換取英國政府的支持，促使英國成為第一個承認中共政權的西方國家。

另一方面，香港其實也是中國瞭解西方世界的門窗，故第一代中國領導人不急於在1949年建國而百廢待興之際收回香港主權，要直至第二代的鄧小平復出後才構思如何在1997年後正式在港行使中國主權。在中共建國至中英談判機制啟動這段時期，中國政府的香港立場是維持現狀，並採取「『長期打算，充分利用』的特殊政策」。[40]所謂「利用」，莫過於提借用香港而讓中國得以衝出歐美國家在國際冷戰格局中對中國採取的「政治孤立、經濟封鎖和軍事包圍」，香港成為「中國與西方國家保持聯繫的一個通道」，而中國也「利用香港轉口港的地位，發展進出口貿易，保持中國的外匯平衡。」[41]香港的功能與角色在政治上可謂被各方各派發揮得淋漓盡致。

---

[38] 王德威：〈香港——一座城市的故事〉，《如何現代，怎樣文學？》，頁96。

[39] 陳敦德：《香港問題談判始末》（香港：中華書局，2009年），頁8-12。

[40] 劉蜀永：《香港史文集》，頁175。

[41] 同前註，頁179。

四、回歸前後的香港論述

　　當中國收回香港主權的強硬態度已廣為世人瞭解後，中英雙方關於香港前途的談判遂告展開，鐘士元、鄧蓮如、利國偉三人於1984年6月以香港行政立法兩局非官守議員身份北上，向鄧小平反映香港人對中央管治信心不足的問題，鄧小平立當場表明香港主權回歸的問題是中國政府同英國政府談判解決的，「而且這些解決不容許受到任何干擾」，並沒有所謂的「三腳凳」共同協商空間，只有中英的「兩腳凳」。[42]中央政府的強硬態度讓香港人開始醒覺香港的前途從過去到當下其實都不容港人置喙的。在時代的十字路口上，香港將會何去何從，關於香港精神或香港（人）歷史身分反思和追尋的思潮浸然興起，透過與英國殖民者和母國同胞的正面相遇下一些昔日沒有重視的問題立刻尖銳地呈現出來。各種體裁的作品或不同題材的文章，對港人自我扮演的角色，特別是自我在過去、現在乃至將來的功能進行了深入的反省和叩問。

　　猶如《我系香港人》劇本裏的紳士一再強調的，縱管他們打從心眼看不起欺壓他們的「鬼佬」，在港華人於過去百年來所累積的生活體驗最重要是「適應環境，把握機會」、「和平共處，唇齒相依」，而他們這群堪稱社會上流的華商代表，從骨子裏到表皮上都要致力於讓英國人知道他們誠心信守香港是英國殖民地，誠心裏助英國在華利益是合法合理的。因為只有這樣才能促使香港社會繁榮穩定，並由此實現東西文化交融的理念。當然，也因為如此之故，華籍官商的「個人利益和地位才可以得到保障」。[43]於是，為大不列顛帝國殖民政策祝福和乾杯徘徊於真情與假意之間，中間的分界線隨著自身利益的變化而移動。同樣的真心或假意自上而下地反映在小市民身上，他／她們為求一職，努力從衣著、語言、國籍和身份上要自我改造，在日常生活習慣上展現對殖民地宗主國的效忠情態。正因為這樣，香港的主體性與當家作主的意識乃長期地在一種被人家壓抑和自我主動壓抑的情況下發展不起來。

　　1980年前後香港經濟起飛，再加上港人普遍沒有了再回祖國的念頭，

[42] 陳敦德：《香港問題談判始末》，頁231。

[43] 杜國威、蔡錫昌：〈我系香港人〉，盧偉力編：《破浪的舞臺：香港劇本十年集：八十年代》（香港：國際演藝評論家協會（香港分會），2003年），頁121-123。

香港意識慢慢由此紮根。在這剛出現的安穩社會生活和剛形成的本土歸屬感的當頭，剛從文革十年走來的中國政府以強硬姿態收回香港主權，這對港人無疑產生心理壓力。經過1989年「六四」民主思潮的衝擊，香港人的民主意識萌芽生長，再加上彭定康上任港督以來的重新設定香港角色與功能，使之突然間成為「一個與周圍其他地區的人民有十分密切文化關係的國家」，並且被說成是「香港覺得自己是一個國家」，在這種表述下，港人的聲音和意願竟然得到前所未有的重視，從1842年以來的150年裏都缺乏政治參與的情況於1992年開始有了脫胎換骨的轉變，港人有權選出自己的立法局代表。[44]香港的角色與政治功能在1992年發生了翻天覆地的轉變。新加坡的李光耀對於香港的轉變，不無過於坦率地直指香港只不過是英美大國與中國交手時棋盤上的「一隻棋子」。[45]

在中英政制爭拗如火如荼之際，在以抒情為主體、以反映社會人心動向特質為書寫主調的文藝工作者，在面對1997問題時有各式其式的想像和期盼。不同地域、背景的人對1997香港的城市功能也有不同的設想。流行歌曲中的《我的1997》，在尾段如此詠唱香港的1997：

> 1997快些到吧！八百伴究竟是什麼樣？
> 1997快些到吧！我就可以去hong kong。
> 1997快些到吧！讓我站在紅磡體育館。
> 1997快些到吧！和他去看午夜場。
> 1997快點兒到吧！八百伴衣服究竟怎麼樣？
> 1997快些到吧！我就可以去香港。
> 1997快些到吧！讓我站在紅磡體育館。
> 1997快些到吧！和他去看午夜場。

---

[44] 在彭定康還未踏足香港出任港督前的二十天，英國議會外交委員會主席侯威爾便為過渡期中的香港復位身份、重塑功能，也為彭定康的到港任務定下了基調。就是把香港當作一個國家去治理，而這個國家「有自己的見識和聲音，有權利表達它的見識和聲音，有權利不讓自己的命運任人擺佈」。彭定康抵達香港履新的任務之一就在於發展這個「國家」的民主運動。言下之意就是將香港如論者所言的變成一個「獨立」或「半獨立」的「政治實體」，或者是在「中國的內部培植出反對和分裂的政治力量」。

強世功：〈中國的憂鬱〉，《中國香港：文化與政治的視野》（香港：牛津出版社，2008年），頁165-166。

[45] 同前註，頁170-171。

香港，對於新富起來的「一小撮」但為數極巨的國人而言，1997年或以後的香港除了中國行使主權的象徵外，也許是還等於消費、享受、獵奇和浪漫。對於從事嚴肅學術研究的學者而言，香港的一切將會隨著1997年回歸祖國而變好。在過去可以用來當作反映香港殖民地歷史黑暗面的「一面鏡子」的香港文學創作也將隨著回歸日子的來臨而發生變化，所映照的將會是光明、美好的香港前途。

正如專研港臺文學的的暨南大學教授潘亞暾所言，香港文學將從過去「草苗爭長，斑駁陸離，發展緩慢，歷經挫折」的頹境發生以下變化：「隨著社會的演變、時代的進步和回歸的日近，已逐步走上健康、進步和繁榮的道路，前景光明燦爛。」[46]然而，同樣是來自香港文學創作的響應，恰好證驗了外地觀察者/學者與本土文論述存在一定的落差。在香港回歸前後一段不短時間裏，不少文學創作對於回歸的逼近是患得患失和焦慮困頓的。1997年前的香港文學預示了今天香港文學發展的路向。但嚴格來說，目前香港社會氣氛的離亂失落氣氛恐非回歸前香港文學家所能想像的。

回歸前，香港的走向和角色如夢魘般一直纏繞本土或曾長期在港長期居住的作家。他／她們把1997看作為香港的「大限」或「末世」。「九七」成為各類書寫香港的文學的終點站，「棲惶焦慮、期望悵惘」也成為了文學及藝術創作的主旋律和主題。[47]從張愛玲的「傾城」、西西的「我城」「浮城」一直描寫到心猿的「狂城」、黃碧雲的「失城」，為未來香港定下悲觀、迷惘的末世情調。各種思考香港人身份之謎和反映港人前途困境的迷亂豔異文藝傾巢而出，香港的角色與功能就是畫家筆下的「可欲的客體」──豐胸盛臀的赤裸女性，而在一些文學家筆下則因為其混雜性的特質而被諷諭為娼妓。[48]正如王德威所注意到的，施叔青在香港回歸前四年間完成的「香港三部曲」（《她名叫蝴蝶》、《遍山洋紫荊》、《寂寞雲園》）以妓女黃得雲家族的四代愛欲傳奇來道盡百年「香江風雲」──「既淫逸又清冷，既喧嘩又荒涼」。[49]作者雖曾明言行文運

---

[46] 潘亞暾、汪義生：〈緒言〉，《香港文學概覽》（廈門：鷺江出版社，1997年），頁4。

[47] 借王德威評述黃碧雲小說之語。王德威：〈香港：一座城市的故事〉，《如何現代，怎樣文學？》，頁298。

[48] 也斯：〈香港的故事：為甚麼這麼難說？〉，《香港文化》頁10。

[49] 王德威：〈香港──一座城市的故事〉，《如何現代，怎樣文學？》，頁291。

思時並無藉妓女發跡身世以喻香港命運的想法，但其創作的時空甚或論者所言的把「女性與城市的模擬關係」已是二十世紀中西文學常見母題的套路延續，均讓讀者自然地把女主角的「妓女命運與殖民地的興衰等同觀之」。[50]

妓女命運與殖民地命運一樣，在角色上是「可欲」的對象，在功能上提供一些服務，並且是徘徊於兩重甚至多重的壓迫之間，成為被支配者。在某些時候，為了不欲再接受新的壓迫者的欺壓，這位被壓迫者在逼仄的縫隙中被看作是寧願選擇舊者。這種文學思索，為某些人對香港在過去扮演的角色與功能不期然產生同情的瞭解。

相對於文學筆法塑造下的香港，周蕾以後殖民理論寫成的〈殖民者與殖民者之間〉一文，也著意於讓我們認清香港在過去所扮演的角色和所發揮的功能。然而，她的最終目的是要指向未來，為香港在未來日子面向中國時如何自我定性定位，其剛烈文筆欲將香港塑成一個自我邊緣但又處處與中央政府對抗的新角色，由是告別「夾縫」和「被殖民」的宿命。

在周蕾眼中，香港被逼放在英國舊殖民者與中國新殖民者的「夾縫」之間苦苦求存，使香港人成為跨時代的可憐人，其飽受歧視的宿命從1842年開始並在1997年後延續下去。所謂「回歸」在她看來只能說是「被逼回歸」，而所謂「祖國」也只能說是與舊日壓逼香港的舊殖民者毫無分別的「施行帝國主義政策」的新殖民主義者。香港人從過去、現在乃至將來在她筆下都被想像成被剝奪、被遺忘和被歧視的一群可憐兮兮的「被壓逼者」，毫無幸福感可言。那麼，對於慣被視為「雜種和孤兒」的香港人，所謂「回歸」不過是從舊的帝國主義者被逼歸向另一個看來可能是更邪惡的帝國主義者，無可選擇地被實行二次殖民。故港人先天沾染的殖民地污點就令到「自卑感」如影隨形地隨著新殖民者、侵略者的壓迫而繼續下去。為免如此，周蕾呼籲香港要有「後殖民自創」的覺醒和魄力，樹立本土性與主體價值──「努力尋找自我的空間」，「不要淪為英國殖民主義或中國權威主義的區區玩偶」，不要再追尋自己的「中國身份」，因為愈是追尋，愈是「顯出本身『中國特性』的缺乏」，並由此益使香港被看作是「偏離中國民族的常規」而遭受來自中國的批判。[51]

---

[50] 王德威：〈香港，我的香港──論施叔青「香港三部曲」〉，《新世紀散文家：王德威精選集》（臺北：九歌出版社，2007年），頁141。

[51] 周蕾：〈殖民者與殖民者之間：九十年代香港的後殖民自創〉，《今天》第1期（香港：牛津大

周蕾指稱香港在不斷追尋自己的身份時註定會擺脫不了無處不在的「自卑感」，此一評論讓我們感到她割裂了和袪除了香港在過去百年與中國發展史緊密相連的關係，尤其是她宣稱的在香港問題上「於拆解『英國』的同時，也要質詢『中國』這個觀念」的論述，無疑使香港在她筆下被去歷史化（dehistorized），香港在過去既變成了被任意塑造和打扮的可憐蟲。在面對將來也因為自我邊緣——自我放逐而與中國因素絕緣。這種「去中國化」、「去歷史化」的論述，固然不能為香港找到向上的出路，而其偏激程度足以嘩眾取寵，助長無知的自大。

蔡榮芳在批判殖民史觀與愛國史觀對香港史書寫造成的偏失時，不忘告誡同行不能忽略香港史書寫時的中國因素，以下一段論述可以用來回應後殖民主義論述中去歷史化的看法：「每次大陸發生什麼變動，即刻波及香港。因此，嚴謹地說，吾人不能單獨孤立的研究香港歷史，而必須兼顧中國大陸。」[52]否則，有關香港的歷史是不完整的，對香港的社會定位和身份研究才不至於片面疏陋。

當然，直接主導香港的角色定位、城市功能的發揮和變貌的，其中還很大程度上取決於中央政府的治港政策。從港府到中央政府，一直以來不夠充份認識香港與中國在文化、歷史方面的緊密關係，對香港的本質欠缺深入瞭解而對其定位難以找到座標。今天香港的歷史、文化教育效果不彰，致使「去中國化」與「去歷史化」的思潮在港此起彼落。在這種情況下，「一國兩制」的國策不但難以貫徹落實，反而成為今天施政執政進退維谷的框限所在和爭論之源頭。

在回歸前後期，中央政府把香港的定位、定性由冷戰時代用以推動東南亞國家抗衡帝國主義、殖民主義的政治城市，一變而為經濟城市，其政治功能「僅僅是作為『一國兩制』的典範」。[53]一國兩制、港人治港、高度自治的政治設計有其一石二鳥之功效構想，就是既收回香港主權之餘，也以其平穩過渡的效用向臺灣和世界展示「一國兩制」成效，由是早日實現「祖國的統一大業」。

然而，在一種精英文化未成氣候、公共知識份子欠奉而政治人才不

學出版社，1995年），頁200。

[52] 蔡榮芳：《香港人之香港史1841-1945》（香港：牛津出版社，2001年），頁7-10。

[53] 強世功：〈香港在國家未來發展中的地位和作用閉門研討會發言稿〉《戰略與管理》2010年第4期，轉引自：http://www.21ccom.net/articles/zgyj/xzmj/article_2010092720146_3.html

足的今天，香港在尋找與周邊省份共融合作之時處處受制於內部民意，往往被動地配合國家深化改革和經濟發展的政策，未能向外拓展之餘內耗不斷，形成今天「一國」既難彰顯、「兩制」隙縫又日益擴大的局面。「去歷史化」的「大香港主義」和「去中國化」的港獨思潮，是香港在自我定位和身份價值衡量時的一大執障和催命符。香港的百年流動變貌將會在未來一段時間更加讓人捉摸不透、想像不來。

五、餘論：在後回歸尋找香港的身份與功能

在今天這個主權回歸而人心仍未回歸的社會裏，任何一件個別事件在泛政治之爭情勢下均會被親建制派或反建制派上升為政治鬥爭工具。香港的經濟、金融、學術樞紐優勢因各種社群對立、政治紛爭在未來勢必被削弱，但已經逐步擴大的中產意識和民主理念在另一方面又不容許香港的前途操縱於「他者」（相對於native或local而言）手中。這些都構成了香港在1997年前後的本土意識逐漸興起。

今天，支撐保護「本土」的背後理念或者是保護本土的目的，是在於對香港人身份認同的追尋。然而，保護本土而疏離於母國和建制力量，是緣於恐懼感所產生的反抗行動。在反抗過程中，既保護了這個家園裏既有東西、美好價值、集體回憶等不被破壞，同時也在為本土擴大民主、自由的土壤，進而爭取更大的話語權與活動空間。

香港的本土意識自2003年7月1日後便有了雨後春筍般的發展，昔日的域外人士或南來人士有關香港的論述、定義在今天固難再見及，同時也必因港人本土意識膨漲而在各種文字媒體上難以找到存在空間。近年電子媒體或電腦網路上一再報導或渲染的「中港衝突」罵戰，港人的反擊行動足以說明民粹力量的強大。在街頭層面上的本土保育行動——諸如保衛天星鐘樓、皇后碼頭、菜園村、喜帖街、新光戲院等等張揚集體記憶的行動，也成為今天香港身份意識進一步加強的重要催化力量。這些行動在保衛香港特色文物和召喚集體記憶之餘，實際上也延續殖民意識和凸顯「兩制」之差異，由此強化自我文化身份的認同，進而對抗建制力量和此一力量的最終源頭。香港（人）從昔日的不會說故事和被邊緣的角色，到今天以自我邊緣的方式爭取話語權和生存空間，反映出新的香港都市變貌。這個變貌在目前連串「本土」、「主場」的口號下不斷地構成，並且變數難測。

　　除了街頭層面的本土保育行動塑造香港變貌外，知識精英階層在近十年也參與了不少重塑香港精神和身份的工作。值得注意的有一度引起社會熱議的八大「香港核心價值」論辯，[54]在該《維護香港核心價值宣言》中，我們可以看到純粹把香港看作一個「經濟城市」已不是後回歸時期的港人所望的定位，而港人要的是建立一個可以自主自立的家園。港人透過維護這些核心價值而要在中國現代文化進程中發揮一些作用或貢獻，這被視為港人的「文化使命」，[55]是一種以文化中國或去政治化的民族國家名義，藉著普世價值的推行批判目前中國的不足。

　　這份由一些在香港經濟起飛年代成長的港人牽頭撰述的宣言，把一己時代關懷指向中國、祖國，其聲音異於昔日只視香港為跳板、避難地的南來文人／知識份子。香港是他們的家園和安身立命之所。但在「兩制」的前提下提出維護諸如自由、民主、人權、法治、誠信等香港核心價值，無疑是一種以攻為守的策略。雖以推進中國現代文化進程的使命自任，但與現存的「愛國」定義是扞格不入的。在「兩制」的保護傘前提下揭櫫這些思想概念，對現存「一國」政治體制構成衝擊。姑勿論《宣言》所指陳者是否充份反映香港的核心價值，但其八項內容無疑表明了不願香港繼續被純粹定位為一個「經濟」城市或者只是發揮商貿功能。這種立場消除了佔據香港政治話語權的商界領袖和中央政府對香港的角色設定。無疑，在民主、自由觀念普及的今天，港人當家作主的強烈心態是回歸前後最大的轉變，這種轉變無時不在形塑著香港的流動變貌。香港能夠在中國深化改革和經濟發展的當頭可以為中國入出什麼貢獻或發揮什麼樣的功能，這八點內容直至今天乃至未來，在香港精神特性論述上都仍有其參考作用。但問題之關鍵在於，港人本身在維護或宣揚八大「核心價值」的「井水」時不會被視作侵犯了「一國」原則的「河水」。

---

[54] 於2003年七月一日50萬人遊行後的一年內，香港社會掀起追尋香港核心價值的辯爭。2004年6月7日，三百位學術界及不同專業的人士在報章聯合簽署〈維護香港核心價值宣言〉，標舉「自由民主」、「人權法治」、「公平正義」、「和平仁愛」、「誠信透明」、「多元包容」、「尊重個人」、「恪守專業」為八大香港核心價值。（《蘋果日報》，2004年6月7日）。

[55] 「我們認為，香港不只是一個經濟城市，也是六百多萬港人安身立命，追尋生活意義，為下一代建設美好家園的地方。失去了香港的核心價值，這座城市便變成失去靈魂的軀殼，港人也就失去了『香港』。我們因此不能沉默。維護香港核心價值，也體現港人在中國現代化進程中的文化使命。」（《蘋果日報》，2004年6月7日）。

　　在本土意識與核心價值高舉的今天，「一國」原則被虛置而「兩制」差異被凸顯。「港人治港」、「高度自治」的基石建立於「一國」的前提或底線已不斷被「反赤」、「抗殖反國教」、「中國人滾回中國去」等「港獨」口號衝擊。這些或可以看作為從回歸前「夾縫論」下那種被壓抑、被邊緣化悲情走到另一個極端的反抗情緒，透過抒發從過去到現在被逼害、被拋棄的悲情與恐懼感，將之積極轉化為現實上的批判力量和反制力量，藉以化除過去壓抑的和及早對抗所要面對的恐懼感。目前連串的香港（人）身份、角色和功能定位和實踐，是對「被逼回歸」採取自以為是的報復性反制行動。反抗雙重殖民統治的口號和行動，其結果是合理化英國百年殖民統治之餘更加惡魔化中國在港行使主權的正當性與合法性。這種情況延續下去，將使「自我殖民」的思想不斷漫延和強化，港人也將在歷史發展進程中自我邊緣化和越來越內向、自大而封閉。這可謂是香港流動變貌中的歧流、橫流，使香港繼續好像百年前成為域外人士的笑柄。

　　未來，香港的多黨制對大陸的一黨制、政治體制中的分權制對大陸的中央集權制、民主普選行政長官對中央有所籌選的任命制等等，都會成為香港社會內部親建制群體與反建制群體往後爭鬧不休的議題，也是港人與中央角力的場域，中間可供迴旋的空間恐將告失。處理不善，整體言論空間、多元及開放的生活文化會被簡單化於「親共」與「反共」的二元對立政治氛圍下被壓縮，而沉默和理性的大多數港人也被兩股激進份子綁上戰車橫衝直撞，在商業、消費中心的中環與旺角街頭重演一幕幕沒有零和的文革批鬥與暴力對決。香港將從經濟城市的角色與功能轉化為高度敏感的政治化城市。後殖民論述受到了本土運動中港獨力量的援用和實踐，成為一種反抗權威和「去中國化」偏激行動的思想資源。這一切把這個本是中國最為國際化的城市因為爭取民主、自由之名而倒退為躁動、愚昧、激進和情緒化的圍城。五四時期追求的民主理想、科學精神、自由價值與道德理性等等不能開花結果之餘，而伴隨而至的還有去中國化和去歷史化的文化危機。

　　目前，港人日熾的「普選」要求、「佔領中環」行動、各種大小街頭運動上飄揚的龍獅旗、雪山獅子旗和米字旗，同時各種形形色色支持政府、建制和打著「愛港愛國」的力量與之相抗，香港社群之撕裂日益嚴重。這一切均加速中央不得不審慎應對港人連串自我身份塑造的行動。但面對港人的自我定位，中央政府無疑會不斷地思考香港所扮演的角色和重

估其城市功能以作進一步的定位。但是，基於「一國兩制」框架下，中央可做的事情著實不多。「一國」與「兩制」分裂為二，「一國」之下沒有「兩制」，而「兩制」的前提沒有「一國」，偏廢其一均會對陸港極為不利。問題處置不善釀成的巨變，彼此都承擔不了。相信在未來一段時間內，這會成為各方進退維艱的泥淖。

香港有其一百五十多年被殖民者管轄的歷史，到主權回歸而殖民時代政制繼續發揮作用的今天，如何消弭「一國」與「兩制」引起的衝決和紛爭，如何在客觀檢視殖民時代遺產的同時平情理性地面對被稱為「新殖民霸權」的「祖國」，香港如何能超越地面向世界之際同時真實地面向中國，不至於陷溺「夾縫」窠臼中進退失據，這是尋找香港歷史身份認同（historical identity）的目的、方向與歸宿，也是擺脫社會危機的重心所在。在擺脫各種內耗不斷的社會論爭時，我們既要超越南來者大中原意識和用強勢文化片面俯視香港的眼光，但更要袪除因恐懼情緒而生的「去中國化」、「去歷史化」的閉港鎖島意識。

香港位處的地理位置以及所置身的歷史空間、時間都構成其在今天必須同時面對中國與世界，以超越「夾縫」意識、不劃地為牢的廣闊視野才能真正看見香港獨特流動變貌背後含藏的生機與活力。無論如何，在走出夾縫和擺脫困境時，脫離香港本身的歷史脈絡及中國文化傳統的背景不顧，一切都只不過是緣木以求魚而已，並且也是十分危險的學術探險與政治冒險。

第五章　當代新儒學的「西遷」與「南移」[*]

西南大學文學院
劉建平

一、緣起：當代新儒學的「西遷」與「南移」的由來

　　在20世紀中國當代新儒學發展史上，有兩個重要的轉折時期是不能不提的，一是隨著抗日戰爭的爆發，大批科研院校西遷，大批知識分子也隨之內遷西部省份，從而使當代新儒學思潮散播到到重慶、四川、昆明等文化、經濟不發達地區。當代新儒家們的「西遷」，不僅造成了其生存環境、人生際遇的變換，而且也促使他們對傳統文化的價值及民族命運開始新的反思，從而使得「西遷」時期[1]的當代新儒學研究呈現出不同於「五四」新儒家以及後來的港臺新儒家的文化形態。這一時期的當代新儒家盡管沒有「五四」前輩們那樣風光，也沒有「南移」的港臺新儒家那樣產生世界性的影響，但也有自身鮮明的特點。「西遷」時期是重新認定儒學的現實作用和價值闡發的時期，一個不可否認的事實是：在「西遷」時期，當代新儒學研究取得了豐碩成果，出版了一大批學術著作，如梁漱溟的《中國文化要義》、馮友蘭的《貞元六書》、熊十力的《讀經示要》及《新唯識論》（商務版）、唐君毅的《道德自我之建立》及《人生之體驗》等。當代新儒學的「西遷」運動，極大的促進了儒學在社會上的普

*　本文系本人主持的教育部人文社科基金項目「20世紀『中國藝術精神』問題研究」（項目編號：11YJC720026）、重慶中國抗戰大後方研究中心項目「抗戰時期現代新儒學文化生態研究──以重慶為中心」（項目編號：CQKZ20130304）的階段性成果。

[1]　「西遷」時期大致是指從1937年－1945年前後這一段時期，其上限可追溯至因1931年九一八事變，而其下限可延遲至1949年國府遷臺，前後計一十六年有餘。因抗戰勝利後，還有相當一部分知識分子因各種原因滯留重慶、昆明、桂林等抗戰大後方，期間又因國共內戰而遲遲無法回歸故裏，有不少知識分子是直接從「西遷」所在地而「南移」至港臺及海外。

及，播下了港臺新儒學發展的種子，在20世紀中國思想史、哲學史上具有重要意義。

傳統的當代新儒家思想研究模式，無論是「革新與復古」、「啟蒙與救亡」、「激進與保守」都未能恰當地描述當代新儒學的發展生態，當代新儒學思潮根植於中國社會現代化轉型過程中「道德性」與「現代性」的分裂以及對克服此種分裂的要求，這正是「西遷」時期新儒學發展的一大特點。學界對當代新儒學的研究汗牛充棟，其中不乏真知灼見和頗有見地的論述，遺憾的是，對當代新儒學「西遷」時期的研究卻極其有限，因而，籠統的把這一時期的新儒學研究看作是傳統儒學的「復活」或「翻版」，或把他們視為頑固的守舊派或「發思古之幽情」的迂腐之輩，不免過於簡單，其歷史局限性也是顯而易見的。1953年，唐君毅《中國文化之現代價值》可以看作是對抗戰時期儒學思想的一個總結，可惜很少引起哲學史家的重視。從總體上看，對當代新儒學「西遷」時期的研究在20世紀當代新儒學研究中處於邊緣的地位。

當代新儒學的「南移」則是「西遷」之後的又一重要事件。1949年時局之變動，大陸的知識分子憂心我國傳統文化衰落以至滅絕避居香港、臺灣及海外設立書院，培植靈根，弘揚傳統文化，使得當代新儒學的研究中心由大陸轉移到了香港、臺灣。從時間上看，「南移」是「西遷」的持續；從空間上看，「西遷」是「去鄉」，「南移」則幾近於「去國」，都是一個漂泊的所在。從當代新儒學自身的發展脈絡來看，「南移」是「西遷」的承續，「西遷」的當代新儒家所作的「價值闡發」工作為「南移」後的新儒學「價值重構」奠定了堅實的理論和思想基礎，同時又是當代新儒學發展的一大轉折，呈現出許多新的氣象和特質，並對香港、臺灣文史哲及社會科學產生了重要的衝擊和影響。它既是一次儒學思想在南方地區、港臺及東南亞的普及運動，又因為港臺處於中西文化交鋒的前沿地帶，「南移」後的當代新儒家們站在世界文化的立場上反觀儒學的現代價值，由此造就了上世紀八九十年代香港、臺灣及美國等地當代新儒學研究鼎盛之局面。「南移」新儒家們繼承了1949年以前大陸之學術基礎而發揚光大，並產生了世界性的影響，因而它在二十世紀中國學術史上具有重要的影響。

另外，當代新儒學的「西遷」與「南移」問題還牽涉到當代新儒家的代際承續與思想比較問題。劉述先先生在〈現代新儒學研究之省察〉一

文中提出了當代新儒家「三代四群」的劃分方法，[2]第一代當代新儒家主要有梁漱溟、熊十力、馬一浮、張君勱、馮友蘭、賀麟、錢穆、方東美等人，第二代主要包括唐君毅、牟宗三、徐復觀。按照此劃分方法，「西遷」的當代新儒家主要是第一代，而彼時第二代當代新儒家或處於求學、成長之中（唐君毅），或亟亟奔走於軍政事務之中（徐復觀），或思想未臻於圓熟（牟宗三），在學界並未產生重要的社會影響。當1949年時局之巨變，許多知識分子避居香港、臺灣及海外之際，第一代當代新儒家中的中堅份子如梁漱溟、熊十力、馮友蘭、賀麟等人並未選擇「南移」，而是選擇了留在中國大陸參與創造「中華民族一新生命的開端」。[3]由於上世紀四、五十年代海內外政治形勢和文化衝突嚴峻複雜，在共產黨的歷次思想改造和「文化革命」運動中，留在中國大陸的第一代新儒家或放棄了自己的新儒學思想，認同和接受馬克思主義（如馮友蘭、賀麟）；或利用馬克思主義對自己的新儒學思想進行加工和改造（如梁漱溟）；或堅持自己的新儒學思想，拒絕接受新政權的思想改造（如熊十力、馬一浮），由於政治意識形態的影響，留在大陸的第一代當代新儒家群體分化非常明顯。而當代新儒家第一代除了錢穆等人外，「南移」港臺並在學術思想上產生了重要影響的的唐君毅、牟宗三、徐復觀等先生皆是當代新儒家的第二代。因而，20世紀當代新儒學的「西遷」與「南移」問題涉及到的是當代新儒家第一、二代代際之間的承續和比較的問題。對此一問題之探究，不僅有利於我們瞭解當代新儒家第一、二代代際之間的思想異同，而且對我們全面把握20世紀當代新儒學的發展脈絡和思想流變也具有重要的學術意義。

　　那麼，「西遷」的當代新儒家與「南移」的當代新儒家之間有著什麼樣的內在關聯呢？我從思想主題、身份認同、價值旨歸和政治歸趨等四個層面展開論述之。

---

[2] 關於當代新儒家的代際劃分，我採用劉述先先生《現代新儒學研究之省察》，參見臺北「中央研究院」《中國文哲研究集刊》2002年第20期。「三代四群」的劃分方法，劉述先先生此劃分方法適當與否並非本文論述之重點，故本文對此問題存而不論。

[3] 梁漱溟語。參見梁培寬編：《梁漱溟書信集》（北京：中國文史出版社，1996年）。

二、思想主題：從民族危機到人性危機

　　第一代當代新儒家身上頗有「士」的意識，這種意識既是傳統知識分子感時傷世、承續道統的責任感，也是時代危機、民族存亡所逼迫出來的憂患意識，它具體呈現為一種人格上或行為上的「氣節」，唐君毅說：「當人道、國家、民族、文化存亡絕續之秋，人命懸於呼吸之際，則豪傑、俠義之行，皆將無以自見於世，而唯有氣節之士，願與人道、國家、民族、文化共存亡絕續之命。患難之來，氣節之士，或隱或死。」[4]當代新儒家以其獨特的方式表達出鮮明的民族立場和憂患意識，力求從民族文化哲學的爬梳、發掘中尋求全民族抗日救亡的精神支柱和凝聚力量。馮友蘭《貞元六書》是這一時期最重要的著作，1938年馮友蘭在艱難的困境下，撰寫出版了《新理學》，[5]接著又從1940年到1946年出版了另外五本書，合稱「貞元六書」，援引《周易》「貞下起元」之意。他在《新原人‧自序》中明確指出：「貞元六書」寫作的緣起正是「以志艱危，且鳴盛世」。在他看來，中國需要一種思想能夠「幫助中華民族，度過大難，恢復舊物，出現中興。」馮友蘭以西方新實在論所看重的邏輯分析方法來改造中國傳統哲學，指出哲學是從分析經驗、分析實際的事物入手，由分析實際的事物而知實際，由知實際而知真際，進而將邏輯分析方法運用於理學體系的改造，並提出對實際事物的分析是「格物」，由分析實際的事物而知真際，而知真際是「致知」。馮友蘭之所以當此貞元之際著此書，主觀上是期望中華民族經此抗戰以達國家復興、民族重振之目的。另一位新儒家方東美本來主要研究興趣在西方哲學，1937年抗戰爆發時應國民政府教育部之邀請，通過廣播向全國青年宣講「中國先哲人生哲學」，他在《中國先哲人生哲學概要》一書中深情地寫道：「這一塊滋生高貴善性和發揚美感的中國領土，我們不但要從軍事上、政治上、經濟上，拿熱血來保衛，就是從藝術的良心，和審美的真情來說，也得要死生以之，不肯讓人家侵略一絲一毫！」[6]由此他決心以英文論述中國哲學、以向世界宣傳中國哲學和文化為己任。國家和民族的內憂外患對牟宗三發揚中國傳統文

---

[4] 唐君毅：《唐君毅全集》（臺北：臺灣學生書局，1991年），卷四，頁417。

[5] 馮友蘭：《新理學》（長沙：商務印書館，1939年）。

[6] 方東美：《中國先哲人生哲學概要》（上海：商務印書館，1937年），頁58-59。

化、哲學精神也產生了重要的激蕩作用，他說：「我在訓練架構思辨的過程中，雖只是純理智的，與現實毫無關係，然而遭逢大難，家國多故，吾亦不能無動於衷。一方在純理智的思辨中，一方亦一直在家國天下歷史文化的感受中。一方訓練了邏輯的架構思辨，一方也磨練出了客觀的悲憫之情。」[7]唐君毅和朋友們出資創辦《重光月刊》、《理想與文化》雜志，在日本人宣傳用「武士道精神」取代「中華文化」時，他出版了《道德自我之建設》、《人生之體驗》等著作，宣稱「武士道精神」決不可能戰勝「中華文化」。「西遷」時期的當代新儒家，可能在學術思想上各不相同，但都有一共同信念，就是都相信中國不會亡，都相信能從我們偉大的文化傳統中重建一價值系統，解決民族的危機，解決時代的危機，這就是所謂的「舊邦新命」。

　　「南移」之後的當代新儒家遇到的卻是另一種危機——人性危機。20世紀一個世界性的精神危機就是「人的危機」，在科技、工業、政治體制的宰製下，人日益異化為無生命的機械的附庸，失去了精神家園，成為「無家可歸」、「單向度」的個體。機械複製時代人性異化的危機在當代新儒家思想上激起了陣陣漣漪。很多學者認為傳統中國哲學「內聖強，外王弱」，「南移」的港臺新儒家所面臨的挑戰主要是來自社會、歷史的層面，在「內聖」方面似乎不成問題。事實上，對於「南移」後的港臺新儒家來說，最重要且亦最困難的，仍然是「良知」如何「在自家心身上作主觀的、內在的、潤澤的表現」，在自己生命上受用。牟宗三有感於時代之病症，沉痛的指出：「現在的人太苦了。人人都拔了根，掛了空。這點，一般說來，人人都剝掉了我所說的陪襯。人人都在遊離中。」[8]「吾之生命亦因『離其自己』而破裂。此世界是一大病，我之一身即是此大病之反映。此世界是破裂的，我亦是破裂的；此世界是虛無的，我亦是虛無的；此世界人人失所受苦，我亦是『有情既病，我即隨病』。但在我只是被動的反映，不是菩薩之『現身有疾』。世界病了，我亦病了。[9]要解救「拔了根，掛了空」的處境，就必須用智、仁、勇「收回來安服自己」；1960年，徐復觀到日本進行文化考察，通過切身的體會深刻感受到了西方現代文明的衝擊，他認為現代社會是一個不思不想的時代，人和人之間

---

[7]　牟宗三：《五十自述》（臺北：鵝湖出版社，1989年），頁82。
[8]　牟宗三：《生命的學問》（臺北：三民書局，1970年），頁2。
[9]　牟宗三：《五十自述》，頁146。

只是象被捆在一起的木柴，彼此之間沒有那種生命相連的感覺，「現代人的生活，是在探求宇宙奧秘面前的浮薄者，在奔走駭汗地熱鬧中的淒涼者和由機械、支票把大家緊緊縛在一起的分裂者、孤獨者。」[10]「假使人類有一天，只有工具的製造與使用，只有貨物的生產與消費，而根本沒有在現實上看不出有任何實用價值可言的『思想』，恐怕這個世界，在本質上只算是一個大動物園的世界。」[11]面對這樣的危機，徐復觀對現代科技文明造成的人性異化現象進行了深刻的反思，認為只有「在人的具體生命的心、性中，發掘出道德的根源、人生價值的根源；不假藉神話、迷信的力量，使每一個人，能在自己的一念自覺之間，即可於現實世界中生穩根、站穩腳；並憑人類的自覺之力，可以解決人類自身的矛盾，及由此矛盾所產生的危機。」[12]唐君毅認為在馬克思主義的思想「改造」和現代工業技術的衝擊之下，中國最重要的問題是信仰危機、價值危機、精神危機——歸結到一句，是人性的危機問題，「不僅是使中國人不成為中國人，亦使中國人不能成為中國一個人，更不配成為天下一家世界中之一份子，而將使中華民族淪為萬劫不復之地。」[13]現代中國最重要的問題就是解決「人」的迷失、自我的迷失問題，「現在文化之病在於人之泯失。例如：人在階級膚色種族之觀念中沒了；人在近代軍事中沒了；人在商業社會工業社會中成商品，成齒輪；人在宗教獨斷中互為魔鬼；人在科學技術威脅下，隨時可死⋯⋯」[14]要解決時代的精神危機，必須以孔孟之精神，繼天體仁，實現此天人合一之人文之精神，也就是依天道以立人道，從而使天德流行於人性。「南移」的當代新儒家認為，科學技術也好、民主政治也好，都是建立在一民族能守住其文化生命的命脈為前提的基礎上，是此一民族文化自然發展的結果。[15]喪失了文化本根和人道尊嚴，則無自由可言，也無民主可言。他們把儒家思想作為20世紀面臨的「道德的迷

---

[10] 徐復觀：《不思不想的時代》，李維武編：《徐復觀文集》（武漢：湖北人民出版社，2002年），第一卷，頁189。

[11] 同前註，頁192。

[12] 徐復觀：《自敘》，《中國藝術精神》（瀋陽：春風文藝出版社，1987年），頁1。

[13] 唐君毅：《唐君毅全集》（臺北：臺灣學生書局，1991年），卷七，頁17。

[14] 同前註，卷三，頁53。

[15] 牟宗三：《唐君毅全集・序》（臺北：臺灣學生書局，1991年）。錢穆也認為「中國民族之復興，必然將建立在中國民族意識之復興，以及對於中國民族以往歷史文化傳統自信心復活之基礎上。」參見錢穆：《敬告我們這一屆的畢業同學們》，《新亞遺鐸》（北京：三聯書店，2004年），頁28。

失」、「存在的迷失」所構成的意義的危機[16]的思想困局的精神資源，這是〈為中國文化敬告世界人士宣言〉一文中早就昭示了的。因而，當代新儒家思想的核心由對救亡圖存、民族危機的思考轉化為對時代危機、人性危機的問題的思考。

「南移」的當代新儒家本意是要通過闡釋儒學的現代價值在這「不思不想的時代」、「幹枯的、外在的」、「破裂的」世界中來安頓社會人生，[17]此安頓乃是一種形而上的、理想性的、人文性的安頓。然而，儒家的基本價值必須在現實生活謀求提升、轉化、點化，也就是歷史上儒家那種徹上徹下、徹裏徹外，貫通理性與感性、理想與現實的安頓，而不是要在現實的生活世界之外有所標立。「南移」後的當代新儒家的理想、理念已在很大程度上失去了現實生活的土壤和與現實之間的互動關係，而成為一種宗教般的、需要執著的加以維系的信仰或文化理想。牟宗三曾言：「我無一種慰藉溫暖足以蘇醒吾之良知本體、天命之性，以現其主宰吾之『人的生活』之大用。我感覺到我平時所講的良知本體天命之性，全是理解之解悟的，全是幹枯的、外在的，即在人間的關係上、家國天下上、歷史文化上，我有良知的表現，而這表現也是幹枯的、客觀的、外在的。」[18]他們堅信所闡發的儒家理想、人性具有普遍而永恆的價值，然而在現實社會中卻應者寥寥，理想得不到現實的滋養和印證，這構成了「南移」後當代新儒家的存在的合法性的危機。[19]「南移」後新儒家伴隨著社會、歷史環境和生活情境的改變所產生的諸多困擾與問題，它不僅關涉儒者的個人道德修為問題，而且關涉儒學在現代社會生存境遇和發展的生態環境問題，發人深思。

---

[16] Hao Chang, *Confucianism and the Intellectual Crisis of Contemporary China.* Cambridge (Mass:Harvard University Press, 1976), pp. 276-304.

[17] 唐君毅曾說：「知吾人今日之責任，唯在透至底層，直接中國文化之潛流，去其土石與沙礫，重顯其源泉混混、不舍晝夜、健行不息之至德於光天化日之下。則承孔孟立太極、宋明理學立人極，與明末至今企慕皇極之精神……展開為並行不悖之人文世界。」參見唐君毅：《中國文化之精神價值》（臺北：正中書局，1953年），頁557-558。

[18] 牟宗三：《五十自述》，頁147。

[19] 參見鄭家棟：《孤獨‧疏離‧懸置──現代境遇與新儒家的精神世界》，《學術月刊》2001年第8期。

三、身份認同：從「流民」到「遺民」

在一個劇烈變革的時代，個人思想的形成和轉變往往和社會的變動、時代風潮的衝擊以及個人的生存體驗、現實遭遇等因素不可分割的糾結在一起。無視此特殊境遇、時代而過分的強調精神境界、超越性，則此超越性只是一種抽象的概念，而與真正的儒家思想和儒者的生命毫無關聯。如此，則此種研究又如何能稱得上是「思想的研究」呢？

當代新儒學思潮的萌生，是在西風勁吹、文化失範的特定歷史條件下出現的，當代新儒家生活在歷史的夾縫中，難以擺脫心靈深處的種種彷徨、困擾、緊張與分裂，尤其在抗戰流亡失所、民族存亡的關鍵時期，當代新儒家大多淪為「流民」，「流民」心靈深處緊張、彷徨、分裂的情緒往往表露為外在的孤獨、任性使氣、狂傲的人格特質。在《五十自述》中，牟宗三多次提到「西遷」時期國破家亡、孤獨悲涼的飄零之感，「家破、國亡，一切崩解，社會的、禮俗的、精神的、物質的，一切崩解……我常下意識地不自覺地似睡非睡似夢非夢地想到了父親，想到了兄弟姐妹，覺得支解破碎，一無所有，全星散而撤離了。我猶如橫陳於無人煙的曠野，只是一具偶然飄萍的軀殼。如一塊瓦石，如一莖枯草，寂寞荒涼而愴痛，覺著覺著，忽然驚醒，猶淚洗雙頰，哀感婉轉，不由地發出深深一歎。這一歎的悲哀苦痛是難以形容的，無法用言語說出的。徹裏徹外，整個大地人間，全部氣氛，是浸在那一歎的悲哀中。」[20]牟宗三曾這樣描述他流落昆明、大理、重慶時的心境，「吾自念我孑然一身，四無傍依，我脫落一切矜持，我獨來獨往，我決不為生存委曲自己之性情與好惡；我一無所有，一無所恃，我黯然而自足，但我亦意氣奮發，我正視一切睚眥，我衝破一切睚眥；我毫不委曲自己，我毫不饒恕醜惡：以眼還眼，以牙還牙，惡聲至，必反之，甚至嘻笑怒罵，鄙視一切。」[21]身為陸軍少將的徐復觀也是一副狂傲、漂浮的姿態，他著軍服在北碚金剛碑拜見其師熊十力，被熊十力罵得目瞪口呆之後才反省到：「這對於我是起死回生的一罵，恐怕對於一切聰明自負、但並沒有走進學問之門的青年人、中年人、老年人，都是起死

---

[20] 牟宗三：《五十自述》，頁147。

[21] 同前註，頁96。

回生的一罵！」[22]在國破家亡、時局緊迫的刺激下，當代新儒家呈現的是不同於傳統儒家的精神狀態和人格特質，一種特立獨行的狂者性格和我行我素的生存勇氣，這種孤獨、狂傲、任性使氣的生存體驗與50年代「南移」後的當代新儒家所著力彰顯的那種純淨的、道德化的生命存在是截然不同的。

　　一般的改朝換代只是朝廷變姓易主，傳統道德和價值規範不會發生多大改變，從士大夫到普通民眾的生活，感覺不到多大變化。而一旦處在民族矛盾尖銳的時刻，例如趙宋亡於蒙元，朱明為滿清取代，情況就不同了。嚴格意義上講，中國共產黨政權的建立，並非民族矛盾衝突，而是意識形態和文化矛盾衝突的結果，至少在一部分「南移」的當代新儒家看來，這是中華文明之亡、中國文化之亡，也就是顧炎武所謂的「亡天下」，[23]數千年的華夏文明由此面臨存亡的危機。當代新儒家孤懸海外，憂患於民族文化命脈懸於一線，而哀我華夏民族有淪為萬世為奴之痛，決心從政治、現實、功名中隱退，著書立說，為天地留一正氣，為中國文化保留幾顆讀書的種子，正如唐君毅所言「念及自己對華夏文化之重光之責，當有以自任。」[24]因而，在「南移」後的當代新儒家思想深層，對於民族文化生命之薪火傳承的使命感比為生命找一人文性或宗教性的終極關懷可能更具有優先性。強烈的文化使命感和擔當意識構成了「南移」新儒家的思想出發點，這種慧命薪傳、靈根再植的文化意識，具體呈現為「南移」新儒家的「遺民情結」。

　　「南移」後，由於理想的精神家園與現實流落異鄉的淒涼、惶惑處境，當代新儒家大多以遺民身份自處，[25]這是當代新儒家在被迫流落臺港的政治選擇之後對自我身份的自覺塑造。「流民」與「遺民」有一個共同點，就是由於某種外力的影響而背井離鄉、流離失所，懷鄉是二者的共同點。唐君毅談到做學問時常常「因國家之界限莫有，家庭不能安頓，故一談問題皆為世界性，則無從下手。人只有漂蕩、流轉。在香港猶然。」[26]他不止一次申言，他對中國之鄉土與固有之人文風教的懷念，是推動他學

---

[22] 徐復觀：《我的讀書生活》，《徐復觀文集》，第一卷，頁293。

[23] 黃汝成：《日知錄集釋》（石家莊：花山文藝出版社，1990年），卷十三，「正始」條上冊，頁590。

[24] 唐君毅：《唐君毅全集》，卷三，頁14。

[25] 何一先生曾以唐君毅為例對當代新儒家的遺民意識進行過研究，見何一：《現代新儒家的遺民情結——以唐君毅為例》，《宜賓學院學報》，2011年第1期。

[26] 唐君毅：《唐君毅全集》，卷三，頁46。

術研究之根本動力所在。[27]在《懷鄉記》末尾，唐君毅深情的說到：「處
此大難之世，人只要心平一下，皆有無盡難以為懷之感，自心底湧出。人
只有不斷的忙，忙，可以壓住一切的懷念。我到香港來，亦寫了不少文
章。有時奮發激昂，有時亦能文理密察。其實一切著作與事業算什麼，這
都是為人而非為己，亦都是人心之表皮的工作。我想人所真要求的，還是
從那裏來，再回到那裏去。為了我自己，我常想只要現在我真能到死友
的墳上，先父的墳上，祖宗的墳上，與神位前，進進香，重得見我家門
前南來山色，重聞我家門前之東去江聲，亦就可以滿足了。」[28]牟宗三亦
曾感慨到：「家庭、鄉村、鄉村的地理環境、自然風光、風俗習慣，這
諧和的根深蒂固的一套，一年三百六十日，一共十五年，我一直生活在那
裏，在那裏生，在那裏長，沒有時間上的間隔，沒有空間上的睽離，所以
沒有逆旅之感，也沒有過客之感。」[29]徐復觀晚年也對農村充滿溫情和依
戀，「甚至連目前冥心搜討的所謂學問，也都飄在我生命的外面。我的生
命，不知怎樣的，永遠是和我那破落的彎子連在一起；返回到自己破落的
彎子，才算稍稍彌補了自己生命的創痕。」[30]懷鄉或者說「鄉愁」是「流
民」和「遺民」情感世界共同的主旋律。

「流民」與「遺民」不同之處在於，「流民」有現實之痛、情感之
傷，而一般絕無「精神之殤」、「靈魂之裂」。20世紀人類「無家可歸」
的精神困境，流落港臺的當代新儒家可謂是感同身受，「南移」的當代新
儒家的「精神之殤」、「靈魂之裂」具體表現為唐君毅的「花果飄零」之
感慨和徐復觀的「無慚尺布」之悲願。在《中華人文與當今世界》一書
中，唐君毅有感於傳統的淪喪，「整個表示中國社會政治、中國文化與中
國人之心，已失去了凝攝自固的力量，如一園中大樹之崩倒，而花果飄
零，遂隨風吹散；只有在他人園林之下，托蔭蔽日，以求苟全。」[31]在這

[27] 參見王康：《中華人文與當今世界·序》（桂林：廣西師範大學出版社，2005年）。

[28] 唐君毅：《唐君毅全集》，卷五，頁603。

[29] 牟宗三：《五十自述》，第21頁。他還談到：「我現在已無現實上的鄉國人類之具體的懷念。我
只有這麼一個孤峭的、掛了空的生命，來從事一般的、抽象的、足以安定人生建立制度的思想系
統之釐清。這只是抽象的懷念，對於『人之為人』的本質之懷念。」參見牟宗三：《生命的學
問》，頁5。

[30] 徐復觀：《舊夢·明天》，胡曉明等編：《中國人的生命精神：徐復觀自述》（上海：華東師範
大學出版社，2004年），頁4。

[31] 唐君毅：《唐君毅全集》，卷七，頁17。

篇〈說中華民族之花果飄零〉中，唐君毅由對中華民族花果飄零大悲劇的悲憫惻怛之慈悲仁懷，而翻出、擴大、提升為對人類不同民族文化傳統存亡的普世關懷。他大聲疾呼華夏民族應「靈根自植」，重樹雄心，宏揚我中華文明於世界。出於強烈的文化使命感和承擔感，他與錢穆、張丕介、程兆熊諸君篳路藍縷，不計個人得失創辦新亞書院，從「手空空，無一物」[32]到後來的香港中文大學新亞書院及新亞研究所，表現了一位儒者踐仁盡性、躬行實踐的精神。而翟志成在《無慚尺布裹頭歸——徐復觀最後日記》的〈序言〉中，引用明末遺民呂晚村的詩句「苟全始識談何易，餓死今知事最微。醒便行吟埋亦可，無慚尺布裹頭歸」來表述徐復觀「南移」後的心境，「數千年來，無數的先聖先賢，仁人志士，義夫節婦，以及忠良孝子，用他們生命中抽出的真絲，才編織成這一尺布。它不僅是五千年文化精華的積累，不僅是中華民族守故開新的依據，不僅是中國人之所以為中國人的憑藉，它簡直就是每個中國人良知的標尺。每個中國人的周旋進退，都得在『尺布』面前接受嚴格的檢驗每個中國人的一生功罪，都得在『尺布』面前接受最後的審判……（徐復觀）終其一生，飽嘗明搶冷箭，幾至體無完膚，最後竟在困苦寂寞中含恨以終。徐先生不是沒有過短暫的猶豫和彷徨，但『無慚』於『尺布』的悲願，又讓他克服和轉化了人性的軟弱，使他能動心忍性，造次必於是，顛沛必於是，為中國文化的存亡絕續，為中華民族的繼往開來而鞠躬盡瘁，孜孜矻矻，至死方休。」[33]從某種意義上講，當代新儒家正是意識到了自己所擔負的歷史責任感、文化使命感並勇敢的承擔起了自己作為一個中國人應盡的這份責任和義務，即使在極其孤絕的情況下，他們在道德上、道義上也具有某種優越感，這使得他們在面對無論是馬克思主義、自由主義的批判還是西方文化的衝擊時都顯得真理在握，毫不退縮。因而，和「西遷」時的緊張、彷徨、狂傲相比，「南移」後的新儒家則在道德上、人文精神的重建上則顯得從容、達觀、信心十足。

值得我們留意的是，第二代當代新儒家身上強烈的「遺民情結」，使其整個思想傾向和精神氣質不自覺地陷入了儒家文化倫理一統或獨尊的思

[32] 錢穆：《新亞校歌》，《新亞遺鐸》，頁5。
[33] 翟志成：《無慚尺布裹頭歸——徐復觀最後日記‧代序》（臺北：允晨文化實業股份有限公司，1987年），頁2-3。

維模式中，[34]自然也會妨礙他們對儒家在現代社會的存在地位和精神價值的認識，儒學適應科學與民主的要求才有可能在當今社會存在下去和得以發展，然而這並意味著必須從傳統儒學中去開出科學與民主來儒學才有在現代社會中的存在價值。當代新儒家們在這方面的努力，雖然贏得了一些知識人士的回應，但同時也招來了不少的批評，其對具體社會生活和文化觀念並沒有發生太多實際的作用。從這個意義上說，當代新儒家既是政治上的不同政見者，又是文化上的「喪家之犬」，這裏所謂的「家」，當包括現實之家與精神之家。在儒家傳統中，兩者原是不可分的：精神之家與現實之家、國緊密聯繫在一起，精神之家必須在現實之家（倫常關係和倫理生活）中得到養育和滋潤，離開後者，精神之家就無從安頓。這儒家的「身心性命」之學原本與產生、培育它的社會生活土壤有著十分密切的關聯，「仁」所包含的普遍性義理，必須經過具體而特殊的身心體驗在現實的倫常關係和倫理生活中得到體現和實現。在現代公民社會裏，每個人都是公民，是有獨立人格、自由精神之個體，而非「家天下」的臣民，亦非某種文化和傳統的「忠臣孽子」。在一個全新的社會背景、歷史環境和生活情境中，儒家的基本價值能否落實以及如何落實呢？這是當代新儒家在生活與義理之間的困境。

四、價值旨歸：從義理闡釋到「反身而誠」

當代新儒家的「西遷」促進了儒學思想在西部地區的普及，是現代新儒學百年歷史上最獨特、最輝煌的一個階段。從當代新儒學自身的發展脈絡看，「西遷」時期的新儒學發展呈現出以下幾個特點。

首先，「西遷」時期是當代新儒家進行哲學體系的構造期。發端於20世紀20年代的當代新儒學經過十多年的演化、發展，到「西遷」時期已經形成了系統化、學理化的理論形態。當代新儒家不再是簡單地抵制西方文化、鼓吹復古，而是既對民族傳統文化有著更加精深的研究，同時又雜糅

---

[34] 事實上，當代新儒家第二代仍堅持儒學應該一統社會的「道統」、「政統」和「學統」，车宗三在《重振鵝湖書院緣起》就曾明確宣稱：「自孔、孟、荀至董仲舒，為儒學第一期，宋明儒為第二期，今則進入第三期。儒家第三期文化使命，應為三統並建，即重開生命的學問以光大道統，完成民主政體建國以繼續政統，開出科學知識以建立學統。」這種精神值得傾佩，但也影響了他們對儒學現代價值的判斷。

進西方學術理論和分析方法，發展到比較成熟的階段。「西遷」時期現代新儒學研究取得了豐碩成果，出版了如梁漱溟的《中國文化要義》、馮友蘭的《貞元六書》、熊十力的《讀經示要》及《新唯識論》（商務版）、張君勱的《明日之中國文化》、《民族復興之學術基礎》、唐君毅的《道德自我之建立》及《人生之體驗》等大批學術著作，為新儒家學派的形成和新儒學運動的發展奠定了堅實的理論基礎。全面抗戰爆發之後，在民族救亡思潮的衝擊下，第一代新儒家代表人物紛紛致力於構建具有自己學術風格的理論體系，馮友蘭的「新理學」、熊十力的「新唯識論」、馬一浮的「六藝論」、賀麟的「新心學」等都標誌著當代新儒學作為一個獨立學派性格的完成。熊十力的《新唯識論》、《讀經示要》等著作所確立的基本理論架構，在中國現代哲學史上頗具原創力和影響力，為現代新儒學思潮的發展開創了精神方向；馮友蘭的「新理學」體系既是中國傳統哲學現代化的一種嘗試，也是西方哲學中國化的可貴探索；錢穆於1940年和1943年先後出版了《國史大綱》和論文集《文化與教育》，系統地表達了他的歷史觀和文化觀，奠定了他「在史學領域高舉現代新儒學旗幟」[35]第一人的學術地位。

　　其次，「西遷」時期是當代新儒學發展的「三統並建期」。儒學取得了政統、道統、學統上的重要地位。儒家倫理成為抗日戰爭時期重要的精神資源和道德力量，並成為國民政府的對外宣傳和制定政策的理論基礎。為了鼓舞民族抗戰的決心，當代新儒家在傳統文化價值闡發過程中，其詮釋路向沿襲了不少傳統儒家思想中三綱五常等舊的倫理觀念，表現出了一定的保守性和封建色彩。「西遷」時期當代新儒家為了凝聚了人心士氣、擴大了儒學的影響而對儒學作「通俗的解釋」，在一定程度上是為了維護國民黨的一黨專制的政治目的，儒學被工具化、政治化了，這就導致了儒學自身的「異化」。舒衡哲指出，「當啟蒙運動被視作培養愛國主義的工具時，它就喪失了探究民族特性基礎的能力。戰爭期間，『五四』所關注的個人及民族自覺問題退居幕後，全部重點都集中在民族『自信』問題之上。這樣不顧一切代價以維護集體認同的需要，遮蔽了早先提倡的個人自主性的需要。在此過程中，『五四』的另外一些信條也被改造了。『五四』期間通過個人良知的培養而樹立起來的懷疑集體信仰的權力，也

---

[35] 方克立：《現代新儒學與中國現代化》（天津：天津人民出版社，1997年），頁108。

因無用武之地而衰退了。就連曾經用來探究傳統價值觀的理性。現在也被認為是腐蝕民族自新的工具。」[36]對儒學做「通俗的解釋」，固然可以激發我們的民族自尊感和民族精神，然而這種「通俗的解釋」，不是「庸俗的解釋」，也不是「理想的解釋」，不要為了宣傳儒學而「矮化」、粗俗化儒學，也不要為了傳播儒學而美化、理想化儒學。也就是說，應當把儒家學說從政統、道統、學統「三統並建」的迷途中剝離出來，還它以學術思想的本來面貌，這是今天我們研究儒家思想、宣揚國學時必須警惕的。

另外，「西遷」之際，當代新儒家還積極實踐宋儒自由講學的精神，紛紛通過創辦書院、講學、辦報刊等途徑，來宣傳自己的思想觀點，從而集聚了一大批以倡導、研究和傳播新儒學思想為宗旨的學術群體，培養了一批現代新儒學的研究人才。1939年春馬一浮在四川樂山烏尤寺辦復性書院，1940年梁漱溟在重慶北碚金剛碑主持勉仁書院，張君勱在雲南大理辦民族文化書院，1948年，熊十力的弟子程兆熊在江西鉛山鵝湖創辦了鵝湖書院，現代新儒學第二代中的唐君毅、徐復觀也是在這一時期接受儒學的啟蒙，走上了儒學研究的道路。

「南移」之後，當代新儒家置身於新的文化背景，既有劫後餘生之感，同時臺灣和香港又給他們打開了一個觀察西方社會、瞭解西方文化的窗口，使他們有可能在新的參照系下反觀傳統，剔除傳統中理想而虛幻的成分，甄別傳統中某些模糊而陳腐的價值，由「西遷」時期重體系建構、「價值闡發」轉向了傳統反思、「價值重構」。第二代當代新儒家不再熱衷於體系的建構，「亡天下」之痛逼迫他們不得不「反身而誠」，對傳統文化的衰敗和儒學的現代價值進行積極的反思，由政治的失敗追究到制度的問題；由制度的問題追究到制定和執行這制度的人的品格和倫理道德問題；由人的倫理道德問題又追究到陶養人的品格的文化生態環境問題。唐君毅指出，中國文化超越向上之精神並不顯著，缺少抽象分析之理性活動，個體性之自由觀念較為薄弱。而西方近現代西方文化與思想，常與現實力量相結合。[37]徐復觀認為，中國文化不能開出現代民主的原因，一方面緣於中國文化自身結構上的缺憾，另一方面，還是緣於專制政治持續

---

[36] 舒衡哲著、劉京建譯：《中國啟蒙運動：知識分子與五四遺產》（北京：新星出版社，2007年），頁272。

[37] 唐君毅：《唐君毅全集》，卷四，頁13-15。

不斷的強力壓制和歪曲。[38]他在評價中國的「孝道」思想時說到：「（他們）把由德性所轉出的人格平等，及由各人德性所轉出的義務的倫理關係，簡化而為地位上的服從關係，把以德性為中心的人倫，轉變而為以權威為中心的人倫，這才完全配得上了他們集權專制的政治構想。」[39]對傳統的倫理道德造成的人性的扭曲、人倫的異化、「吃人的禮教」的現狀進行了批判。他進一步指出中國文化的現代價值，要看它對於現代人的自由和民主、人的尊嚴和權利能否有新的貢獻，「中國興亡絕續的關鍵，在於民主政治能否建立。中國傳統文化在今後有無意義，其決定點之一，也在於它能否開出民主政治。在傳統文化中能開出民主政治，不僅是為了保存傳統文化，同時也是為了促進民主化的力量。」[40]致力於從儒家思想中開出「新外王」──民主、科學，這似乎是當代新儒家第二代的共同使命。值得我們深思的是，將人生道德層面的儒家傳統價值硬性的連接在社會民主體制建構層面，不僅難以自圓其說，而且難以實現。對當代新儒家的「道統」心態，我們可以做同情之理解，但必須澄清的是：儒學作為精神傳統是一回事，而儒學與現代民主能否成功對接又是另一回事，不能說儒家思想與現代民主無法對接它就毫無價值，至少，它作為一種關注人類命運的思想資源，能夠完善現代人對自我的認識，充實現代人的精神生命，儒學不是停滯的、封閉的系統，而是隨著現代人類的生存體驗也在不斷地發展，呈現出新的生命形態。

同時，第二代當代新儒家又站在反省「現代性」的人文立場上，認為儒家思想的價值有助於解決人類「後工業」文明時代所面臨的許多問題。20世紀是科學技術高度發達的世紀，也是人類信仰出現危機和精神陷入困境的時代，德國詩人格奧爾格（Stefan George）指出：「若把現代和歷史作一比較，可從提供豐富、舒適安定的現代經濟的社會關係加以考察。在聽到人們把這些關係稱為人類進步的同時，這種關係卻犧牲了人類的精神價值，把所有的尊貴和美德都犧牲了。」[41]當代新儒家痛感現代文化造成

---

[38] 徐復觀：《儒家對中國歷史命運掙扎之一例》，《學術與政治之間》（香港：南山書局，1976年），頁270-321。

[39] 徐復觀：《中國孝道思想的形成、演變及其在歷史中的諸問題》，《徐復觀文集》，第一卷，頁95。

[40] 徐復觀：《中國傳統文化中的性善論與民主政治》，《徐復觀最後雜文集》（臺北：時報文化出版公司，1984年），頁140。

[41] 參見馬克思·韋伯著、馮克利譯：《學術與政治》（北京：三聯書店，1998年），頁3。

各種文明傳統精神的淪喪和「靈性」的缺失，對西方文化進行了嚴厲的批判。[42]在上世紀60年代臺灣的「現代藝術論戰」中，徐復觀認為「由達達主義所開始的現代藝術，它是順承兩次世界大戰及由西班牙內戰的殘酷、混亂、孤危、絕望的精神狀態而來。」[43]這種順承性的藝術只能更增加觀者的殘酷、混亂、孤危、絕望的感覺；而作為反省性的反映的中國畫，則是人在社會中，由世俗超越而向自然，以獲得精神上的自由，保持精神的純潔，恢復生命的疲困，「在一個由機械、社團、組織、工業合理化、喪失了自由和詩意的、充斥著單調、枯燥生活等所組成的現代社會中，中國畫的出現有如炎暑中的清涼飲料，假使現代人能欣賞到中國的山水畫，對於由過度緊張而來的精神病患，或許會發生更大的意義。」[44]只有把我們的哲學智慧和精神貫注於現代人的生活之中，實際的解決現代人所面臨的無根無向的困擾，解決現代社會中專業化和機械化的種種問題，才是儒學的現代價值之所在。由此，第二代當代新儒家的「價值重構」走向了對人類文明危機和現代社會危機的思考和解決。

五、政治歸趨：從溫和合作到疏離批判

20世紀上半葉當代新儒學思潮與馬克思主義、自由主義西化派並稱為中國現代三大思潮，馬克思主義思潮的傳播有背後政黨意識形態的宣傳和鼓動，自由主義西化思潮挾歐美船堅炮利和科學技術之威而大行其道，唯有新儒學思潮，完全是由一批的知識分子激於義憤而自發形成的一個思想流派，所以它是「孤獨」的。當代新儒家思潮之所以有與馬克思主義、自由主義並肩而立的影響力，與一部分當代新儒家的代表人物遊走於學術與政治之間，熱衷於社會改良的政治熱情和實踐精神分不開的。「西遷」時期新儒學發展的一個重要特點就是與政治緊密結合，在抗戰時期，除了大後方的學者們研究儒學、作慧命薪傳的努力外，在政府的主導下，新儒學思想與三民主義緊密的結合起來，儒學成為宣傳教育、救亡圖存的武器。第一代當代新儒家們的學術思想借助於政治活動擴大影響，這在很大程度上又進一步擴大了當代新儒家學派的社會影響。

---

[42] 參見劉建平：《徐復觀論中國畫的現代意義》，臺北《鵝湖月刊》2008年第4期。

[43] 徐復觀：《中國藝術精神》（瀋陽：春風文藝出版社，1987年），頁7。

[44] 同前註，頁2。

　　在「西遷」過程中，當代新儒家為了驅除侵略、救亡圖存而與政府相關部門團結一心，同仇敵愾，他們在思想也上自覺不自覺的與國民政府保持了一定程度上的合作意識，馮友蘭在《三松堂自序》中承認：「傳統的統治思想，無論是『接著講』的，或是『照著講』的，都是對當時的統治集團有利的，所以也為他們所贊賞，為他們所利用。」[45]新理學為現存的社會制度的合法性提供了一種學理層面上的論證和依據，在客觀上是有助於鞏固國民黨當局的政權穩定和意識形態控制。國民政府教育部1942年舉辦全國學術評獎，馮友蘭的《新理學》被評為抗戰以來最佳學術著作一等獎，金岳霖《論道》被評為二等獎，馮友蘭還被中央訓練團、中央政治學校聘請講授「中國固有道德」等課程。此外，蔣介石還以其侍從室的名義「搞了些提倡哲學的事」，例如資助復性書院，辦西洋哲學名著編譯委員會和中國哲學研究委員會等。[46]錢穆的《國史大綱》得到了國民政府教育部的支持，並經教育部定為各大學通用的歷史教科書。正是官方意識形態的寬容和有意識的扶植，在較短的時間內擴大了新儒學運動的社會影響，迅速提升了新儒家學派在思想界的學術地位。「啟蒙」和「救亡」兩大主題，在當代新儒家身上完成了奇異而矛盾的「統一」──「五四」批判國民性、反省舊文化的使命被消解、異化為「為政治服務」，這不單是政治高壓所致，也有「五四」運動精神傾向的轉型和當代新儒家自覺選擇的結果。

　　「西遷」時期當代新儒家還積極投身於救亡圖存的政治活動，梁漱溟早在30年代即積極倡導和從事「鄉村建設運動」，在山東鄒平等地實驗其新儒學的政治理念。盡管梁漱溟的「鄉村建設運動」由於抗戰的爆發而被迫中斷，盡管它也招致各種非議和批評，但其在社會上的影響在當時乃至對今天中國新農村的建設上都有頗多可圈可點之處。1937年和1946年梁漱溟還曾兩次赴延安與中共最高領袖毛澤東就時局和社會發展問題直接交換意見。張君勱也是一位「徘徊於學問與政治之間」的社會活動家，1933年他與張東蓀等人組織國家社會黨（國社黨），40年代初與梁漱溟、黃炎培等人組織中國民主政團同盟，為中國民主同盟的創始人之一。1946年擔任政治協商會議代表，內戰期間又投身於憲政運動。第一

---

[45] 馮友蘭：《三松堂全集》（鄭州：河南人民出版社，2000年），第一卷，頁236。
[46] 同前註，第一卷，頁98-99。

代當代新儒家除了在行動上積極投身政治、參政議政外，他們的日常生活
也時常為政治所牽扯，唐君毅的日記記錄顯示，他在「西遷」時期常夜不
能寐和思考政治問題及國事，激烈思索國家和個人的前途，在走與留之間
搖曳不定，在1948年11月5日的日記裏他寫到：「我覺中央政府遲早將失
勢。」在1950年7月9日的日記裏還這樣表達了對新政權的看法：「彼等
今日之對文化學術之根本觀點為錯誤。我既治此學，即當就此處彈正，
其刻苦耐勞之處固好，但此與馬列主義無關，無論如何其學術底子是錯
的。」[47]如果說唐君毅選擇離開大陸去香港，是因為文化學術理念與新政
府相左；那麼他最終沒有選擇臺灣，則除了對國民黨政府的失望，則還有
與遠離政治的生活志趣相關。旅居香港後，唐君毅對政治的態度也更趨冷
漠，既不與中共合作，也不與臺灣官方合作，1974年7月18日記：「臺中
央月刊囑為國民黨八十周年撰文，決定不作。對臺國民政府之態度……不
參加總統祝壽，不講三民主義，亦不對國民黨歌功頌德，此外我於孫中山
先生不稱國父，因中國早已存在，國不能有生之之父故。」[48]當代新儒家
以「遺民」自處的姿態本身就表明了一種政治態度，一種為保持獨立的人
格和思想自由的自覺選擇。

　　唐君毅對政治的轉變也代表了大部分「南移」的當代新儒家對政治的
態度。他們與政治漸行漸遠，由政治的合作者、參與者而變為政治的旁觀
者、評論者乃至批判者，對政治表現出明顯的厭倦、失望和疏離態度，這
方面曾在軍政界摸爬滾打了二三十年的徐復觀最為典型。即使在移居臺灣
之後，徐復觀也與現實政治保持了相當的距離，他晚年寫道：「政治上受
騙、騙人的一套，早從我的精神中，絕塵而去；連走遍大半個中國所曾經
留戀過得許多名都勝境，也都和我漠不相關。」[49]「南移」後的當代新儒
家站在世界文化發展潮流的角度對儒家與政治的關係進行了深刻的反思，
徐復觀指出，二千年來的專制政治對儒家的壓逼和歪曲，使儒家思想不可
避免的摻雜了不少專制的毒素，「儒家思想……被專制政治壓回了頭，遂
使儒家人格的人文主義，沒有完全客觀的建構，以致僅能緩和了專制政
治而不能解決專制政治。這是留給我們今日所應努力的一大問題。」[50]也

---

[47] 唐君毅：《唐君毅全集》，卷二七，頁64。
[48] 同前註，頁349。
[49] 徐復觀：《舊夢‧明天》，《中國人的生命精神──徐復觀自述》，頁4。
[50] 徐復觀：《儒家政治思想的構造及其轉進》，《學術與政治之間》，頁39-50。

就是，當儒家的「道統」與專制的「政統」抗爭之時，只能憑借一己之道德勇氣，而無法建構主體性的、制度化的道義組織以對抗王權，「要使士人從政治上得到解放，以完成士人性格上的徹底轉變。這並不是說要知識分子脫離政治，而是說知識分子應立足於社會之上，立足於自己的知識之上、人格之上，以左右政治，而再不由政治來左右知識分子的人格和知識。」[51]把中國文化的真精神和摻雜在其中的專制毒素的糟粕嚴格區分開，是徐復觀文化疏釋的用心所在，「儒家精神，是浸透滋榮於社會之中，而委屈摧抑於治之下，政治對儒家精神的正面作用，遠不及其反面作用之大。」[52]儒家在長期的專制暴政統治下，日益淪落變異為專制的附庸。在《中國藝術精神》一書中，徐復觀於儒家思想之外，大加標舉的莊子精神象徵的藝術精神是「純藝術精神」，實乃看到了莊子精神在專制統治下追求精神自由解放的象徵意涵，徐復觀認為爭自由解放「必然要迫進到莊子所要求的做一個『真人』的立場。」[53]「真人」人格代表了中華民族堅忍不拔、百折不回的精神，代表著人類靈魂的良知、勇氣和美！[54]

六、結束語

20世紀是人類經歷了戰爭、衝突、變革、孤獨最劇烈的一個世紀，尤其對中國人而言，這種由工業化的進程、市場經濟的洪流、農業生活方式的消失、傳統文化的崩潰和現代文明的衝擊所導致的動蕩、混亂、極端和迷失一直持續到現在。這是人類歷史上最驚心動魄的巨變，也是對中國幾千年文化傳統刻骨銘心的記憶與打破、懷念與唾棄、嚮往與反思、解構與重構等複雜情感的大的交集點。我們在考察當代新儒學的思想脈絡和流變時，一定不要忽略了在當代新儒家「南移」之前，有一個非常重要的「西

---

[51] 徐復觀：《中國知識分子的歷史性格及其歷史的命運》，《民主評論》第5卷第8期（1954年4月）。

[52] 徐復觀：《儒家精神之基本性格及其限定與新生》，徐復觀著，蕭欣義編：《儒家政治思想與民主自由人權》，（臺北：臺灣學生書局，1988年），頁51。

[53] 徐復觀：《從「哈哈亭」向「真人」的呼喚》，《徐復觀文存》（臺北：臺灣學生書局，1981年），頁163。

[54] 相關論文可參見劉建平：《莊子精神與現代藝術》，《「徐復觀與20世紀儒學發展」海峽兩岸學術研討會論文集》（武漢大學、東海大學編，2003年）；劉建平：《論徐復觀的藝術思想》，《孔子研究》2012年第3期。

遷」時期。「西遷」時期的當代新儒家為「南移」後的新儒學發展奠定了
理論和思想基礎，「西遷」的當代新儒家一反「五四」新儒家對中西文化
的極端思想，提出當代新儒學是開放的儒學而非封閉的儒學。[55]這一時期
新儒學闡發了自由的理想，張揚了人的主體性，包含了「創造」、「進
步」、「自由」等價值，與中國近代社會時代精神相契合，其研究視野之
開闊、規模之宏大已經初具五六十年代港臺新儒學之雛形。同時，「西
遷」保留了中國文化的種子，培育了大量研究儒學的優秀人才。從這個意
義上講，當代新儒家的「南移」是「西遷」的延續，他們都傳承著儒家的
心性之學的思想傳統，踐行著儒家自由講學、改造社會的人文理想，堅守
著為往聖繼絕學、為萬世開太平的人生信念，「西遷」和「南移」共同體
現出了當代新儒家的真精神。

　　同時，當代新儒家的「南移」在20世紀新儒學發展史上也是一大轉折
和裂變，它突破了「西遷」新儒學的家國局限性、民族狹隘性和現實功利
性，在世界文明衝突和對話的背景下，從解決全人類「人性危機」的視角
出發，反觀儒學的生存境遇和現代價值，為儒學的生存和發展開拓了新的
空間。一方面，「遺民情結」作為傳統文化和封建社會中知識分子的一種
特殊而典型的生存樣態，作為華夏民族精神裏的延續千年的傳統意識，當
代新儒家的這份家國情感固然值得尊重，然而他們不甘心於儒家文化僅僅
作為「一元」的身份與現代社會的多元文化相結合，他們總想從傳統儒家
的政治理念和心性學說中開發出現代民主理念和科學知識，強烈的「三統
並建」（「道統」、「政統」和「學統」）的文化使命感妨礙了對儒家思
想進行合理的價值定位。徐復觀曾說過：「世界文化之所以如此可愛和有
價值，正因為各別有所不同。這就像是一個美麗的大花園，裏面有形形式
式的花草樹木，每一束花，每一株草，每一叢樹，每一類木，都有可觀賞
的特異之處。」[56]儒家思想也正是其中的「一束花、一株草、一叢樹、一
類木」，剝去其「獨尊」的特殊身份，揚棄其為特定政權服務的「道統」
意識，恢復其作為關懷人類命運的哲學思想的本來面目，用自己獨特的表

---

[55] 熊十力在《讀經示要》中說儒家「六經」已經演繹出義理、經濟、考據、文學之科，在具體闡釋
時他特別強調他們的開放性，強調「吸收西學，在今日固為理勢之必然。」張君勱提出新舊文化
可以並存、舊文化未見得會阻礙社會進步的觀點，賀麟也認為「融合西洋文化的精華與長處，吸
收基督教之精華以充實儒家禮教」為儒家思想的新開展。

[56] 徐復觀：《徐復觀雜文──記所思》（臺北：時報文化出版公司，1980年），頁166。

現方式來傳達出一種普遍性的人類生存經驗，成為現代人生活方式和價值觀念多元選擇中的一種精神資源，是使儒家思想在現時代得以正確發揮其應有社會作用的先決條件。另一方面，我們不能為了宣揚儒學而對儒學作庸俗化、「大眾化」的解釋，但同時，也不要讓儒學成為「貴族化」、書齋式的儒學。余英時曾指出：「我們今天觀察儒學在中國地區的實際狀況，不能不得出一個不可避免的結論，即儒學『托之空言』已遠遠超過『見之行事』了……儒家的價值和現代的人倫日用越來越疏遠了。」[57]隨著今天儒學的研究越來越精微化，這種「極高明」的專業化學問如何成為廣大民眾修身養性、安身立命、人格建構的精神資源，如何避免儒學借助政治的力量上升為意識形態而走向自身的異化，這是「西遷」和「南移」的當代新儒家在價值重建方面值得我們思考的問題。

---

[57] 余英時：《現代儒學論・序》（上海：上海人民出版社，1998年），頁5-6。

第六章　北學南來的地域文化反思
──談1927年的《魯迅在廣東》

香港公開大學人文社會科學院
趙雨樂

一、引言

　　魯迅為中國近代文壇的巨匠，以辛辣的筆觸，揭露中國封建傳統的黑暗見稱。新文化運動以來，他積極在新文學刊物上發表文章，所寫的《狂人日記》、《阿Q正傳》、《吶喊》、《彷徨》等均為膾炙人口之作。至1920年代中期，魯迅成為新文學陣營的代表人物，對北京腐敗政治人物每多口誅筆伐，由此與當局齟齬漸深，漸有南下廈門大學、中山大學教學之舉。魯迅來粵，一度為廣東知識青年帶來憧憬，冀望這位新文化運動先驅，能為孫中山革命之地作出一番文學革新。無奈事與願違，他在廣東活動顯得格外沉寂，文學爭議的熱情漸見減退。這種在運動中出現的反高潮現象，說明在南北學術交往之際，仍不能忽略地方的學習傳統，新文學的「新」與國學的「舊」應該如何配置適當的地位，以順利完成文化繼承與整合，實為學人值得研究的重要課題。本文欲通過1927年鍾敬文編《魯迅在廣東》，[1]試從其時相關的論述中重構廣東的魯迅形象，探析

---

[1]　本文所據之版本，乃依1927年7月，由鍾敬文編，北新書局出版的翻印版本，全書123頁，當時書價，標明為「實價三角」，應是第一版之作。這裏所說的北新書局，並無明言是上海由李小峰創辦的那間書局。魯迅至廣州，與孫伏園另外開設北新書屋，以溝通南北書刊，提振當地的文化氣息。該書店在芳草街四十四號，許廣平在1927年3月31日廣州《國民新聞》副刊上，提到此北新書屋在3月25日正式開業。魯迅離開廣州前，始結束書屋業務，將書籍點交共和書局。觀是書內學生多有批評魯迅的思想，編書者又與顧頡剛具密切研究關係之人，成書意圖似旨於貶低魯迅在粵貢獻，從其時間、地點與人物判斷，蓋非上海的北新書局及李小峰所當為。在北新書屋將近結業時出版此書，亦有以子之矛攻子之盾的感覺，令人是非難辨，更能說明其時廣東人文學術的複

南北地緣與新舊學問的觀念分歧，以及近代中國在轉折期內錯綜的學術變化。

二、魯迅的文學革命與南來的挫折

　　魯迅（1881-1936），原名周樹人，字豫才，浙江紹興人，出身於破落的書香門第。青年時代受進化論與軍國民思想影響，抱持強國保種的文化觀。1902年留學日本，原為讀醫，其後從事文藝等工作，以圖改變國民精神。留日期間，曾跟隨章太炎學習聲韻文字，於國學鍛煉裨益不淺。1909年回國，先後在杭州、紹興任教。辛亥革命後，擔任南京臨時政府和北京政府教育部部員、僉事等職，並在北京大學、女子師範大學等校授課。1918年5月，首次用「魯迅」筆名，發表中國現代文學史上第一篇白話小說《狂人日記》，對人吃人的制度進行猛烈抨擊，奠定他在新文學運動的舵手地位。1921年12月發表的中篇小說《阿Q正傳》力作，為中國現代文學提供了重要的農村生活題材。1918-1926年間，他陸續出版《吶喊》、《墳》、《熱風》、《彷徨》、《野草》、《朝花夕拾》、《華蓋集》、《華蓋集續編》等專集，流露愛國和民主的思想。1926年8月，魯迅因支持北京學生愛國運動被當局通緝，遂南下廈門大學任教。1927年1月抵達當時革命中心廣州，在中山大學任教。是年10月決定赴滬定居，迄1936年10月19日病逝為止，上海一直是魯迅後期文學創作的基地。

　　1930年起，魯迅先後參加中國自由運動大同盟、中國左翼作家聯盟和中國民權保障同盟等進步組織，積極參加革命文藝運動運動。1936年初「左聯」解散以後，又參加文學界和文化界的抗日民族統一戰線。從1927-1936，他創作了不少雜文，收錄在《而已集》、《三閑集》、《二心集》、《南腔北調集》、《偽自由書》、《准風月談》、《花邊文學》、《且介亭雜文》等著作當中。終魯迅一生，於中國文化事業貢獻巨大，他曾領導「未名社」、「朝花社」等進步的文學團體，主編過《國民新報副刊》、《莽原》、《奔流》、《萌芽》、《譯文》諸文藝期刊，致力翻譯外國文學，前後整理大量古典文學，編成《中國小說史略》、《漢文學史綱要》、《唐宋

雜情況，有助觀察文本形成的建構主義思想。參閱曹思彬：〈論魯迅在廣州〉，收於氏著：《魯迅在廣州前後的教育思想》（廣州：廣東魯迅研究小組，1980年），頁393-406。

傳奇集》、《小說舊聞鈔》等等。處身於新舊文化交替的近代中國，魯迅以批判角度處理國學，其破舊立新的精神，將新文學推進至另一學術高地。

在新文化運動的發展過程中，「文學革命」口號由胡適、陳獨秀、魯迅等第一代「五四」青年提倡，不單純為文言文轉至白話文的語文改造，而是代表整個文學價值體系必須擺脫封建思想的形式主導，在新時代裏找尋獨立自主的創作。[2]因社會性質的徹底轉變，他們主張文學載體及寫作意識亦應相應配合，構成與時並進的文學革命論。新文化運動強調的民主──德謨克拉西（democracy），常為五四學者翻譯為「平民主義」，應用於文學意念就是旨於廣泛推動平民文學，臻於文學普及、教育普及，以體現政治思想上的民主。[3]魯迅的文學革命論調，可謂介乎於陳獨秀和胡適之間：他並沒有前者非用共產主義的抗爭手段不能消融社會階級矛盾的論調，至少魯迅相信社會的封建性質是廣泛的、文化的，而非特定階級的；他也不像胡適整理國學方法上傾向袒護中國傳統文化，因為他是根本恨惡舊社會統治階層的遺禍，願意為貧困至極的農民發聲。魯迅以

---

[2]　1917年，胡適在《新青年》上發表〈文學改良芻議〉提倡「文學革命」，以白話文為正宗，陳獨秀旋即發表〈文學革命論〉，得到錢玄同、劉半農、魯迅等人的積極回應，成為新文使運動的一個核心思想。魯迅與胡適成為新文化運動的主將，固然由於《新青年》刊物出版之故，但另一靈魂人物陳獨秀在五四運動後被補是關鍵的因素。1919年6月，胡適在六味齋招待雜誌同寅，一併檢討《每周評論》的文章路線，胡適主張文稿要有自己的自由與獨立性，不必硬要體現《新青年》的團體精神，反對李大釗的「主義」前設。在1920年末，胡適提出改變《新青年》性質的方法，並尋求魯迅等人的意見，魯迅也贊成讓藝文的氣息濃厚起來，漸與胡適多所交往。例如1921年魯迅在北大講《古文觀止》，胡適協助列出相關的入門書目，1922年胡適研究《西遊記》，魯迅也曾給予實質的學術建議及相助提供文獻資料。參閱朱洪：《胡適與北大文友》（武漢：湖北人民出版社，2007年），第五章：「魯迅派和胡適派」，頁152-158。

[3]　第一次世界大戰結束，時人普遍認為協約國方面的勝利是「德謨克拉西」（Democracy）的勝利，德國之敗為軍國主義的失敗，反映在教育救國的模式上更多是鼓吹自由、平等、民主的平民主義教育，逐漸厭棄軍國民教育主義。它包含的意涵豐富，有時又以庶民主義教育、民本主義教育、民治主義教育等不同名稱出現，其實在強調教育上尊重人格，解放束縛，引發民治的能力，養成民主民本的精神。故此，加強教育的普及，破除強行思想貫輸的僵固教育體制，都是平民教育的爭取目標，於其時的「五四」進步刊物上反覆討論。例如蔣夢麟〈歐戰後世界思想與教育〉，《教育雜誌》第10卷第5號（1918年5月）；彭一湖：〈新時代之根本思想〉，《每周評論》第8號（1919年2月）；沈仲九：〈德謨克拉西的教育〉，《教育潮》，第1卷第1期（1919年4月）；姜琦：〈教育上德謨克拉西之研究〉，《新教育》第1卷第4號（1919年5月）；杜威：〈平民主義的教育〉，《教育潮》第1卷第2期（1919年6月）；常道直：〈「平民主義」之新解釋〉，《平民教育》第29號（1922年）；陳鶴琴：〈什麼叫作平民教育〉，《廣益雜誌》第9期（1922年）。參閱朱敏志：《五四民主觀念研究》（北京：北京師範大學出版社，1996年），第六章：「五四民主觀念的社會影響」，頁204-215。

冷靜的思維描寫封建社會和人物的劣根性，在他筆人的主角往往被現實生活壓迫得性情乖張，卻令讀者感到似曾相識的低下階層。作品故事中，他鼓吹改變現狀，要求讀者省察所處的時代，其實就是潛移默化地推演著文學革命。行文之間，他無意為鮮明的階級鬥爭理論作註譯，亦不陷於機械式的時代分期判斷，更多是從時代轉折的過渡時期，觀察新舊事象的交接。像這樣的處理方法，既方便他在作品中表達一貫的反封建情緒，也容許他游刃於革命與非革命之間，以便展開評論。故此，魯迅的批判思想於其時有如百川匯海，可謂無所不指，其破舊立新的文學革命，加上不向政治權貴妥協的性格，無可避免地招來各保守勢力的攻擊。魯迅南下，固然有以擴大新文化運動的影響力，但長期處身於汙濁的政治中心與無盡的文學鬥爭，也是魯迅最終考慮離開北京的原因，作為個人生活的一點紓解。[4]

新文化運動以來，國學作為傳統舊學，應該加以優化重整抑或予以針對清除，在學者之間普遍存在分歧意見。長期浸淫於經解訓詁的舊文人當中，不乏如鄧實、黃節、劉師培、章太炎等國粹派，力主舊學有益於新時代，應予以全盤保存；也有視國學為中國文化精髓的知識人，認為應把中國文化的優質方面，與封建腐敗的內容雜質加以分判。觀梁啟超、張東蓀在1920年《解放與改造》的發刊詞上主張政治、經濟、思想文化諸改造，便是回應新舊社會交接的一種社會改良主義。以後胡適整理國故的動機，學衡派之高舉東西文化及思想哲賢，均與這種考慮貼近；較激進者，以國學為舊時代、舊思想的產物，將之徹底淘汰才能代表時代的進步，如陳獨秀、李大釗所持共產主義理論，而魯迅文學革命的風格，都有著這種文化傾向特徵。他們與實行革命，掃除強權，擺脫舊社會組織控制的無政府主義，在1920年初期的中國社會主義論戰之中異軍突起。[5]由鼓吹革命至進入

---

[4] 關於魯迅文學作品的特色論者甚多，惟值得注意的是，在長期處於鬥爭過程中，各種焦慮的心情以及個人的精神狀態是頗佳的研究觀察點子，從社會心理學角度來解釋魯迅的群體關係、南下決定及工作壓力，具備一定的說得。參閱朱崇科：〈精神焦慮：論魯迅在廣州〉、〈愛在廣州：論魯迅生理的焦灼與愉悅〉（廣州：中山大學亞太研究院論文，高校基本科研業務費中山大學青年教師培育專案，2009-2011年）。

[5] 就性質而言，無政府主義與共產主義存在著共通點，它們都不滿專制政權利用各種政治和社會、組織形式壓制人民，也不相信私有財產制，或宗教上的道德習慣，彼此均追求自由、和平、平等的理想社會，故有無政府共產主義一說。但前者以達至無政府的地步為至幸福的公理，後者仍然將公民權力委信於無產階級領導，形成兩個明顯相異的政治行政結構。關於無政府主義、馬克思主義和社會改良主義等三種路線，於其時所產生的爭論，詳閱蔡國裕：《一九二〇年代初期中國

民國，上述各類人物互相交往，對國學認識的程度深淺有別，標誌了中國
新舊文化交融下文人活動的多元組合。[6]五四學者雖謂時代運動的新血，但
大部分進駐學者殿堂者始終以第一類和第二類的人物為主，好像長期與北
大及民國教育部相關的蔡元培、梁啟超等皆是出身於國學傳統，注意於西
學革新。往後受其學術啟蒙和與之交往的人士，諸如胡適、顧頡剛、傅斯
年諸新青年，繼承了國學改革的主張，從而系統地判別中國文化優劣與真
偽成分。他們也將國學的重整方法，普及於北大、清華以外其他南方學術
重鎮，成功推拓國學一門的專業科目。[7]考燕京大學、中山大學等國學門
之設，與他們的研究活動影跡十分相關。以顧頡剛為例，1916年他考入北
京大學文科中國哲學門，與傅斯年、羅家倫等人便是受業於胡適，1924年
任職北大國學門助教期間，逐步建構層累造成的古史說，衍成茁壯的古史
辨運動，其學術地位漸為學界高度重視。1927年，繼魯迅之後，顧氏應聘
為中山大學史學系教授兼主任，又於中大語言歷史學究所內發起成立民俗
學會。1929年，他回到北京編集妙峰山進香的民俗資料，就任燕京大學國
學研究所導師。沿胡適的治學精神，顧氏視整理舊學與保存國粹的動機有
別，經過他系統的演繹下，國學研究的各種新蹊徑自此形成分類的標準。[8]

社會主義論戰》（台北：台灣商務印書館，1988年），第二章：「中國社會主義論戰中的三個派
別」，頁107-166。

[6] 這裏必須指出，三類人物中尤以第一類的國粹派與第二類中西共融主張者，在新舊文學過渡中的
交往尤為密切。清末以來，國粹派的國學保存會、《國粹學報》等在上海與東京之間形成廣泛的
宣傳核心，部分更成為重要革命刊物的主筆成員，例如柳亞子在《復報》、《醒獅》、《江蘇》
等刊物上為文，而《河南》的劉師培，《民報》的章太炎，以及與錢玄同在《教育今語雜誌》
的發表亦具相當的影響力。其他如《神州日報》、《晉乘》、《雲南》、《滇粹》、《粵西》、
《漢聲》、《黃帝魂》等，皆為振興國學，以革命宣揚國粹的渠道。參閱劉師渠：《晚清國粹
派──文化思想研究》（北京：北京師範大學出版社，1993年），第一章：〈晚清國粹派的崛
起〉，頁1-26。

[7] 1920年北大研究所草擬《整理國學計劃書》，強調學科的分類與整合，對孔子經典、孟荀老莊之
書，或宋元以迄清初性理之學，宜按西方分科方法，給予適當的分門別類。1922年該校開辦的國學
門，即附設文字學、文學、哲學、史學、考古學研究室，並歌謠研究會、風俗調查會、整理檔案
會、古蹟古物調查會等研究組織，別國學分門研習之途進發。翌年，東南大學的國學研究所亦告
成立，以經學、小學、史學、諸子學、詩文學等分部設科，並多採科學、哲學、文學之視野以整
理國故。1925年，清華國學研究院設立了中國語言、歷史、文學和哲學，第二年又加設音樂和東方
語言等科作為研究主項。至1928年，燕京大學國學研究所則設定歷史、文學、哲學、文字學、考古
學、宗教、美術等類目，而1930年齊魯大學國學研究所亦擬定中國哲學、史地、文學和社會經濟等
四科為研究重點。參閱羅志田主編：《20世紀的中國：學術與社會‧史學卷（下）》（濟南：山東
人民出版社，2001年），第四編：「學科體制與近代中國史學的建立」，頁555-558。

[8] 1924年7月5日顧頡剛與履安信中曾謂：「現今國學的趨勢有五派。一是考古學，用古代的實物

另一方面，傅斯年對真書中的偽材料與偽書中的真材料進行嚴格的審訂，力證在儒家倫理化下扭曲了真實的民族事象，重新為古文獻之形成、夷夏東西之說設立客觀的分析方法。像這樣的研究，充分考慮種族與地理交織的人文因素，有利突破上古民族出於一元，地域向來一統等說法，修正了夏商周垂直關係的梗固觀念。1927年他到達了廣州中山大學，其後與顧頡剛建立了文學院，1929年又將史語所遷到國家文化心臟的北京。[9]由此可見，二十年代國學在學術界中仍然穩佔強固地位，它代表著中國知識分子對國家民族與文化存續的普遍認同，在國民黨北伐的形勢下，得以進一步發展研究的深度與廣度，構成南來北往的學術融通。胡適與魯迅陣營，由學術思想上的分歧，漸而演至大學人事之爭，當反映此時期國學與反國學的力量抗衡，亦為分析魯迅南下挫折的一個重要考慮。

　　魯迅常言自己處於容易踫壁的北京，他在教育部的正職，令他必須遵守政府公務員的辦事方式，按照當局訂定的教育方向行事。然而，他在北京大學與北京女子師範大學的兼教，卻深受學生愛國示威感動。魯迅的文學與其政治信念互為表裏，他雖然沒有陳獨秀那種公然表達階級團體起來鬥爭的理論，惟文學革命的最終功能畢竟在推動革命付諸現實，無可避免觸及當權者的政治底線。他選擇戰鬥的方式，寄望新青年能以筆桿與行動改造時代，深信青年學生的進步條件必優於前代知識分子，因而積極支持著學生運動。1924年魯迅受教育總長章士釗打壓漸為沉重，北京女子師範大學的學生抗議成為教育部整肅的風眼，在權衡當前蹇促的形勢後，他毅然與好友許壽裳（前北京女子師範大學校長）和門生許廣平開始南下教學

和文字來解釋古史，……羅振玉、王國維是這一派的代表。二是東方古言語學及史學，研究亞洲漢族以外的各民族的文化，他們在甘肅、新疆、中央亞細亞等處發掘，有巨大的發見。法人伯希和、英人斯坦因、中國人羅福成、張星烺、陳寅恪、陳垣等都是這一派的代表。三是地質學，……因發掘地層而得有銅器時代以前之古物，可助古史學之研究，因到各處實地調查而對歷史地理學發生新解釋。丁文江、翁文灝、章鴻釗等都是這一派的代表。四是學術史，……要求把文化的進程做一個系統的排列。胡適、章炳麟、梁啟超等都是這一派的代表。五是民俗學，……北大國學門中的風俗調查會和歌謠研究會，都是向這方面進行的表示。周作人、常惠等是這一派的代表。這五派學問都是二十年來的新進展，舊式學者夢想不到的。至於整理國故與保存國粹的大別，乃是一個是知的態度，一個是實用的態度。……整理國故，即是整理本國的文化史，即是做世界史中的一部分的研究。」參閱顧潮編著：《顧頡剛年譜》（北京：中國社會科學出版社，1993年），「正譜」1924年6月29日條下，頁97。

9　參閱王汎森著、王曉冰譯：《傅斯年：中國近代歷史與政治中的個體生命》（台北：聯經出版事業股份有限公司，2013），第二章：「新歷史學派的形塑」，頁67-122；第三章：「走向中國文明多元起源論：中國古史的學說」，頁123-154。

的計劃。[10]對魯迅來說，南北兩地描劃的景物容有差距，惟新文學的創造空間應該遠超於北方的地域局限，加上國民黨北伐革命的聲勢日漸成形，不啻為扭轉北方政權的契機。在林語堂的誠意招徠下，魯迅南赴廈門大學之初，不乏志同道合的舊雨，例如顧頡剛、沈兼士、孫伏園等二十多位學者均赴廈門任教。林語堂任廈大文學院院長，集合了研究文學、語言、史學的專業，自1926年8月，更與國學系主任沈兼士商討成立國學研究院事宜。廈門大學對這些南來學人期待甚殷，例如魯迅便領取了400大洋的優厚月薪，不失為尚佳的職場選擇。[11]然而，廈大魯迅遇上與北京相似的問題，他不避國民黨和舊學學者的愛憎，展現其批判封建勢力的文學個性，於是與校長林文慶齟齬日深。林氏在民國初年，歷職孫中山總統秘書、北京外交部顧問，與南洋革命華僑關係密切。應陳嘉庚的邀請，1921年他開始任為廈大校長，主張以儒學配合潮流，施行學術與道德並重的教育，與「新文化運動」的革舊風尚互有出入。值得注意的是，在新文化運動中，如顧頡剛、傅斯年與現代評論派，均站在魯迅的對立面，強烈表達了支持胡適對傳統文化的看法，凡此給予林文慶整頓廈大國學院內部人事的藉口。[12]鑑於語言不通，人事隔閡，1927年1月15日魯迅離開才教學三個多

---

[10] 新文化運動以來，魯迅與章士釗思想上針鋒相對，章氏在《甲寅》周刊裏發表〈評新文化運動〉認為白話乃鄙陋之文，主張經學文言，唯有舊學的整理，才可拓出新路。及為教育總長，主以孔孟為原則，教訓天下，更與新文學中重視白話和自由書寫背道而馳。魯迅所寫的〈再來一次〉，直言章氏大談古文，偏偏文章不通，談文言文的妙處卻弄出笑話，國學基礎不佳，且對文化改造並非心存誠意。特別是章士釗辭退魯迅以後，類似的文章譏諷，在《華蓋集》與《華蓋集續編》中經常出現，成為兩者不解之結。參閱《魯迅全集》，第三卷，532頁；孫郁：《魯迅與陳獨秀》（貴陽：貴州出版社，2009年），〈舊影子〉，頁128-142。

[11] 其時聘約的條件因學術地位而異，學者與學者之間難免互相比較，容易出現意氣之爭。例如《顧頡剛年譜》，1926年8月25日提到「林語堂來囑換聘書，改為史學研究教授。『予駭問其故，則謂自《古史辨》出版後，學術地位突高，故稱謂亦須改變。』（日記1975年7月補記）然此事引起潘家洵的嫉妒，『渠與我同住十年，且談話最多，我之所作所言，無所不知，廈大本只請我，而他……未得延聘也，瞰我何日上海上船，即束裝以俱登。我性不絕人，到廈門後即向……林語堂介紹，林氏以其為素識，仍照北大例給我以講師頭銜。』『這一來就使得他火高三千丈，與我爭名奪利起來，稱我曰天才，又曰超人，逢人就揭我的短。值魯迅來，渠本不樂我，聞潘言，以為彼與我同為蘇州人，尚且對我如此不滿，則我必為一陰謀家，慣於翻雲覆雨者，又有伏園、川島等從旁挑剔，於是厭我益深，罵我益甚矣。』（日記1973年7月補記）頁129。

[12] 同書，1927年1月初記：「魯迅應廣州中山大學聘欲離廈大，學生因此而起風潮，林校長為推脫責任，說魯迅之行係由國學院內部分為胡適派與魯迅派之故，此言刊於一月三日《思明報》。五日，為沈兼士、魯迅辭職事及報紙所言，國學院開會質問林文慶。八日，與魯迅、林語堂、陳萬里、章廷謙到民鐘報社，否認此事。報社為此道歉，并登更正啟事。」頁135-136。雖然如此，內部中人視顧頡剛為胡適派似為定見，例如是年2月5日的日記中云：「兼士先生與我相處三年，

月的廈門大學，同行者還有三名廈門大學的廣東籍學生，他們決定放棄就讀廈大，轉入魯迅即將任教的中山大學。

　　經魯迅推薦，1927年2月許壽裳也來到中山大學任教，還有孫伏園和廣州會合的許廣平，魯迅在粵不比廈大時候孤獨。他擔任中山大學文學系主任的月薪為500銀圓，論工資與生活水平更勝廈大教席，[13]卻未料學生參與政治程度，較諸後者更為複雜。該校的學生組織相當活躍，因廣州政治氣候的巨大改變，校園內早已出現左右兩派的角力。1923年孫中山在廣東建立第三次政權，其時英、美、法等主要列強均與北洋政府建立外交，處於孤立的國際形勢，孫氏轉而尋求革命重生的蘇俄的軍事援助，開展聯俄容共政策。在中山大學的教學管理當中，由共產主義領導的新學生社，以及由國民黨領導的民權社的對立也達至白熱化階段。1925年，激烈的學生運動令西山會議派的原校長鄒魯黯然離任，觸發學校高層全面改組。是年秋天，文學院開始換血，除聘請郭沫若為院長，同時招聘了創造社的成仿吾、郁達夫等人，被視為培育新式學問的濫觴，其他如理、法、農、醫各學院都紛紛成立共黨支部。1926年，郭沫若參加北伐軍總政治部的宣傳工作，文學院院長便建議由來自廈大的魯迅繼任，中山大學委員會委員長戴季陶只得批准。魯迅來粵初時，除照顧院內學術發展以外，亦須兼任教務主任的行政工作，師生的應接活動繁多，不久他也認識到兩黨學生的激烈周旋，對學生到訪加倍留意，與青年的談話接觸漸而減少。[14]惟各樣防

而處處疑忌我為胡適之派，我反對伏園、川島全是為公，而彼對人揚言，以為是黨爭。可見他之拉我，非能知我，乃徒思用我耳。」頁137。

[13] 學者陳明遠對魯迅的經濟生活提供了重要的研究線索，認為民國以後的魯迅收入穩定，保障了他在北京四合院和上海石庫門樓房的寫作環境，他在文化界可以發揮自由思考和獨立人格，也與他在著作出版中取得可觀版稅有關。中山大學的薪金為500銀圓，而當地購買力約等於北京的八折左右（廣州1銀圓約值北京的0.78圓），消費力約值北京的400銀圓，較廈大當教授的400銀圓自然為佳。參閱氏著：《魯迅時代何以為生》（陝西：陝西人民出版社），〈魯迅1927年在廣州生活〉，頁45-48。

[14] 據徐彬如的憶述，自從知道魯迅來廣州任教，在陳獨秀之子陳延年領導下，與鄧中夏、惲代英、蘇兆徵、羅綺園等人在中山大學成立了政治訓育部，並通過擔任廣東區學生運動委員會副書記的學生畢磊，開始與魯迅聯絡，加強宣傳工作。《做什麼》的雜誌即由畢磊主編，並曾寄給魯迅，徵求他對文章的意見。右派學生亦欲爭取魯迅支持，以「革命文學社」名義出版《這樣做》，有意互相對壘。魯迅起初見學生都是青年人，無分彼此地熱情接待，常與學生們上茶樓吃茶，分享對刊物的看法，其後兩者攻擊起來，言談便有所謹慎。參閱徐彬如：〈回憶魯迅一九二七年在廣州的情況〉，《中山大學學報》（社會科學版），1976年第6期。事實上，魯迅後來才知道《做什麼》和《這樣做》兩份刊物前者是共產主義青年們的刊物，後者是國民黨青年的刊物，兩者性質相反，「由於這一類的實際的教訓，他不得不提高警惕，言論就特別當心些」。參閱何春

範仍不能使他免於學生運動的漩渦，「四‧一五」事件，大批共產黨員被
殺，中山大學不少左派學生均在政府搜捕之列。魯迅以院長名義參加各主
任緊急會議，商量營救被捕學生。會議要求當局立即釋放被捕者，並且阻
止軍警搜查教授宿舍，營救設想最終不被接納，當局且將學生對抗局面歸
咎院方。失望於廣東革命政治和院內學術意見分裂，魯迅憤而辭去中山大
學職務。離開廣東之際，魯迅與友人通信中已反映他在廣州生活的倦意，
魯迅決定為許廣平的婚戀找尋適合的安居之所，遷至有租界保護的上海，
既可遠離人事轇轕，同時有助專心寫作。[15]

　　若以1917年魯迅開始參與北大學術及五四運動為文學前期觀察，而
以1927年末定居上海以後日子為文學後期觀察，不難看出兩段時間的魯
迅，在著作風格上的若干轉變。前期的北大學術光環，並在《新青年》、
《每周評論》等五四核心雜誌上發稿，均將魯迅推到新文化運動的前列位
置。尤其陳獨秀被捕，李大釗匿於故園以後，他與胡適更是整個運動的重
要舵手。魯迅重要的文學觀點，皆在《吶喊》、《彷徨》、《阿Q正傳》
等名著中表現無遺，社會與政治的辛辣批判程度到達了高點，也是讀者
對魯迅的激情與憂怨充分肯定的時候。居於上海歲月以後，魯迅基本上
已脫離大學執教，全時間是投放於雜文的自由創作，憑收取書局出版的
可觀款項，發展了自由作家之途。前期還可見到的魯迅派與胡適派的文
學對立陣營，至後期兩者消長愈為明顯，魯迅當中表露的政治筆觸亦愈
為含蓄。觀察這種前後期的文學轉向，其轉折點便是他南下廈門大學與
中山大學的一、兩年內發生的。魯迅的退卻與被動，可以說由離職北大開
始萌生，在廈大時間得以驗證，至中大時連學生群體也覺察到，中大的魯
迅確實不同於北大的魯迅。無論魯迅自覺或不自覺此一轉變，不同政治背
景的學生青年都會疑問：政治洪流當中魯迅何在？他的文學革命精神是否
依然有效？

才：〈魯迅在廣州的生活點滴〉，收於薛綏之主編：《魯迅生平史料彙編》（天津：天津人民出
　　版社，1983年），第四輯，頁372。
[15] 魯迅與上海北新書局創辦人李小峰的書信提及：「訪問的，研究的，談文學的，偵探思想的，要
　　作序，題簽的，講演說的，鬧得不亦樂乎。我尤其怕演說，因為它有指定的時候，不聽拖延──
　　事前事後，我常常對熟人歡息說，不料我竟到『革命的策源地』來做洋八股了。」參閱《魯迅全
　　集》（北京：人民文學出版社，2005年），第3卷，頁465-466。

三、文學革命的期望：《魯迅在廣東》所見的學生言論

　　明白前述錯綜的廣東時代，再看《魯迅在廣東》是書，便了解到學術與政治的微妙關聯。新文學運動的魯迅，固然無法憑一人之力改變教育面貌，面對漸趨多元的學生歧見更感乏力。中山大學的學生們卻對魯迅來粵寄以厚望，他們以廣東革新比附北京的「五四」，以魯迅為抵抗逆風的舵手，無視人文地域的差異，最終由期望而轉為失望。魯迅離任中山大學與顧頡剛接替的消息，兩者誠非偶然，反映在新舊學之間，大學管理層重視那些既通曉新文化內涵亦致力於處理舊學問的人物，接近胡適等人主張的學術平衡取向。觀此書編者鍾敬文，是研究中國民俗文化的先驅，被譽為「中國民俗學之父」，先後在中山大學、浙江大學、北京師範大學等校任教。1927年秋，他在中山大學中文系任職助教時，與顧頡剛等人組織了民俗學會，編輯了《民間文藝》、《民俗》及民俗學叢書，同時寫作散文與新詩。鍾氏編《魯迅在廣東》蓋以助教身份受命於中山大學師輩，作為對魯迅離開大學以後的一項工作總結。編者於是書雖無明言魯迅的不是，但序言之間欲言又止，語意表現無奈，立場上傾向於顧氏是不言而喻的。他收納的各篇文章，以批評魯迅的文章比重佔多，當不離上述的推測太遠。從另一角度觀之，無論左右派學生對魯迅來粵以後皆有意見，他鼓吹的文學革命於學術與政治交攻下顯然舉步維艱。

　　從鍾敬文編輯是書，到給北新書局印行，它正想說明1927年魯迅在粵時期的具體言論，以及中山大學學生們對其言論的觀感。內中附錄了魯迅在南方幾次的演講稿，包括魯迅到校後，應學生畢磊、徐文雅的要求在歡迎大會上的發言紀錄〈魯迅先生的演說〉（林霖記）；是年2月18日他應香港青年會邀請前去演講的〈老調子已經唱完〉（魯迅）；3月1日在中山大學的開學演說詞〈讀書與革命〉（魯迅講林霖記），以及3月29日在嶺南學舉行紀念黃花崗七十二烈士的大會發言〈黃花節的雜感〉（魯迅）。於目次的編排上，除以張迂盧〈歡迎魯迅先生來廣州〉、鍾敬文〈記找魯迅先生〉二文略作開場介紹外，主要內容就是其時廣州的知識青年對魯迅及其作品的觀感，順序為尸一〈魯迅先生在茶樓上〉、堅如〈歡迎了魯迅以後〉、陳寂〈魯迅的鬍鬚〉、黎錦明〈魯迅先生〉、招文遠〈亂談一陣〉、宋雲彬〈魯迅先生往那裏躲〉、景宋女士〈魯迅先生往那些地方

躲〉、一聲〈第三世界的創造〉、尸一〈還要談及魯迅〉、王任寂〈王任寂〉。作者當中每以筆名為文，內容多從他種刊物轉載過來，既有正面讚賞，亦有反面揶揄，動機的多元可想而知。然而作為政治風波以後出版的刊物，它在編採意念上又存在若干的統一性，亟欲藉此綜合為廣州學生對魯迅評價的一種共識，容許毀譽參雜其中。按編者之意，乃循學生不同發表渠道，與魯迅自白互為參證，凡此增加了對魯迅評價的空間，下文繼而析述書中所見的魯迅現象。

　　1927年1月，魯迅剛到廣州，廣州青年歡迎之餘，希望魯迅將「思想革命」薪火相傳，在《廣州民國日報》的副刊上宣示：「我們久處在這工商業化的廣州，心靈真是感覺枯燥極了，煩惱極了！我們很希望魯迅先生能多做些作品惠與我們，給我們以藝術精神上的安慰。同時希望魯迅先生繼續歷年來所擔負的思想革命的工作，引導我們一齊到思想革命的戰線上去！進一步，更望他能以其夙所抱持的那種戰鬥奮進的精神和那種剛毅不撓的態度風示我們一輩子的青年，使人人都有和先生同一的精神同一的態度以及反抗一切的惡勢力。」[16]魯迅與舊社會戰鬥的形象，對粵地學生而言不會陌生，他已站在五四文學的高地，被奉為「思想界的權威者」、「時代的先驅」、「時代的戰士」、「青年叛徒的領袖」，贏得國內外文學作者的掌聲。例如張迂廬：〈歡迎魯迅先生來廣州〉便這樣作介紹：

> 我們都知道他是創造中國文壇未有之新格的《吶喊》、《彷徨》的著者，是著《阿Q正傳》而被譯的五六國文字且為法國現代大文豪羅曼羅蘭嘖嘖稱道過的人，是空前的《中國小說史略》的著者，是中國譯界的高手，是《未名叢刊》，《烏合叢書》的主編人，是《莽原》半月刊的創辦人，這些，在我們都有「除了欣賞驚嘆而外，我們對於魯迅的作品，還有什麼可說呢！」之概（引沈冰〈評吶喊〉的話）。不過除下了這些之外，還有使我們最難忘的《熱風》，和稱為交了「華蓋運」才弄得來的《華蓋集》！《熱風》和《華蓋集》，都是先生的雜感短文，在這裏的魯迅先生，是以戰士身而顯現了！瞧呵！在混濁的北京的空氣裏，敢于向牛鬼蛇神正視

---

[16] 嗚鑾：〈歡迎魯迅先生〉，《廣州民國日報》副刊《現代青年》第26期，1927年1月27日，收於《魯迅生平史料彙編》，第四輯，頁211。

的，而且還敢于在禮教淫威的重圍的所謂首都裏「論他媽的」的，雖然我們沒有見到的或許還有好幾位，然單就我們見到的來說，就只有兩個人：吳稚暉和魯迅。[17]

文學上魯迅與吳稚暉同樣敢言，每令教育當局者處境難堪，偽裝之跡無所遁形。兩者相提並論，似欲凸顯文學鬥爭手段足以推廣至教育決策層面，作為與北京操權者角力的思想工具。[18]在學生眼中，魯迅提出的文學革命是與時代更替相輔而行的，魯迅代表著普遍下層人民可以自主發聲的新時代，也就是可以對上流社會、封建奴役諸種壓制起來嘲諷的時代，正如錦明〈魯迅先生〉中所云：

> 我們看他的『吶喊』，『彷徨』『熱風』，……的知道。他雖然「冷」（或許也就是冷酷），但決沒有「不同情」。他的同情是徹底的──不是慈善家式的，他不像人道主義者。他同情被壓迫階級，同情無產階級；他替他們搖旗吶喊，他的精神是「人類平等」……他希望人類一樣的有相當的幸福，凡屬一個偉大作家的精神都是這樣的。托爾斯泰，法朗土，羅曼羅蘭……他和這些又一樣對於壓迫階級資產階級的舊道德家……毫不留餘地的攻擊諷刺。這些東西就是造成現社會的罪惡的魁首，尤其是在中國：他比一切作家更其冷酷也就是這一點。
>
> 我們讀他的『阿Q正傳』，好像他在諷刺這弱小的阿Q。並不是的。但是諷刺阿Q所處的那個環境，阿Q不過是這環境所造成的一個畸形傀儡，他因為恨毒中國的上流社會，恨毒極了，時常有愚弄他們的暗示。（彷徨中的『離婚』便可作一例）。這雖是作家的一點小小的毛病，但可見他從前在舊社會裏所受的創傷了──這創傷給他這樣異常的仇恨，這樣的反抗的能力。看起來魯迅先生很像英國的迭更斯，但畢竟是兩樣，這因為從前的英國社會和中國

---

[17] 收於鍾敬文：《魯迅在廣東》，頁2-3。

[18] 吳稚暉在北京學人之間以敢於罵人見稱，1926年「三・一八」之後，尤與北京大學的蔡元培、胡適等人不協，在教務會議上，胡適支持蔡元培留任校長，吳稚暉支持由李石曾接掌，並直指章士釗對其人的通緝，背後與胡適不無關係，指斥胡是「反革命」之人。故文中將魯迅、吳稚暉相比較，似反映激進學生對二者狠批軍閥政治、支持學生運動予以高度認同。關於吳稚暉與胡適的瓜葛，參閱《胡適與北大文友》，第一章：「老兔子與小兔子──胡適與蔡元培」，頁26-34。

是有差別的。（狄更斯也有愚弄英國上流社會的暗示，在「Oliver Twist」和「Poor Joo」兩篇小說中可看到。）[19]

　　魯迅的文學具有革命意義，作品中經常以冷眼描述農民所受之苦，切入的方式與俄國的進步作家頗具相通之處。[20]這種關注草根社會福祉的人文精神，是其時中國知識分子最需要的改革動力，亦所以能與萎靡文學、傳統文學絕緣的原因，在宋雲彬：〈魯迅先生往那裏躲〉裏說得很清楚：

　　　　現在的中國，似乎不能不說是「一個最大的社會改變的時代」了吧？所謂文學家者流，他們是站在什麼地位，新式的吟風弄月的詩文，變相的卿卿我我的作品，滿充了中國的所謂「文壇」，他們與社會沒有關係，站在社會的外面，整天價為娛樂自己或取得女人而歌唱。一部部的「線裝詩」，一冊冊的「創作集」，儘自向毛廁裏亂丟，那一個能把舊社會死滅的苦痛，新社會生出的苦痛，盡情描寫出來？

　　　　在這裏，我就想到魯迅先生。

　　　　……

　　　　過去的魯迅，站在最大的改變時代的社會裏，把不少舊社會死滅的苦痛深刻地寫出來。他不僅描寫舊社會的苦痛，並且為了他的敵人──封建餘孽的士大夫派，戒酒吃魚肝油，要延長他的生命，和敵人奮鬥。在『語絲』裏『莽原』裏，在其他刊物裏，他曾寫了不少有趣的短文來攻擊他的敵人──新時代創造者的敵人。不管他是個革命者與否，他總是站在現代裏面的一個文學家。[21]

---

[19] 《魯迅在廣東》，頁30-31。

[20] 錦明〈魯迅先生〉又謂：「一個站在新時代的文藝作家和革命的實踐者領導者要一樣的受我們的尊敬。他們對於社會的革命精神是一樣偉大的。我們提到俄國就明白了。俄國的郭戈爾，托爾斯泰，陀斯妥以夫斯基，安得列基，高爾基……都是有革命性的人，他們是俄國革命的泉源。在這一點看來，魯迅先生是值得我們尊敬的。」頁32。

[21] 《魯迅在廣東》，頁43-45。此文初時由學生發表在《國民新報》副刊上，正是2月18日魯迅應香港青年會的邀請作了兩次演講（題為《無聲大中國》和《老調子已經唱完》），回到廣州準備開學的時候。其時鄧飛黃任廣州國民黨中央宣傳部《政治周報》主編，也負責《國民新報》的工作，不難理解是文代表一種右派學生的聲音。

　　換言之，魯迅之所以是魯迅，在於他敢於和封建社會劃清界線，不與傳統禮教文化妥協的死鬥精神，無論在魯迅所持的文學革命的鬥爭理念和階段進程，也顯得徹底易明。[22]在一聲〈第三樣世界的創造——我們所應當歡迎的魯迅〉文中，便作了類此的概觀：

> 有人說過他是用醫生診視病人的態度去寫小說的。這話如果不錯，那麼，他當然是用潑皮（華蓋集21頁）打狗（莽原半月刊第一期）的態度去寫論文的了。在前者，他用的解剖刀，在後者，他用的是短棒。他對於封建社會和他的遺孽是如此的仇視，憎恨，憎恨到使他丟了醫生的解剖刀，變成潑皮，拿起短棒，去和他們相毆相打。他的論文所攻擊的對象都是所謂禮教，所謂國粹，精神文明，東方文化等等一類封建思想。除了以推翻整個的舊制度為專業的共產主義者而外，在中國的思想界中，像魯迅一般的堅決徹底反抗封建文化的理論，是很少的。因此，他比資產階級的思想更進了一步，因為資產階級之反對封建文化，向來是不徹底，帶有妥協色彩的。只要看歐洲資產階級文化的保守與復古的傾向，便可以知道。再看中國資產階級的理論家以「道統」「仁愛性能」做「哲學基礎」，更可以知道。魯迅的論文之所以對於革命的文化運動有裨益，有幫助，就在這種對於復古的文化的徹底攻擊，就是他自己說的「思想革命」。他這種革命的思想，再用他的天才文學手腕表現出來，效力自然更加廣大。他對於敵人的攻擊，每一擊都有力，中了要害，使敵人受傷。[23]

---

[22] 一聲〈第三樣世界的創造——我們所應當歡迎的魯迅〉謂：「魯迅終是向前的。他和我們一樣，是廿世紀時代的人。他不但在盧騷、孟德斯鳩之後，並且在馬克斯、列寧之後；不但在法國革命之後，並且在俄國革命之後。在這個新時代的巨潮中，他自然是受著震盪的。所以他不但在消極方面反對舊時代，同時在積極方面希望著一個新時代。在他的論文中（莽原第二期），他已閃耀著這種希望的火星了。他看出過去的歷史，只是兩種時代的循環：一種是想做奴隸而不得的時代，一種是暫時做穩了奴隸時代。我們現在住的，據魯迅告訴說，正是第一種時代，就是想做奴隸而不得的時代。復古的，崇奉國粹的，讚嘆固有文明的，都不滿於現在，而神注於三百年前的太平盛世，即暫時做穩了奴隸時代了。我們呢？「自然，也不滿於現在的。但是，無須反顧，因為前面還有道路在。而創造中國歷史上未曾有過的第三樣時代，則是現在的青年的使命！」頁60-61。

[23] 《魯迅在廣東》，頁58-59。

　　像這樣的文學聲音，不但為學生的主觀願望，魯迅來粵初時也表現了積極的一面。他批評廣東的文藝「實在沉靜得很」，又謂「文藝出版物也很少」，鼓勵青年學生要大膽嘗試創作，在中山大學學生會歡迎會上，當中不忘拋出新舊時代過渡的文學觀：

> 有的以為怕人家罵，這也不要緊，若是沒有人罵，反而覺得無聊得很。好比唱戲，桌下的拍掌喝采，固要唱下去，就是喝倒采，也要唱下去，不管他怎樣，我們只要，只儘管唱，唱下去，唱完了，才算。就是思想舊也不要緊，也可以發表，因為現在是過渡的時期。現在縱有舊的思想，也可以叫出來，給大家看看。可是舊的對於新的是不是全無意義嗎？不是的，是很有意義的，有了舊的，才可以表示出新的來。有了舊的滅亡，才有新的發生，舊的思想滅亡，即是新的思想萌芽了，精神上有了進步了。故不論新的舊的，都可以叫出來，舊的所以能夠滅亡，就是因為有新的，但若無新的，則舊的是不亡了。譬如人穿上新的衣服，但身子仍然是舊的，這是不能亡的好例。[24]

　　魯迅在會上刻意談到新舊共融，不但指著文學性質而言，中山大學學生群體的左派和右派之爭，思想的進步與保守，新理論抑舊傳統等問題，可能在他抵粵不久已察覺得到，發揚新思想卻不必鞭笞舊文化，已然顯示魯迅態度上的猶豫。他更沒有想到學生亦關注他的文學革命熱度，漸由當初的期望而轉為失望。

四、魯迅在粵表現與學生的迷思

　　魯迅的開學講話表面鼓勵開拓新文學，明眼的學生卻隱然發覺當中帶著消極成分，例如他表明已厭倦與人鬥爭，樂於找尋教學清靜，便是一例。他說：「對於我的本身，社會上有許多批評和誤解，而對於這些誤解和批評，我又沒有工夫做文章來辯護辯護。譬如有人說，我是對社會的鬥爭者，或者因為這句話，引起了諸位對於我的好感。可是我得要申明，我

---

[24] 林霖：〈魯迅先生的演說──在中山大學學生會歡迎會席上〉，《魯迅在廣東》，頁90。

並非一個鬥爭者。如果我真是一個鬥爭者，我便不應該來廣東了，應該在北京、廈門，與惡勢力鬥爭，然而我現在已在廣州來了。」[25]他認為中山大學具建立文化重心的宏願，因個人能量有限，無力幫忙相關運動。[26]故此，文藝運動成功與否，主要仍視乎學生的努力，魯迅總結曰：

> 我這次到廣東，要說帶了什麼好消息來，事實上並不見得是如此，因此我很抱歉，無什麼話可說，我只希望大家努力，至於努力的結果如何，是很難說的。可是大家做做總不會錯，做起來總比睡著的好，像死般沉寂下去的好得多。永久的做，你做了更有人接下去，有什麼意思，便發表出來，要這樣不斷地努力的幹下去，十年二十年，三十年，這樣不間斷地做下去，將來一定有收獲了。[27]

　　魯迅的勸勉平白近人，同時亦無驚喜可言，對學生而言，努力耕耘二三十載，等待開花結果，還可理解為群策群力的艱苦經營過程，但對於他所謂無什麼好消息，無什麼話可說，則感到有點迷惘。魯迅又說：「我年紀比較老一站，我站在後面叫幾聲，我是很願意的，要我來開路，那實在無這種能力。」類似說話，言者坦白得似乎連盡力而為也稱不上，如何可帶領群眾通往文化的綠洲？兩套幾乎矛盾的想法卻在演說中同時產生，魯迅前後的不同，遂於學生當中議論紛紛。有認為這種轉變其源有自，於是以魯迅茶館有關的作品借題發揮，[28]評論與魯迅一次茶樓上交談的印象：

25　〈魯迅先生的演說〉，《魯迅在廣東》，頁83-84。

26　魯迅謂：「我將來能不能有什麼貢獻，是不敢說的，但我希望以中山大學為運動重心，同學們應該開頭著手努力了。我覺得我是無力來幫忙的——我已無學問，又沒有創作力。況且學問與創作力是不可以並存於同時間的。」，同上文，頁90-91。

27　〈魯迅先生的演說〉，《魯迅在廣東》，頁93。

28　尸一：〈魯迅先生在茶樓上〉寫道：「魯迅的新作又出現了，那是『在酒樓上』。我提起了十二分精神來讀它，才讀過幾行我便有些異感了。『孔乙己』的咸亨酒店固然如是這樣；但這裏沒有如『藥』的茶館裏的人聲使我震驚；說是悲涼，這也不是『故鄉』的漸近故鄉時的悲涼。用作者的話，真是「風景淒清」，「意興索然」呵！由『旅館』到『一石居』，由『一石居』到『酒』，由『酒』到『呂緯甫』，由『呂緯甫』到『走出店門』，彷彿大地都已陰暗而荒涼，我們正在彷徨模索。我只是惘然，沒有什麼感想，沒有什麼話可說。我認識阿Q，但我不是阿Q，我不是孔乙己，不是陳士成，不是方玄綽；惟有在酒樓上的呂緯甫是我，魯迅也是我，——我是在S城的酒樓上。」《魯迅在廣東》，頁14。

　　廣州沒有什麼剛雪柔雪，但有時北風吹著陰雲，天低地凍，有
幾分像北方釀雪的天色，也夠使廣州人領會到冬的意味了。我和幾
個朋友，在這樣情形之下，在廣州的熱鬧區域中的一間茶樓上遇見
魯迅先生，而且得到和他談話的機會。……

　　然而他所談的又無關大禮，絕沒有牽涉到經濟政治的大問題，
──很好，在茶樓上何必談到那些。我們談的什麼，都記不清了，
似乎曾談到「碰壁」。他說他曾處在一個周圍皆壁，一動即碰的
地位，而他又不能不動，所以非碰不可，因此他便寫了許多文章。
此刻到廣州來，既無壁可碰，文章也作不出了。其次又談到「罵」
（但沒有談到國罵），他說這裏沒有什麼可罵，而且用不著罵，所
以罵的文章也不必做了。我們中幾個很不以他這句話為然，我們以
為我們還有許多可罵的地方，我們正想罵罵自己，難道魯迅先生竟
看不出我們的缺點麼？他說他因為不懂此處方言，各種情形都沒有
深知，所以不能亂罵。[29]

　　此外，有學生以魯迅的鬍鬚做文章，訕笑他漸趨世故，喻意不應被他
的表面形象蒙騙，對其來粵也不宜存有空想；[30]有學生肆意捉弄其筆名，
譏諷他是長於躲藏的江湖散人，專到熱鬧處賣藝，是個引來滿城起鬨的名
優，文字已形蓄意詆譭，殊非客觀的討論介紹。其謂：

　　怪可憐的，他跑到那邊，這邊便說他躲了，跑回這邊來，那邊說他
躲了，而他又沒有孫行者的毫毛，他竟不能免於「躲」了。知名之
士的過往，常常增加都市的熱鬧。孫伏園呀，步行世界的世界語學

---

[29] 尸一：〈魯迅先生在茶樓上〉，《魯迅在廣東》，頁15-16。
[30] 陳寂：〈魯迅的鬍鬚〉一文謂：「本來魯迅貌不驚人，不能由外貌上認識魯迅，也不應由外貌上
認識魯迅，若徒然在外貌上來認識魯迅，也不過如長虹所謂『世故的老人』而已。至於我之由外
貌而認識魯迅，也自有我小小的原因：我常常穿著比魯迅更破爛的長衫，更常常有三兩個月未曾
剪髮，所以與魯迅異者，即在乎少於魯迅嘴上之兩撇鬍子而已。我雖然也曾看過幾本魯迅的書，
也算是一個歡喜魯迅的人，而對於魯迅此來，並無特別的感想。因為我和魯迅同是漂泊的人，
偶然到了廣州也算不得什麼驚天動地的事，這是就魯迅個人身上說，若是有人以為魯迅來了廣州
使廣州從事文學的人感受著一種新刺激發生一種新影響，那我就雖沒有『撚髭』也不妨『微笑』
著說一句『沒有的事』。」不過觀於歡迎魯迅者尚『大有人在』，可知廣州文學界幸而存有小小
的根芽微微的光彩，或者會由魯迅之來而能發長此根芽擴張此光影，這便是我『出乎意表之外』
的歡喜了。」《魯迅在廣東》，頁26-27。

者，奇帕脫勒博士呀，國際工人代表呀，使廣州市熱鬧過幾場；同樣，因為「周魯迅」是個新來之客，廣州人總多得一點談資了。香港的人也不甘寂寞，於是魯迅在香港演說了。但從有治安之責者看來，熱鬧是帶有多少危險性的，所以他們放心不下，而所謂「差」和「探」之類就不得不出動了。據私人閒話，從廣州來的魯迅在香港演說時，「皇家」怕他真個要搗其大亂，會場內外竟散佈不少的「差」和「探」云。……我不敢把魯迅當作名優，而自己坐在池子裏候他出台，慚愧我自己這不能盡量地喊，盡量地寫，我不敢硬拉他來做文章，他的腳骨此刻怕已好了！假使擦了一個月的梁財信藥酒──我惟有祝他的健康，盼望他能夠走到十字街頭恣意徘徊。[31]

在部分的學生批評中，也有相對冷靜的學生指出魯迅態度的改變，始自廈門大學時期，其跡象是：

許久不見他的作品了。不久的從前，在《語絲》裏見到他的『廈門通訊』使我非常失望，這篇通訊，真是最無味的東西，除報告南方的天氣和他庭前「自古已然，於今為烈」的紅花以外，找不到什麼意義。魯迅，許是跳出了現社會去做旁觀者了嗎？他到了中大，不但不曾恢復他『吶喊』的勇氣，並且似乎在說「在北方時受著種種壓迫種種刺激，到這裏來沒有壓迫和刺激也就無話可說了。」噫嘻！異哉！魯迅先生竟跑出了現社會躲向牛角尖裏去了。舊社會死的苦痛，新社會生出的苦痛，多多少少放在他眼前，他竟熟視無覩！他把人生的鏡子藏起來了，他把自己回復到過去時代去了。噫嘻！奇哉！魯迅先生躲避了。[32]

若從他的文學作品觀察，可以看出「作者由《吶喊》時代到《彷徨》時代有三種不同之點，或許說是作者藝術，進步與熱情的衰退的痕跡。（一）由露骨的譏刺而入於敦厚的諷示。（二）由熱情的叫喊而入於感傷的吁嘆。（三）由事實的描寫而入於心理的刻劃」。[33]像這樣從文學理路

---

[31] 尸一：〈還要談及魯迅〉，《魯迅在廣東》，頁64-67。
[32] 宋雲彬：〈魯迅先生往那裏躲〉，《魯迅在廣東》，頁47-48。
[33] 任叔：〈魯迅的彷徨〉，《魯迅在廣東》，頁78

了解魯迅對事物批判自明顯而含隱，以反映個人心路歷程的微妙轉化，不能不說是學生的敏銳觀察。不少激進的學生認為魯迅刻意逃避政治現實，這種心理狀態與魏晉名士找尋安全方式針砭現實，卻自我隱藏保護的矛盾心情如出一轍。剛巧是年7月，魯迅在夏期演講會上以《魏晉風度及文章與藥及酒之關係》為題，學生宋雲彬便批評魯迅謂：「他借魏晉間的知識份子的遭遇和苦悶來對照他自己目前的遭遇和苦悶，正合著一句成語：『借他人酒杯，澆自己塊壘。』」[34]說話之間有點苛刻，然而也顯示廣東學生對魯迅有了更深一層的認識，終究明白混亂時代對於學人思想的限制。[35]

五、新文化運動學人與舊學關係的處理

　　誠如學者所言，直至二十世紀的上半葉為止，在中國史學界佔主流地位者仍屬肇始於清季、漸興於民元的「新考據學派」。觀察箇中的史學專論，無論研究的範圍對象、撰著的結構形式，以至註文的格式編排，均具備一致的風格，呈現以材料考據作為治學範式的權威地位，也成為一套相對客觀的學術評價標準。[36]它包含著傳統國學中素來重視史料疏證的一面，復為反覆檢視舊文化制度優劣的研究新法，故此能穿梭

---

[34] 宋雲彬：〈回憶魯迅在廣州〉，收於《魯迅生平史料彙編》，第四輯，頁379。

[35] 魯迅以文學戰鬥見稱，他抵粵後何以變得出乎意外的被動，在公開場合上沒有說得很清楚，至今仍惹人猜想。惟地緣政治的因素，尤其考慮文學運動牽起政治整頓，容易令廣東許廣平的家族陷於尷尬，相信對即將計劃共諧連理的魯迅來說，也產生一定的拉力。許氏家族在自許永名開始在乾隆中葉定居廣州，嘉慶、道光以來，其子許拜庭販鹽起家，因剿海上盜賊及賑濟有功，深得阮元賞識，至第二代許祥光的時候，成為城羊望族，家族曾積極參與道光末葉的抗英運動，嘗捐巨資興築九龍城寨。許家第三、四代的後人，經歷過太平天國、第二次鴉片戰爭和自強運動，大力投入政治和經濟建設之中。例如許應鑅，即多年在江西、浙江、江蘇一帶當官；許應鏘在維新之初上萬言書，得尚書翁同龢賞識，獲光緒帝召見，委以籌辦蘆漢鐵路；許應騤支持慈禧一邊，晚年當閩浙總督，參與李鴻章、劉坤一等提出的東南互保，確保福建、浙江的安定。許家的第五代處於改朝換代的時刻，當中有參與新軍起義的家族成員許崇智和許崇灝，並追隨孫中山的二次革命、護法戰爭與北伐，前者是建國粵軍總司令、廣東省省長，國民黨的色彩濃厚。孫中山聯俄容共以後，家族部分成員政治見解漸趨多元，然亦預示如共產黨員許卓和五四運動領袖許廣平等，在家族政治上面對的壓力不少。參閱丁新豹等著：《高風世承──廣州許氏家族》（香港：香港大學美術博物館，2011年），〈廣州許地許氏源流──從潮州到廣州〉，頁11-19。

[36] 參閱許冠三：《新史學九十年》（香港：中文大學出版社，1986年），上冊，〈自序〉，頁VI-VII；余英時：《猶記風吹水上鱗》（上海：遠東出版社），〈錢穆與中國文化〉，頁15；王爾敏：《史學方法》（台北：東華書局，1983年），頁142-143。

於新舊學問之間，在學術改良的過程中並無產生外界過多的排斥。魯迅南來受挫的現象，固囿於複雜的民國政情，也反映其新文學內容和上述學問範式的衝突。

　　就學術的內涵而言，經學訓詁本來沒有所謂南北之嚴分，有的只是今古文考證的取向差別或儒學理念的各種演繹，變化為各家各門的師說。在章太炎、康有為、梁啟超等人的學問，並不因為是南人或北人，從事革命抑或改良，而影響經籍的內容面貌。因此在共通的平台上，國粹派、今文學派等變革主張與學問，仍得以為後學所繼承和折衷。只因二十世紀以來，各種傳統及西方學問主要在文化重心的京城展開，北京大學、清華等大學的國學專門得到重新整合的機會，故而形成一股以北京為學術淵藪之地，帶領學科改組的潮流，且有普及於全國的趨勢。不同於胡適、顧頡剛、傅斯年「整理國故」的一脈，魯迅之學是以新文學中的小說及散文為題材，從純文學角度批判傳統社會流弊，它不受國學形式的規範，也無須遵照經典中的儒家指導思想，於白話表意方面與舊學進路迥然不同。魯迅本人高舉文學革命，徹底和舊文學絕緣，這種處理態度有助他避開學術重整中所需的沈厚學問知識，把個人的政治和文學鬥爭，提升至非新即舊、非進即退的截然判斷，卻忽略了舊學於新學的啟示，致使推廣其新文學時遇上更多地緣與學緣的衝突。此一文化思維的隔閡，在胡適等人來說是相對較少的，胡適推動文學改良，重視新文學之餘，卻沒有非與舊學決裂的心態，他整理國學的動機，其實是通過科學而系統的篩選，清除國學之中不合理的部分，最終目的依然為保存傳統中國文化的精華。顧頡剛所言的古史辨，通過層累地造成的古史角度，重新檢視信史與傳說時代的關係，其實也沒有忽略傳統經籍反映某一時代的精神意義。此外，對文本的建構過程進行剖析，釐清史料真偽的人為問題，以展示古代民族在各時期文化活動諸種現實轉變，是傅斯年及其成立的史語所特別重視的一環。此類去蕪存菁的編整國學精神，方法與構思是新的，研究對象個案是舊的，正好反映著學問整合是新舊共融，如學衡派的中西兼採，皆具備類似的切入觀念，故而在整個新文化運動過程中，得到較大的學術融合層面。事實上，國學交流所以能南來北往，箇中原因在於學科內涵的認同，不斷在新時代裏找到舊學的檢討價值。這種國學共識，在一些講究人文地域習性的環境之下，更是重要的黏合劑，它在某程度上增進了人脈交往的文化感情。

　　在近代中國社會裏，北方在政治變動與新文化運動之下，學術門類配
合著平民教育的施行產生了新局面。廣東地處一隅，遠離中央權力中核，
明清以來的國學氛圍甚為濃厚，漢學中的考據精神和宋學中的義理推敲，
幾乎在康、梁的著作中皆找到痕跡，從而成功發展深層的政治理論。在南
方尤其廣東而言，本無絕對捨棄舊學的必要，蓋如改良派的「新學」，主
要也是在舊學的根基上，融會西方學說。各大學國學門的民族、風俗研究
可以長足發展，亦應歸功於梁啟超「新史學」的文化耕耘。孫中山建立民
國，無以改動中國文人社會的本質，舊學出身的人物，以及留學以後新舊
思想兼具的知識分子，仍是學術領導中的重要骨幹。魯迅新文學矛盾之
處，在於全盤否認國學傳統，但觀其學問師承，卻無法脫離舊學大家的思
想啟迪。例如章太炎早年於魯迅治文字音韻的教導，便起了決定性的作
用，他與章氏後來關係破裂，表面上是因為政治路線的不同，章太炎不滿
他思想激進，魯迅也批評恩師晃著尊孔的帽子，向腐敗軍閥投誠。從文化
忠誠的層面而言，兩者主要還是介懷對方違背治學信念，即章氏由反滿革
命的進步者，變為儒家封建的擁護者，而周氏則由國學考證的入門追隨
者，最終進駐輕忽國學的新文學陣營。以章太炎的率性，未必太介懷魯迅
治學風格的改變，反而是魯迅一面談擁護新學，個人卻不承認從舊文學中
吸取養份一點，至為痛心反感。[37]在魯迅早期的文學作品中，可以看到他
的新學由舊學者的創作靈感中孕育的端倪。例如魯迅與周作人1909年翻繹
的《域外小說集》，成書意念便頗受晚清另一國學名家林紓的小說譯作影
響，林紓每有新作必先睹為快。[38]他的《中國小說史略》面世，內中相關

---

[37] 1908年，魯迅兄弟應許壽裳邀請，移居日本作家夏目漱石舊居，與許壽裳、朱希祖、錢家治等一
　　起居住，得由於章太炎在日名重一時，聽他講學的留學生太多，又應魯迅所求，特別在《民報》
　　報社開辦小班，先講古漢語三＋六字母及二＋二部古音大略，後講江氏《四聲切韻表》。章太
　　炎對諸生逐字講解，或沿用舊說，或發揮新義，或旁證各處方言，其後着成音韻文字巨著《新方
　　言》、《小學問答》、《文始》等即在講學基礎上完成。於是，魯迅、周作人、許壽裳、錢玄
　　同、朱希祖等八位留學生，在小班聆聽了章氏講的《說文解字》、《莊子》、《楚辭》、《爾雅
　　義疏》等國學文化。參閱陳永忠：《章太炎與近代學人》（天津：百花出版社，2012年），第九
　　章：〈章太炎與他的弟子們〉，頁177-191。

[38] 新文化運動之初林紓反對至力，1919年，他在《新申報》上發表了《荊生》、《妖夢》兩篇小
　　說，影射和謾罵胡適、陳獨秀等人。隨後，他寫了《論古文之不當廢》、《論古文白話之相消
　　長》和《致蔡鶴卿太史書》等文章，極力為古文辯護。縱然是旗幟鮮明的復古派、文化保守派人
　　物，魯迅及周作人兄弟對其小說翻譯作品評價甚高，林之小說每印出一部，他們便到東京神田的
　　中國書林去購買。周作人《魯迅小說裏的人物》曾檢視了幾則個人日記，說明兩兄弟接受林譯小
　　說的情況，好像1902年《辛丑日記》提及的《巴黎茶花女遺事》、1903年《癸卯日記》提及的

的文本源流諸考究，相信亦無法抽離傳統文學的框架討論。魯迅來粵時間雖只有數個月，但他對舊學研究者的著述卻頗多蒐集，例如《魯迅日記》中記載在1927年的2月至9月間，他經常購買各書肆的經典，或親往書店，或托許廣平等人代勞。從魯迅在廣州的國學門軼事可見，他關注的舊學範圍廣泛，涉獵了戲曲、小說、詩詞、文評、宗教、歷史、遊記、醫藥、風土、方言等民俗和文化。[39]他不僅購入清代咸豐八年廣州登雲閣的重補刻本《粵謳》，還得以在廣州百年老店買到所需的國學書籍《益雅堂叢書》，茲摘錄如下：

　　　2月21日　　在小攤上得《明僮欸錄》一本，價一角。[40]

　　　3月16日　　（往商務印書館）買《老子道德經》、《沖虛至德真經》各一本，泉六角。

　　　3月18日　　下午閱書肆在中原書店買《文心雕龍補注》一部四本，八角。

　　　4月6日　　　下午托廣平買十種共三十七本，泉十四元四角。[41]

　　　4月19日　　夜看書店，買《五百石洞天揮麈》一部，二元八角。[42]

　　　4月24日　　下午閱舊書肆，買書六種共六十三本，計泉十六元。[43]

　《華生包探案》、1904年《甲辰日記》提及的《利俾瑟血戰餘腥錄》，均是林紓譯作。雖然如此，魯迅兄弟並不滿足於林紓的偵探小說，他們不以意譯而以直譯的方式完成《域外小說集》，把視野投向俄國、北歐和巴爾幹地區弱小民族的文學，展示了嶄新的翻譯理念。參閱畢耕：〈重新審視「五四」時期的文言與白話之爭〉，《廣西社會科學》2003年第12期；賀根民：〈魯迅接受林紓──癡迷與背離〉，《粵海風》2009年第4期。

[39] 此一觀察是深刻的，蓋新文學主張的魯迅不能脫離對舊文學的反省，尤其欲總結文學經驗，得出研究成果之際，仍須在舊學的發展軌跡上檢討，進而構成個人的文學判斷。從新舊文化的評價觀之，這些私底下的個人喜好，和他口中所說的文學戰鬥可說是並不一致的。參閱前揭曹思彬：〈魯迅在廣州〉一文；陳元勝：〈鮮為人知的軼事：魯迅在廣州買國學典籍〉，《廣州日報》，2012年6月6日。

[40] 《明僮欸錄》乃清代余不釣徒撰、殿春生續的一部戲劇史料，二卷一本，同治六年（1867年）擷芝堂館刻本。

[41] 這十種書即《補諸史藝文志》四種、《三國志裴注述》、《十六國春秋纂錄》、《十六國春秋輯補》、《廣東新語》、《藝談錄》、《花甲閒談》。

[42] 此部十二卷雜纂，清代邱煒萲撰，光緒25年（1898年）閩漳邱氏廣州刻本。

[43] 此六種書即《寰宇訪碑錄校勘記》、《十三經及群書箚記》、《巢氏病源候論》、《粵謳》、《白門新柳詞記》、《南菁書院叢書》。《校勘記》乃金石目錄二卷，附有校補一卷，清代李

7月1日　　　上午托廣平買《史通通釋》一部六本，泉三元。

7月3日　　　下午從廣雅書局買《東塾讀書記》、《清詩人徵略》、《松心文鈔》、《桂遊日記》各一部共二十三本，七元七角。[44]

7月4日　　　晨，阿斗（許廣平家的老工人）從廣雅書局買來《太平御覽》一部八十本，四十元。

7月26日　　往商務印書館買單行本《四部叢刊》八種十一本，二元九角。[45]

8月2日　　　買《六醴齋醫書》一部二十二本，三元五角。

8月13日　　在登雲閣買《益雅堂叢書》一部廿本，《唐土名勝圖會》一部六本，甚蛀，共泉七元。

9月16日　　托阿斗從圖書館買《南海百詠》一本，二角；《廣雅叢刊》中之雜考訂書類十三種共二十四本，六元七角五分。

　　若再追溯下去，恐怕魯迅對與傳統文化相關的文物，都有收藏研究的興趣。例如他的藏畫之中便有林紓所繪的水墨畫，這種特別的文化情結，相信源自他在新舊文學交往中對傳統學者的一份敬重。[46]從文學檢討的角度而論，魯迅談新文學必須涉及故有的文化土壤，也不得不認同從舊文學孕育出來的人物，仍發揮一定的時代作用。或許因為這種文學上新舊承傳關係實在顯而易見，魯迅在努力切斷兩者瓜葛之餘，又謹慎地補上所謂文學的「過渡期」，情況如梁啟超從日人史著中借鑒過渡時期之說，以方便

　　宗顥撰、文素公校補，1926年廣州余富文齋刻本。《粵謳》乃曲類，招子庸撰，咸豐8年（1858年）廣州登雲閣重補刻本。《白門新柳詞記》詞合集，許豫輯，光緒9年（1883年）廣州愛目山房刻本，內附雜詞譜。《南菁書院叢書》八集四十一種、一四四卷，王先謙、謬荃孫輯，光緒14年（1888年）南菁書院刻本。

[44]　《東塾讀書記》是陳澧所作，陳是廣東番禺人，清著名的考據學者，生平從事教育和著述，世稱「東塾先生」。《清詩人徵略》、《松心文鈔》、《桂遊日記》均為張維屏所作，張為陳澧的同鄉好友，以詩著名，詩篇表現濃厚的鄉土感情，例如暴露英軍侵略的《三元里》，便是他的名作。

[45]　此八種單行本即《韓詩外傳》、《大戴禮記》、《釋名》、《鄧析子》、《慎子》、《尹文子》、《謝宣城詩集》、《元次山文集》。

[46]　參閱老蓁：〈新文化主將與舊文學遺老之緣：魯迅藏著林紓的畫〉，《北京日報》，2006年2月9日。

解釋開明專制到民主憲政的時代進程。魯迅仿效了梁氏的說法，只是將史學觀念應用文學範疇，在這種處理方式下，縱在新時代殘存舊文化，抑或舊時代內滋長新文化元素，都是時代交替下的必然過渡，遂使個人的文學革命論調立於不敗之地。[47]

　　或許魯迅沒有想到的是，在革命雷厲風行的廣東，舊學傳統仍然濃烈得讓新文學氣息如此稀薄，亦詎料穩健前進的左派共產青年，迅速遭保守的國民黨勢力清洗的事實。可以在粵長足發展的學術類型，仍是注重發掘中國文化優良傳統的新學問，像胡適、顧頡剛、傅斯年等人相繼接力的思想陣營，在二、三十年代的中國學界無疑為一股主流。這種反省國學，卻不捨棄國學的精神，經歷社會史的大論戰，挺過了日本侵華、國共內戰的歲月，在新中國成立以後在港、台開花結果，創造了魯迅在1936年死前所看不到、料不到的文學發格局，繼續以傳統文化精神作為國家重塑的不朽動力。

六、結論

　　本文初步鳥瞰了魯迅與新文學運動的關係，並分析他的學問進路如何影響於學問南來的開展。五四運動以來，中國新舊之學與南北之學兩組概念互相交疊，形成頗為錯綜複雜的文化類型界定。表面上，學生運動中宣揚的新文學代表著社會進步、合乎科學的知識範疇，與傳統國學在內涵形式和研究方法上存在明顯的差異。魯迅的文學革命觀抓住了此一重點，在其早熟的作品之內保留了強烈的時代文化的批判力度。類此新舊文學的二分，令魯迅文學態度簡單易明，惟若進一步闡析新舊文學的關係，即發現任何新文學均從舊文學中轉化而來，故而難以劃一界線。魯迅所言文學過渡的階段，在擁護傳統國學的學者而言，固無連根拔起的必要；在思想激進的學生群體之間，又認為不足以徹底進行革命改造。諸種理念上的矛盾，在北洋腐敗的軍閥政權下，在百花齊放的新文學學界之環境中，尚未

---

[47] 魯迅於文學中繼承梁啟超過渡期之說，為筆者的個人觀察，在周作人的回憶裏，嚴復、梁啟超和林紓可謂鼎足而立，是影響早期魯迅文學之路最大的三位。倘若說嚴復啟導了魯迅看到文學隨時代不斷更新進步，梁啟超之於魯迅便是大眾文學的整理，而文學的發展性質亦有從舊時代逐漸過渡至新時代的交替方式。關於梁啟超的新史學中對「過渡期」的政治演繹，參閱拙著：《文化中國的重構——近現代知識分子的思維與活動》（香港：香港教育圖書公司，2006年），第七章：「梁啟超的政見與時代階段論」，頁36-66。

過於凸顯。然而隨著各種學問南下，既講究自北而南的學術啟蒙，也不能
忽略當地所持的人文學術經驗，新文化運動健將如何適當地彌補新文學與
國學鴻溝，比掌握實際學問內涵更為重要。魯迅在南方的學術挫折，除了
歸咎於舊學一派對他的窮追猛打之外，說穿了還是文學鬥爭意識無法妥協
的問題，與胡適、顧頡剛等推廣國學之門有著不同的際遇。魯迅以失望的
心情離粵，《魯迅在廣東》一書即見面世，內中反映的正是處身於政治與
思想夾縫中鬱鬱不得伸展的魯迅，以及左右政見劇鬥下的各種學生意識，
為該時代該地域立下一個獨特的註腳。

第七章　北學南移與香港大學

香港大學中文學院
許振興

一、導言

　　學術與人才的南向發展是中華民族發展的一大主旋律；而動盪的社會又不時為此旋律提供了演奏的舞臺。二十世紀四十年代末，中國社會經歷八年艱辛的抗日戰爭後，元氣尚未恢復，又因國民黨與共產黨爭奪統治權而迅速陷入內戰。香港便成了不少學人避地南來的駐足點。香港大學的中文系與東方文化研究院（Institute of Oriental Studies）便曾因緣際會，在系主任與院長林仰山（Frederick Seguier Drake，1892-1974）領導下，匯聚了羅香林（1906-1978）、劉百閔（1898-1969）、饒宗頤（1917-）、錢穆（1895-1990）、唐君毅（1909-1978）、簡又文（1896-1978）、牟宗三（1909-1995）等一批南來的學者。他們在教學與研究上的貢獻，無疑為戰後復校的香港大學中文系奠下了日後發展的根基。本文即擬揭示個中情況，以就正於各方高明。

二、林仰山匯聚的南來學者

　　建校三十年的香港大學在一九四一年十二月因日本侵華軍隊攻佔香港島而被迫全面停課。不少師生或在抵禦日軍侵略時捐軀，或在日本侵佔香港的三年零八個月間喪命。[1] 倖存的教師在一九四五年八月日本投降後願

---

[1] 參看Lindsay Ride, "The test of War", in Brian Harrison (ed.): *University of Hong Kong: the first 50 years, 1911-1961* (Hong Kong : Hong Kong University Press, 1962), pp. 58-84；Clifford Matthews and Oswald Cheung (eds.): *Dispersal and renewal: Hong Kong University during the war years* (Hong

意重返香港執教者實在為數不多。這使一九四六至一九五〇年間逐步復課的香港大學在入學人數迅速回復戰前水平的壓力下，除了急需尋求經費修復慘遭日本侵略軍大肆破壞的校內建築物外，還得設法新建教學大樓與大量招聘教職員，以解決師資嚴重短缺的難題。[2]香港大學自創校以來一直以英語為法定的教學語言，[3]而「《香港大學條例》第十三則，規定文科須注重教授中國語言文學」[4]一項，卻使中文系得以成為當時唯一獲校方批准以漢語、漢文授課的學系。這便為南來學者提供了難得的駐足契機。

　　戰後復校的香港大學中文系，實可溯源於清遺老賴際熙（1865-1937）在一九二七年致力籌款創立的香港大學中文學院。[5]當時開設的課程，包括「經學」（Classics）、史學（History）、文詞學（Literature）與「翻譯學」（Translation）四大類，[6]並有「特設正音班（Mandarin Class），以便學生不嫻粵語者聽受，功課與正班同。」[7]許地山（1893-1941）在一九三五年出任中文學院教授（Reader）後，除正式確定沿用至今的「中國哲學」（Chinese Philosophy）、「中國文學」（Chinese Language and Literature）、「中國歷史」（Chinese History）與「翻譯」

Kong: Hong Kong University Press), 1998.

[2] 參看Francis Stock, "A new beginning", in *University of Hong Kong: the first 50 years, 1911-1961*, pp. 85-92.陳君葆的日記記「（一九四六年十月二十一日）今天港大算是登記開課了。然而學生能有幾人，亦正難說。」（陳君葆撰、謝榮滾主編：《陳君葆日記全集（卷二：1941-1949）》〔香港：商務印書館，2004年〕，頁483）

[3] 香港大學創校時，擔任香港總督的首任校長（Chancellor）盧押（Frederick John Dealtry Lugard，1858-1945，1907-1912擔任香港總督）已率先將英語定為大學的教學語言。相關資料，參看Frederick J. D. Lugard: *Souvenir presented by Sir Hormusjee N. Mody and the Committee of the Hongkong University to commemorate the laying of the foundation stone of the Hongkong University building by His Excellency Sir F. J. D. Lugard, K.C.M.G., C.B., D.S.O., Governor of the Colony on Wednesday, 16th March, 1910* (Reprinted with speeches at the ceremony, and illustrations, Hong Kong: Noronha & Co., 1910), pp. 4-5.

[4] 賴際熙撰、羅香林輯：《荔垞文存》（香港：學海書樓，2000年），附錄〈香港大學文科華文課程表〉，頁169。

[5] 香港大學中文學院成立的詳情，可參看羅香林：〈香港大學中文系之發展〉，載氏撰：《香港與中西文化之交流》（香港：中國學社，1961年），頁223-224；程美寶：〈庚子賠款與香港大學的中文教育──二三十年代香港與中英關係的一個側面〉，《中山大學學報》1998年第6期，頁60-73；區志堅：〈香港大學中文學院成立背景之研究〉，《香港中國近代史學報》第4期（2006年），頁29-57。

[6] 參看University of Hong Kong: *University of Hong Kong Calendar, 1927* (Hong Kong: The Newspaper Enterprise Ltd., 1927), pp. 166-170.

[7] *Ibid.*, p. 170.

（Translation）四科並立的課程體制外，還將學院的名稱改為「中國文史學系」（Department of Chinese Studies）。[8]他履新後迅速舉薦原任教燕京大學的同事馬鑑（1883-1959）來港擔任中國文學講師（Lecturer in Chinese Literature）。[9]馬鑑獲聘後乘坐「格蘭總統」號輪船於一九三六年三月二日抵達香港履任。[10]由於許地山在一九四一年八月四日猝然逝世，[11]他便被校方委任接掌學系的行政工作。[12]日本侵華軍隊攻佔香港後，他在一九四二年六月舉家遷赴成都，任教於成都的燕京大學。[13]日本戰敗投降後，他在一九四六年七月重返香港大學履行尚未完成的僱用合約，領導學系面對戰後的新挑戰。[14]當時系內教師尚有戰時一直守護馮平山圖書館藏書的原翻譯講師兼導師（Lecturer and Tutor in Translation）陳君葆（1898-1982）。[15]

---

[8] 參看盧瑋鑾：〈許地山與香港大學中文系的改革〉，《香港文學》第80期（1991年8月），頁60-64。

[9] 陳君葆曾在他的日記記下「（一九三五年十月一日）午下課後適許先生來，與談在羅（羅憩棠）、崔（崔伯樾）兩位退職後，將延聘何人最適當。……但許先生曾指出陸（陸侃如，1903-1978）經驗還有點不夠，似乎他的意屬馬鑑。」（陳君葆撰、謝榮滾主編：《陳君葆日記全集（卷一：1932-1940）》〔香港：商務印書館，2004年〕，頁192）有關馬鑑赴港任職事，參看戴光中撰：《桃李不言——馬鑑傳》（寧波：寧波出版社，1997年），頁89-93。馬鑑被聘為中國文學講師（Lecturer in Chinese Literature），參看University of Hong Kong: *Calendar, 1937-1938* (Hong Kong: The Newspaper Enterprise Ltd., 1937), p. 49.

[10] 參看《陳君葆日記全集（卷一：1932-1940）》，頁238。

[11] 陳君葆於一九四一年八月四日記載：「許地山先生於下午二時十五分去世。」（《陳君葆日記全集（卷二：1941-1949）》，頁17）有關許地山的家世、生平、著述、悼文、悼詞、日記、書信、年表等，主要可參看全港文化界追悼許地山先生大會籌備會編：《追悼許地山先生紀念特刊》（香港：全港文化界追悼許地山先生大會籌備會，1941年）與周俟松、杜汝森編：《許地山研究集》（南京：南京大學出版社，1989年）兩書。

[12] 陳君葆於一九四一年八月十四日記自己「到圖書館，傅士德教授（文學院院長，Professor Lancelot Forster, 1882-1968）邀往談話，他問我關於中文教授的繼任人的意見，我說，就中國歷史說自然以陳寅恪（1890-1969）為最理想而且合適，至於行政方面仍以季明（馬鑑）先生補缺為宜，他說很對，便決定如此向當局提出。」（《陳君葆日記全集（卷二：1941-1949）》，頁17）此建議終在兩天後落實，陳君葆得知校方決定聘陳寅恪為中國史教授（《陳君葆日記全集（卷二：1941-1949）》，頁23）。

[13] 參看《陳君葆日記全集（卷二：1941-1949）》，頁84；《桃李不言——馬鑑傳》，頁103-120。

[14] 參看《陳君葆日記全集（卷二：1941-1949）》，頁459-460；《桃李不言——馬鑑傳》，頁129-130。

[15] 有關陳君葆一生，可參看謝榮滾：《赤子情深：陳君葆傳》（廣州：廣東人民出版社，2012年）一書。陳君葆守護馮平山圖書館藏書事，可參看小思（盧瑋鑾）〈一段護書往事——記陳君葆先生〉，載陳君葆撰、謝榮滾主編：《陳君葆日記全集（卷七：1972-1982）》（香港：商務印書館，2004年），頁621-626。

　　馬鑑重掌學系差不多四年後，便在一九五〇年二月退休。[16]這期間，只有曾任教金陵大學的賀光中（Ho Kuang-chung）獲校方全職聘用。陳君葆嘗記：

> （一九四九年三月一日）早上到圖書館未幾，賀一中（當作「賀光中」）教授來訪，他現在已經成了流亡學者都要暫時留在香港找生活，由西門（西門華德教授）介紹他當了大學方言班的教習，大概教普通話之類。他是研究佛學的，那一套現在恐不能退藏於密了。[17]

馬鑑當時年紀已不小，校方一直計劃為學系另聘新教授，並乘時改組學系，是以他向校方建議的改進學系計劃始終未能獲得文學院管理層的支持。[18]校方幾經籌謀，終於決定聘請澳大利亞（Australia）雪梨大學（University of Sydney）東方研究系（Department of Oriental Studies）講座教授（Chair Professor）賴歐（或譯名為：賴歐特、萊德敖，J.K. Rideout）擔任學系的教授（Professor）。陳君葆於一九四九年六月十日嘗記：

> 關於中文教授事，馬先生為言Rideout有信來，說要十二月底始來，是否因為局勢而存觀望則甚可疑，但舍固定的職位而就動搖的琉璃世界似屬甚不智之舉，惟賴氏之來，實不關副監督（Vice-Chancellor，即校長），或為西門氏之推薦也。英國人好些時候想在港大以外國人為中文教授了，一向對胡適（1891-1962），對陳壽（受）頤（1899-1977），對許地山，只不過是敷衍，今日的處置並非意外。記起郭沫若（1892-1978）的話：「不是說研究中國

---

[16] 陳君葆嘗記一九五〇年二月六日「送給馬先生那幅東西的《跋語》改寫如下：『季明吾師任香港大學教授凡十四年，杖履言旋，將歸珂里，臨別贈此，用表去思。時己丑幸一平，蘇東坡生日也』。這樣似較順些。下分管中文學會，及門弟子。」（陳君葆撰、謝榮滾主編：《陳君葆日記全集（卷三：1950-1956）》〔香港：商務印書館，2004〕，頁8）知馬鑑當於此時退休。

[17] 《陳君葆日記全集（卷二：1941-1949）》，頁598。有關賀光中，另可參看王韶生（1904-1998）：〈溝通中西文化的賀光中〉，載氏撰：《當代人物評述》（臺北：文鏡文化事業有限公司，1985年），頁99-103。

[18] 馬鑑重返香港後，積極探求改進中文系的方案，事見《陳君葆日記全集（卷二：1941-1949）》，1946年7月24日條，頁466。但他建議設立的中文榮譽科，卻未能在文學院會議通過，事見《陳君葆日記全集（卷二：1941-1949）》，1949年2月24日條，頁594。

的學問應該要由中國人一手包辦，事實上，中國史料，中國文字，
中國人的傳統生活，是只有中國人自己才能更貼切的接近。」[19]

局內人對校方鍾情以外國人擔任中文系教授、領導中文系發展的現實深感
無奈。校方乘時委任倫敦大學教授愛德華來港考察中文系的情況，以便新
任教授能配合相關的改組建議。愛德華於一九四九年十月到訪中文系，[20]
並在次年五月再赴文學院報告已提交校方的改組建議書。[21]改組建議書大
力批評中文系的「圖書館分類目錄和馬先生（馬鑑）所用的課本是中學程
度的，是學生認為足恥的」。[22]校方費煞苦心的安排，本志在為新任教授
革故立新、大展鴻圖，甚或多聘一、二洋人來系任教製造理據。當賴歐在
一九五〇年一月十七日抵港履新後，[23]校方便深信計劃已可水到渠成。可
惜，賴歐抵港不久，竟於同年二月十五日中文學會歡送馬鑑榮休[24]的次日
（二月十六日）無故失蹤。[25]當時馬鑑退休已成事實，校方遂匆匆委任賀
光中為代理主任，領導系務。

　　賀光中在任期間，非但未有將擔任兼職講師、只是計時論酬的原中央
大學史學系教授、中國法學史專家楊鴻烈（1903-1977）成功轉任為全職
講師，[26]還在次年九月聘請羅香林擔任兼職講師，替代楊鴻烈講授中國歷
史。[27]這期間，校方因賀光中已決定移席澳大利亞，遂於一九五二年夏天

---

[19]《陳君葆日記全集（卷二：1941-1949）》，頁624。

[20] 參看《陳君葆日記全集（卷二：1941-1949）》，1949年10月13日條，頁656。

[21] 參看《陳君葆日記全集（卷三：1950-1956）》，1950年5月27日條，頁24。

[22]《陳君葆日記全集（卷三：1950-1956）》，1950年6月20日條，頁27。

[23] 參看《陳君葆日記全集（卷三：1950-1956）》，1950年1月17日條，頁6。

[24]《華僑日報》於一九五〇年二月九日一篇題為〈港大同學歡送馬鑑教授退休〉的報導載：「香港
大學中文學會，定二月十五日下午三時，假香港大學余東璇健身室舉行茶會，歡送馬鑑教授退休
云。」（第2版第4張）歡送會照片，可參看單周堯主編：《香港大學中文學院歷史圖錄》（香
港：香港大學中文學院，2007年），頁71。

[25] 參看《陳君葆日記全集（卷三：1950-1956）》，1950年2月17日條，頁10；1950年2月20日條，
頁11。

[26] 陳君葆曾於一九五〇年十二月十九日的日記就此事大抱不平，說：「文學院會議討論楊鴻烈擬請
改鐘點制為全任，我曾力爭，但眾以為僅二學生不獲通過。自然大學當局實無意於發展中文系，
這也不自今日始了。」（《陳君葆日記全集（卷三：1950-1956）》，頁56）

[27] 參看《陳君葆日記全集（卷三：1950-1956）》，1951年9月12日條，頁129。楊鴻烈兼任講師的
同時，主要任職香港《星島日報》英文翻譯員，1956年返回廣州，任廣東省文史館館員，1977年
去世。相關事實，可參看何勤華：〈楊鴻烈其人其書〉，《法學論壇》第18卷第3期（2003年5
月），頁89-96。

聘請原任教山東齊魯大學的林仰山在離開山東返回英國時來港出任學系的
講座教授兼系主任。他在一九五二至一九六四年間擔任中文系系主任時積
極網羅各方人才，從而奠定了日後學系進一步發展的穩固基礎。羅香林嘗
扼要概述個中的要項：

> 林教授於那年（一九五二年）的六月，來到港大。那時我已先於上
> 年九月受聘為兼任講師，對系裏的情況，也稍稍明瞭，所以林教授
> 一接事就對我說，他已與校長商量，要改聘我為專任講師。並說：
> 賀先生交代的時候，曾推薦劉百閔先生和饒宗頤先生為專任講師與
> 副講師，問我對二先生認識與否？我說：二位都是我的好友，劉先
> 生長於國學，饒先生長於詩詞和甲骨文研究，都是很難得的人選。
> 林教授就和賴廉士校長（Sir Lindsay Tasman Ride，1898-1977，1949-
> 1964擔任香港大學校長）商量聘請二位先生。到了九月，二先生和
> 我一同到校，分授中國文學和中國歷史，林教授則於中國歷史課程
> 內每週加授一小時的中國考古與發現，另一位很早就任副講師的陳
> 君葆先生，則講授一年級的翻譯。同時聘請吳椿先生為中文系的秘
> 書。一九五三年九月復增聘唐君毅先生為兼任講師，講授中國哲
> 學。一九五六年八月劉百閔先生升任為高級講師，饒宗頤先生升任
> 為講師，又以陳君葆先生申請退休，乃改聘劉若愚先生為副講師，
> 接授一年級的翻譯，復將中國歷史課程分出中國考古的部分，另設
> 一種「中國美術考古與地理發現」的課程，由林教授與兼任講師陶
> 美女士（Miss Mary Tregear, 1924-2010）共同講授。一九五八年九
> 月，以劉若愚（1926-1986）先生辭職，乃改聘楊維楨先生為副講
> 師，接授翻譯。又以全系學生日益增加，復於同年九月增聘余秉權
> 先生為專任講師，亦講授中國歷史。一九六〇年九月以唐君毅先生
> 辭去兼職，乃改聘牟宗三先生為專任講師，接授中國哲學，復增聘
> 美人金薩靜博士（Dr. G. E. Sargent）為副教授（Reader），負責策劃
> 指導研究的工作，增聘羅錦堂博士為副講師，亦講授中國文學，而
> 港大中文系的組織，在林教授的引導下，乃達到了完備的階段。[28]

---

[28] 羅香林：〈林仰山教授與中國學術文化的關係〉（上），《大成》第16期（1975年3月），頁4。

羅香林、劉百閔、饒宗頤、唐君毅、劉若愚、陶美、楊維楨、余秉權、牟宗三、金薩靜與羅錦堂等學者相繼受聘，使學系得以在林仰山領導下為學生提供「中國文學」、「中國歷史」、「中國哲學」、「翻譯」、「中國美術考古與地理發現」五大領域相互配合而別具特色的學習課程。[29]

　　林仰山履新不久，即獲國際援助中國知識分子協會（The Aid Refugee Chinese Intellectuals, Inc.）香港分會的財政支持，[30]在取得校方同意後，於一九五二年正式成立東方文化研究院（Institute of Oriental Studies）。由於研究院成立的主要目的在提供研究設施供東西方學者從事有關中國與東方的研究，[31]是以它除了設立語言學校（Language School），為英國派駐香港與遠東的人員提供國、粵兩語的訓練外，還成立馮平山博物館（Fung Ping Shan Museum），邀請出生於武昌的英國人陶美擔任館長（Curator），以配合與協助研究員工作。研究院的研究工作除得力於錢穆、唐君毅、G. Bertuccioli、A. C. Graham、R. P. Kramers、G. Morechand、A. C. Scott、Holmes H. Welch等名譽研究員外，還倚重簡又文、衛聚賢（1898-1990）、徐慶譽、張瑄、楊宗翰、董作賓（1895-1963）等專任研究員。中文系諸教員亦同時肩負重要的研究腳色。研究成果主要利用哈佛燕京學社（Harvard-Yeching Institute）與亞洲協會（The Asia Foundation）香港分會的贊助，由香港大學出版部印刷專書出版；單篇的學術論文則大多刊載於林仰山在一九五三年創辦、並親自擔任主編的

---

[29] 同前註。

[30] 「國際援助中國知識分子協會」是羅香林在〈林仰山教授與中國學術文化的關係〉一文用以稱呼The Aid Refugee Chinese Intellectuals, Inc.的中文名稱。一直以來，The Aid Refugee Chinese Intellectuals, Inc.根本沒有正式的中文名稱，學者多稱它為「援助中國知識人士協會」。它是美國政府基於心戰與情報需要，資助親國民黨的明尼蘇達州共和黨眾議員周以德（Walter H. Judd）等在一九五二年成立的民間組織。此組織成立的目的是經濟援助國共內戰後滯留香港、澳門的中國知識人士，協助他們移居臺灣、美國、歐洲、東南亞等地。相關的研究，目前以趙綺娜（1949-2013）〈冷戰與難民援助：美國「援助中國知識人士協會」，1952-1959年〉（載《歐美研究》，第27卷第2期〔1997年6月〕頁65-108）一文論析最為詳盡。

[31] 金新宇（S.Y. King）領導的專責工作小組在University of Hong Kong Chinese and Oriental Studies: A survey of the years 1952-1964指出："The purpose of the Institute shall be: to provide facilities for research in Chinese and Oriental Studies for Eastern and Western scholars; to promote interest in Oriental Studies generally both within and without the University; to arrange for extra-mural instruction in Oriental languages and literature; to provide a focus and meeting-place for students of all countries in the field of Oriental Studies, to promote good fellowship among such students and to increase understanding and goodwill between the peoples of East and West." (Hong Kong: University of Hong Kong, 1964, pp. 3-4)

學術刊物《東方文化》（Journal of Oriental Studies）。這遂使東方文化研究院成為中文系的學術研究基地，而眾多南來的學者則成為學術研究的推動者。[32]

　　自山東南來的林仰山，在香港大學任職十二年間，先後為中文系延攬了羅香林、劉百閔、饒宗頤、唐君毅、劉若愚、楊維楨、牟宗三、余秉權、金薩靜、羅錦堂等十位學者。各人入職前，劉若愚任教於英國倫敦大學（University of London）亞非學院（School of Oriental and African Studies）、余秉權新畢業於新亞研究所、金薩靜任職日本京都大學人文科學研究所研究員、羅錦堂自臺灣大學取得博士學位後來港任教於新亞書院，四位均非南來學者。其餘羅香林、饒宗頤來港前均任教於中山大學、唐君毅任教於中央大學、牟宗三任教臺灣東海大學前曾於中央大學、金陵大學、浙江大學等擔任教席，劉百閔曾任教於中央大學、復旦大學等，五位都屬南來學者。楊維楨畢業於愛丁堡大學（University of Edinburgh），在香港大學任教十九年。他入職前在國內的經歷，知者不多，卻應是南來者無疑，所以歸為南來學者亦屬得宜。[33]余秉權雖非南來學者，卻是南來學者錢穆所創辦的新亞研究所第一屆碩士畢業生，師從南來學者牟潤孫（1908-1988），是南來學者的第一代傳人。[34]林仰山為東方文化研究院延攬的錢穆、唐君毅、簡又文、衛聚賢、徐慶譽、張瑄、楊宗翰、董作賓等眾人來港前早已是學術界的翹楚，自亦是南來學者無疑。

三、南來學者的學術貢獻

　　林仰山匯聚的南來學者，對香港大學中文系的課程規劃與東方文化研究院的學術發展貢獻良多。根據羅香林的敘述，中文系的課程自一九五二年起逐年增長，成為日後發展的基礎。他說：

---

[32] 相關詳情，參看University of Hong Kong Chinese and Oriental Studies: A survey of the years 1952-1964一書。羅香林：〈林仰山教授與中國學術文化的關係〉（上），頁5-6亦有記述。

[33] 一九六七年楊維楨自香港大學中文系退休時，自稱「一生萍託水，萬事雪侵鬢，維楨旅食香港十九年矣。稟氣塞北，早悲世事之艱，就傅潢南，徒驚豆箕之急。」（《香港大學中文學院歷史圖錄》，頁137）

[34] 參看區志堅：〈以人文主義之教育為宗旨　溝通世界中西文化：錢穆先生籌辦新亞教育事業的宏願及實踐〉，載王宏志等編：《中國文化之傳承與開拓：香港中文大學四十周年校慶國際研討會論文集》（香港：中文大學出版社，2009年），頁128。

林教授與港大中文系各同事，經過了多次的會商，乃決定將本系的科目：一年級設中國文學、中國歷史，和翻譯等三種。中國文學分中國文學史、先秦文學、經學導論，和專書選讀的《禮記》或《書經》等四目；中國歷史則分中國歷史通論、中國古代史、香港前代史，和專書選讀的《史記》等四目；翻譯則著重中譯英和英譯中的深度實習，和中國文學、歷史、地理、美術、考古等方面英文譯著的講述。二年級設中國文學、中國歷史、中國美術考古與地理發現，和中國哲學等四種。中國文學，內分三目，一為文字學、目錄學，和國學概論，二為漢魏六朝文學，三為專書選讀的《詩經》或《楚辭》；中國歷史，亦內分三目，一為秦漢至五代史，二為中國社會經濟發展史，三為專書選讀的《資治通鑑》或《漢書》；中國美術考古與地理發現，亦內分三目，一為陶瓷，二為銅器，三為漢代之地理發現；中國哲學則內分五目，一為中國哲學史，二為先秦諸子，三為漢代儒家，四為三為漢與六朝之佛學，五專書選讀的《道德經》或《莊子》。三年級亦設中國文學、中國歷史、中國美術考古與地理發現，和中國哲學等四種。中國文學，內分三目，一為文學批評，二為唐至現代文學，三為專書選讀的《易經》或《春秋》；中國歷史，亦內分三目，一為宋至現代史，二為中西交通史，三為專書選讀的《新唐書》或《明史》；中國美術考古與地理發現，亦內分三目，一為雕刻，二為繪畫，三為六朝至明之地理發現；中國哲學，則內分四目，一為宋明理學，二為唐至現代的佛學，三為現代思想及其與西方之關係，四為專書選讀的《六祖壇經》或《近思錄》。這三年的課程，除了講課外，另有與課程有關的各種高級習作。這樣的課程，幾乎已概括了中國學術文化的全體，所以系內的同事比之別系之同事，都特別忙碌。[35]

任教這些課程的中堅，正是羅香林、劉百閔、饒宗頤、唐君毅諸位南來學者。羅香林的《中國民族史》、《唐代文化史》，劉百閔的《經學通論》、《經子肄言》、《易事理學序論》，饒宗頤的《楚辭別錄》、《漢

---

[35] 羅香林：〈林仰山教授與中國學術文化的關係〉（上），頁4。另參看羅香林：〈香港大學中文系之發展〉，頁232-238、254-256。

魏六朝文學通表》、《楚辭書錄》、《詞籍考》、《人間詞話平議》等都
是教學過程的相關成果。[36]

　　東方文化研究院延攬的南來學者，以任職中文系諸位為骨幹，配合錢
穆、唐君毅、簡又文、衛聚賢、徐慶譽、張瑄、楊宗翰、董作賓等，成果
著實超卓。現以金新宇等學者在林仰山退休時總結東方文化研究院諸成果
的報告為據，將一九五二至一九六四年間各名譽研究員與專任研究員刊行
的專著與發表的論文數目作一統計。現表列如下：

姓名	書籍數目	論文數目
G. Bertuccioli	0	3
張瑄	0	2
錢穆（算至1956）	7	8
A. C. Graham	0	1
徐慶譽	0	3
簡又文	4	23
R. P. Kramers	0	1
G. Morechand	0	1
A. C. Scott	5	1
董作賓	2	19
Holmes H. Welch	1	1

同時期在東方文化研究院從事學術研究的中文系教員，刊行的專著與發表
的論文數目亦表列如下：

姓名	書籍數目	論文數目
林仰山	1	6
饒宗頤	8	51
劉若愚	0	3
劉百閔	0	17
羅錦堂	2	15

---

[36] 相關著述，參看羅香林：《中國民族史》（臺北：中華文化出版事業委員會，1953年）；羅香
林：《唐代文化史》（臺北：臺灣商務印書館，1955年）；劉百閔：《經學通論》（香港：香港
大學，1953年）；劉百閔：《經子肄言》（香港：學不倦齋，1964年）；劉百閔：《易事理學序
論》（香港：學不倦齋，1965年）；饒宗頤：《人間詞話平議》（香港：作者自刊，1953年）；
饒宗頤：《楚辭別錄》（香港：作者自刊，1960年）；饒宗頤：《漢魏六朝文學通表》（香港：
作者自刊，1960年）；饒宗頤：《楚辭書錄》（香港：東南書局，1956年）；饒宗頤：《詞籍
考》（香港：香港大學出版社，1963年）。有關相關著述的展示，參看羅香林：〈香港大學中文
系之發展〉，頁254-256。

羅香林	18	38
牟宗三	4	10
G. E. Sargent	0	1
唐君毅（算至1956）	2	3
楊維楨	0	1
余秉權	1	4

這可見羅香林、饒宗頤、錢穆、簡又文、唐君毅與董作賓等南來學者都是一時健筆。錢穆在一九五五年獲香港大學頒授名譽法學博士學位，[37]更使他成為南來學者們出色學術成就的表表者。

四、結語

　　南來學者對戰後香港大學中文系及東方文化研究院的貢獻已是有目共睹。林仰山在一九六四年榮休後，羅香林被推薦為中文系講座教授兼東方文化研究院院長。[38]但隨著時光的流逝，林仰山任內延聘的南來學者在一九六八年羅香林任滿榮休時已無一留任。這十六年間，任教中文系的南來學者劉百閔、楊維楨、羅香林與牟宗三相繼榮休，而唐君毅與饒宗頤亦先後離職。香港大學校方更在羅香林榮休後將東方文化研究院改組為亞洲研究中心（Centre of Asian Studies）。此後，校方相繼聘用本校畢業生張曼儀、黃兆傑（1937-2007）、方穎嫻、趙令揚、何沛雄等擔任系內教職。他們都在香港大學本土化的過程中自覺地將師長的學養與造詣發揚光大。[39]這使南來學者為戰後香港學術奠下的基石得到更穩固的鞏護與發展。

---

[37] 參看韓復智編：《錢穆先生學術年譜》（臺北：國立編譯館，2005年），頁2228。

[38] 參看羅敬之：《羅香林先生年譜》（臺北：國立編譯館，1995年），頁107。

[39] 張曼儀肄業於香港大學文學院，主修中、英文學。她在一九六二年畢業後，負笈美國哥倫比亞大學（Columbia University），考取英文及比較文學碩士。黃兆傑於香港大學文學院畢業後，師從饒宗頤及Dr. B. E. Booke修讀碩士學位，完成後赴英國牛津大學（University of Oxford）攻讀博士。方穎嫻於香港大學文學院畢業後，師從牟宗三修讀碩士學位，完成後獲香港大學聘用。趙令揚於香港大學文學院畢業後，師從羅香林及林仰山修讀碩士學位，完成後赴澳洲雪梨大學任教，並攻讀博士學位。何沛雄（1935-2013）於香港大學文學院畢業後，師從饒宗頤修讀碩士學位，完成後赴英國牛津大學攻讀博士。相關資料，參考各人著述的介紹，不一一贅列。

第八章　南來學者與國史教育：以1950年前後香港教師會出版刊物為中心

香港教育學院社會科學系
姚繼斌

一、引言

　　1949年，拔萃女書院英文主任 John Blofeld 形容他的華裔學生說：

　　方余於一九四八年初次到香港之時。即見余所教之學生，大多數為中國籍。……

　　……後來余乃引用中國歷史及現代生活之例子。以講解英文故事。但學生中或則發笑。或則漸呈不安之狀。或表露厭倦之容。
　　……

　　余斷定有大多數中國學生。或者除中國食品之外。對於其他之中國事物。全不感興趣者。……中國文化之道德與審美。凡十餘歲之兒童。均應曾學習之。但彼等則完全與之隔絕。上中文課時。彼等對教師之態度。常極為粗魯。彼等以讀中文是浪費時光也。換言之。此等可憐之兒童。經已全無祖國觀念。猶如樹之無根在坭。樹之無纜與錨也。[1]

---

[1] John Blofeld著，李君德譯：〈英文書院之中國學生及其教師〉，《香港教師會月刊》（The Common Room: Monthly Magazine of the Hong Kong Teachers' Association）第1卷第2期（1949年7月），頁19。該文按語：“John Blofeld碩士乃拔萃女書院之英文主任，曾任中國內地大學教授多年，足跡幾遍全中國。”（頁19）。又引文標點一依原文。

學生對中文、中國歷史、中國事物不感興趣，這個觀察可能是個別的例子，但多少總能反映中國歷史、中國文化在戰後殖民地香港的教育系統內，不太受重視的現象。[2]

1950年前後，因著國內內戰和政權更易，很多人從大陸南遷香港，當中不乏飽學之士、著名學者。他們抵港以後，多從事教育和學術工作，把民國時期內地的學術研究帶到南方香港來，可稱之為北學南移。[3]他們對於中國歷史、中國文化不受香港學生、社會重視的境況，是很關心的。我們翻閱當時最主要的教師組織——香港教師會——出版的刊物，可以找到南來學者討論中國歷史文化和歷史教學的文章。從這些文章，我們可以見到他們對香港國史教育的關切之情，和對中國歷史文化在香港的教育與推廣所作的積極貢獻。

---

[2]　1956年，劉偉文說：「歷史本來已被學生認為是閒科，不加重視。」（劉偉文：〈中學歷史教學問題〉，見本刊出版委員會編：《香港教師會中文部特刊》〔香港：編者，1956年〕，頁39。）當時歷史科包括中國史和世界史。又黃福鑾說：「他們（學生——引者）對於中國史就感到毫無可貴的地方和需要。」（黃福鑾：〈如何講授中國歷史〉，見《香港教師會中文部特刊》，頁12。）不單只學生如此，家長和社會人士亦然。羅香林說：「至於歷史學科，那就很少聽見家長督責子弟用功了。這可見社會上一般人士，對於歷史學科，也是不很重視。」（羅香林：〈歷史教學的問題與方法〉，見氏著：《歷史之認識》〔香港：亞洲出版社有限公司，1955年〕，頁118。）較詳細的探討，可參黃福鑾：《略談中國史與中國文化及其使命》（香港：中國書局，1957年），頁6-7。

[3]　李金強稱此為「史學南移」，參李金強：〈民國史學南移——左舜生生平與香港史學〉，《香港中國近代史學會會刊》第3期（1989年1月），頁85-97。就這課題，尚可參岑練英：〈五十年代前後南來之士對國族文化之態度〉，《珠海學報》第16期（1988年10月），頁456-466；又周佳榮：〈導論——香港史學的成立和展望〉，見周佳榮、劉詠聰編：《當代香港史學研究》（香港：三聯書店，1994年），頁4-5；又郭少棠、鄒重華、董蕈：〈香港的史學研究〉，《史學理論研究》1998年3期，頁137-143；又郭少棠：〈文化的衝擊與超越：當代香港史學〉，《史學研究》2003年1期，頁120-128。又姜義華、武克全編：《二十世紀中國社會科學：歷史學卷》（上海：上海人民出版社，2005年），頁68-70；又李福長：《20世紀歷史學科通論》（濟南：齊魯書社，2012年），頁541-557。又北方學者南來香港，帶來學術影響，可上溯至1862年來港的王韜，參王宏志：〈「借來的土地，借來的時間」：香港為南來的文化人所提供的特殊文化空間（上篇）〉，見梁元生、王宏志編：《雙龍吐艷：滬港文化交流與互動》（香港：滬港發展聯合研究所、香港中文大學香港亞太研究所，2005年），頁109-144；又余英時：〈香港與中國學術研究——從雅里各和王韜的漢學合作說起〉，見氏著：《余英時文集・第5卷・現代學人與學術》（桂林：廣西師範大學出版社，2006年），頁455-459，原刊《二十一世紀》1993年6月號。

二、香港教師會及其刊物

香港教師會會長（1976-80年）吳源興綜述該會的貢獻說：[4]

> 溯本會於一九三四年創立迄今，已達六十年之久。本會是本港歷史
> 最悠久之教師職工團體，亦是世界教師會及國際自由教師工會聯合
> 會成員；在悠久歲月中，由於諸先進本著創會之正確宗旨，與工作
> 目標不斷努力，對促進本港教育之貢獻，謀求教師福利之成就，有
> 不可磨滅之輝煌業績。[5]

香港教師會是「香港歷史最悠久之教師職工團體」。該會創辦之初，「參
加的多係補助學校及政府學校英文教員」，[6]到了1960年，會員已包括
大、中、小、幼稚園教師。[7]

　　該會創辦人之一毛勤（L. G. Morgan）在〈香港教師會之歷史（1934-
1955）〉一文中，[8]對該會前期的發展，有相當精簡的介紹，首先是有關
香港教師會創設的緣起和主要發起人：

> 鄙人忝屬為香港教師會四位創辦人之一，殊感榮幸。……
> 　　遠在一九三四年時，韓德賽先生乃皇仁書院之副院長，而本
> 人亦任教該校，某日韓德賽先生召余入職員休息室內，並對余謂：

---

[4] 吳氏任會長年份，參〈香港教師會歷屆常務理事〉，見編輯委員會：《香港教師會鑽禧特刊
1934-1994》（香港：香港教師會，1994年），頁51。

[5] 吳源興：〈簡述爭取實施九年義務教育及首次改善公積金制與教師權益：為慶祝香港教師會鑽
禧紀念而作〉，見《香港教師會鑽禧特刊1934-1994》，頁56。有關香港教師會的發展，參高家
裕：〈香港教師會在香港教育所扮演的角色〉，見郭康健、陳城禮主編：《香港教育七十年》
（香港：香港教師會，2004年），頁326-337。

[6] 編者：〈卷首語〉，《教與學》1期（1948年6月），頁4。

[7] 1960年，香港教師會修改會章，取消中英文部，改為6個組別：大專組、資助中學組、資助小學
組、官立學校組、私立學校組和幼稚園組，參〈香港教師會在香港教育所扮演的角色〉，《香港
教育七十年》，頁327。

[8] 該文刊《香港教師會鑽禧特刊1934-1994》，頁71-73。按該文錄自《教與學》12期（1956年1
月），又毛勤時任副教育司。有關香港教師會早期歷史，尚可參考"A brief history of the Hong
Kong Teachers' Association"，《香港教師會會務通訊》，1967年11月號，頁10-11。

> 「予曾考慮在香港建立教師會之可能性，在使各校教師能彼此聯
> 絡，及增進教學水準，閣下意見如何？」……
> 　　……科斯德教授與拜尼神甫對於香港之教育問題，均極注
> 意。……當時教育司對此項計劃，亦祝賀其成功。……結果響應參
> 加之教師，不下二三百人，而香港教師會遂告正式成立了。當時組
> 織：其會中主席為科斯德教授，拜尼神甫為其中一位之副主席，韓
> 德賽先生位列秘書，司庫則為本人。[9]

毛勤等是四位香港教師會主要發起人，[10]他們建會的緣起，正是該會最初的創立目的，即「使各校教師能彼此聯絡，及增進教學水準」。

　　這個「增進教學水準」的目的，也是教育專業的基本要求，到半個多世紀以後，仍然受到重視。1994年周廣智說：

> 本會六十年來，視提高專業精神為第一要務。[11]

要達到這個「第一要務」，提升教師的專業水平，香港教師會採取了一些舉措，和舉辦了不少活動，並把這些舉措和活動，列入該會的會章之中，[12]包括：

> 本會宗旨如下：
> 　　……
> 　　（六）主辦或協辦對本會及一般教育事業有益之雜誌、書籍、
> 小冊及其他出版物之印行。
> 　　……
> 　　（八）舉辦有關教育問題之討論會，演講會，研究會及展覽會。

---

[9] 毛勤：〈香港教師會之歷史（1934-1955）〉，《香港教師會鑽禧特刊1934-1994》，頁71。

[10] 按四位創會人即韓德賽（W. L. Handyside）、科斯德（Lance Forster）（香港大學教育學教授）、拜尼神甫（Fr. G. Byrne S. J.）（香港耶穌會會長）和毛勤。

[11] 周廣智：〈專業精神與教師福祉：參與香港教師會工作卅餘年來經歷略述〉，《香港教師會鑽禧特刊1934-1994》，頁59。按周氏為1980-84年會長，參〈香港教師會歷屆常務理事〉，《香港教師會鑽禧特刊1934-1994》，頁51。

[12] 就筆者所見該會會章三份，即1949年、1965年和1995年會章，1949年會章只有英文版，因當時該會會議均以英語進行，而1965年會章有中文版，故徵引有關條文於此。

　　（九）鼓勵研究教育問題，及鼓勵編撰教科書，以供應本港學
校及教育機構之特殊需求。[13]

自戰後以來，香港教師會在促進教師的專業發展上，主要有研究、演講、
研討、展覽和出版等活動，並珍而重之為該會的宗旨。

　　這裏且一述香港教師會1950年前後出版的刊物，按其出版先後，約有
下列多種：

　　1.《教與學》，英文刊名是 *The Path of Learning: the Journal of the
　　　 Hong Kong Teachers' Association*，在1948年6月出版戰後復刊第1
　　　 期。[14]該刊最早於1934年出版第1期，到1941年日本佔領香港停
　　　 刊，1948年戰後復刊至1960年第16期，[15]之後易名《教育曙光》，

---

[13] 《香港教師會會章》（中文本），1965年1月生效，香港：中國編譯印務公司承印，頁2。英文
本參The Hong Kong Teachers' Association: Constitution (To take effect on 20th January 1965), Hong
Kong: China Translation & Printing Services, p. 3。按：又這些宗旨在1995年的會章仍然保留，參
《香港教師會會章》（中文本），1995年11月8日生效，香港：統一出版社承印；英文本參The
Hong Kong Teachers' Association: Constitution (Amended, 1995), 8th November 1995。至於1949
年會章的宗旨，亦摘錄相關條文如下："The OBJECTIVES of the Association shall be: - ⋯⋯ (4)
To arrange discussions and lectures on educational matters. (5) To encourage research into education
problems. (6) To issue professional JOURNALS and pamphlets. ⋯⋯ (8) To organize educational
conferences and exhibitions. (9) Generally to promote the professional, cultural, and social interests
of members." (The Hong Kong Teachers' Association: Constitution, Hong Kong: St. Louis Industrial
School, 1949, pp. 1-2).

[14] 參〈香港教師會六十年大事記〉，《香港教師會鑽禧特刊1934-1994》，頁68。本文以下所述南
來學者論著，以刊於戰後復刊諸期為主。有關復刊和中文刊名，鄭震寰釋之甚詳：「本來《教
與學》歷年都以英文刊印，惟戰後復刊卻破題兒地以中英文出版，這是值得說明的。本刊英文
原名"The Path of Learning"，實含有『為學之道』的意義。〈學記〉有云：『凡學之道，嚴師為
難』，意思就是以理想之教師之存在為其先決條件。『嚴師』當解釋為學問與修養達到最高嚴格
之師。所謂嚴格水準，是要從教學中，不斷地學習，不斷地修養和改進，不斷地去獲得實際的經
驗，更不斷地去應用學習的理論。所以做教師的應當一面學，一面教；同時一面教，也一面學；
所謂『教學相長』纔能擔負着這神聖的教學任務。因此，本刊以《教與學》為中文譯名，也含着
這點意思。」（編者：〈卷首語〉，《教與學》1期（1948年6月），頁4；按該刊中文總編輯
為鄭震寰，鄭氏時任羅富國師範學院中文部主任，他曾任職中國教育部，和中央南洋研究所研究
員兼教育組長，參《教與學》同期之〈香港教師會職員（一九四八至四九年）〉〔無頁碼〕和
〈編輯後記〉〔頁61〕。）

[15] 香港教師會對復刊後的《教與學》甚感自豪，說："The Path of Learning: ⋯⋯Our Magazine,
now the only one of its kind in China, has come to be known and highly appreciated in the educational
spheres of the English-speaking countries." ("Our publications: From the Gen. Secretary's annual
report", The Common Room: Monthly Magazine of the Hong Kong Teachers' Association, vol.II, no.1
[Jan., 1950], p. 43.) 這段文字，復見於"Hong Kong Teachers' Association: Eleventh annual report",

於1961年6月刊行第1期，至今不絕。[16]

2. 《香港教師會月刊》，英文刊名是 *The Common Room: Monthly Magazine of the Hong Kong Teachers' Association*，被稱為「the younger brother of *The Path of Learning*」，[17]該刊創刊於1949年6月，至1950-51年度因「經濟支絀及稿件缺乏」而停刊。[18]在創刊號內，香港教育司柳惠露撰文，指出當時教師隊伍來自中、英不同的文化背景，期望該刊能如刊名──「*The Common Room*」，成為融合兩者的平台。[19]

3. 《香港教師會中文部特刊》，由「本刊出版委員會」編輯，在1956年8月31日出版，該刊附〈1955-56香港教師會中文部職員及會員名錄〉。[20]該刊出版目的是「每年『教學研究會』各組討論之結果或主講人之演詞，本會會員，多認為至可珍貴。……乃將兩年來所有之各科稿件，一併彙刊。」[21]

4. 《香港教師會中文部通訊》，創刊於1959年1月10日，該通訊的刊行目的，是「擁有五千會眾的中文部，早就需要有一份這樣的刊

The Path of Learning: the Journal of the Hong Kong Teachers' Association, no. 5 (Aug., 1950), p. 61。

[16] 《教育曙光》被視為「香港現存歷史最長的綜合性教育學術期刊，……記錄了香港本土學術改變的趨勢。」（胡飄、賀國強：〈《教育曙光》學術期刊的綜合分析〉，《香港教育七十年》，頁349。）

[17] 見該刊封面。

[18] 參關昌銳：〈香港教師會中文部簡史〉，《教育曙光》第3期（1962年6月），頁3-12，創刊及停刊事，見頁6、9。

[19] 柳惠露說："……the title which has been chosen for it shows an insight on the part of its promoters that argues well for the journal's future. …… In a community such as ours, where two great and venerable civilizations are fused in one, the needs and opportunities of close and constant association are incalculably great. A monthly publication which serves both the social and the professional interests of the teachers of Hong Kong, which aims at waving our diverse strands of culture and tradition into a single pattern of educational ideals, will do much, I am sure, to further the cause of education in this Colony." (T. R. Rowell [柳惠露], "Foreword to『The Common Room'", The Common Room: Monthly Magazine of the Hong Kong Teachers' Association, vol. I, no.1[June, 1949], p. 7.)

[20] 參本刊出版委員會編：《香港教師會中文部特刊》（香港：編者，1956年）。香港教師會中文部成立於1948年10月，在此之前，香港教師會會議以英文進行，隨着戰後教師人數增加，又多來自中文學校，乃有中文部之設，與英文部並存，至1960年兩部合併。詳參〈香港教師會中文部簡史〉，頁3-12，該文摘錄又刊《香港教師會鑽禧特刊1934-1994》，頁77-78；又參"A Brief History of the Hong Kong Teachers' Association", pp. 10-11.

[21] 見該刊〈編後話〉，無頁碼。據此〈編後話〉一文，1952年香港教師會曾出版第1種特刊（惜筆者未見），1956年特刊為第2次。

物，來報導會務，刊載教學研究大會演講詞，發表會員對會務的建
議，新會員對教學研究的心得。」[22]

　　上述戰後香港教師會出版刊物，除讓會員、老師發表文稿以外，亦刊
載該會舉辦各類演講的講詞，[23]和研究會的專題紀錄等。[24]這些活動的主
講者，有些是戰後南來學人，他們的講詞、研討紀錄，都是他們的學術研
究心得，不少和中國歷史、中國文化與歷史教育問題有關。這些材料，對
我們了解1950年前後南來學人對香港國史教育的影響和貢獻，是有用的，
值得我們注意。

三、香港教師會刊物所見南來學者論著

　　南來學者獲邀參加香港教師會舉辦的演講和討論會等活動，人數不
少，他們的講詞，或者參與研討的紀錄，主題和中國歷史文化及歷史教學

---

[22] 參〈編後話〉，《香港教師會中文部通訊》第1期（1959年1月），底頁。又筆者僅見該刊至1960
年9月7、8期合刊。

[23] 香港教師會舉辦演講，有悠久的歷史，並請來港名人參加，毛勤說：「本會並邀請名人來港訪
問，在本會演說；鄙人記憶所及，此等應邀來港之人士，包括有曾任南京政府教育部長蔣夢麟
博士，中國有名作家，哲學家和曾任駐美大使之胡適博士，潘尼先生生（Mr. E. Burney），前
滬江大學校長劉博士（Dr. Merman Liu），致力於『基本英語』之李察博士（Dr. I. A. Richards）
等。」（〈香港教師會之歷史（1934-1955）〉，頁72。）

[24] 香港教師會舉辦的教學研究會，大概有下述幾種：
自1951年開始，香港教師會中文部即每年舉辦「教學研究大會」，其情況是：「益以各科教育先
進科學專家，多數不吝珠玉，應邀來會主講，教育當局各長官，亦時蒞場訓示。凡此現象，年復
一年，日盛一日，使此純粹研究學術之組織，迄今夏已逾一千五百人。」（莫京：〈發刊詞〉，
《香港教師會中文部特刊》，頁2。）按此教學研究大會，在應邀者作主題演講之後，便分作十
多小組，就各個學科由專家作專科演講和討論。例如第五屆（1955年5月21日在培正中學進行）
教學研究大會，其分組數目（15組）、主講人、講題和主理人等，可參〈第五屆教學研究會一覽
表〉，《香港教師會中文部特刊》，頁6。
除此以外，中文部每年還舉辦幾次「分組教學研究會」，每次有5、6科組進行，如1954-55年度
共辦3次，參加人數由170多至600多不等。（參關昌銳：〈香港教師會中文部會務報告〉，《香
港教師會中文部特刊》，頁3。）
至於每一學科，年中亦會自行舉辦「討論會」、「座談會」，如1954-55年度，歷史組即舉辦兩
次，每次有40多人參加。（參〈香港教師會中文部會務報告〉，《香港教師會中文部特刊》，頁
3。）多舉一例，1951年3月24日，中文部舉辦「國文教學問題座談會」，邀請了馬鑑、陳君葆、
曹聚仁、謝扶雅等著名學人參加，可見其盛況。（參《香港教師會中文部簡史》，頁8-9。）又
香港教師會中文部舉辦的「教學研究大會」，當時的報章也有報道，參方駿、麥肖玲、熊賢君
編：《香港早期報紙教育資料選萃》（長沙：湖南人民出版社，2006年），頁431-435。

有關，[25]並且刊載在上述刊物的，也有一定數量。就筆者所見，[26]大概有下列多篇，現按各篇文章出現的先後羅列於下：[27]

　　1.馬鑑的〈中學國文教學商榷〉（1949年）[28]

　　2.羅香林的〈香港人士給與中國新文化運動的貢獻與影響〉（1950年）[29]

　　3.劉選民的〈歷史教學上的幾個問題〉上、中（1950-51年）[30]

　　4.羅香林的〈歷史教學的問題與方法〉（1951年）[31]

　　5.何格恩的〈編撰高小歷史教科書芻議〉（1951年）[32]

　　6.劉選民的〈歷史組討論綱要〉（1953年）[33]

　　7.林仰山（F. S. Drake）的〈中國文化與西方文化之關係〉（1953年）[34]

---

[25] 有些主題是與中文、國文教學有關的，但這些文章內容每涉及中國文化的問題，筆者亦錄於此，畢竟傳統以來，中國或國學研究是文史哲不分的。

[26] 就上一節所述的4種刊物，從1948年到1960年，有個別期號是筆者未及見的，期望他日能夠蒐尋再作補充。

[27] 如演講日期較刊載日期前，依演講日期排列。

[28] 馬鑑：〈中學國文教學商榷〉，《教與學》2期（1949年1月），頁6-9。

[29] 羅香林：〈香港人士給與中國新文化運動的貢獻與影響〉，《香港教師會月刊》2年第1期（1950年10、11月），頁22-23。按該文為羅氏1950年3月28日下午4時在培正中學出席香港教師會演講的講稿，參〈香港教師會中文部簡史〉，頁7；又該文於1950年5月11日已刊《星島日報‧文史雙週刊》40期，參羅香林：《香港與中西文化之交流》（香港：中國學社，1961年），頁13。

[30] 劉選民：〈歷史教學上的幾個問題〉上、中，《教與學》5期（1950年8月），頁19-30，第6期（1951年3月），頁33-42。筆者未見下篇。

[31] 羅香林：〈歷史教學的問題與方法〉，見氏著：《歷史之認識》，香港：亞洲出版社有限公司，1955年，頁118-126。按該文原為羅氏於1951年5月12日在香港教師會演講，見文末按語（頁126），又據〈香港教師會中文部簡史〉，該演講為香港教師會第一屆教學研究大會，在培正中學舉行，有553人出席（頁9）。

[32] 何格恩：〈編撰高小歷史教科書芻議〉，《教與學》7期（1951年10月），頁34-44。

[33] 劉選民、王際可（紀錄）：〈歷史組討論綱要〉，《香港教師會中文部特刊》（1956年），頁60。按該文是劉氏於1953年6月27日在聖約瑟參加中文部教學研究會歷史組的講詞。

[34] 林仰山：〈中國文化與西方文化之關係〉，《教與學》，10期（1954年3月），頁3-6。按該文為林氏1953年8月11日，出席在赤柱聖士提反中學舉行的香港教師講習班暑期進修會的演講，該演講的情況是：「上午九時半，首次學術演講開始，主講的是香港大學中文學院院長林仰山教授，講題是：『中國文化與西方文化之關係』，林院長以外國人的身份用我國的語言暢論中國的文化，其學問之淵深，令人敬仰之致！這次學術演講是由第七組組長葉植文擔任主席和紀錄的。」（陳耀武：〈香港教師講習班暑期進修會生活日記〉，《教與學》10期〔1954年3月〕，頁42。）

8.黃福鑾的〈如何講授中學歷史〉（1954年）[35]

9.黃福鑾的〈歷史教學上的幾點意見〉（1955年）[36]

10.柳存仁的〈中學生的識字問題〉（1956年）[37]

11.劉偉民的〈中學歷史教學問題〉（1956年）[38]

12.錢穆的〈歷史教學與心智修養〉（1959年）[39]

13.劉選民的〈歷史教學的新目標〉（1959年）[40]

14.羅香林的〈廣東的學術思想與中外文化之交流〉（1959年）[41]

15.劉百閔的〈從香港論中學國文教學〉（1959年）[42]

上列文章作者，全是從內地南遷香港的學人。最早的當為馬鑑，他曾為燕京大學教授，1936年來港任職香港大學中文學院。[43]羅香林1949年抵

---

[35] 黃福鑾：〈如何講授中學歷史〉，《香港教師會中文部特刊》（1956年），頁12-17。按該文末署1954年5月4日。

[36] 黃福鑾、林天蔚（紀錄）：〈歷史教學上的幾點意見〉，《香港教師會中文部特刊》（1956年），頁18。按該文是黃氏參加1955年5月21日，在培正中學舉行第五屆教學研討會歷史分組的主講紀錄，見〈第五屆教學研究會一覽表〉，《香港教師會中文部特刊》，頁6。

[37] 柳存仁：〈中學生的識字問題〉，《香港教師會中文部特刊》（1956年），頁43-46。按柳氏在該文第1段指出，這篇論文是「本年五月五日香港教師會中文部開全體大會」後的分組討論原擬講演的文稿，這個會應指1956年5月5日的大會。參〈香港教師會中文部會務報告〉，《香港教師會中文部特刊》，頁4。

[38] 劉偉民：〈中學歷史教學問題〉，《香港教師會中文部特刊》（1956年），頁39-40。

[39] 錢穆：〈歷史教學與心智修養〉，《香港教師會中文部通訊》第1期（1959年1月），頁5-6。該文是錢穆在1958年5月24日香港教師會第8屆教學研究大會歷史組演講的講詞，參〈上年度本部會員活動表〉，《香港教師會中文部通訊》，頁11。該文後刊《人生》第19卷第11期（1960年4月16日），參李木妙：〈國史大師錢穆教授生平及其著述〉，《新亞學報》第17卷（1994年8月），頁156。

[40] 劉選民：〈歷史教學的新目標〉，《香港教師會中文部通訊》第3、4期合刊（1959年9月），頁4-6。按此文為劉氏於1959年5月9日在培正中學出席第九屆教學研究大會小學社會組的演講，見〈本部第九屆教學研究大會一覽表〉（同期，頁6）。

[41] 羅香林：〈廣東的學術思想與中外文化之交流〉上、下，《香港教師會中文部通訊》第2期（1959年5月），頁2-5，第3、4期合刊（1959年9月），頁14-17。按羅氏曾於1953年8月以「廣東的學術源流」為題，在新亞文化講座演講，該講稿同題作〈廣東的學術源流〉，收錄在孫鼎宸編：《新亞文化講座錄》（香港：新亞書院，1962年），頁88-96；又〈廣東的學術思想與中外文化之交流〉一文，內容較〈廣東的學術源流〉詳實，應為擴展後者而成。

[42] 劉百閔：〈從香港論中學國文教學〉，《香港教師會中文部通訊》第3、4期合刊（1959年9月），頁7-9。按該文植作者為劉伯閔。

[43] 馬鑑任燕京大學中文系事，參戴光中：《桃李不言──馬鑑傳》（寧波：寧波出版社，1997年），〈燕京歲月〉，頁58-88。馬鑑應許地山之邀任香港大學中文學院事，參前引書頁89-135，又羅香林：《香港與中西文化之交流》，〈香港大學中文系之發展〉一章，頁230-231、249。

港，1951年開始任教香港大學中文系，之前在國內任職中山大學等多所院校。[44]劉選民曾任職燕京大學圖書館，1947年開始任教羅富國師範專科學校。[45]何格恩曾任教嶺南大學及湖南國立師範學院，後在香港任教聖士提反中學。[46]林仰山祖籍英國，在山東出生，曾任齊魯大學教授，1952年來港後擔任香港大學中文系主任。[47]黃福鑾在中山大學師從羅香林，曾任廣東省立文理學院等教席，1949年遷港，先後任職珠海書院、崇基書院。[48]柳存仁曾在上海任教大學，1946年來港，任職皇仁書院和羅富國師範專科學校。[49]劉偉民曾任職廣州文化大學，在港曾任教聯合書院歷史系。[50]錢穆曾擔任北京大學等校教授，1949年遷港，創辦新亞書院。[51]劉百閔曾任

---

[44] 有關羅氏研究甚多，其生平事略，參羅敬之：〈羅香林先生年譜初編〉，見珠海文史研究所學會編：《羅香林教授紀念論文集》（台北：新文豐出版股份有限公司，1992年），頁9-139。有關羅氏學術成就，參趙師令揚：〈香港史學家羅香林教授傳〉，見廣東省立中山圖書館、香港大學馮平山圖書館編：《羅香林論學書札》（廣州：廣東人民出版社，2009年），頁1-6；又馬楚堅：〈羅香林先生對漢學橋樑之築導及其麗澤〉，《羅香林論學書札》，頁620-667。又羅氏與香港大學中文系發展，參氏著：《香港與中西文化之交流》，〈香港大學中文系之發展〉一章，頁231-256。

[45] 劉氏1930年代任職燕京大學圖書館事，參劉選民：〈序〉，見于式玉、劉選民編：《一百七十五種日本期刊中東方學論文篇目附引得》（台北：成文出版社，1966年），據哈佛燕京學社版，頁1。又劉選民1947年開始任教羅師事，參劉選民：〈憶舊友〉，及鄭震寰：〈羅師回顧錄〉，見I.C.T.T. (English) Past Students' Association on the Occasion of the Silver Jubilee of Northcote Training College, eds., Silver Jubilee: Northcote Training College, 1939-1964 （《銀慶紀念：羅富國師範專科學校　一九三九－一九六四》）, Hong Kong: Government Printer, 1964, pp. 6-7。

[46] 有關何氏在國內教席事，參〈編後話〉，《教與學》2期（1949年1月），頁59。何氏任教聖士提反中學事，參〈1955-56香港教師會中文部職員及會員名錄〉，《香港教師會中文部特刊》，頁6。

[47] 參羅香林：〈林仰山教授與中國學術文化的關係〉，《大成》第16、18期（1975年3月、5月），頁2-8、10-16；又陳耀南：〈懷林仰山〉，《信報》，2007年6月15日，頁46。

[48] 參羅香林：〈羅序〉，見黃福鑾：《史記索引》（香港：香港中文大學崇基書院遠東學術研究所，1963年），無頁碼；又黃福鑾：〈弁言〉，氏著：《中國近代史》（香港：香港中國書局，1954年），上冊，頁1-3。

[49] 參筆者〈柳存仁《中國歷史教學法略論》評析〉，見梁操雅、羅天佑編：《教育與承傳——歷史文化的視角》（香港：香港教育圖書公司，2011年），頁75-104。

[50] 有關劉氏生平，參蘇文擢：〈劉偉民先生傳〉，見劉偉民：《司馬遷研究》（台北：國立編譯館，1975年），頁1-2；該傳復見劉偉民：《中國古代奴婢制度史》（香港：龍門書店，1975年），頁1-3。

[51] 有關錢穆的研究甚多，就其生平，記述精簡，可參嚴耕望：〈錢穆賓四先生行誼述略〉，見氏著：《錢穆賓四先生與我》（台北：台灣商務印書館，1992年），頁3-37；該文初稿刊《新亞生活》第18卷第2-3期（1990年10、11月），此為增訂稿。按嚴耕望是錢氏最欣賞的學生，事參余英時：〈中國史學界的樸實楷模——敬悼嚴耕望學長〉，《余英時文集·第5卷·現代學人與學術》，頁418。至於錢氏創辦新亞書院事，參錢穆：〈新亞書院創辦簡史〉，見張學明等編：《誠明古道照顏色——新亞書院55周年紀念文集》（香港：香港中文大學新亞書院，2006年），

教中央大學等院校，1952年任職香港大學中文系。[52]

　　由10位南來學者撰寫的15篇文章，就其文題，約略可以分為兩類，即討論中國歷史文化（內含國文教學），和討論歷史教學。前者包括馬鑑的〈中學國文教學商榷〉，羅香林的〈香港人士給與中國新文化運動的貢獻與影響〉、〈廣東的學術思想與中外文化之交流〉，林仰山的〈中國文化與西方文化之關係〉，柳存仁的〈中學生的識字問題〉和劉百閔的〈從香港論中學國文教學〉6篇。後者包括劉選民的〈歷史教學上的幾個問題〉、〈歷史組討論綱要〉、〈歷史教學的新目標〉，羅香林的〈歷史教學的問題與方法〉，何格恩的〈編撰高小歷史教科書芻議〉，黃福鑾的〈如何講授中學歷史〉、〈歷史教學上的幾點意見〉，劉偉民的〈中學歷史教學問題〉和錢穆的〈歷史教學與心智修養〉9篇。當然，這兩類文章也有討論一些共同的國史教育課題，為行文方便，以下仍分兩部份來作分析。

四、南來學者論中國歷史文化

　　就這批南來學者討論中國歷史文化的文章，我們先簡述每一篇的重點，再探討值得我們注意的地方。先看3篇題目是關於國文教學的文章。馬鑑在〈中學國文教學商榷〉指出國文教學之目的，在培養「國家健全之公民，合而為世界健全之民族」。[53]他很重視閱讀和寫作教學，認為讓學生「悉心體察」一種「有組織之國文教科書」，「讀一篇即得一篇之益」，並主張學生「以自動之方式，代替已往之灌注」方式學習。[54]馬氏認為寫作教學，「不宜模倣遠古之文以自矜其典雅」，「自當以現代通行之語體為主」。[55]他也肯定語言之重要，因「方今世界，趨向民主，……無不取決於會議」。[56]馬氏討論國文教學之餘，並提出他的中國文化觀，說：

　　頁3-25，原刊《新亞生活》第17卷第1-5期（1989年9月－1990年1月）；又錢穆：〈我和新亞書院〉，前引書，頁26-32，原刊《新時代雜誌》，1962年4月。

[52] 參羅香林：《香港與中西文化之交流》，〈香港大學中文系之發展〉一章，頁231-238、254-255；又錢穆：〈故友劉百閔兄悼辭〉，見《誠明古道照顏色──新亞書院55周年紀念文集》，頁95-98，原刊《中央日報・副刊》，1968年1月25日。

[53] 〈中學國文教學商榷〉，頁6。

[54] 同前註，頁7。

[55] 同前註，頁8。

[56] 同前註。

> 吾等國文教師，欲造就青年成為健全之份子，必使其對於自己
> 民族固有之變化（疑為「文化」──引者），具有相當之認識，冀
> 能與世界新文化配合，以適應新時代之環境。[57]

> 過分重視新知識，而置一切中國固有之文化於不顧，身為中華
> 青年，數典而忘其祖，偶涉言談，張口結舌，莫知所云，其內心之
> 隱痛，可勝言哉！[58]

從這兩段文字，見馬鑑充份肯定中國傳統文化在國文教學中的重要性，並寄望學生能認識自己民族固有之文化，並與世界文化配合，以應時代之需。

劉百閔繼馬鑑之後，任港大中文學院（中文系）教席，他的〈從香港論中學國文教學〉一文，也暢談國文教學。劉氏凸出他是從「香港」一地論國文教學，指出香港是殖民地，「英文為第一語言文字，中文祇是第二語言文字」，「中文畢竟不是應用語言和應用文字，這是中文在香港大吃虧的地方」。[59]但他筆鋒一轉，引嚴復的見解，即要能見一國語言文字之理極，須諳曉數國的語言文字，而香港學生諳曉英文，正是香港一地國文教學的優越性。[60]他認為「不要以為學了英文，對中文是一個妨害；相反的，可能是一個幫助」。[61]此外，劉氏主張中學國文教學要讀文言文，他舉《中國文選》所選的經史子集都是古代文言為例，[62]說明：

> 是使學生能應用本國語言文字，深切了解固有文化，培養學生
> 讀解古書欣賞中國名著之能力而止。[63]

> 較前的中文課程標準亦說：「從本國語言文字上了解固有文
> 化」。換句話說，亦便是從文言文上了解固有文化。這是沒有法子
> 的，中國固有文化，幾乎全部是以文言文記錄的。[64]

---

[57] 同前註，頁6。
[58] 同前註，頁7。
[59] 〈從香港論中學國文教學〉，頁7。
[60] 同前註。
[61] 同前註，頁8。
[62] 有關港大中文系編的《中國文選》2冊，參羅香林：《香港與中西文化之交流》，頁250。
[63] 〈從香港論中學國文教學〉，頁9。
[64] 同前註，頁8。

劉氏講的國文教學，很大程度上是中國固有文化的教育。除此之外，劉氏指出海外華僑，包括香港居民，「都有愛護祖國文字的共同傾向和熱誠」，生怕子弟「不會中文，變成了外國人」，「這是一種愛國情緒」。因此，劉氏鼓勵「國文老師的同仁們，要迎上這種愛國情緒」。[65]劉氏就香港的獨特環境，提出要重視中國固有文化教育，其文章富於愛國情懷，要愛中國語文的同時，亦肯定學習英文的重要作用。

柳存仁的〈中學生的識字問題〉，主要是分析「漢字學習困難的問題」。[66]這些困難包括容易出現很多錯別字，又有「古今文體不同，文言歧異」的問題，[67]而且字形外，字義、字音也多限圍，特別是香港不是國語教學，而是方言（粵語一系也不統一）教學的問題。[68]柳氏對這些「識字問題」提出了一個意見：

> 現代的漢字和漢語學習，是十分困難的，也是十分昌明的學問，我們有兩千餘年保存下來的古籍，前人的考證和近年的實物發掘，它使我們明白了許多過去所未發之秘，加上了現代西洋漢學者的旁搜遠紹，將來漢字和中國語言在世界上的地位一定會更加顯著，更加光輝。[69]

柳氏很重視中國二千年來有關漢字研究的成果，[70]這是傳統文化的積累成就。同時，他很珍惜現代「西洋漢學者」對漢字、漢語研究的貢獻。他在這篇只有4頁的短文中，徵引幾位西洋學者作例子，包括曾任皇仁書院校長的狄雷（T. K. Dealy），他為漢字造的「白字表」很有意義，[71]美國H. G. Greel對《孝經》、《論語》做的詳盡的字義研究，還有瑞典高本漢和法國馬伯樂對中國古音做的精密研究。[72]柳氏是很尊崇這些西方漢學家的漢字、漢語研究。換言之，兼善中西方的漢字、漢語研究，方為處理「識字問題」的正道。

---

[65] 同前註，頁9。

[66] 柳氏說該文的初稿曾題為〈漢字學習困難的問題〉，見〈中學生的識字問題〉，頁43。

[67] 引語見前註，頁44。

[68] 同前註，頁44-45。

[69] 同前註，頁46。

[70] 柳氏文末特別肯定鄭樵《通志‧六書略》給他的啟示。

[71] 狄雷曾翻譯唐詩，參〈中學生的識字問題〉，頁43-44、46。

[72] 同前註，頁45-46。

　　上述3位對國學研究卓越有成的學者，給香港教師演講有關國文教學的問題，都強調中國固有文化的重要性，同時亦肯定西方文化（或世界文化），如英語學習和西洋漢學家的研究成果等，對香港一地的國文教學，有著同樣的重要價值。南來學者主張中西兼容的文化觀，於此可見一斑。

　　在香港教師會刊物所見的羅香林和林仰山的文章，同樣以文化為題，分別是羅氏的〈香港人士給與中國新文化運動的貢獻與影響〉和〈廣東的學術思想與中外文化之交流〉，與及林氏的〈中國文化與西方文化之關係〉。

　　羅香林〈香港人士給與中國新文化運動的貢獻與影響〉，概述香港因著有利的地理位置，唐宋以來即為中外交通要道，據此而闡述：一、香港傳教士給予太平天國文化之影響；二、香港西醫書院及其學員對中國的科學與民主運動所起的作用；三、在港作家如黃世仲白話小說與中國新文化運動的關係。羅氏此文，能提綱挈領地指出西方文化（如宗教信仰、醫術科學、政治思想、報業文學等）對近現代中國的影響，而香港人士則扮演著輸入者的重要角色，貢獻良多。[73]香港教師會會員聽羅氏演講以後，想必能夠了解1842年以來的香港，與中國近現代歷史發展的密切關係。

　　至於羅香林〈廣東的學術思想與中外文化之交流〉一文，作者首先指出廣東地處「中外交通水陸接觸的尖端」，遂促成民族之遷移，[74]而粵地「瀕大海，宅南離」，便利了外來文化的流入，和中國文化的輸出。[75]羅氏接著分四個歷史時期，詳細闡釋廣東一地的學術思想與中外文化交流的關係：一、兩漢至南北朝，如廣信陳氏傳中原《春秋》之學；西僧達摩浮海東來，傳入禪學。[76]二、隋唐至宋代，如北江區域的張九齡和余靖等名家，發展儒學；慧能等創禪宗南派，影響理學；而理學西傳歐洲，加強了當地唯理主義運動。[77]三、明朝至光緒中葉，如嶺學系統完成，有陳白沙、丘濬等名家；樸學大師阮元創立學海堂；陳澧為樸學與嶺學之綜合；以至康梁師徒之今文學與維新變法。[78]四、光緒末葉至現在，羅氏回顧明末基督教耶穌會士自廣東開始傳入自然和應用科學；又如留學生容閎、何

---

[73] 〈香港人士給予中國新文化運動的貢獻與影響〉，頁22-23。
[74] 〈廣東的學術思想與中外文化之交流〉上，頁2。
[75] 同前註，頁3。
[76] 同前註。
[77] 同前註，頁3-5。
[78] 〈廣東的學術思想與中外文化之交流〉下，頁14-16。

啟、詹天佑之貢獻；孫中山三民主義為「總合古今中外學術治化的精華而自為創發之主義」。[79]羅氏此文，無異是一幀二千年來廣東學術思想歷史發展的畫卷。

作者為此文作結說：

> 廣東的學術思想，所以能有很大的開展與影響，一方植基於民族本身的優秀與努力，一方則植基於中外學術文化交流之綜匯與激揚。……又因地理條件之優秀而引起的中外學術文化交流……遂構成廣東學術思想之特質。[80]

羅香林十分重視中外學術文化交流，在塑造一地學術思想特質的重要性。這篇鴻文在香港一地的教師組織刊物上發表，是別具意義的──香港正是一處交通要津，一處薈萃中外學術文化交流之地。我們若以這篇論文和前述〈香港人士給與中國新文化運動的貢獻與影響〉並讀，當更彰顯羅氏以粵港二地以地理位置之利，均為理想的中外文化交匯之處，正是的共同特質。

林仰山的〈中國文化與西方文化之關係〉，從宏觀的角度剖析中西文化的關係，重點包括：一、西方文明源自希臘的思想、羅馬法和希伯來的宗教；二、中國文明由自己創造，並能溶化征服者和吸收外來文明；三、中國文明沒有死，也不會死；[81]四、中國文明對當前世界的價值，在於中國強調的倫理生活，和酷愛自然，以自然為生命泉源，這兩者可補世界文化之不足；[82]五、中國文明缺少者三──即科學較西方落後和未能啟展、政治上重仁政而法治觀念不發達、中國人的內在宗教感情未得發揚；[83]六、期許希臘思想、羅馬法、希伯來的宗教，能和中國的道德哲學及自然神格化，成為一個「有用的組合」。[84]簡言之，林仰山希望中西文化能夠融合。

林氏文章是在香港教師講習班暑期進修會的演講，文中也提出了他對香港教師和本地教育的期盼：

---

[79] 同前註，頁16-17。
[80] 同前註，頁17。
[81] 〈中國文化與西方文化之關係〉，頁3。
[82] 同前註，頁3-4。
[83] 同前註，頁4-6。
[84] 同前註，頁6。

最後教師是一個神聖的職務，教師好像孔夫子一樣是文化的繼承者。在香港的教師是位於中西文化接觸的地帶，他不僅是一個文明的繼承者，也是世界的文明繼承者。所以我們在這裏談到世界各文明的發源，歷史和主要內容。我們要設法找出他們的共同點，找出每一個文明的特有的力量，和缺　　。我們把一生貢獻出來使全人類能獲致一個偉大的了解，超越任何地理的，種族的，國家的界限。[85]

林仰山說香港「位於中西文化接觸的地帶」，前述羅香林的兩篇文章對此釋之甚詳。香港既然有這個特點，林氏便提出香港教師應該「是一個文明（中國文明──引者）的繼承者，也是世界的文明繼承者」，這也是馬鑑、劉百閔、柳存仁給教師演講，討論國文教學時所表示的中西文化觀──即我們既要珍重中國文化，亦要肯定西方文化的價值，使之兼融。益有進者，林氏語重深長的期許教師們「把一生貢獻出來使全人類能獲致一個偉大的了解」，這個「偉大的了解」當指促進中西文化的交流與薈萃，使之成為「一個有用的組合」。[86]筆者相信，主張中外文化交流互容的馬鑑、劉百閔、柳存仁、羅香林諸位學者，大抵都抱持此見。若能如此，則這批身處香港的南來學者和教師，便不獨是中國的「文明繼承者」，也是中西文明融合的「創造者」了。南來學者，特別是英人林仰山的期許，是值得我們致意。

五、南來學者論歷史教學

這批南來學者討論題為歷史教學的9篇文章，數量不少，加上各篇文章涉及的課題也很廣泛，這裏選擇幾個比較主要的問題，來闡述他們對歷史教學的意見。

第一、是有關中國傳統文化的問題，這一點也正好承接上文所述。黃福鑾〈如何講授中學歷史〉一文論之最詳，他說青年學生誤以為「中國歷史和文化不合於現在」，[87]以為：

---

[85] 同前註。

[86] 林仰山是英國人，他努力發揚中國文化，是受到尊重的，參何沛雄語：「例如從齊魯大學南來香港的林仰山教授。他雖然是英國人，但在發揚中國文化方面，盡過不少努力。尤其在香港大學中文系主任期間，有過不少貢獻。」（〈五十年代前後南來之士對國族文化之態度〉，頁468，何氏評論岑練英文。）

[87] 〈如何講授中學歷史〉，頁13。

西洋文化最進步，因為他們政治方面是民主政治，經濟方面工商業極端發達，科學的發達更不必說了。[88]

黃氏認為要打破學生這種觀念，可以在教學時提出中國這三方面（政治、經濟、科學）的歷史，和西方比較。他列舉不少例子，其中一些如「『博士弟子員』和『科舉』是中國古代的民主選舉的一種辦法」；[89]又如齊國「從事於魚鹽之利，經濟豐裕」，不重工商的魯國，亦有很多工業人才；[90]又如《考工記》「可算是世界最早的科學書籍」等例，說明「不是我國科學文化之不發達，實由於我國人無功利之心」。[91]

據此，黃氏概括地說出他的中國文化觀：

> 假如教師們能從幾個大的問題，拿我國的和歐洲的互相比較，說明彼此的優點和不同點，證明中國歷史和文化有其獨特性存在，而且是現在世界所需要的話，那麼學生們的興趣自然提高，他們也會自動的去鑽研。[92]

黃氏認為中國文化是「現在世界所需的」，因為：

> 中國文化則不重功利，……中國歷史自有朝代的開始，全境內各民族，即已融和為一極大的國家。……中央政府之使命，在如何調和內部各種的隔膜，而非追求如何消滅其他民族生命或生機。……
>
> ……人與人之間，國與國之間，如果不能捐棄私利慕追趨於爭霸，則世界上的戰爭，必無停止的一日。因此對於未來世界的問題，究竟是歐洲的競爭式好呢？還是中國的彼此互讓融和好呢？這實在值得我們重新考慮的問題，這也是中國文化所以存在，而且為全世界人類著想，應該多採取中國文化的原因。[93]

---

[88] 同前註。
[89] 同前註。
[90] 同前註。
[91] 同前註，頁13-14。
[92] 同前註，頁14。
[93] 同前註。

黃氏論中國歷史和文化有「互讓融和」的特質，見他對中國傳統文化
充滿溫情敬意，這和前述林仰山等學人對中國固有文化的尊崇珍重，及肯
定中西文化在現在世界的價值，其取態大致接近。可以說，這批南來香港
的學者，都認為國史教育，是要承傳中國文化的教育。

第二、探討南來學者對歷史功用的看法。劉偉文〈中學歷史教學問
題〉清楚的講出1950年代香港學生對歷史作用的看法，是：「在他們（學
生──引者）看來，歷史是沒有用的，是不能拿來食飯的。」[94]南來學者
對此當然不表贊同。

羅香林在〈歷史教學的問題與方法〉指出：

> 歷史的知識，在今日不重要嗎？人與人的關係，是講歷史的。任何
> 事功的表現，是與歷史知識相關的。民族國家的組成，和發展，是
> 歷史演進的所致。社會的發展，學術的成長，也要靠歷史的演進來
> 說明。……就是自然科學，或應用科學，也有牠（原文用字──引
> 者）歷史發展的部分，……難道歷史不重要嗎？[95]

羅氏從學理上明言歷史和人類各個方面，包括人際關係、事功表現、民族
國家、社會學術和科學等，均息息相關。

劉偉民〈中學歷史教學問題〉一文就歷史的用處更有補充，他說：

> 要使學生認識歷史是一門獨立的社會科學，……它是和其他的社會
> 科學一樣，有內果可尋，有定律可用。我們認為要知來，必須鑒
> 往，欲通今必須博古，歷史就有知來通今的功能。尤其處在這個瞬
> 息萬變的廿世紀，非精通歷史不能知世界政治之動向，和中國未來
> 的命運。我們做教師的要把這種功能同學生說明，務使學生知道歷
> 史是一門實用的科學，而不是無關重要的閒科。[96]

劉氏主張「歷史就有知來通今的功能」，這是承襲傳統中國史學的歷史

---

[94] 〈中學歷史教學問題〉，頁39。
[95] 〈歷史教學的問題與方法〉，頁119。對羅氏這篇論歷史教學文章的研究，參李金強：〈羅香林的史學及其歷史教育論〉，《歷史教育論壇》第2期（1997年6月），頁46-49。
[96] 〈中學歷史教學問題〉，頁39。

功用說。而劉氏據此提出「非精通歷史不能知⋯⋯中國未來的命運」一說，在1950年代，中國政局難稱穩定，避地香港的歷史學者，提出這個看法，顯示了他對國家民族前途的關顧之情──歷史教育是有關國族命運的教育。

何格恩對歷史教育和國族命運的關係，有較深入的分析。他在〈編撰高小歷史教科書芻議〉中提出：

> 這書是為中國的兒童而編，其目的在使他們熟悉中華民族悠久的歷史，熱愛自己的祖國；但是愛國主義與民族偏見和排外思想，是有極大的區別的，我們的祖先為維持民族的生存，反抗外來的侵略，是不容反對的。但是千百年後，事過境遷，民族間的誤會早已消除，我們應當不念舊惡，和平相處；不應該舊事重提，從歷史裏挑撥民族間的惡感，造成永遠不解的仇恨。⋯⋯今日海禁大開，交通利便，各民族間的隔閡，應該消除；因此正確的歷史教學，要能夠培養國際主義的精神，促進各民族的互助合作。所以這書的主旨：在打破狹義的國家觀念，消除民族間的成見，使兒童養成「天下一家共進大同」的信念。[97]

何氏講的雖然是編歷史教科書的目的，也就是國史教育的目的、功用。他認同歷史教育要使學生「熟悉中華民族悠久的歷史，熱愛自己的祖國」，但同時要防止「民族偏見和排外思想」，即是要「打破狹義的國家觀念，消除民族間的成見」。正面而言，國史教育是要培養學生「國際主義的精神，促進各民族的互助合作」，從而使學生「『天下一家共進大同』的信念」。[98]

何格恩提出的信念，也可以和劉選民講的「歷史教學的新目標」互相印證。劉氏在〈歷史教學的新目標〉一文中，指出兩次大戰導因於日、德二國的極端民族主義，認為「以培養愛國觀念為歷史教學的目標，實在是

---

[97] 〈編撰高小歷史教科書芻議〉，頁35。

[98] 何氏文中還說：「從前的人把史學當做宗教，倫理學或政治學的附庸。⋯⋯更有些拿政治思想去解釋歷史，用來做宣傳主義的工具。⋯⋯我們要站在客觀的立場，尋求歷史的真相：講真話，做實事，避免主觀的判斷和牽強的附會。」（〈編撰高小歷史教科書芻議〉，頁36。）筆者認為這一點也是此後半個世紀香港國史教育的特色，但非本文可以細表。

很危險的」。[99]劉氏接著說：

> 一九五一年夏天，聯合國教育科學文化組織UNECO（擬為
> UNESCO——引者）召集世界各國歷史教育家到巴黎舉行會議。……
> 更全體通過歷史教學的新目標：「以歷史作為一種教育工具，去增
> 進國際的瞭解」。牠（原文用字——引者）的意思是培養兒童有國
> 際瞭解的認識，使兒童的眼光擴寬，知道有鄰人，知道有鄰國，做
> 成一個和藹的世界公民，認識人類的自由與和平的可貴。……以獲
> 致下一代的幸福與和平。[100]

「增進國際的瞭解」既是二戰之後聯合國認同的歷史教育目標，南來香港
的學者，對此大抵不持異議。何格恩和劉選民的看法，和上文所述幾位
南來學者之見是有共通之處的，如黃福鑾講中國歷史文化主張「互讓融
和」；馬鑑寄望學生能認識自己民族固有文化，並與世界文化配合，以應
時代之需；林仰山期許教師的教學能促進中西文化的交流與融匯，使之成
為「一個有用的組合」。

　　第三、南來學者談治史者的修養。錢穆〈歷史教學與心智修養〉是
一篇短短的講稿，但對這個課題有深邃的見解。首先，錢氏指出學史者
如教師和學生，都要有一定的心智修養。其次，他提出一些教歷史和學
歷史的基本要點，包括「歷史教學之第一任務，便是培養人能對人事關
切」，而「學歷史的主要重心，卻當安放在目前，……教人學歷史，應
先培養他對當前人事有懇切之同情和熱枕」；還有「學歷史，……能對
大眾公共事有懸（疑為懇之誤——引者）切之同情和熱枕，……探求人
事真理之熱枕」。復次，錢氏說要做到上述各點，「學歷史，必須培養
一種綜合的心智」，怎樣才可以有此「綜合的心智」？[101]這便是該演講
的重點。他說：

> 要有綜合的心智，便貴有廣博的興趣，和均平的意識。要大公而不
> 偏私，要謹慎而不粗略。而又要能總攬全局，鞭辟入裏。[102]

---

[99]〈歷史教學的新目標〉，頁4。
[100]同前註，頁5。
[101]上述引言，見〈歷史教學與心智修養〉，頁5。
[102]同前註。

換另一番話來說，有此綜合的心智去學歷史，便可以：

> 培養人提高自己的德性，加深自己的智慧。又能於每一件事而深細
> 分析其內在之理與其外在之形與勢。[103]

總括而言，錢氏指出4條件，即德性（大公而不偏私）、智慧（廣博的
興趣）、知理（均平的意識）、明勢（總攬全局），能修養「綜合的心
智」，當能學歷史、教歷史。

我們可以注意，錢穆給歷史教師演講，強調學歷史須要對目前的大眾
公共事有懇切的同情和熱枕，和前述劉偉民講的「處在這個瞬息萬變的廿
世紀，非精通歷史不能知世界政治之動向，和中國未來的命運」，[104]是可
以反映南來史家對時局關切之情。

黃福鑾〈如何講授中學歷史〉亦提出他對歷史教師要求（修養）的
一些看法，主要有三點：1、「教員必須清楚中國史上每一個階段或朝代
的輪廓」；[105]2、能把歷史事件的「因果關係的說明和發揮」，從而「使
學生明白其來龍去脈」；[106]3、能「拋棄舊的歷史觀點，使成為現代所
需要的歷史知識」。[107]由此可見，黃氏對歷史教師在歷史知識方面的修
養，是有較高的要求的。他在〈歷史教學上的幾點意見〉一文，還有一
些補充說：

> 教者必須於課本之外，搜集有關之材料，詳為補充，尤佳者初中以
> 上補充材料，以現存事物與歷史事物有關者為佳，而以演繹比較之
> 方法出之，否則將歷史上同類事物比較亦可。[108]

歷史教師須能補充課本以外教材，最理想是能夠「以現存事物與歷史事物
有關者為佳」，這樣大抵有助於達到錢穆所說的，學歷史須要對目前的大
眾公共事有懇切的同情和熱枕。

---

[103]同前註，頁6。
[104]〈中學歷史教學問題〉，頁39。
[105]〈如何講授中學歷史〉，頁14。
[106]同前註，頁14-15。
[107]同前註，頁15。
[108]〈歷史教學上的幾點意見〉，頁18。

　　第四、南來學者有關歷史教學方法的意見。劉選民一語中的地指出歷史教學的致命困難，他說：「各教師所犯著的最大毛病，就是祇有『教』而沒有『學』。」[109]這是甚麼意思呢？劉氏在別的論文裏說：

> 至於（原文──引者）教學方法，在小學裏固然缺乏曾受史學訓練的師資；就算是中學裏，也大多由國文教員兼任；結果免不了用教國文的方法去教歷史：令兒童朗讀課本，教師講解字義，便算塞責了事。有些教師甚且要兒童背誦課文，強記年代地名。這樣做法，要想兒童明瞭什麼大勢，什麼情形，寧非造夢？[110]

這樣教授歷史，便正是「學生們對歷史學科的所以不能發生興趣」的根本原因，[111]南來學者提出了一些改良歷史教學法的建議。

　　在這幾篇論歷史教學的文章中，較全面的談及教學方法的是羅香林的〈歷史教學的問題與方法〉，而劉選民、劉偉民和黃福鑾的文章，則對這個問題的某些部份有深入的剖析。下文將以介紹羅文之見為主線，而輔以其餘諸家之見。

　　羅香林分兩部份提出改善香港歷史教學的方法。首先是課堂內的教授方法，他提出六點：一是講故事式的教法；二是表演式的教法（即角色扮演，或近乎歷史劇教學）；三是展覽式的教法（即展視各種視聽教具）；四是綱領式的教法；五是討論式的教法；六是闡揚式的教法（即深入的分析史事的前因後果，關鍵得失）。[112]

　　其次，羅香林提出「課外的輔導作業」，即課堂外的教授方法，包括4點：一是史蹟的參觀；二是史料的蒐集；三是史蹟模型的製作；四是史劇的導演。[113]

　　羅氏這10點歷史教學的方法，全是有效的。就第一項講故事式的教法，劉選民〈歷史教學上的幾個問題〉（上）一文，即全文探討「歷史故事化」這一個課題。他基於「愛聽故事的心理，是兒童的天性」，[114]便從

---

[109] 〈歷史組討論綱要〉，頁60。
[110] 〈歷史教學上的幾個問題〉上，頁20。
[111] 羅香林：〈歷史教學的問題與方法〉，頁122。
[112] 同前註，頁122-125。
[113] 同前註，頁125-126。
[114] 〈歷史教學上的幾個問題〉上，頁21。

1947年起，在羅富國師範學院，與師範生合作，編製名為《歷史人物故事叢書》的歷史教材，用於實習教學中，已編成百餘篇。中國歷史裏的重要人物，差不多網羅在內。劉氏闡述《歷史人物故事叢書》的特色：

> 甲、人物的選擇，「要確能從某歷史人物的活動，明瞭當時的社會背景，社羣的活動，盛衰的樞紐」；[115]此外，「要適合兒童的心理狀態」。[116]
>
> 乙、資料的取材，「必須合乎歷史的真確性」，因此，故事是「根據可靠的史料」、「參用考古學的資料」和「利用新發現的檔案文獻資料」。[117]
>
> 丙、故事的編纂，「內容要具體和富有趣味」，又「所用名詞及語調要顯淺適當」，而「故事中心思想要明顯」，與及「對年代地名的記憶，並不須過份的重視」。[118]
>
> 丁、故事的教法，在講述以後，還可用下列方法作延續活動：問題法、複述法、討論法、填大綱法、筆記法、表演法、填圖表法、繪畫製模型法。[119]

就羅香林提出第六項的闡揚式的教法，黃福鑾〈如何講授中學歷史〉有頗多的發明。

黃氏認為課室內的講授，可「多舉例證」，他提出三種：一是引古證今，如引宋襄公不自量力，故爭霸失敗，可以和當時印度尼克魯，欲在美蘇爭霸中起領導作用，只是夢想。二是以今證古，如現在人事，見人類權力慾很大，因此黃氏不贊成堯舜禪讓，是古人沒有權力慾的崇高美德。三是互相比較，如漢武帝和光緒帝，都很年青便執帝權，前者改革而成雄略的明君，後者改革而成階下之囚。[120]這些都是很好的教學方法。

而劉偉民的〈中學歷史教學問題〉對相類的演講式教法，亦有所闡釋，他認為演講必須補充課本以外的材料，還要改正課本錯處，與及善於

---

[115]同前註，頁23。

[116]同前註，頁24。

[117]同前註，頁24-26。

[118]同前註，頁26。

[119]同前註，頁26-27。

[120]〈如何講授中學歷史〉，頁15-16。

補充，演繹、和歸納。又演講除教師講外，可以由學生講，以至小組講等。[121]這些都是很受用的建議。

　　南來學者九篇討論歷史教學的文章，分別就多個問題，即中國傳統文化、歷史功用、治史者的修養和歷史教授方法等，或論其中一項，或綜論多點，都提出了很踏實和有用的見解。

六、結語

　　1950年前後，香港教師工會出版的幾種刊物，刊載了不少南來學者談論國史教育的文章，篇幅雖短，但有深邃的意義。就上文介紹，撮其旨要，這批南來香港的學者，大概表達了以下幾個重要觀點：一、認為國史教育，是要承傳中國文化的教育；二、主張以香港地理和歷史的特點，促進中西文化的交流融合，使之成為一個有用的組合；三、對國家民族的前途有關切之情，國史教育也是國族命運的教育；[122]四、要促進各民族的互助合作，使兒童成為和諧的世界公民，國史教育寄寓了天下一家，共進大同的理想；五、歷史教師須有綜合的心智，和充實的學科修養；六、歷史教學的具體方法，務須改良，使學生萌生學史的興趣。

　　與此同時，新亞書院創立，其旨趣是我們熟悉的，其中有言：

> 以人文主義之教育宗旨溝通世界中西文化，為人類和平、社會幸福謀前途。[123]

> 抱有真摯之熱望：……香港在地理上與文化上皆為中西兩大文化世界之重要接觸點，亦為從事於溝通中外文化，促進中西瞭解之理想教育地點。自大陸流亡出國之青年與海外二千萬華僑之子弟，正為他日天下一家、世界大同理想之良好的負荷者。本院竊願本此宗旨，以教育此無數青年，使其既知祖國之可愛，亦知世界大同之可貴。[124]

---

[121] 〈中學歷史教學問題〉，頁39-40。

[122] 民族、文化、歷史的關係，可參錢穆所言：「一個國家和一個民族，他們的一部歷史，可以活上幾千年，這是文化的生命，歷史的生命。我們該瞭解，民族、文化、歷史，這三個名詞，卻是同一個實質。」（錢穆：《中國歷史精神》〔香港：出版者不詳，1975年〕，頁5。）

[123] 〈新亞書院沿革旨趣與概況（1952〔民國41年〕）〉，見錢穆：《新亞遺鐸》（台北：東大圖書股份有限公司，1989年），頁7。

[124] 〈新亞書院沿革旨趣與概況（1952〔民國41年〕）〉，頁8。

這些旨趣和見諸香港教師工會刊物所載論國史教育的文章要旨，如出一轍，可以說是當時南來學者的共同願望。

剛成立的新亞書院與其他「流亡書院」一樣，「早期學生亦以流亡青年為多」。[125]南來學者在困頓的環境裏，悉心指導流亡學子，[126]或透過書院課堂教學，或透過學術文化講座。[127]南來學者的這一做法，可以說是他們在香港已有的教育體制以外的努力。與此同時，他們透過香港教師工會主辦的演講和討論會，與及在工會的刊物發表文章，對歷史教師宣揚其國史教育的信念，再透過中小學教師，影響萬千的莘莘學子。他們的這一做法，可以說是在香港已有的教育體制以內的努力。由此觀之，南來學者對香港的國史教育貢獻良多，他們的宏願至為可嘉。

有學者指出香港教師工會是保守的，也注意到它的聯誼性質和與政府的關係。[128]這個觀察有一定的道理，成立初期該會是政府對教育事務的諮詢組織，戰後初期香港教師工會受教育司的財政資助，該會的一些核心成員是教育官員等，都反映它與政府密切的聯繫。[129]但我們有需要指出香港教師工會是重視教師的專業發展的，如著力增進教學水準，舉辦研究會、演講，出版多種刊物等。這些刊物刊載的文章，就歷史教育而言，很多出自赫赫有名的南來學者之手，都是很有價值的論著。

香港教師工會刊物上，有一些由非華裔香港教師撰寫的文章，也討論了中西文化教育的問題。本文引言曾引用拔萃女書院英文主任J. Blofeld的文章，該文還說：

---

[125] 有關「流亡書院」的簡述，參吳倫霓霞：〈建校的歷程〉，見氏編：《邁進中的大學：香港中文大學三十年（1963-1993）》（香港：中文大學出版社，1993年），頁5-9。

[126] 就新亞的學者而言，這就是張丕介講的「武訓精神」，參張丕介：〈武訓精神〉，見新亞研究所編：《新亞教育》（香港：編者，1981年），頁57-62，原刊《新亞校刊》創刊號（1952年6月1日）。

[127] 著名的當為新亞書院文化講座，在1950到1955年間，共139次。詳參《新亞書院文化講座錄》。

[128] A. Sweeting在他的香港教育史著，對香港教師工會有簡略的介紹，說，"Until the formation of the PTU, teachers were represented either in sectional groups, ⋯⋯or in the rather conservative Hong Kong Teachers' Association, which seemed more interested in 『Friendly Society』- type functions, such as the maintenance of Widows and Orphans' benefits, and, from the outset, included the Director of Education as its Honorary Adviser." （參A. Sweeting, *Education in Hong Kong 1941 to 2001: Visions and revisions*, Hong Kong: Hong Kong University Press, 2004, p. 247.）

[129] 這一點須另行為文，方可詳述。

致華人教師：各位比任何外國人能做更多之工作以幫助中國學生。
自「百家」以來。中國經已發生許多事物。而為中國人足以自豪
者。此種偉大之繼承物。各位應使學生引以為榮。……當彼等對自
己之文化有充份之認識。而能作正確之比較及能選擇何者為有價值
及何者為無價值之時。則彼等對於西方文化亦自可領會其精采之
點。此亦應向學生言之。[130]

另一位在香港任教1年的外籍教師G. E. Pearse的文章說：

My idea is that all pupils of all races should be taught in their native
tongue in school, at the same time acquiring a very high standard of
understanding of one foreign language. Only if they first learn all that is
best in their own tradition and culture, and thus respect their own race,
will give all of their best to the world, and really respect and understand
the culture of other races.[131]

二人均主張中國學生須充份學習，認識自己國家的固有文化，才能尊重其
他民族國家的文化，或西方文化。這個觀點和南來的華籍學者倡議的中西
文化觀，竟有異曲同工之妙。再看1958年署理教育司毛勤在香港教師工會
中文部年會的演說：

吾人不否認，吾人應專（疑為尊——引者）重自己民族之傳統及美
德，而愛其國家。學生在校時應服從師長指導，勤業習勤，以備將
來為人羣服務；此蓋為愛國之最佳表現方法。[132]

---

[130] 〈英文書院之中國學生及其教師〉，頁20。

[131] G. E. Pearse, "A New-comer's impressions of Hong Kong schools", *in The Common Room - Monthly Magazine of the Hong Kong Teachers' Association*, Vol.II, no. 2 (March, 1950), p. 16.按該文作者自我介紹，說作者在英國及北京，均曾各任職教學10年，見頁14。按：J. Blofeld 和G. E. Pearse 均在大陸教學多年才南移香港，也可以說是某一意義上的南來學者。又Pearse論學習母語和外語的看法，和前述劉百閔的看法很相近。

[132] 毛勤：〈教育司毛勤在香港教師工會中文部年會之演說（一九五八年五月二十四日）〉，《教與學》14期（1958年5月），頁7。按毛氏在該演講同時提出學校是「非政治活動之地。各種分歧政治理論泛濫於本港」的看法（前引文，頁7）。大抵香港政府可以讓香港教育推行以尊重文化（如傳統美德）來表現愛國，而不涉黨派政治。這一點非本文可詳釋。有關毛勤與香港中文教

香港一些外籍教育工作者，對中國人須學習和珍惜自己民族的固有文化，從而能夠尊重外族或西方文化，這個看法，和南來學者的主張基本一致。他們對中國文化教育抱持友善的態度，對國史教育在殖民香港的推廣，應該起著積極的作用。

透過香港教師工會出版的刊物，我們看到一批南來學者推廣中國歷史文化教育的努力，他們的努力是有影響的。有論者提出：

> 一九四九年以至五十年代初期，香港增加了許多由中國大陸來的大學教授、大學生及其他知識分子。……於是在講堂上，在刊物中，這些人對香港的下一代傳遞了對學術文化的尊敬，輸送了對國家民族的熱愛，由是香港學生在個人中心的小框框中窺到了外面的大天地。他們默默地在變，但還沒有行動，種子已撒了下去……[133]

南來學者帶來「史學南移」，[134]同時把國史教育的種子，從中小學教師再撒播到莘莘學子之中，相信能夠逐漸改變J. Blodfeld1948-49年所見的，香港學生對中文、中國歷史、中國事物感到疏離的狀況。

育的發展，和他與新亞書院及中文大學成立的關係，參錢穆：《八十憶雙親・師友雜憶合刊》（台北：東大圖書有限公司，1983年），〈新亞書院（續二）〉一節，頁275-284；又Grace A. L. Chou（周愛靈），*Confucianism, colonialism, and the Cold War: Chinese cultural education at Hong Kong's New Asia College, 1949-63*, Leiden: Brill, 2012, pp. 85-184，第3,4兩章，有關"Colonial policy and cultural evaluation", "Negotiating a Chinese university"。

[133] 陳特：〈學生運動〉，見香港中文大學崇基學院編：《廿五年來之香港1951-1976：崇基學院廿五週年校慶紀念學術講座演講錄》（香港：編者，1977年），頁28。

[134] 林啟彥說：「開拓香港地區史學研究的風氣和建立中國歷史教學的傳統，是1949年後從中國內地南下辦校講學的一批中國史學工作者所努力促成的。」（林啟彥：〈香港的中國近代史研究〉，見《當代香港史學研究》，頁264。）學者對「史學南移」（包括史學研究和大專中國歷史教學）的研究，做出很好的成績，本文就南來學者把國史教育的理念，向香港教師和中小學生作出的推廣，稍作補充。

第九章　戰後（1950-1997）香港私立研究所對學術人才培育之貢獻

成功大學歷史系
鄭永常、范棋崴

一、前言

　　1945年（民國34年），對日抗戰結束。歷經慘烈的戰爭後，理應是在廢墟上開始建設，讓人民休養生息，使中國進一步發展，並在國際間取得地位提升的時刻，卻因為長久以來所累積，國共雙方隱藏在檯面下暗潮洶湧的矛盾，在外敵去除之後趨於激化，致使戰後表面的和平局面迅速被打破。1946年（民國35年），國共內戰爆發，數年間形勢易位，國民政府一路敗退，及至1949年國民政府率領數百萬軍民轉至臺灣，蔣中正總統重新執政，對內以「撻除共匪」實行一黨獨大；對外以「反攻大陸」團結海內外華僑同胞，以中華民國之名維持在臺灣統治的正當性，其後形成國共政權隔臺灣海峽對峙之局，成為冷戰結構的組成部分。

　　在這一過程中有許多對共黨政權不認同的學者或知識份子，相繼離開中國大陸或隨國民政府遷臺，其中不乏知名的文史哲學者如傅斯年、李濟、牟宗三、徐復觀、嚴耕望、全漢昇……等人；或留在美國等地如胡適、楊聯陞、趙元任、何炳棣……等人；也有部分流寓香港的學者如錢穆、唐君毅、饒宗頤、羅香林、李璜、左舜生……等人。香港是一個自由貿易港，華洋雜居，開風氣之先河。更因為陸路與中國大陸內地連接，如置身於中國一個口岸，這裡的確是英國殖民地，一方面受英政府的保護傘庇護，另方面可自由教學和寫作，比起臺灣學術氣氛更為自由活潑，甚受知識份子歡迎，也因此有一批學者先隨國民政府去臺灣，其後又轉來香港任教，當時除了經濟因素外，還涉及言論自由的問題。

　　自從中共建國後，在毛澤東領導下以「階級鬥爭」，「不斷革命」對內部進行整肅批鬥，實質是黨內的政治鬥爭運動，如1957年「反右運動」攻擊反對派勢力，打倒地主階級；1958年推動「大躍進」與「大煉鋼」等一系列錯誤經濟政策，導致大飢荒等災難，使成千上萬人民死亡；1966年又因為高層政治鬥爭掀起了對中華文化如災難般的「文化大革命」，眾多文化人慘遭迫害而死，大量文化資產被摧毀和破壞。

　　在這種混亂的情勢下，有許多中國難民陸續避禍偷渡至香港，形成龐大的勞工人口，也使香港的產業結構由轉口貿易朝向輕工業蓬勃發展。但在經濟發展的同時，香港政府原有的資源其實並不足以應付如此龐大的難民湧入，在安置難民的居住環境、醫療衛生、社會福利與教育等方面已使殖民政府花費相當大的經費和心力。尤其教育問題十分嚴重，戰後二十年（1945-1965）適齡的中小學生一半以上沒有機會在學校就讀，工廠童工問題十分嚴重。事實上1970年之前香港一直採取菁英制度，至1971年推行「六年免費教育」（6-12歲學齡兒童），當時香港已不單是金融中心，也是東亞地區重要的成衣、紡織、塑膠和玩具的生產中心，經濟蓬勃發展，但殖民地政府並不關心基礎教育。其後在國際社會壓力下，至1978年香港政府才實施「九年免費教育」，將義務教育的範圍從小學擴展到中學初級階段。[1]

　　反觀臺灣的國民黨政府，大概在戰後國民政府光復臺灣便實施六年義務教育，適齡兒童受基本小學教育，至1968年政府又將六年義務教育延長至九年即中學初中階段。[2]也就是說香港政府的殖民地教育比起臺灣在國民教育的投入一直是落後的，如果是陰謀，這批適齡的中小學生很快便成為廉價勞工，源源不斷供應勞動市場的需要，而1960s-1970s正是香港輕工業生產快速蓬勃階段。

　　在這樣的情景下，戰後適齡的中學和大專教育並非殖民政府急迫的問題，但卻是流亡香港的難民知識份子迫切關心的課題，因此戰後流亡在港的有心人士開始創辦私立中學和專上學院。也許是謀生需要，也許有更高尚的理想，總之戰後三十多年（1945-1980）香港在專上教育上，特別是文史哲人才的培育，民間力量比政府投入的更大，特別是高級學

---

[1] 參考維基百科，〈義務教育〉，https://zh.wikipedia.org/wiki/%E4%B9%89%E5%8A%A1%E6%95%99%E8%82%B2（瀏覽：2013年8月13日）。

[2] 同前註。

術人才的培養，更是這批流亡在港知識份子學術生命之寄託。可是香港政府從來只視他們為商業機構，類似補習學校，在自由開放的商業社會中，不承認其學歷，也不干涉其辦學，只要依照政府的規定登記便可以招生營運。

　　然而從中國學術史來看，這批被殖民政府忽視的私立教育機構，卻為中國學術界培育了一批學者或文化人才。流亡學者的學術生命，就在這批在香港社會不受關愛的私立大專院校的學生身上，一代接一代的傳承下來，為中華學術文化發展脈絡留下復甦之路。本文不討論這批學者們的思想或學術成就，而是以新亞研究所、珠海研究所和能仁研究所畢業生為研究對象，透過數據整理這幾所研究所培育了多少文史哲人才，為中國學術的暗淡年代（1949-1980）在殖民地上點燃一盞微弱而有力的燈光。

二、戰後香港高等教育之發展

　　在討論第二次大戰後大專院校發展情形之前，先介紹戰前香港高等教育情況。香港開埠以來，成立不少採新式教材的學校，如殖民地官方設立之中央書院，另外也有許多由教會開辦之學校，如倫敦傳道會創辦之英華書院、英國聖公會設立的聖保羅書院與拔萃書室等。對創辦新式學校的港英政府及教會來說，他們的目的或在於培養親近殖民地當局的華人菁英，或在於培養較容易進入中國內傳教的華人傳教士，但對大部分進入新式學校就讀的華人來說，學習英文以順利取得洋行買辦和中下層公務員等工作機會，才是他們的目的。也因為這種就業取向大於追求學問的情況下，直到十九世紀末以前，雖曾有第八任港督軒尼詩（John Pope Hennessy, 1834-1891）在1880年提出設立高等學府的建議，但不被教育委員會（Education Commission）所接納，直到第十四任港督盧吉（Frederick John Dealtry Lugard, 1858-1945）任內，才正式推動高等學府設立的計畫。[3]當時的時代背景是1905年清廷廢除科舉，考取功名之路中斷，加上鴉片戰爭以來西風東漸，社會對於學習西方知識已不如過去般排斥，許多青年開始追求西方新知，出國留學人數大為增加，列強則在中國推動興辦學校、設立獎學金等學術活動。對此，英國希望與其他列強競

---

[3] 王賡武主編：《香港史新編》（香港：三聯書店，1997年），下冊，頁444。

爭，港督盧吉提出在香港設立高等學府的建議，使華人不用赴海外留學便可受大學教育，也認為可以培養促進中英關係之人才，此舉得到中、英雙方政府的認同。[4]

當時的港督盧吉認為英國應該在香港設立一所大學，一來與其他列強競爭，二來讓中國人（殖民地時代的香港人）認同英國的價值觀，讓英國便於在華南地區拓展勢力與鞏固在香港的管治。換言之，香港大學設立之目的在培養一群認同殖民政策的華人菁英，為香港的發展服務，培育殖民政府官員。在興辦香港大學之前，官方與教會兩者已長期推動西式教育，故在招生環境上並無問題；在經費方面也得印籍巴斯商人摩地、英商太古洋行、兩廣總督張人駿及中國國內與海外華人的捐款，加上香港政府補助而得以解決。於是在1911年以西醫書院為基礎，成立香港大學，[5]此後歷經第二次大戰日本佔領時期，香港大學是唯一的大學。

第二次大戰後，當1949年中華人民共和國成立，自中國避難至香港的眾多知識份子，如錢穆、唐君毅等人，對共產主義沒有信心，有感於中國傳統文化受到嚴重損害，便以延續中國文化傳統為己任的強烈使命感，在香港陸續開辦大專院校供逃難的青年學生繼續學業，如創立亞洲文商學院（1949），其後改名為新亞書院（1950）、當時還有香江書院等，也有一些原開設在中國內地的大學，陸續在香港復校如珠海書院、光夏書院、文化書院、廣僑書院、華僑書院、平正會計專科學校等，以及教會創辦的崇基學院（1951）。

隨著韓戰1953年結束，冷戰架構形成，西方陣營與共產陣營各自的經濟體得以發展，而香港是英國殖民地屬於西方陣營，卻仍然維持對中國大陸的轉口服務，且成為中國大陸唯一的進出口貿易口岸，香港也必須依靠內地食物及貨物供應與轉運，香港才得以維持航運中心地位。因此在香港境內，龐大的中國內地國營機構不少，也生活了一批親共的香港商人和工人階級。其實在香港居民中原來就有親國民黨和共產黨的民眾，而1949年新來的難民多是親國民黨政府的人。總之在香港早期親共或反共，其子女也受家庭背景影響，形成左傾或右傾的意識形態。也因此，當高等教育遭受到來自外部的競爭時，香港政府也不得不正視這個問題並做出改變，所

---

[4] 同前註。

[5] 同前註，頁445。

謂外部競爭，主要是來自中國與臺灣兩方在高等教育方面形成的拉力，由於港英政府無法有效提供高等教育機會給中文中學畢業生，而中國與臺灣兩方皆藉此機會拉攏中文中學畢業生，並提供獎學金、旅費等優惠，皆獲得不錯之成效，而由於臺灣方面獲得美國資金支援，在競爭中取得領先地位，[6]爭取了一批香港中文中學畢業的菁英份子前往臺灣留學。

　　1950s，香港大學招收的對象為「中英文中學」畢業學生，卻以英文中學畢業生為主，這是因為許多中文中學畢業生英文程度無法達到錄取標準。雖然政府一度思考設立中文大學以滿足中文中學畢業生升學建議，但遭到教育委員會否決，認為香港政府的財政不足以支持興建一所新的大學，同時也認為成立中文大學會在政治立場上產生分歧。[7]然而面對中國與臺灣在高等教育方面對香港青年的引力，對港英政府來說除了是人才的外流之外，中、臺兩方具有強烈國族化的意識形態也是一種對殖民政權的挑戰。[8]故港英政府在許多方面進行改革，包括要求香港大學成立「特別預科」（special sixth-form），協助中文中學會考成績優秀者可就讀港大，另外如提供更多補助給新亞和崇基等私立大專院校及師範學院，加強中文中學畢業生在港深造的意願。[9]

　　不過以中文授課的大專院校學者和畢業生也對香港政府形成一股壓力，這些大專院校的理想大都是發揚及延續中華文化為使命，對中華文化或中國的認同多於對殖民地文化的認同，香港政府要不要承認其學歷，使其納入殖民地高等教育的範疇之中。當時又因冷戰關係，香港變成圍堵共產中國的橋頭堡，為了穩定統治及香港本身發展的須要，香港政府開始思考如何收編這些獨立的辦學者。1956年八所私立專上學院倡議合併，當時除廣僑書院、平正會計專科學校、華僑書院、文化書院、光夏書院等五所書院外，還有香江書院、珠海書院和廣大書院。在談判合併期間後三所書院包括珠海、香江、廣大退出，而前五所最終達成合併共識，成立「聯大學院」，其後遵照政府意見改名為「聯合書院」，而珠海書院等院校則繼

6　黃庭康：《比較霸權：戰後新加坡及香港的華文學校政治》（臺北：群學出版社，2008年），頁187-189。

7　同前註，頁185-186。

8　詳參周愛靈：《花果飄零：冷戰時期殖民地的新亞書院》（香港：商務印書館，2010年），第三章。

9　黃庭康：《比較霸權：戰後新加坡及香港的華文學校政治》，頁190-193。

續獨立辦學。[10]學界與政府經過多年努力，終於在1959年香港政府決定成立一所中文大學，[11]

　　1963年香港中文大學成立，由新亞、崇基、聯合三所書院組成，獲得到香港官方承認，使中文中學畢業生獲取大學學位的資歷，也迫使他們進行本地化的改革。雖然香港中文大學成立無法完全避免來自中國與臺灣方面的影響，但至少吸納了大部分的菁英，大幅減少來自外部的引力，並去除了臺灣或內地國族化意識形態對香港的滲透，[12]強化了新一代香港人的本土認同。

　　然而部分沒有加入中文大學的大專院校仍維持私立性質，其實從1963-1980年仍然有新的私立大專院校創立。其中大多在臺灣教育部登記立案，如除珠海書院、香江書等、廣大書院外，新成立的有遠東書院、能仁書院、華夏書院、新亞文商書院……等。[13]另外一些私立大專院校則受香港政府承認為大專文憑課程如浸會學院、嶺南學院、樹仁學院等。

　　隨著時代的進步，民眾的要求，經濟的發展和未來規劃的需要，以及1997年香港回歸中國等問題，迫使香港政府急迫的發展專上教育，如香港理工學院1983年開辦學位課程，1994年正名為香港理工大學；[14]香港城市大學創立於1984年；[15]香港科技大學1986成立籌備委員會，1991正式開課，[16]此外香港政府想辦法收編有規模的私立大專如浸會學院1986年允許開辦學位課程，1994年升格香港浸會大學；[17]嶺南學院1991開辦學位課程，1995年升格為香港嶺南大學。[18]而樹仁學院於1971年成立，因不願改三年制，故延遲至1996年獲准開辦學位課程，這時還有一年香港便回歸中

---

[10] 參維基百科，〈珠海書院〉，http://zh.wikipedia.org/wiki/%E7%8F%A0%E6%B5%B7%E5%AD%B8%E9%99%A2（瀏覽：2013年4月13日）。

[11] 周愛靈：《花果飄零：冷戰時期殖民地的新亞書院》，頁171。

[12] 黃庭康：《比較霸權：戰後新加坡及香港的華文學校政治》，頁196-198。

[13] 參維基百科，〈香港專上教育〉，http://zh.wikipedia.org/zh-tw/%E9%A6%99%E6%B8%AF%E5%B0%88%E4%B8%8A%E6%95%99%E8%82%B2（瀏覽：2013年8月14日）。

[14] 參香港理工大學網頁，http://www.polyu.edu.hk/cpa/polyu/index.php?option=com_content&view=article&id=7&Itemid=45&lang=tc（瀏覽：2013年8月14日）。

[15] 參香港城市大學網頁，http://www.cityu.edu.hk/cityu/about/intro-cityu-tc.htm（瀏覽：2013年8月14日）。

[16] 參香港科技大學網頁，http://www.ust.hk/chi/about/fh_history.htm（瀏覽：2013年8月14日）。

[17] 參浸會大學網頁，http://buwww.hkbu.edu.hk/tch/about_hkbu/history.jsp（瀏覽：2013年8月12日）。

[18] 參嶺南大學網頁，http://www.ln.edu.hk/cht/info-about/general（瀏覽：2013年8月12日）。

國，及至2006年才升格為大學。[19]這些本地大學的成立或升格，當然是港英當局的長遠考慮，除了滿足社會升學的期望外，也為香港未來的發展趨勢儲備大量親西方的人才，迎戰新時代的挑戰。

相反的在臺灣立案的私立專上學院，幾乎已完成歷史任務，大部分已退出歷史舞台，仍有辦學理念的大專院校如珠海學書院和能仁書院不得不尋求香港政府承認，開辦本地的學位課程。1990s珠海書院按照本地法例，向香港學術評審局尋求學術評審，「歷時11年，十個學系獲得政府認可為本地認可榮譽學士學位，2004年改名為珠海學院，成為一所本地認可私立大專，頒發等同本地大學的學士學位。」[20]而能仁書院於2011年經香港學術評審局學術評審後獲准開辦三門副學士課程，計畫二年後開辦二門學位課程，未來往私立大學發展。香港回歸後，本地化是唯一的出路。然在眾多的臺灣立案大專院校中開設文史哲研究所課程的只有新亞研究所、珠海書院研究所與能仁書院研究所三家。這些私立的專上學院的研究所，在香港政府教育體制外培養出一批專門的文史哲學術人才，這些人才一部分進入本港大專院校任教，一部分則前往海外或回臺灣大專院校任職。如果這是成果，便符合錢穆等人當初倡議維護及延續中華傳統文化為目標，其目的也算達到了。

三、香港私立研究所發展概況

（一）新亞書院與新亞研究所

1949年，錢穆、崔書琴、張丕介、唐君毅等人，創立「亞洲文商夜校」。創校初期並無固定校舍，租用九龍華南中學三間教室，利用夜間授課，由錢穆擔任校長，全校師生僅二三十人。稍後羅夢冊和程兆熊又加入任教。[21]除了借用華南中學教室外，另在砲台街租用一層樓作為學生

---

[19] 參樹仁大學網頁，http://www.hksyu.edu/history.html（瀏覽：2013年8月12日）。

[20] 參維基百科，〈珠海書院〉，http://zh.wikipedia.org/zh-tw/%E7%8F%A0%E6%B5%B7%E5%AD%B8%E9%99%A2（瀏覽：2013年8月12日）。

[21] 廖伯源：〈錢穆先生與新亞研究所〉，新亞研究所Facebook，http://www.facebook.com/newasiaiacs，（瀏覽：2013年5月19日）。

宿舍。[22]創辦後不久，得到上海商人王岳峯資助，經濟情況改善，得以於1950年向教育司署立案為日校，改名為「新亞書院」，租用九龍深水埗桂林街61、63、65號之三、四樓為校舍。當時由錢穆擔任校長、唐君毅擔任教務長、張丕介擔任總務長。書院下設文史、哲學教育、經濟、商學、新聞社會、農學等六系，農學系與新聞社會系因條件困難，先後停辦。[23]

　　創辦初期，許多原在中國頗負盛名之學者，除了錢穆、唐君毅等人外，還包括歷史學家左舜生、羅香林，甲骨文專家董作賓，國學家饒宗頤等在此任教。但新亞創辦初期之景況相當艱困，各教授薪資極少，與當時香港官立小學第二級以下的薪資相同。學生則大多來自大陸的流亡青年，許多人繳不出學費，故開放試讀生及旁聽生，同時因為經濟困難，也開放學生住宿在學校的陽台上。雖然環境艱困，但錢穆等人辦學卻極具熱誠，除了平時之課程外，於每週日晚舉行公開文化講座，講座相當熱門，每次舉辦皆座無虛席。文化講座之講者除了錢穆、唐君毅、張丕介及曾在此任教的董作賓、夏濟安、左舜生、林仰山、饒宗頤等教授外，也有西方著名學者蒞校演講，這更使得新亞書院名聲與學術地位很快得到提升，逐漸受到各界關注。[24]

　　新亞創立後，雖有商人王岳峯的資助，但不久後王氏生意受挫，無法繼續資助，在這種情況下，錢穆決定親赴臺灣尋求協助。1950年冬，錢穆赴臺會見中華民國總統蔣中正，蔣總統允諾從總統府辦公費項下每月撥款三千元支持新亞書院辦學。此款項持續至1954年才由錢穆函謝總統府停止。[25]當時一些老師如張丕介、唐君毅等人通過撰稿等方式賺取經費。由

---

[22] 參香港中文大學新亞書院網頁，http://www.na.cuhk.edu.hk/index.php?option=com_content&view=article&id=1&Itemid=2&lang=tw；（瀏覽：2013年8月12日）；同參維基百科，〈新亞書院〉，http://zh.wikipedia.org/wiki/%E6%96%B0%E4%BA%9E%E6%9B%B8%E9%99%A2（瀏覽：2013年8月12日）。

[23] 參香港中文大學新亞書院網頁，http://www.na.cuhk.edu.hk/index.php?option=com_content&view=article&id=1&Itemid=2&lang=tw；（瀏覽：2013年8月12日）；同參維基百科，〈新亞書院〉，http://zh.wikipedia.org/wiki/%E6%96%B0%E4%BA%9E%E6%9B%B8%E9%99%A2（瀏覽：2013年8月12日）。

[24] 參香港中文大學新亞書院網頁，http://www.na.cuhk.edu.hk/index.php?option=com_content&view=article&id=1&Itemid=2&lang=tw；（瀏覽：2013年8月12日）；同參維基百科，〈新亞書院〉，http://zh.wikipedia.org/wiki/%E6%96%B0%E4%BA%9E%E6%9B%B8%E9%99%A2（瀏覽：2013年8月12日）。

[25] 廖伯源：〈錢穆先生與新亞研究所〉，新亞研究所Facebook，http://www.facebook.com/newasiaiacs（瀏覽：2013年5月19日）。

於得到臺灣的資助，新亞書院暫解燃眉之急，及至1952年以後，獲得更多的支持贊助，包括美國亞洲協會、美國哈佛燕京學社、洛克斐勒基金會、英國文化協會、香港孟氏教育基金會，及香港明裕文化基金會等，其中最有力的支持還是來自美國雅禮協會的贊助。新亞書院漸上軌道後，1953年復於九龍太子道成立研究所。1959年，新亞書院接受香港政府的建議，改制為專上學院，同時接受香港政府補助。1963年，香港中文大學成立，由崇基學院、新亞書院、聯合書院組成，採聯邦制。1973年新亞書院遷往沙田香港中文大學。[26]

　　新亞研究所設立於1953年，錢穆等人創立新亞書院初期便已預想一同設立，但因經濟因素使計畫擱置，直到新亞書院得到臺灣方面資助，並在美國雅禮學會、福特基金會等各方支持下，使院務步上軌道後才於1953年將計畫赴諸實行。當時美國亞洲基金會願意資助新亞書院，錢穆對基金會香港代表艾維（James Ivy）表示：「余意不僅在辦一學校，實欲提倡新學術，培養新人才，以供他日還大陸之用。故今學校雖僅具雛形，余心極欲再辦一研究所。此非好高騖遠，實感迫切所需……。」艾維深然之。謂：「願出力以待他日新機會之不斷來臨。」錢穆得亞洲基金會的支持，決定租九龍太子道一樓，供新亞及校外大學畢業後有志繼續進修者之用，新亞諸教授，隨宜指導。「是為新亞研究所最先之籌辦。」[27]由此可見，錢穆心裡實在想「提倡新學術，培養新人才，以供他日還大陸之用。」而且「極欲再辦一研究所」才能達此目標。

　　錢穆心中的「提倡新學術，培養新人才」似乎不是自然科學或理工科的人才，他所關注的是中華文化的傳承與發揚，因此新亞研究所的重點專注於中國文、史、哲三門學科，創辦的宗旨在於使自專上學院畢業而欲更進一步研究中國文化的學生能夠有一個進修的機會。其後得哈佛燕京學社資助後，於1955年新亞研究所正式招生，初期導師由錢穆、唐君毅、牟潤孫、潘重規等人擔任，1962年增設東南亞研究室，聘請東南亞史地專家陳荊和主持，之後並增加嚴耕望、全漢升、牟宗三、王德昭、徐復觀、羅

---

[26] 參香港中文大學新亞書院網頁，http://www.na.cuhk.edu.hk/index.php?option=com_content&view=article&id=1&Itemid=2&lang=tw；（瀏覽：2013年8月12日）；同參維基百科，〈新亞書院〉，http://zh.wikipedia.org/wiki/%E6%96%B0%E4%BA%9E%E6%9B%B8%E9%99%A2（瀏覽：2013年8月12日）。

[27] 錢穆著：〈新亞書院創辦簡史〉，《新亞遺鐸》，頁932。轉引自廖伯源：〈錢穆先生與新亞研究所〉，新亞研究所Facebook，http://www.facebook.com/newasiaiacs（瀏覽：2013年5月19日）。

夢冊等知名學者擔任導師，而畢業學生皆可獲得臺灣教育部頒發之碩士學位。[28]

　　1963年，新亞書院併入香港中文大學，新亞研究所一同併入。1970年，中文大學自行開辦研究院，新亞研究所改為招募研究助理學習員。1974年，新亞研究所不再受香港中文大學經費補助，新亞書院董事會決議，新亞研究所改隸屬由新亞同仁另行創辦之「新亞教育文化基金會有限公司」，並恢復招生碩士研究生，分文學、史學、哲學三組。1981年，增設博士班，招收對象為具有中國文學、史學或哲學碩士學位者，其畢業資格同樣得到臺灣教育部的承認。[29]

（二）珠海書院與珠海研究所

　　珠海書院原創立於廣州，名為「私立珠海大學」，1947年由陳濟棠將軍、陳濟棠兄長陳維周、文學家黃麟書、廣州市長李揚敬將軍、尹芳浦及教育家江茂森等人士創辦。1949年共產政權成立，隨後遷往香港，並在香港復校。由於香港政府只承認香港大學有頒發學位之權，其他私立大專院校受當時香港教育條例所限，都得易名為「書院」。早期珠海書院向臺灣的中華民國教育部立案，以「私立珠海大學」的名義註冊，並由臺灣教育部頒授學位，其國際認受性與中華民國大學學位等同。[30]

　　1956年珠海書院曾參與八所私立大專院校合併，接受香港政府承認組成中文大學，然而談判期間珠海書院、香江書院和廣大書院退出，其中五所書達成合併共識，組成「聯合書院」加入香港中文大學。而珠海書院則繼續獨立辦學，繼續頒授臺灣教育部頒授學位。1969年珠海書院成立研究所，當時著名史學家羅香林教授從香港大學退休，珠海書院校長江茂森力邀羅香林出任文學院院長及中國文史研究所第一任所長，至1978年羅氏逝世。珠海研究所在羅香林領導下有所拓展，於1974年將文史研究所分為中國文學研究所和中國歷史研究所。中國文學研究所著重培養學生在學術領

---

[28] 錢穆：《新亞遺鐸》頁137-138。轉引自廖伯源：〈錢穆先生與新亞研究所〉，新亞研究所 Facebook，http://www.facebook.com/newasiaiacs（瀏覽：2013年5月19日）。

[29] 參《新亞研究所概況》（1996-1997），頁9-10；並參新亞研究所網站，http://newasia.proj. hkedcity.net/history.phtml（瀏覽：2013年8月12日）。

[30] 參維基百科，〈珠海書院〉，http://zh.wikipedia.org/wiki/%E7%8F%A0%E6%B5%B7%E5%AD%B 8%E9%99%A2（瀏覽：2012年10月18日）。

域從事專門研究的能力，期望學生畢業後能夠宏揚中國文化；中國歷史研究所實源自文史研究所，要求研究生在專門領域中從事深入的學術研究，宏揚中國文化。[31]珠海研究所畢業生獲臺灣教育部認可及頒授碩士、博士學位。

　　珠海研究所的師資除羅香林教授外，六十年代有王韶生、黃文山、陳直夫、彭澹園等掌舵；七、八十年代，有宋晞、涂公遂、蘇文擢一力承接；九十年代，又得胡春惠、何沛雄、常宗豪、蕭國健等教授，薪火相傳。[32]隨著香港回歸及時代的變遷，從2000年起珠海書院繼續向前發展，按照香港本地法例要求，向香港學術評審局尋求學術評審，獲得政府認可為本地學位，2004年獲准改名為「珠海學院」，並邁向香港私立大學地位。目前珠海書院已停辦中華民國學位課程，不過中國文學研究所及中國歷史研究所則繼續招考碩博士學生，畢業生仍然獲得中華民國教育部畢業證書，近年吸引臺灣教育界人士來港進修。[33]

（三）能仁書院與能仁研究所

　　1960年代，香港佛教僧伽聯合會同人鑒於本港人口增加，高等教育學位不足，為了滿足有志青年繼續深造，乃於1968年由香港佛教僧伽聯合會釋洗塵法師、寶燈法師等召開董事會，通過在本港創辦一所佛教大學。初期借荃灣弘法精舍為校址，辦理招生、授課等工作。其後租賃九龍福華街35-39號為臨時校舍。1969年，董事會聘請前香港助理教育司黃國芳先生為名譽院長，釋洗塵法師為校監兼總務長，釋覺光法師為院長，白志忠先生為教務長兼訓導長，以「能仁書院」校名正式向港府申請註冊為不牟利大專及大學預科，並獲港府核准。1970年購得九龍深水土步醫局街樓宇一幢，樓高六層，內闢實驗室、圖書室、特別室等設備，同年更名為「香港能仁學院」向臺灣教育部申請立案，開設立四年制學士學位課程，為美、加、日、澳等國大學承認。[34]

31　參珠海書院網頁，http://chi.chuhai.hk/?page_id=18（瀏覽：2012年10月21日）。

32　參李建崑：〈珠海雜記（2）：香港珠海學院〉，http://blog.udn.com/hamenzu/6895763（瀏覽：2013年8月14日）。

33　參維基百科，〈珠海書院〉，http://zh.wikipedia.org/wiki/%E7%8F%A0%E6%B5%B7%E5%AD%B8%E9%99%A2（瀏覽：2012年10月18日）。

34　參考香港能仁書院舊網頁資料，http://www.hkbc.edu.hk/web/HKBC/html/aboutus_his.html（瀏覽：

　　1972年在荔枝角道興建大樓七層，設備日趨充實和完善，導師都由國內外著名學者擔任。1978年為研究高深學術，獲臺灣教育部核准增設中國文學研究所和哲學研究所課程，為有志於學問的青年學生和在職人士提供碩士、博士學位課程，1988年奉准改「文學所」為「文史所」繼續開設碩士、博士課程。能仁書院及研究所的師資有：羅時憲、吳汝鈞、李潤生、葉龍、蕭輝楷、王韶生、陳直夫、李伯鳴、梁瑞明、鍾應梅、林蓮仙等……都是當時學界的著名教授。[35]

　　隨著香港回歸中國大陸，而臺灣政府傾向本土化，對於海外學校的期待已沒有反共時代那麼殷切。新亞研究所仍繼續招研究生，而珠海大學部已本地化，研究所仍維持與臺灣的關係繼續招收研究生；能仁正尋求本地認可，邁向本港私立大學地位，因此臺灣核准的大學課程及研究所也停辦了。過去對這些大專院校的學術研究，大多針對學人風範為主，對這些私立研究所人才培育的研究甚少著墨，本文將對此段時期（1950-1997）的特殊時空下，探討私立研究所對文史哲人才的培育，以呈現在香港學術史上之重要意義。以下透過一系列數據，整理出私立研究所（1953-1997）培養出的文史哲人才及其實在貢獻。

四、私立院校研究所出身的學術人才

　　本節重點將放在私立院校研究所所培育之人才，而此部分則以新亞研究所、能仁研究所與珠海學院研究所等三所私立專上研究所來進行討論，內容則以表格呈現，以方便分析討論。以下是本節所用的資料來自：一、《新亞研究所概況》（出版日期約在1999年上半年，本書最後一頁有1999／2000年曆）；二、〈中國文學、歷史研究所博、碩士論文目錄〉收入《珠海學報》（總第17期，復刊號，2001出版）[36]；三、《香港能仁書院

2013年8月14日，香港能仁書院改換新網頁，舊網頁資料（2010-2012）撤銷）。

[35] 同前註。

[36] 有關珠海學報這篇文章〈中國文學、歷史研究所博、碩士論文目錄〉是好友麥紹彬先生協助影印寄我參考，沒有這份名錄，本論文做不下去，在這裡致上謝意。這篇〈中國文學、歷史研究所博、碩士論文目錄〉收錄珠海文所和史所博碩畢業生的姓名、論文題目、屆別（年分）、指導教授等項，沒有記錄在何處任職的資料。故在表六「就業概況」中填上「資料不足」。但在表八「畢業生曾任職學術機構」中有關珠海任職大專院校的資料，主要是根據香港能仁書院舊網頁資料，http://www.hkbc.edu.hk/web/HKBC/html/aboutus_his.html（瀏覽：2013年8月14日，香港能仁

研究院及大專部簡史》（畢業生資料收錄至2001年，其出版日期或在2002年）[37]，以上三份資料，載錄了新亞研究所、珠海研究所和能仁研究所從創所的第一屆畢業生至1997年為止的畢業生，除珠海沒有畢業生的就業資料外，新亞和能仁的資料中附有畢業生的就業資料。雖然這份資料的提供並不全面，漏洞也多，且時期久遠，職業變遷等諸多理由不可盡知，唯對於畢業生曾在港臺兩地大專院校任教，可能是兼任，仍是可以查對的。本節內容只要是利用登錄資料來稍作分析，以說明私立研究所對文史哲人才的培育是一件布貢獻之文化事業，過去甚少人提及，本文稍作整理，以引起大家的關注。

（一）三校歷年碩士班畢業人數及比例

校別及畢業年份	畢業總人數	比例
新亞研究所（1957-1997）	272	54%
珠海研究所（1971-1997）	137	27%
能仁研究所（1981-1997）	99	19%
總計	508	100%

（二）三校歷年博士班畢業人數及比例

校別及畢業年份	畢業總人數	比例
新亞研究所（1985-1997）	28	28%
珠海研究所（1987-1997）	59	57%
能仁研究所（1989-1997）	15	15%
總計	103	100%

從表一和表二可以看出，碩班自1953至1997年，三間研究所的畢業生共有508人，而其中以新亞研究碩士畢業生的比例最高，達到54%，超過全部總數的一半以上，珠海研究所其次，能仁書院最少；而博班畢業生共有103人，其中珠海研究所畢業生比例最高，達到57%，也超過總數的一半以上，其次則是新亞與能仁。影響三間研究所碩博士生比例多寡之因素，其中一個最大的原因在於成立之時間，比例越高者，通常成立時間越

書院改換新網頁，舊網頁資料（2010-2012）撤銷）及參考珠海學院中國文學系網頁，http://chi.chuhai.hk/?page_id=20（瀏覽：2013年8月20日）整理出來。

[37] 這本《香港能仁書院研究院及大專部簡史》也是好友麥紹彬先生幫忙拍照寄我參考，在此致謝。

早，累積的畢業生數目自然也較多。而以培養學生之密度來看，新亞研究
所碩班每年大約有6人畢業，珠海研究所每年大約有5人畢業，能仁研究所
則每年也約有五人畢業；以博士班來說，新亞研究所每年平均可培養2名
博士生，珠海研究所每年平均有6人取得博士學位，能仁研究所平均一年
差不多有2人取得博士學位。畢業人數有所相差，可能涉及每年的收生數
或其他原因，有待更深入的研究。

（三）新亞研究所博碩士畢業論文題目取向調查

碩			博		
分類	取向	篇數	分類	取向	篇數
文學	詩詞	30	文學	詩詞	4
	文論	17		文論	1
	其他	21		其他	3
史學	歷史地理與人物	42	史學	歷史地理與人物	2
	政治與制度	44		政治與制度	3
	其他	40		其他	10
哲學	儒學	27	哲學	儒學	3
	佛學	21		佛學	2
	其他	25		其他	1

　　從表三可以看到，將新亞研究所論文粗分為文、史、哲三類，在碩班
部分：文學類以詩詞類居多，其他文學類型居次，文學理論最少；史學方
面，最多的是政治制度史，歷史地理與人物研究為主，而在「其他」類中
包括文化史、戰爭史和經濟史、東南亞史、宗教史等都有研究；哲學類中
以儒學和佛學研究為大宗，「其他」類型以哲學比較、道家思想、中國各
家思想和中西方哲學思想比較等論文也不少。在博班部分：文學類一樣以
詩詞類居多，其他與文學理論類等而次之；史學方面，與碩士論文不同，
以「其他」類為多，包括六篇經濟史、東南亞史三篇等，而人物史與制度
史數量較少；哲學方面，儒、佛與其他哲學數量差距不大，其中以儒學類
有三篇為最多。以數據來看，新亞研究所的文、史、哲三類論文數量較為
平均，雖然數量各略有差距，但不會相差太大，這可以反映出新亞對文史
哲研究並重的發展方針。

（四）珠海研究所博碩士畢業論文題目取向調查

碩			博		
分類	取向	篇數	分類	取向	篇數
文學	詩詞	31	文	詩詞	20
	文論	41		文論	5
	其他	66		其他	0
史學	歷史地理與人物	33	史	歷史地理與人物	5
	政治與制度	42		政治與制度	6
	其他	59		其他	4

　　根據表五分析珠海研究所的碩博士論文，在碩班方面：文學部分以「其他」類最多共六十六篇包括人物研究、區域文學、語言文字和思想史等，文學理論居次，詩詞類最少；史學方面「其他」史類最多包括宗教史、思想史、藝術史、地域史和報業史研究等，其次是政治制度史，歷史地理與人物史最少；哲學方面論文是沒有的。博班方面：文學類最多的是詩詞類，其次為文學理論類，其他類沒有；史學方面，最多為其他類，制度史與歷史地理類數量遞減；哲學方面也沒有相關論文。以珠海的博碩士論文來看，以文學與史學為主流，兩類的論文數量不分軒輊，專門探討哲學方面的論文卻幾乎沒有。

（五）能仁研究所博碩士畢業論文題目取向調查

碩			博		
分類	取向	篇數	分類	取向	篇數
文學	詩詞	14	文	詩詞	1
	文論	14		文論	0
	其他	6		其他	2
史學	歷史地理與人物	10	史	歷史地理與人物	0
	政治與制度	0		政治與制度	0
	其他	0		其他	0
哲學	儒學	12	哲	儒學	5
	佛學	38		佛學	5
	其他	9		其他	3

　　透過表五，分析能仁研究所的論文研究取向。碩班部分：文學方面詩詞語文學理論數量相同，其他類較少；史學方面，主要為歷史地理與人物史，其他類型歷史沒有相關研究；哲學方面，以佛學研究為最多，並遙遙領先其他類型，儒學研究數量次之，其他類又更少。博班方面：文學類論文不多，詩詞類與其他類型差距不大，但沒有文學理論之相關論文；歷史類論文在博士班並沒有發現，可能沒有史學師資；哲學類則儒學與佛學數量相同，其他哲學類較少。以能仁的論文來看，較偏重於哲學與文學，而哲學又以佛學研究為大宗，這或許與能仁本身的佛教背景有關。

（六）三校碩士畢業生就業概況

各校人數 工作類型	新亞	能仁	珠海
大專院校	84	11	資料不足
中小學	67	13	資料不足
文化機構	38	13	資料不足
其他	0	51	資料不足

（七）三校博士畢業生就業概況

各校人數 工作類型	新亞	能仁	珠海
大專院校	24	10	資料不足
中小學	7	2	資料不足
文化機構	1	0	資料不足
其他	0	4	資料不足

　　通過表六和表七來看，三校的碩博班畢業生就業狀況，除了珠海資料不足外，在大專院校或中小學擔任教職或學術單位擔任研究工作的人數最多，其次則是文化機構，如出版社、報社、寺院等機構，其他類如從事貿易、銀行業、家庭主婦等，數量最少。[38]可見這些讀書人仍然是有出路的，特別是教育和文化界都是學以致用，且具有影響力的的一群文化人。

---

[38] 能仁研究所其他類遠多於另外三項，原因在於就業調查中註記「不詳」者相當多，將之列入其他類中，與實際就業情形不同，特此說明。

（八）三校畢業學者於香港大專院校任教分布情形[39]

任教單位 及人數　　畢業學校	新亞	珠海	能仁
香港中文大學	12		1
香港大學	1		
樹仁	5	1	
嶺南	2		
新亞研究所	14		
能仁書院	7	14	14
浸會大學	6		1
柏立基師範學院	2		
香港理工大學	3		
香港城市理工大學	2		
香港公開大學	1		
珠海學院	1	22	1
香港教育學院		1	
亞洲研究中心		1	
總計112人	56人 占所有比例50%	39人 占所有比例34.8%	17人 占所有比例15.2%

　　從表八可以看出，三校當中新亞畢業學者人數最多，達到比例的一半，在香港各大專院校的任教分布也最廣；此外，三校畢業之學者，任教情形有一個共通的現象，就是返回本校擔任教職的情形都最多，新亞畢業學者在本校任教的比例是25%，珠海畢業學者在本校任教比例為56%，能仁畢業學者在本校任教比例則為82%。

---

[39] 本表資料來源為新亞、珠海、能仁三校出版之文獻以及網頁資料，但部分資料不足，加上部分學者學歷以及任教經歷有重疊之情形，故計算出之數據可能只呈現出部分的情形。表中從附錄整理出來，姓名重覆者只記一名。或有繼續進修取得其他學校高級學位者，又或其現況與記錄不同，本文並未便列出，一切以記錄為根據，故未必與實際情形完全相符，特此告知。

（九）三校碩博士生在海外大專院校任教數據統計

校名	在海外大專院校任教人數	海外各大學任教分佈情形
新亞	39	台灣澳門地區：35 日本地區：2
珠海	4	歐洲地區：2 美國：4
能仁	1	澳紐：1 澳門中國大陸：2

　　通過表九的分析可以看到，三校在海外任教的碩博士生中，很明顯的以台灣的比例為最高，高達35名，涵蓋了公私立大學；其次則是美國，有4名；日本與歐洲（英、法）各有2名，其餘澳洲、澳門、中國則各有一名。前往台灣任教的比例最高，可能有幾項因素，包括同屬華人世界，語言文字相通，而地緣關係相近也是一個要素，此外，這些學者學業的師承也與台灣關係密切，而其畢業資格也由台灣教育部頒發，也都是眾多學者選擇前往台灣任教的重要因素。

五、結論

　　1949年內地政權更迭，因無法認同中共之理念，許多學者選擇離開，香港因為具備言論自由，又有殖民母國英國的庇護，故南下香港成為許多學者的選擇。而香港開埠以來，雖然在官方和教會努力下多方推動新式中學教育，引進西方制度，在某種程度上使香港華人與中國人在見識上開始有所分別，開拓了眼界，更早與世界開始產生聯結，但對許多華人來說，接受新式教育的主要目的，在於學習英文以獲取更多工作機會，而不是在於接受教育本身。對港英政府來說，這樣的情況或許才是他們所樂見的，身為殖民者，培養認同殖民政策的菁英是教育政策重要的一環，故港英政府在教育政策上常展現出強烈的目的性，並有些被動。如1911年香港大學的成立，便是在與列強競爭的壓力下才得以催生，而其功能還是不脫培養親英以及可成為殖民地政府官員之華人菁英的目的性，此後直到1963年香港中文大學成立之前，再沒有設立官方所承認的大學。甚至香港中文大學

的成立，其實也是一種遭受到中、臺兩地在高等教育競爭的解決方案，可看出早期港英政府對高等教育不積極不重視的態度。太過目的性的高等教育，對整體文化而言自然無法有太大的成長，反而是避居香港的中國學者，成為香港進一步增加中國文化底蘊的契機。

　　也許出於生計上的基本需要，或出於更崇高想要延續中華傳統文化的責任感，避難香港的學者們開始重操舊業，興辦起了許多的私立專上院校，目標是振興中華文化，為國家未來培養人才。在興辦初期，私立學院的學位往往是得不到香港政府的承認，而要在臺灣教育部註冊，但學位雖然不被香港政府承認，對當時授課的學者與就讀的學生來說，卻不影響教學或求知的熱情，學位的承認與否或許不是最重要的，重要的是在過去貧乏的文化環境下，一方得以傳承其文化，一方得以大量吸收內涵深厚的傳統。這批為數不少從私立研究所培養出來的碩士或博士，最初求學的動機並不是為了將來改善生活，他們都清楚知道私立研究所的學歷在香港社會沒有認受性，當時其資歷竟無法進入有政府津貼的中小學任教，可見他們是為了求學問，追求更高的理念，追隨心所嚮往的學者讀書。就是在這種不功利的觀念下，孕育出香港為數不少的文史哲人才，這些文史哲人才可能是第一代流亡香港學者的學生，也可能是再傳弟子，這種從香港的生活中培養出來的文化人才並不孤獨，他們很多任職於本地和臺灣公私立大專院校以及其他地區的大專院校，也反映出這批學者實際上對於本地與臺灣的學術界具有一定的影響力。

　　筆者以為這批本地培養出來的學者的生活年代有進一步研究的需要，特別是香港已經回歸中國十多年，在社會政治活動上，「本港意識」的口號一直被提出，「本港意識」不等於脫離中國，這是不可能的幻想。「本港意識」是要呈現與大陸內地不同的政治社會文化觀念，在體制上與內地有所區分。其實在學術文化方面也是一樣，本港學術界甚少觸及主體性的問題，在後殖民時代，學術界的鴉雀無聲令人驚異。香港有沒有學術史，從何時開始有香港的學術史傳承，這都必須認真而嚴肅的去思考。殖民時代的學術史如何理解？1949年後文化傳承如何去論述？如果有所謂的「香港精神」，主要應來自1949年南來難民們的奮鬥，而不是殖民地的精神。殖民地提供一個空間讓無依無靠的難民奮鬥生存下來，這就是「獅子山下」的「香港精神」，而新亞書院、珠海學院等私立大專院校就是在這種精神生活下走過來。

　　隨著回歸的腳步接近，香港政府逐步改變高等教育政策，在1984年先後承認數間私立專上學院及成立數間大學，又允許這些大學開辦研究所課程，港英政府欲透過這一政策培養更多在心態上親近西方`的菁英集團，以應對即將到來的回歸問題。私立專上院校或研究所發展至今，實際上已逐漸式微，而過去所培養出來的文史哲人才，對香港社會文化有著更深層的影響等，都是值得肯定並不容遺忘的。也許私立研究所的歷史任務已經完成，但是如何了解他們的成果，使之內化為香港本身的文化力量與精神，這是從前殖民地沒有意識到的，也許香港學術人也沒有意識到。

　　筆者離港二十年，任教於台灣國立大學，面對臺灣本土化的過程中衝擊不少，時想及香港如何傳承這一份「香港精神」，唯一的辦法是整理一套香港的學術史，展現出香港人不屈不撓的生命力。這種所謂「香港精神」，工商業界有其代表人物，演藝界也有其代表人物，而學術界也應該有代表人物。一個時代的結束，是另一時代的開始，其間的連接或紐帶，也許就是一種傳承吧。1997年的回歸是一個時代的標誌，香港在經濟繁榮的同時，文史哲研究及其成果並不落人後，例如新儒家學術思想研究，香港史的開拓與研究，以及佛學研究等在中國現代學術史中都應佔有一席之位，應該有系統的整理，為香港學術史巨著「發凡起例」，建構香港主體性的學術史根基，當然殖民地政府院校培養的人才也應納入，才能完整呈現香港的真面貌。如果有心之人有此意願，是篇之作也許有拋磚引玉之價值。

第十章　非僅指的是吃苦奮鬥
——從《新亞校刊》看五十年代「新亞精神」的實踐[*]

香港樹仁大學歷史系
區志堅

一、引言

　　近現代中國學術發展具有專業化、學院化及獨立化的特色，[1]高等院校的課程及研究院的學術架構，成為培養學術專業發展的「硬件」，校園生活則成為營造學風的「軟件」，高等院校更使絕大部份的教學、行政人員都工作和生活在一個正式組織裏，院校不單要完成教學、研究、服務社會及創造知識等功能，還要照顧職工生活，也為學生提供校園生活，成為團結師生及行政人員的機構，院校也是一個具有「社會功能和工作生活共同體」（a working/living community），師生間的社會及日常生活相為連繫，學生受教員的處事及研究方法的啟迪，更有些學生承傳教員的研究方法及觀點，師生身份上也認同學術機構及組織（organizational identity），產生對機構的歸屬感及團結感，師生及行政人員身份上也認同自己屬於組織的一份子，更重要的是師生間對所屬機構的身份認同，校友也以曾在此校修讀，感到光榮，對母校產生身份認同，學校成為師生、校友的凝聚力量，師生生活及學術成果相砥礪，更推動一代學風。[2]加上，校園內各

---

[*]　筆者誠蒙黃兆強教授、楊祖漢教授、劉國強教授、周佳榮教授給予意見及提供資料，不勝感銘！當然筆者文責自負。

[1]　汪榮祖：〈五四與民國史學之發展〉，《五四研究論文集》（台北：聯經出版事業公司，1985年），頁221-223。

[2]　見Peter Bernski, *Organizational Identity in An Institution of Higher Education an Examined Through*

位成員均認同學術機構的創校宣言或創辦人的言論，研究方法或觀點相沿承襲，漸成一個學術團體，若研究典範相承，更可以成為一個「學派」（school）。[3]談及學派的問題，有些學者認為自上世紀五十年代至今，香港也有一個「新亞學派」。[4]

　　暫不討論，這個以「新亞」為名的研究群體，是否可以被認為是一個「學派」，但必要承認這個自1949年10月創辦至今，歷經亞洲文商學院（Asia College of Arts and Commerce，有稱為亞洲文商專科學校，此時為夜校，1949年10月至1950年年2月，於1950年3月，改名為新亞書院），[5]桂林街時期（1950年3月至56年8月，1954年嘉林邊道校舍，學生分別在桂林街及嘉林邊道上課）的新亞書院，[6]農圃道時期（1956年9月至63年8月，也應包括1953年至今成立的新亞研究所）的新亞書院及新亞研究所，甚至於1963年移居沙田，發展至今，成為組成香港中文大學院校（以下簡稱中大）成員之一的新亞書院，這群就讀及任教桂林街及農圃道時期的新亞師生，或是就讀及任教中大新亞書院的師生和校友，均認同新亞書院的治學風尚是不同於其他院校，雖歷經不同時代的變動，各人仍然感到「新亞自一九四九年以來，前後師生，數以萬計。有的已故去經年，有的正安享遐齡，有的是風華正茂，有的是青春待發。師生校友之間，有的已結

Metaphor（The University of Colorado, 2002）；參周國華：《大學教師組織認同研究：影響因素及其建構基礎》（上海：華東師範大學出版社，2012年），頁209-239。

[3] 見Wiggesshaus Rolf (trans. by Michael Robertson), *The Frankfurt School: Its History Theories, and Political Significance* (Cambridge: The M.I.T. Press, 1994), Peter Burke, *The French Historical Revolution: The Annales School Paradigm* (New York: Cornell University Press, 1976)二書。

[4] 「新亞學派」一名暫見出自王爾敏先生，見氏：《20世紀非主流史學與史家》，頁3。

[5] 錢穆先生認為此校的名稱，為「亞洲文商學院」；張丕介先生認為此校名稱，為「亞洲文商專科學校」，有關錢氏的觀點，見氏：〈亞洲文商學院開學典禮講詞摘要〉，《新亞遺鐸》（台北：東大圖書公司，1989年），頁1；有關張氏的觀點，見氏：〈新亞書院誕生之前後〉，《中國人》第2卷10（1980年），頁36。1950年代初，放在深水埗桂林街六十一號三樓在樓梯轉角處，掛著的小木板寫著「新亞書院大學部」。按其時港英政府的要求，不能稱新亞為大學，只可稱為學院或專科學校，以便港英登記，依各位學者的記載及官方登記，應稱為亞洲文商學院，但有些學者私下稱為「專科學校」，見〈孫國棟教授生命的足跡〉（2013年）內的「旁白」；參黃祖植：《桂林街的新亞書院》（香港：和記印刷有限公司，2005年），頁42-43。有關新亞文化事業，包括亞洲文商、桂林街時期的新亞、農圃道時期的新亞、進入中文大學時期的新亞之時代背景，本文多參周愛靈著，羅美嫻譯：《花果飄零》（香港：商務印書館，2010年）一書。

[6] 新亞歷史系方也把1949年亞洲文商夜校階段，劃為桂林街時期，有關新亞發展，參新亞歷史系系史稿編修委員會：《新亞歷史系系史稿》（香港：新亞歷史系系史稿編修委員會，1983年），頁4。

成此年之交，也有的是從未謀面。但是，不管哪一個年代的新亞人聚在一起，只要新亞校歌一奏，無不肅然起立，同心齊聲，一起歌唱」，「春風化雨，花果繽紛，時移世易，前賢辦學的精神，我們不敢稍忘；艱險困乏也許已然不再，但是我們多情一如往昔」。[7]2009年有一位於1967年入讀中大新亞書院的校友，也說：「新亞精神，永遠在我心中不斷成長，使我無論生活在世界上任何一個角落，都能堂堂正正地做一個良好公民」。[8]現任的香港大學校長，曾入讀新亞書院生物系的徐立之教授，[9]也認為「回首往日，一切都歷歷在目，正如校歌歌詞一樣，在新亞校園裏，各學系的同學就像是一家人，自然形成團結的氣氛。這種團結精神，至今仍留在我心中。我曾經是新亞大家庭的一份子，實在值得懷念」。[10]既為新亞校友，也是香港教育界代表人物的張文光先生，也說：「就像新亞的校歌，便是一個堅持理想的故事：手空空，無一物，路遙遙，無止境，亂離中，……這是我新亞精神。年輕時唱新亞校歌，缺乏人生的體驗，歌者非歌。但三十年代，回首往事，桃花依舊，再臨新亞，出席同學的畢業典禮，歌詞的深意和精神，如驀然回首的燈火，薪火相傳，珍而重之，不敢或忘」。[11]新亞研究所第一屆畢業生孫國棟先生，於2003年發表〈珍重珍重——我對新亞校歌的體會〉一文，言及：「責任雖重，道路雖長，我們願意承擔，願意承擔。我們用堅韌的毅力，用強壯的兩肩承擔，我們以歡樂的情懷，無怨無尤地去承擔。讓我們都懷著青春的活力，結隊向前，因為我們都是新亞理想的荷負者」。[12]新亞書院第一屆畢業生余英時先生，曾於2000年撰文談及「新亞精神與中國文化」，旋於2009年撰文〈新亞書院紀念〉碑銘：「東海西海，此理此心。旨哉校訓，曰誠曰明。艱險奮進，困乏多情。永無止境，新亞精神」，再於2012年接受訪問時，又談及「新

---

[7] 張洪年：〈前言〉，《多情六十年：新亞書院的過去、現在與未來》（香港：香港中文大學新亞書院，2009年），頁1。

[8] 雷浣茜：〈新亞四年的回憶〉，《多情六十年：新亞書院的過去、現在與未來》，頁195。

[9] 為方便行文，正文只好除了首先出現的學者及有關人士加以尊稱為「教授」、「先生」及「小姐」以外，其後均直稱其姓名。

[10] 徐立之：〈新亞大家庭的一員〉，屈啟秋主編：《農圃道的足跡》（香港：商務印書館，2007年），頁65。

[11] 見張文光：〈大學理想與新亞精神〉，《多情六十年：新亞書院的過去、現在與未來》，頁37。

[12] 見孫國棟：〈珍重珍重——我對新亞校歌的體會〉，《生命的足跡》（香港：商務印書館，2006年），頁96。有關孫國棟先生為新亞研究所第一屆畢業生的記錄，見《新亞研究所（1988-1989）概況》，頁70。

亞書院的成立，是有一種universal的精神，將之命名為『新亞精神』，不
過我們不應將重點放在『新亞』二字上，而應放在『精神』上。這不只是
新亞自己，一個學院的事，而是普世的精神價值。新亞怎樣回應歷史，怎
樣著重溝通中國與亞洲、與世界，都是值得我們借鑑的」；[13]及至孫氏於
2013年辭世，同窗余英時曾撰〈儒家傳統‧新亞精神──敬悼孫國棟兄〉
一文，在追悼孫先生的文字上，言及：「國棟兄（按：孫國棟先生）不但
繼承了儒家的傳統，而且也體現了新亞精神」，又書輓聯為「博學於文行
己有恥，儒家傳統新亞精神」。[14]而孫氏因他的長女、女婿、長子、次子
均畢業於新亞，更自言「我們是一門新亞人」。[15]

　　換言之，不同時期，不同學系，不同師生均認為有一種「新亞精神」
及肯定新亞文化機構的辦學理念，無論是桂林街時期、農圃道時期的新亞
書院，及今天的新亞研究所師生，乃自1963年至今，香港中文大學新亞書
院的師生及畢業生，均認同「新亞」有一種辦學精神，各人也領會及實踐
這種「新亞」辦學精神，師生、校友均自居為「新亞人」，新亞校友更認
為新亞精神可以影響當代世界文化的發展，既然「新亞精神」影響了各代
的「新亞人」，究竟何謂「新亞精神」？更重要的是，此「精神」不是空
想，而是落實在現實的師生校園生活，究竟「新亞精神」怎樣呈現在新
亞師生間的校園生活？又依不少新亞校友所稱：「桂林街時期的新亞，
正是象徵著『新亞精神』」、[16]「一九五一年是新亞在物質方面最艱苦的
階段，但卻也是精神方面最昂揚的時代」、[17]「新亞的精神教育，實創於
桂林街時期，此於校歌校訓見之」，[18]1956年的校友夏仁山先生在六十年

---

[13] 余英時：〈為「新亞精神」進一步新解〉（1974年）；〈新亞精神與中國文化〉（2000年）；
〈新亞書院紀念碑銘〉，《中國情懷：余英時散文集》（北京：北京大學出版社，2012年），頁
337-340；頁346；頁357；李建深：〈求學與做人──記與余英時教授的一次談話〉，《新亞生
活》第40卷1期（2012年），頁42；有關余英時治學成就與新亞書院的關係，見王汎森：〈史家
與時代：余英時先生的學術研究〉，《書城》第3期（2011年），頁12-13。

[14] 余英時：〈儒家傳統‧新亞精神──敬悼孫國棟兄〉，孫國棟教授追思會籌備委員會編：《春風
化雨：懷念孫國棟教授》，頁12；此文轉載於孫國棟教授追思會籌備委員會編：《孫國棟教授追
思集》（香港：孫國棟教授治喪委員會，2013年），頁38-41。

[15] 見〈來身要做光輝的新亞人〉；參信廣來：〈孫國棟教授追思會悼辭〉，《孫國棟教授追思
集》，頁25。

[16] 蘇慶彬：《七十雜憶：從香港淪陷到新亞書院的歲月》（香港：中華書局，2011年），頁204。

[17] 〈新亞精神與中國文化〉，頁346。

[18] 〈來生要做光輝的新亞人〉，《多情六十年》，頁14。

後，回憶母校發展時，也談及「有人常常提起『新亞精神』，有人懷著好奇的心對桂林街產生興趣，我很高興。我建議他們看看《新亞校刊》，親自進入桂林街時代，接觸一下當年的新亞人」；[19]至2012年的江弱水也在〈為文化續命，為中國招魂──關於新亞書院〉一文，說：「自一九五○年春至一九五六年夏，也是人們津津樂道的『新亞精神』最能在師生身上體現的時期」，[20]新亞創辦人錢穆先生在1957年的〈第九屆開學典禮講詞〉，談及1957年新亞校舍已由桂林街遷往農圃道，乃懷念桂林街時期的新亞，錢穆說：「過去學校在桂林街時期，每年新同學進校來，常感愉快滿意。而且舊同學在學風上，常有影響新同學的力量。現在物質條件進步了，而這方面的精神就不見比以前進步」，[21]創校的重要人物之一張丕介先生在〈新亞書院誕生之前後〉中，認為：「新亞書院桂林街時期的學生，是一群熱烈嚮往中國文化的青年，如果拿他們和許多其他國立與私立的大學生比較一下，他們顯現得完全不同。……尤其一九五○年至一九五四年期間曾就讀於新亞書院的學生，或任教於新亞的教師，以及協助新亞書院發展的校外人士，事後談及新亞往事，莫不津津樂道所謂『新亞精神』」。[22]既為校友又是日後任教中大歷系的蘇慶彬先生，也認為「桂林街時期的新亞，正是象徵著『新亞精神』」。[23]另一位校友也是日後任中大歷史系的羅炳綿先生，也認為：「新亞之所以有新亞精神主要源自桂林街，至農圃道時期，雖擴大了，還有一家的風氣。但再大一點的時候，由於整個社會背景慢慢轉變，新亞學風亦因此而變革、腿色了」。[24]如前文所引於2013年8月，余英時也以「儒家傳統‧新亞精神」為題發文，敬悼剛辭世的孫國棟，可見「新亞精神」自新亞書院（亞洲文商）創辦至今，屢為畢業生所護持、稱道及凝聚新亞人的重要精神支柱，而「新亞精神」的建立，也是成於桂林街時期的新亞書院。[25]至於，今天凝聚新

---

[19] 夏仁山：〈桂林街時期的新亞同學〉，《多情六十年》，頁135。

[20] 江弱水：〈為文化續命，為中國招魂──關於新亞書院〉，《新亞生活》第40卷第2期（2012年），頁11。

[21] 錢穆：〈第九屆開學典禮講詞〉，《新亞校刊》，頁26-27。

[22] 張丕介：〈新亞書院誕生之前後〉，頁38。

[23] 蘇慶彬：《七十雜憶：從香港淪陷到新亞書院的歲月》，頁204。

[24] 羅炳錦〔黃元淵等訪問〕：〈一位早期大專教育「由學而教」的老師之歷程〉，《聯大歷史學刊》創刊號（1998年），頁55。

[25] 余英時：〈儒家傳統．新亞精神──敬悼孫國棟兄〉，孫國棟教授治喪委員會編：《春風化雨懷念孫國棟教授》，頁8-12。

亞校友、師生的〈新亞校歌〉、〈新亞校規〉、〈新亞校徽〉、〈新亞校訓〉的設計及構想，均成於1950至55年桂林街時期的新亞書院，既然桂林街時期的新亞，對新亞整體教育文化發展甚為重要，「新亞書院的舊師生，都知道新亞桂林街艱苦困難的日子。但怎樣困難，現今許多新的老師和同學，對實際情況或許不甚了了」；[26]究竟桂林街時期的新亞精神，怎樣在新亞師生的日常生活，或校園生活中呈現？

　　不少研究已指出校長及創辦人為大學精神的重要建構者，而師生及校友間的認同，均構成大學精神的重要組成部份，若可以從日常生活中呈現大學創辦精神，更可見辦學精神已深入到校園內不同層面，有時師生的生活反過來會變更或調節大學精神，故研究大學生活甚為重要。[27]雖然錢穆曾言1958年開始編刊的《新亞生活雙周刊》（簡稱《新亞生活》）是「將來要瞭解新亞如何生長，如何發展，以及新亞生活中究竟包藏了些什麼」，[28]《新亞生活》創刊於1958年，此刊物的內容可以了解農圃道時期的新亞生活，但58年前桂林街時期的新亞師生之生活是怎樣？只可以閱自1952年6月1日創刊至57年的《新亞校刊》（以下簡稱《校刊》），從而了解新亞師生在日常生活中，怎樣實踐新亞精神。[29]同時，我們從閱讀《校刊》內的文章，無論是新亞創辦人錢穆，或確立新亞精神的重要學者如唐君毅及張丕介，未必對「新亞精神」的定義如哲學家、法律學家一般，有嚴謹而清晰的定義，但無論是以上三位新亞先賢及其他學生，在日常生活及所思所想中，均感受到新亞精神的存在，而學生也在生活中實踐錢穆，唐君毅及張丕介三位先生表述的「新亞精神」為己任，這樣錢、唐、張三位先生表述的「新亞精神」，他們的言教及身教，往往如「風」一樣一旦形成，如像「萬形而無形」的「風」，吹向各位師生，「風」就如佛家所言的「機」一樣，由一個生機而發出無限的新境界，間接或直接影響一代學人的心靈及生活，這種影響雖未必是「像毛細管作用般，在最微細的、最日常的、最私密的空間中也發揮了意想不到的力量」，但從《校刊》

---

[26] 《七十雜憶：從香港淪陷到新亞書院的歲月》，頁199。

[27] 有關研究方法及觀點，參石慧霞：《抗戰時期的廈門大學：民族危機中的大學認同》（廈門：廈門大學出版社，2012年）一書。

[28] 錢穆：〈發刊詞〉，《新亞生活雙周刊》創刊（1958年），頁1。

[29] 1956年就讀新亞書院的李學銘先生，認為桂林街時期，可以用1952年的《新亞書院》創刊為分水嶺，1952年前為桂林街新亞書院的前期；1952年至56年，新亞文化事業進入農圃道發展之前，為桂林街新亞書院的後期。

中呈現新亞師生的生活，也感到師生間受到「新亞精神」這個「風」所影響，這個「風」也建構及推動新亞的「學風」如「漣漪效應」一樣影響新亞校園師生生活，雖「新亞精神」沒有清楚定義，但成為一個「機」影響自五十年代至今，新亞文史哲數理工商等各系的師生及「新亞人」。[30]

二、五十年代新亞學人的辦學精神

　　1949年為近現代中國學術思想發展的重要「分水嶺」，國民政府遷居臺灣，中華人民共和國在北京宣佈成立，中國學術精英在香港、臺灣、海外及中國大陸等地相繼發展，五六十年代的香港與海峽兩岸政權相較，成為一個在較為安定的華人聚居地方，一些不願留在中國大陸，又不滿國民政府施政，但未能遷居海外或不願遷往海外的知識份子，往往擇居香港，有些學者則暫以香港為「反共」的地方，有些學者則以香港為「暫居」地方，待日後移往他處，[31]無論國民黨及中共也派黨員在香港，吸納知識份子，使香港於1967年暴動之前，成為一個海內外知識份子的「集散地」，[32]新亞書院更被學者譽為「冷戰（Cold War）時期一處典型的『花

---

[30] 本文所用「風」及「漣漪效應」的觀點，取自王汎森：〈權力的毛細管作用——清代文獻中「自我壓抑」的現象〉，《權力的毛細管作用：清代的思想、學術與心態》（台北：聯經出版事業股份有限公司，2013年），頁393-500；參氏：〈「風」——一種被忽略的史學觀念〉，《執拗的低音：一些歷史思考方式的反思》（北京：生活・讀書・新知三聯書店，2014年），頁167-210；又有關校園生活的研究，見蘇雲峰：《從清華學堂到清華大學，1911-1929》（台北：中央研究院近代史研究所，1996年）一書。本文「日常生活史」一語，指稱英語 "Daily Life History"，而不是 "Everyday Life History"，有關二者之別，參Sally Mitchell, *Daily Life in Victorian England* (Westport: Greenwood Press,2009), pp. X-XV; Lindsay Allason Jones, *Daily Life I Roman Britain* (Oxford: Greenwood World Publishing, 2008).

[31] 見區志堅：〈香港成為國、共以外倡導「自由」聲音的地方——以五十年代《自由陣綫》群體批評國民黨及反共言論為例〉，Selina Ching Chan, (ed.) *Proceedings of the 7 th Annual Conference of the Asian Studies Association* (Hong Kong: Hong Kong Shue Yan University the Contemporary Research Center, 2012), pp. 1200-1213；參孔誥烽：〈論說九七：恐左意識底下的香港本土主義、中國民族主義與左翼思潮〉，羅永生編：《誰的城市？戰後香港的公民文化與政治論述》（香港：牛津大學出版社，1997年），頁96-104。

[32] 參喬寶泰：〈中央政府遷臺初期之中國國民黨港澳政策——以雷震、洪蘭友之赴港建議為例（1950-1951）〉，港澳與近代中國學術研討會論文集編輯委員會編輯：《港澳與近代中國學術研討會論文集》（新店：國史館，2000年），頁627-672；又有關五十年代為中國政經及學術文化發展的分水嶺，見王汎森：〈中國近代思想文化史研究的若干思考〉，許紀霖，宋宏編：《現代中國思想的核心觀念》（上海：上海人民出版社，2011年），頁724-731；參Paul A. Cohen, "Reflections on A Watershed Date: The 1949 divide in China," Jeffrey N. Wasserston (ed.), *Twentieth-

果飄零』之教育堡壘」，[33]而當時的新亞創辦人又怎樣表述新亞的辦學理念及精神？要談及新亞創辦人的辦學理念及其對新亞精神的體認，除了要看創辦新亞學術群體的錢穆之觀點外，也不可忽略其時就學新亞的唐瑞正先生、黃祖植先生及郭益耀先生等學生的看法。他們均認為要了解新亞辦學理念，也注意唐君毅及孫丕介的辦學構想，及唐、張二氏表述的「新亞精神」，[34]學生的郭益耀更直言：「深深地感覺到，新亞之所以為新亞，離不開錢、唐、張三位大師的共同理念，以及堅強的團隊精神」，[35]及後任教新亞的學者徐復觀先生回憶新亞時，曾說錢穆、唐君毅及張丕介三位先生「有一個共同的志願，即是要延續中國文化的命脈於海外，……他們三個人真可謂相依為命，缺一不可」，[36]牟宗三先生也說徐復觀認為新亞的成立，所依靠者為錢穆的大名，唐君毅的理想，張丕介的苦幹，[37]故今天研究新亞先賢提出「新亞精神」的內涵，也必要研究錢、唐及張三位先生的觀點。

　　書院院長錢先生指出：「我們開始創辦此學校（按：新亞書院），[38]自問對於教育宗旨方面，有一番理想與抱負」，概括「理想與抱負」就是發揚「新亞精神」。自錢院長標舉「新亞精神」後，眾多新亞校友也以傳承及宏揚新亞精神為依歸，[39]這種為校友所傳承的「新亞精神」之內涵是甚麼？故談及「新亞精神」先看錢穆表述「新亞精神」的內容是怎樣？

Century China New Approaches (London & N.Y: Routledge, 2003), pp. 27-36.

[33] 李孝悌、林志宏：〈百年來歷史學的發展：從回顧到展望〉，楊儒賓主編：《人文百年化成天下》（新竹：國立清華大學出版社，2011年），頁151-153。

[34] 有關唐君毅先生及後期任教新亞的牟宗三先生，二者推動新亞文化教育事業的貢獻，見楊祖漢：〈第一章　香港新亞書院的成立對台港二地新儒學發展的影響〉，李誠主編：《台灣香港二地人文、經濟與管理互動之探討》（台北：國立中央大學出版中心，2013年），頁17-32。

[35] 郭益耀：〈緬懷張教授丕介吾師〉，宋敘五編：《張丕介先生紀念集》（香港：編者自印，2008年），頁8。

[36] 徐復觀：〈悼唐君毅先生〉，唐君毅全集編輯委員會編：《唐君毅全集‧紀念集》（台北：學生書局，1991年），頁19。

[37] 參〈第一章　香港新亞書院的成立對台港二地新儒學發展的影響〉，頁28。

[38] 本文所用「按」語，均是筆者所加的解釋，非原作者所書的按語。

[39] 2001年新亞書院院長梁秉中教授也認為：「新亞書院由他（按：錢穆）創辦，屬於新亞的人要感到一份光榮。……我們的後輩，閱讀他的文章，除倍感親切之外，還深深佩服他的思想，及在那數十年前，給同學的熱情。……看看錢先生的演講稿，很自然地，聯想到今天的新亞書院，能否追隨先師的教育理念。」見氏：〈贈新同學：錢穆先生教育三宗旨〉，《新亞生活》第29卷1期（2001年），頁1；參張文光：〈不同年代的「新亞精神」〉，《新亞生活》第30卷2期（2002年），頁1。張氏為新亞校友。

錢穆在1954年《校刊》第4期內，發表〈新亞精神〉一文，表述「『新亞精神』決然應該另有一番更深的意義，而非僅指的是吃苦奮鬥那一事。不過在吃苦奮鬥的過程中，更易叫我們體認這一番精神之存在，但我們也不該便認為我們的精神只在這上面」。[40]新亞成立之初，經濟困乏，設備「簡陋」，物質條件不足，但「我們卻想憑藉這一切可憐的物質條件，來表現出我們對教育文化的一整套理想，這便見是我們的精神了」，而其時的同學不是「極窮困」，就是「隻身流亡」，生活艱苦，但「有志上進，努力進學校」，在教育理想與學生們努力求學的心願下，錢氏認為這是「雙方在同一精神下，宜乎更容易認識所謂『新亞精神』」，所以「新亞精神」不應只是「喫苦奮鬥」，應具有更深的意義，「喫苦奮鬥」只是生活過程，而支持師生們過著窮困的物質生活，仍努力上進，就是師生們認同辦學背後的精神之存在。由此可見，錢穆認為「新亞精神」的內涵之一是「喫苦奮鬥」，更重要的是「新亞精神」也有一種「對教育文化的一整套理想」，這理想是「在糢糊中」感到有新亞精神，同學要多「瞭解我們所以要創辦這一苦學校的宗旨與目的」，並要「能繼續深入地把此精神鮮明化、強固化、具體化、神聖化」，「新亞精神」是「喫苦奮鬥」及「對教育文化」的理想，然而「對教育文化的一整套理想」又是怎樣？

錢穆在〈敬告我們這一屆的畢業同學們〉一文，認為新亞的創辦就是一種理想，「我們的理想，認為中國民族當前的處境，無論如何黑暗與艱苦，在不久之將來，我們必會有復興之前途，而中國民族之復興，必然將建立在中國民族意識之復興，以及對中國民族已往歷史文化傳統自信復活之基礎上。我們認為，要發揚此一信念，獲得國人之共信，其最重要的工作在教育」，新亞辦學也是以復興中國民族意識，中國歷史及傳統文化，民族自信為己任。[41]

然而，中國文化不是在1949年新亞書院成立前已在中國發展嗎？為甚麼要於五十年代要「復興」中國文化，用「復興」一詞是否代表錢院長認為五十年代或以前的中國已沒有傳統文化，所以新亞便要負起「復興」的任務？當然錢氏是肯定中國文化的價值，是自始為中國的代表，而是不滿五四運動以來打倒中國傳統文化的言論，尤不滿三十年代以後中共倡導

---

[40] 錢穆：〈新亞精神〉，《新亞校刊》第4期（1954年），頁2-3。
[41] 錢穆：〈敬告我們這一屆的畢業同學們〉，《新亞校刊》第3期，頁3-4。

以不依中國傳統進行「階級鬥爭」及「革命」觀點，並由這些觀點演伸的破壞中國傳統文化之言論，錢氏認為「本書院創始，在一九四九年之秋，當時因有感於共產黨在中國大陸刻意摧殘本國文化，故本書院特以發揚中國文化為教育之最高宗旨」，[42]「在今日民主主義與極權鬥爭之下，中國青年在思想上應有正確的認識，以免誤入歧途，既誤其本身前途，亦遺害於國家民族以及世界和平。本院竊以發揚中國傳統的人文主義精神與和平思想為己任，並領導青年學生循此正規以達救己救世之目標」，[43]「發揚中國傳統的人文主義精神和和平思想」不獨是新亞的責任，也是香港的責任。錢氏在1952年時，已認為香港在地理上與文化上皆為東西文化的「重要接觸點，亦是從事於溝通中外文化，促進中西瞭解之理想的教育地點」。五十年代，中國大陸的中國傳統文化受到破壞，在香港興辦的新亞書院，便成為一個保存中國傳統文化的「教育地點」，香港更成為一個溝通東西文化的要地，而這種保存中國文化教育的辦學宗旨就是「新亞精神」。

再看錢穆在〈（新亞）招生簡章（1952）〉中，指出新亞的辦學方針是：「上溯宋明書院講學精神，旁採西歐大學導師制度，以人文主義之教育宗旨溝通世界東西文化，為人類和平、社會幸福謀前途」，[44]新亞取法宋明理學家籌辦書院的教育模式，了解錢穆籌辦新亞的宏願，也要注意他怎樣繼承宋明儒辦學的要旨；但在未談及錢氏籌辦新亞的宏願前，先注意他為何重視教育。錢氏認為鴉片戰爭後，中國受外患所欺，不少學者紛紛提出救國方法，只有振興中國文化，才是國富民強之道，他認為：

> 在雖搏成一民族，創建一國家，而俯仰已成陳跡，徒供後世史家為釣稽憑弔，則何歟？惟視其「文化」……民族與國家者，皆人類文化之產物，……人類苟負有某一種文化演進之使命，則必搏成一民族焉，創建一國家焉，夫而後其背後之文化，始得有所憑依而發揚光。若其所負文化演進之使命既中輟，則國家可以消失，民族可以

---

[42] 錢穆：〈新亞書院五年發展計畫草案〉，《新亞校刊》，頁16-20。

[43] 錢穆：〈新亞書院沿革旨趣與概況〉，《新亞校刊》創刊號（1952年），頁17-19。

[44] 同前註，頁1-2；參《新亞書院概況》（香港：新亞書院，1955年），頁1-7；研究大學史的陳平原也甚稱美〈（新亞）招生簡章〉，見氏：〈大學之道〉，《大學之道》（北京：北京大學出版社，2006年），頁15-16。

離散，……世未有其民族文化尚燦爛光輝，而遽喪其國家者；亦未有其民族文化已衰斷絕，而其國家之生命猶得長存。[45]

興學才是發揚文化的基礎，辦學才使文化傳承，才可以培養人才，人才優劣自然影響文化興衰，而振興教育為培養「國家民族歷史文化的生命」之先決條件。[46]

　　錢穆自言一生中為兩大問題所困，此兩大問題均成為他一生的終極關懷，其一、為中國會否亡國？其二、為中西文化的優劣？[47]他反省後，以為中國文化源遠流長，為推動民族文化發展的動力，此也是中國歷史不墜的原因，既然民族文化的興衰對國運影響甚大，只有教育機構才能把歷代文化知識傳於下一代，教育事業對國家隆盛扮演了重要的角色，一再肯定新亞辦學在保存中國傳統文化教育的責任。

　　1989年，錢穆再一次談及「新亞」命名的原因，是針對五十年代中共在中國大陸建立政權，故不得不來港。1989年5月15日，他氏發表〈新亞四十周年紀念祝辭〉一文，回想創辦新亞的情況，指出欲以香港為發展中國文化的要地，新亞就是在香港建立「新亞洲」的發揚地，他更指出1949年，中國大陸已陷入中共之手，只好避地來港，香港雖是殖民地，中國人的地位是很低，殖民地統治的氣氛十分濃厚，錢氏當然不滿這種殖民地統治模式，「我不能安身國內，隻身流亡到香港，這近百年來既屬中國而又不算中國的土地」，但又「不敢暴露中國人身份的心情來要求有一個『新香港』，遂轉而提出『新亞洲』，我當時只希望英國人對亞洲殖民地採取較開放的新姿態，使流亡在香港的中國人能獲較多自由，所以我們的書院取名「新亞」為名，寄望我們將有一個稍為光明的未來」，希望「香港也真成為新亞洲的一重要的新邑」，[48]以香港籌辦的新亞書院成為一個「新

[45] 錢穆：《國史大綱》（香港：商務印書館，1994年），上冊，頁31-32。因未能取閱《錢穆先生全集》內的版本，只好取用此書。

[46] 錢穆：〈理想的大學教育〉，《世界局勢與中國文化》（台灣：東大圖書公司，1977年），頁285。因未能取閱《錢賓四先生全集》內的版本，只好取用此書。

[47] 錢穆：《八十憶雙親》，《八十憶雙親‧師友雜憶合刊》，頁34。錢氏何以認為中國不亡及此觀點受梁啟超啟導的情況，見余英時：〈一生為故國招魂——敬悼錢賓四師〉，《猶記風吹水上鱗——錢穆與現代中國學術》，頁18-19。

[48] 錢穆：〈新亞四十周年紀念祝辭〉（1989年5月18日），《新亞遺鐸》（台北：東大圖書公司，1989年），頁949；參李杜：〈略述錢穆先生的學術與事業〉，《錢穆紀念館館刊》第8期（2000年），頁79。又要注意錢氏雖「反共」，但不是以籌辦新亞為反共的基地，他曾對港英官員盧

亞洲」之地。

再回溯錢氏於1956年農圃道新校舍落成時，已說：「我們的教學宗旨，不僅建立在傳授學生們以某項必備的知識上，同時，我們更注意在人格教育和文化的理想上。因此新亞書院的教育宗旨，可以說是在知識教育、人格教育和文化教育三方面同時兼顧」，新亞辦學不只是指導學生求知識，也指導做人，以知識為社會服務，文化教育除了解世界人類文化的意義外，中國的青年「更要瞭解優良傳統的文化」。[49]

錢穆雖言這種保存中國文化，培養人格，講學做人一體的「新亞精神」甚為「模糊」，但不是空想，更要求新亞師生「在生活上密切聯繫，在精神上互相契洽」，[50]使學生「脫離」學校，進入社會後，對其所習學業，仍繼續有研求上進的興趣及習慣，錢穆是要求學生在生活上實踐「新亞精神」。

唐君毅在1952年發表〈我所了解之新亞精神〉一文，指出「新亞二字即新亞洲。亞洲之範圍比世界小而比中國大。……而新亞書院講學的精神，亦正是一方要照顧中國的國情，一方要照顧世界的學術文化的潮流。新亞書院講學的同人，正是要在中國的國情與世界學術文化的潮流之中間，嘗試建立教育文化的理想而加以實踐」，[51]亞洲為世界最早的一洲，比歐洲有更古老的文化，也是世界最偉大的宗教，如耶、回、婆羅門、佛教的策源地；於二三百來，為歐洲最大的殖民地，科學及工業文化不及歐洲，但不是整個文化精神是落後於歐洲，亞洲及中國人科技不及他人，要負責任，而唐氏寄望「古老的亞洲，古老的中國，必與新生」，「世界上

定言：「余在大陸早已從事教育數十年，苟不反共，即不來港。但辦學自有宗旨，決不專為反共」，見氏：《師友雜憶》，《八十憶雙親‧師友雜憶合刊》，頁264。

[49] 錢穆：〈農圃道新校舍奠基典禮講詞摘要──民國四十五年一月十七日〉，《新亞校刊》第7期（1956年），頁30-35；有關錢穆闡述新亞精神，及在香港辦學的原因，見區志堅：〈以人文主義之教育為宗旨，溝通世界中西文化：錢穆先生籌辦新亞教育事業的宏願及實踐〉，香港中文大學文學院編：《傳承與創新──香港中文大學文學院四十五周年校慶論文集》（香港：香港中文大學出版社，2009年），頁90-114；〈「在非常環境非常心情下做了」──試析錢穆先生在香港興學的原因〉，載黃兆強主編：《錢穆研究暨當代人文思想國際學術研討會論文集》（台北：錢穆故居，2011年），頁30-48。

[50] 〈招生簡章〉，《校刊》第2期（1953第），扉頁。

[51] 唐君毅：〈我所了解之新亞精神〉，《新亞校刊》創刊號，頁3-4。又近人已注意錢穆、唐君毅對新亞精神及新亞校訓的不同理解，但本文限於篇幅，尚未多談及此課題，讀者可參何仁富：〈錢穆、唐君毅對新亞校訓「誠明」的釋義〉，《人文論叢》（2006卷），頁182-191。

此時亦唯有包括中國在內之古老的亞洲最迫切的需要新生，這當是新亞定名的本義。而為新亞師生願與一切中國人，一切亞洲人，共抱之一遙遠的志願之所在」，尤以中國文化的儒家、道家培養的各種德性，如仁愛、慈悲等，是「真正有價值」，應當「在文化教育中保存」，中國人及亞洲人必須對其歷史文化中有價值的地方「能化舊為新，求其通古今之變」，所以「新亞的精神，新亞之教育文化理想，我想不外一方希望以日新又日新之精神，去化腐臭為神奇，予一切有價值者皆發現其千古常新之性質。一方再求與世界一其他一切新知新學相配合，以望有所貢獻於真正的新中國、新亞洲、新世界」，唐氏心中「新亞書院」就是實踐「新亞的精神」的載體，「新亞的精神」就是實踐「新亞之教育文化理想」，而「新亞之教育文化理想」不獨保存亞洲文化，更要保存及弘揚中國傳統文化和精神價值。書院成立五周年時，唐氏在〈希望、警覺與心願〉一文，再次肯定過去的新亞書院「是在最艱難的時代，從一無憑藉的境況中開始的，亦可說是從無中創造出的有」，支持全校師生在「艱難」中仍辦學的力量，就是「全校師生想實現此理想的精神」，這種教育理想在「今日之時代之艱難、困苦、黑暗、混亂，社會人心有無數的公的理想希望，都無所寄託。于時其中關于教育文化的理想希望之一部，便多多少少姑寄于我們之學校」，「我們之學校（按：新亞書院）」就是實踐了「整個社會人心對於中國之教育文化的公的理想與希望，而努力」。[52]生活在五十年代的唐君毅，感到其時的中國政局為「我們是國破家亡」，在「殖民地的香港」生活的流亡師生，對「中國人所能同感」甚多，自中國南來的師生希望新亞書院「漸能在香港之中國人的社會中生根，學校的經費漸能自給自足」，更「不希望來自香港社會的同學，其志願只在當一香港的公民或到外國留學後，成為一世界的公民。在未達天下一家之前，中國人一定要是一個世界人，又是一個中國人，不能忘掉自己國家民族的憂患」，新亞「能一方在香港社會生下根，一方共謀以學術文化的力量，逐漸解除我們共同的深心的隱痛與憂患」，「我們」這群新亞人的憂心及隱痛，就是「原自整個中國國家民族之憂患，這憂患當是每一中國人所能同感的」，[53]這憂患就是五十年代，唐君毅感到中國文化在中國已受破壞，「大陸淪陷，新亞書

---

[52] 唐君毅：〈希望、警覺與心願〉，《新亞校刊》第6期（1955年），頁6-7。
[53] 唐君毅：〈敬告新同學〉，《新亞校刊》第7期，頁5-7。有關唐先生與香港學術發展的關係，見吳俊升：〈唐君毅教授與香港告別了〉，《紀念集》，頁51-55。

院同人咸有國破家亡之感，都想為中國文化留一點讀書種子，全校師生表現出一股艱苦中奮鬥的精神」，故支持新亞師生繼續在艱苦中辦校的力量，就是為「為中國文化留一點讀書種子」，這也是促使新亞師生努力把新亞成為保存中國文化的地方。[54]南來的新亞人雖於1950至54年間感到「流浪在此」，「那時的心境，亦總常想到我們在香港辦學，是莫有根的」，但是在香港「立住腳」後，「我們之流浪無根之感，亦自然一天一天的會減少了」，以香港為保存及發揚中國文化的地方：「我請諸位同學試想我們在雖有校舍而仍無土地的香港居住，面對五千年文化存亡絕續之交，我們的生命中除了對中國古代之堅賢、我們之祖宗、千千萬萬的同胞及世界的朋友們之期望，未能相副之感與渾身是債之感外，又還有什麼？此意望諸同學共勉之」，[55]在香港辦學就是「存亡繼絕中國文化教育」：

> 什麼是新亞書院之原始精神？在此，我想撇開初創辦之一切高遠理想不談。這些理想，到今日所實現者，亦不及百一。於本文中，我只想說一回，即新亞書院之原始精神，只是中國大陸變色以後，炎黃子孫流亡在香港者，想對中國之文化與教育，負一點存亡繼絕，返本開新之責任之一種表現。……大家當時其未想到，我們必需要在香港有一永久的校舍。我們的希望，仍主要是誤信馬列主義而以之指導中國文化之前途，限制學術自由的炎黃子孫迷途歸來。我們可以在綠野神州之山川廣陸中，選擇任何一地方，辦我們的書院。……但是數年承蒙雅禮協會的捐助，竟然使新亞書院有了永久的校舍，……我們的學校，既要對香港社會負責，又要對中國之民族與文化負責。我們的同學既要有適合於香港社會需要的知識技能，以謀取正當職業，又要能高瞻遠矚。立下遠大的志願，並求才學德行，足與之相關。[56]

---

[54] 唐君毅：〈再說希望、警覺與心願〉，《新亞校刊》第8期，頁4-5。

[55] 唐君毅：〈告新亞第六屆畢業同學會〉，《新亞校刊》第9期，頁10-12。

[56] 唐君毅：〈新亞書院之原始精神與同學們應自勉之一事〉，《新亞生活雙週刊》第1卷第2期（1958年），頁1-2；參林曉筠：〈花果飄零，靈根自植──唐君毅之情獻新亞書院〉（未刊稿）；楊永明、李玉芳：〈唐君毅論新亞教育〉，《西南民族大學學報》第26卷第6期（2005年），頁19-13；有關五十年代知識份子對中國文化的關懷，參岑練英：〈五十年代前後南來之士對國族文化之態度〉，《珠海學報》第16期（1988年），頁456-468。

唐君毅心中「新亞精神」的主要內涵，就是保存中國道德精神文化，尤以面對五十年代，中國內地的政權轉變，故以香港為保存、延續中國文化的地方，但當新亞轉入農圃道發展時期，唐氏也已明白新亞由「流亡」辦學形式發展成為擁有「永久的校舍」，[57]他既以新亞為發展保存中國文化的地方，更以新亞為教育香港學生知識的地方，若從唐氏思想歷程，可知「新亞精神」由桂林街時期的「原始精神」發展至農圃道時期的「新亞精神」，唐氏的心境也有改變。

　　張丕介在〈武訓精神〉一文，認為「新亞書院的前身為亞洲文商學院。雖說學院的存在時間只有短短的半年，便改組為現在的新亞書院，但它的精神，它的旨趣，和它的事業理想，都因它的後身新亞書院的誕生，而被全部繼承，並且繼續的發揚，繼續的見之於實際了。我回憶亞洲文商學院創立的艱難經過，和它第一次舉行開學典禮的一幕，使我更明白這一文化事業的特殊精神，我無之為，姑名之為『武訓精神』」，新亞精神就是「武訓精神」，這篇文章後部份介紹亞洲文商的校舍，表述亞洲文商「一個大學性質的教育事業，一個以發揚中國傳統文化精神，溝通東西文化思想為使命的學校」，而「新亞的精神，便一直貫注到二年半以後的現在，為文化理想而學問，為社會進步而服務，這一高尚的精神，鑄成予每一年新亞學人的一部份」，錢穆及其他創辦人不怕艱苦，為了共同的實踐理想，就如昔日武訓終身從事乞討，以積蓄辦學，創立義學，使窮苦人家子弟有了讀書機會，自此帶動一地子弟熱心讀書的風氣，如今新亞書院創辦人如武訓一樣生活在困難的環境中，卻為了「一所堅苦奮鬥的社會文化事業，證明它在精神上，就是武訓先生精神的再生」，各位創辦人把亞洲文商學院發展成新亞書院的辦學規模，就是「這一文化事業，終始抱著這一堅決的希望」；更重要的是，新亞學人生於一個正值「我們祖國山河破碎，陷於空前未有的黑暗時期，我們為了復興中國，為了拯救中國的歷史文化，實應回念這位為中國文化而付出了終身幸福的武訓先生，更應為發揚武訓先生的偉大人格的精神」，武訓行乞辦義學，為藉辦學培育學生道德學問，而新亞諸賢也如武訓一樣，二者相承及實踐「為中國文化而付出」的辦學精神，既然武訓精神就是「新亞精神」，所以「新亞精神」

---

[57] 余英時也認為「新亞書院是一所流亡者的學者」，見氏〔陳致訪談〕：《余英時訪談錄》（香港：中華書局，2012年），頁8。

就是「為中國文化而付出」的理念，張氏在文中引用唐君毅的觀點以支持己見，「他（按：唐君毅）稱：武訓為『偏至之聖』，而最後則歸之於中國傳統的教化精神。我節錄數言，以見今天新亞所嚮往的那一精神。……『武訓這種精神則是對孔子之聖賢教化，對人類教育文化之絕對尊重之教而來的』」，新亞學人雖不如武訓「空無所用」，但所處的時代「比武訓稍有所高下，而缺少了武訓所有的條件，即是我們辦學的地方不是自己的故鄉，不是自己的國土，而沒有百多年前那樣安定的社會環境」，新亞創辦人雖感到身處香港，不是故鄉及「不是自己的國土」，但「新亞書院特別要表現其武訓精神的原因」，就是新亞要推動文化教育的義務教育活動，新亞諸賢的辦學就是「我回顧兩年半以來的艱苦困頓，印證一下新亞奮鬥的情形，使我相信，新亞的前途完全寄託於這一精神的實踐」，這個「精神」既是困頓中辦學，政治上「復興」中國，也是文化上藉辦義學「拯救」中國文化。[58]其後，張丕介在〈新亞書院誕生之前後〉一文，表述新亞誕生是「適逢我國憂患重重的時代」，八年抗戰後，中國大陸「陷入一場空前的浩劫，整個國家民族，以及數千年之傳統文化，面臨著存亡的威脅」，文化教育界的知識份子便「抱著復興傳統文化的種子，尋求可以暫時偷生的地方，以期把這種子播到一片乾淨淨土上，讓它萌芽茁壯，然後開花結果。由於這種苦心，於是創造了我們這一所小小的新亞書院」。[59]其後，張氏在〈粉筆生涯二十年〉一文，指出「新亞精神」就是呈現在新亞辦學的理想，概括為「人文主義」或「新亞人文主義」，這理想除了為自感亡國的流亡學生，培養民族意識，共患難的艱險奮進之情懷外，也有「寄托於中國傳統文化基礎之上」，「尊重我們的文化遺產，發揚我們的文化遺產」，也以為新亞「誕生其長成於自由環境的學校，所以必須是自由思想的王國」，「我們不妨新亞師生常用以自勉的話來代表：『我們在致力於中國文化的保種工作』──我以為新亞理想的高，不在其理論一方面，而在它實踐一方面，『求學與做人，貴能齊頭並進，更貴能融通合一』」，丕介認為五十年代新亞創辦之初，「新亞精神」主要呈現是「復興傳統文化的種子」、「拯救」中國文化及培養道德教育的特色；及後，他又體會新亞辦學是一個具有自由學術、自由思想的團體。[60]

---

[58] 張丕介：〈武訓精神〉，《新亞校刊》創刊號，頁5-8。

[59] 見〈新亞書院誕生之前後〉。

[60] 詳見張丕介：〈粉筆生涯二十年〉，頁6-13；有關研究張丕介對新亞發展的貢獻，見宋敘五：

　　五十年代國際政局的特別時空，建構了冷戰時期全球諸國只是有「自由」對抗「專制」，「民主」對抗「共產」，相對簡單的二分圖像，在亞洲的海峽兩岸也建構了以標舉「民主」及「自由」的中華民國，與「專制」及「共產」的中華人民共和國二者相對的圖像，[61]這種時代背景也影響五十年代新亞學人表述的「新亞精神」，他們表述「新亞精神」的內涵也見同中有異。錢穆強調「新亞精神」是從五十年代中共破壞中國傳統文化的角度來看，「新亞精神」就是一種保存中國傳統文化，培養道德及知識並重，及「喫苦奮鬥」的精神；唐君毅所言的「新亞精神」，是保存中國道德精神文化；在張丕介而言，新亞也是一種「復興傳統文化的種子」、「拯救」中國文化及培養道德教育，三位學人雖同以保存中國傳統文化為新亞辦學的理想，但三者對「新亞精神」也有不同理解，主要是錢先生仍多強調吃苦，保存文化教育及從不滿中共破壞中國文化的角度，闡述「新亞精神」，而唐、張二氏多認為保存中國文化教育的特色，就是「新亞精神」。[62]

三、從《新亞校刊》看新亞精神的的實踐

　　錢、唐、張三位新亞創辦人多強調新亞精神是保存中國文化，新亞應以建立道德人格及培養知識並重為辦學的特色，從其時新亞學生表述新亞校園生活的文字，可見學生們多強調新亞師生的生活，或多或少，也能感受及實踐新亞教員所言「新亞精神」，其中尤能實踐錢院長常強調「新亞精神」是「喫苦」及文化教育並重的特色。究竟新亞師生生活怎樣實踐了錢、唐、張三位創辦人所言的「新亞精神」，這樣便要看看《校刊》內表述五十年代新亞師生生活的圖像。

　　〈張丕介先生與香港新亞書院〉，《張丕介先生紀念集》，頁33-50。

[61] 見余敏玲：〈學習蘇聯：中共宣傳與民間回應〉，《中央研究院近代史研究所集刊》第40期（2003年），頁99-1363；張世瑛：〈訴諸恐懼：1950年代初期臺灣政治漫畫的風格〉，余敏玲主編：《兩岸分治：學術建制、圖像宣傳與族群政治（1945-2000）》（台北：中研院近史所，2002年），頁140-173。

[62] 以香港為五六十年代保存中國傳統文化的構想，此不獨新亞學人的理想，也是當時不少居港知識份子的構想，見金耀基：〈從香港文化看中西文化的衝突與融合〉，《中國的現代轉向》（香港：牛津大學出版社，2004年），頁233-237。

　　《校刊》於1952年6月1日創刊，1957年停刊，為非賣品，創刊號的
編輯組成員有：唐瑞正、黃祖植、古梅、蔡漢賢、陳負東，總務組有：列
航飛、梁崇儉諸先生。任何刊物，首期的出版甚為重要，既標舉刊物的編
刊精神，也可見編輯委員的指導方向，對刊物日後的發展起了指導的作
用，故先看《校刊》第一期開列了論著、散文、詩歌及校聞等類目。創刊
號的第一篇文章，為錢穆〈發刊辭〉，其後有唐君毅〈我所了解之新亞精
神〉，張丕介〈武訓精神〉等。

　　收入《校刊》的文章，從兩方面表述校園生活：一、喫苦生活，二、
在校園生活上呈現東西文化並重的教育特色，學生生活尤以保存中國傳統
文化的教育生活為主調，可謂先確立以保存中國文化，才吸收西方文化滋
養的校園生活。[63]

　　看看新亞創校之初，新亞師生在「喫苦」中享受「安慰」的生活是
一幅怎樣圖像？[64]端正（按：唐端正）在〈亞洲文商學院的回憶〉一文，
談及先生於1949年夏天廣州高中畢業後，便進入亞洲文商學院的「大本
營」，開學的第一天是租借了九龍偉晴街華南中學三樓三間課室上課，然
而三間均是「小小教室中，二十多位同學圍坐成一個圓圈」，[65]座前的桌
上有果糖餅干及汽水，沒有圖書館及其他儀器設備，後來為方便同學上
課，才在砲台街租了一層約四五百呎的房子為學生宿舍，此時亞洲文商學
院為夜學院，端正因家在長洲，往返學院路途較遠，要住在學生宿舍，
與多位同學同住，宿舍房間「擺滿了碌架床」，而錢穆曾在此樓中隔了一
個小房間住下來，錢氏的房間只容一張帆布床和有一桌一椅，又因為夜間
上課，故學生們「輪流自己燒飯，衣服自己洗」，也因錢及唐二師都在沙
田華僑工商學院擔任講課，故每日下午二位教員趕火車往新亞上課，白天
又往沙田，二人於晚上，有時也在砲台街宿舍留宿，但因為房間不多，錢
院長的小房間，也與唐氏輪流住宿，「有時因為當晚他們都有課程，唐先
生便要和我們（按：學生）一樣睡在碌架床上」，先生也感嘆說書院院長

---

[63] 新亞師生生活是否呈現中體西用的特色，有待進一步研究。

[64] 如曾克耑：〈大千居士屬題所造松蔭畫象〉、〈大千居士屬所造九歌圖卷〉，《新亞校刊》創刊
　　號，頁16。

[65] 端正（唐端正）：〈亞洲文商學院的回憶〉，《新亞校刊》創刊號，頁18；參唐端正：〈桂林街
　　時代的新亞書院〉，《剛健的人生》（台北：聯經出版事業公司，1975年），頁152-153；參唐
　　端正：〈附錄：我隨侍唐師君毅二三事〉，《唐君毅傳略》（香港：法住出版社，2006年），頁
　　132。

的錢穆「真可謂食宿無定所」。錢穆也常常與學生一起吃飯，「和我們一起吃時他往往給錢我們買鮮蝦來加菜，飯後也常請我們多吃香蕉」，有時更把自己購回來的菜分一大半給學生，使學生感到「我只覺得一陣家庭的溫暖」，更令身為學生的唐端正，看到錢氏常在宿舍的房內，渡來渡去，感受到「他（按：錢穆）的心情是沉重的」，又感受到唐君毅「也在夢中『天呀！天！』的呼喊，就在那時起，我便認識了這兩位先生深藏在內心的憂難之情」。[66]平日，錢穆多與學生談及一些理想的課外活動，看似一幅歸園田居的圖像：「能在校外找到一塊地方，蓋幾間房子，先生和同學生活在一起，有空的時間種種菜，養養雞，還可以添辦附屬中小學，讓這學校變成了一個家庭」。不少學生雖未能交學費，又或因為忙於工作，未能經常上課，課室一桌一椅「都要借用」；然而，與新亞教員的生活中，學生也感受到「師生間精神的結合，新亞夜校的創立，音樂會演奏會的演出與校刊的印行，都充份反映了新亞精神之發展。……我們師生精神上也是一個大大的安慰」。及後，程兆熊先生又從臺灣招來二十多位同學，原有的宿舍容不下，再租了一層樓，但「出不起頂手費，結果便在北角海角公寓租了幾間房子，在海角公寓的分校則在白天上課，而正校和分校合起來，也不過五十人」。

學生胡栻昶先生在〈我們的學校〉一文，談及新亞書院開辦不久，有一次張丕介看繳學費冊，還有很多同學未繳學費，當丕介問同學交學費的問題時，不少同學「默默低下頭」說「家中沒有錢」，胡氏感到當張丕介說此話時，「張先生預備要對他們說的話，便在無形中煙消了，最後只不過對他們師加催促而已」，營運書院的費用來自學生的學費，學生們卻因家貧，根本不能支付學費，這樣自然影響書院營運情況，新亞眾師也知道學生經濟的困境，也未多加催促，此自可見新亞教員們體諒學生生活的苦況。甚至一些家境清貧的學生，不希望因式微的家庭，影響了學習，故請求免費工讀，校方也允許一些學生任工讀生，早上協助校務，免收學費為補償，日後，更給予工讀生生活補給費用。[67]

---

[66] 類似唐端正的感受，也見於余英時回憶錢穆的文字，余氏概括錢穆的生命歷程為「一生為故國招魂」，錢穆一生為中國文化在未來社會的發展而憂心，這也是唐端正所言「憂難之情」，由此可見就讀新亞的學生是感受到老師輩的身教及言教，見余英時：〈一生為故國招魂〉，《猶記風吹水上鱗——錢穆與現代中國學術》，頁17-20。

[67] 胡栻昶：〈我們的學校〉，《新亞校刊》，頁17-20。

　　新亞學生卜一在〈新亞頌〉一文，指出於一九五四年時，班房只有幾
把椅子，沒有圖表，沒有儀器，感到「家徒四壁」，為了應付每月房租，
「那位終日口啣煙斗，悠然自得的總務主任，愁眉深鎖，一籌莫展，因而
躊躇，因而焦急」，而學生也兼校役，家境貧窮，多以一杯白開水，幾片
麵包皮，權作午餐，學生「窮得繳不出分文學費，誰也不會來計較你，學
校也從未曾追討過，更可不會來計較你，學校也從未曾追討過，更可不必
把這件事作為精神上的威脅」，新亞教職員全以文化教學為首要任務，不
使學生感到經濟壓力，而影響學生們的學業。[68]

　　另一位新亞學生元風在〈三個性格〉一文，表述錢穆「常常和同學在
一塊兒談天，即使是青年的愛情的問題，他（按：錢穆）也可以談出勁兒
來」，當談及民族的憂難，「他的表情，便馬上呈現出內心的沉重」，錢
穆也常帶學生出外旅行，暢遊山水，曾往青山及沙田旅遊，「錢先生常常
健步如飛的跑步在前頭的」；又「有一次，他還換上游泳褲和我們一同下
水」，錢院長又常與學生一起「打太極拳」，學生也自愧不如院長練拳的
功力。而另一位教員唐君毅「當他洗完腳要把新襪穿上，反而把那對新襪
掉到水裏去。這也許是因為他又在作哲學的思維罷」，張丕介也喜與學生
交談，隨便談笑「我們到青山去旅行，張先生是第一個領導下水的，而在
兩次的聯歡晚會中，他又手舞足蹈地表演著德國的歌劇，實在他是最欣賞
德國歌劇的和同學在一塊兒談天，即使是青年的愛情的問題，他也可以談
出勁兒來」。[69]

　　新亞師生雖然生活窮困，甚至有不少學生未能繳交學費，但師生們卻
樂在其中，師生在困苦中遊山玩水，享受大自然樂趣，也在聯歡晚會上，
言談甚歡。教員的身教也感染學生，新亞校友回憶其時師生生活時，也感
受到五十年代新亞教員已成功為學生締造一個「家庭溫暖」。[70]

　　再從學術研究成果上來看，「新亞精神」強調溝通中西文化，當然
以闡述中國傳統文化的價值為要，要闡述傳統文化的價值，先看新亞教員
的陣容。亞洲文商時，已有錢穆教國史，張丕介教經濟，崔書琴先生教政
治，劉尚義先生教國文，唐君毅教哲學等。身為學生的唐端正感到張丕

---

[68] 卜一：〈新亞頌〉，《新亞校刊》，頁17-20。

[69] 元風：〈三個性格〉，《新亞校刊》，頁15。

[70] 1953年入讀新亞書院的葉龍先生之回憶，見氏：《錢穆講學粹語錄》（香港：商務印書館，2013
　　年），頁127。

介「態度沉默」，錢穆「態度和愛」、「感到親切」，程兆熊「敦厚謙和」、「對文史方面有極精湛的研究」，[71]比較張、錢及唐三位先生的行事，感到張氏較其他兩位教員「比更重法治」，也具「堅毅的幹事精神，更長於科學的條理，談話或講學時，扼要明白」。其時為新亞學生的黃祖植，在〈初入新亞〉一文，表述：「老師講得清楚，引人入勝」，老師「注重問，時常把一個尚未開講的問題問同學，然後邊問邊講，可使你運用思想，訓練思索力，更會保留著深刻的印象，久久難忘」，更認為新亞教員「此種教法，若是肯努力的人，進步定無限量；就是懶惰者，亦會因此而掀起向學的精神」，師生間也參與課餘活動，如組織音樂團、辦音樂會，又每星期四有一小時的同學演講會，又出壁報，創校刊，「使各同學有盡量發揮其才能和思想的機會」；同學們又能交換書籍，溝通及交流新的知識，「這不但可以增加讀書興趣，更使我感到精神上的充實與生活之諧和」；還有，學校雖有校規，卻使學生「感到非常自由的，這種學校的自由正是培養自制的最好機會」，使學生不會放肆，反而感到規矩起來。

新亞學術群體的師生，不獨營造文化教育，也注重培育師生從事學術研究，《校刊》記述於1950至56年間新亞開辦的學系有：文哲學院，其下分為文學、史學、哲學教育系，又立商學院，其下為經濟、商學、銀行、會計系，又立農學院，分農、林、園、牧、農業經濟系，其中農學系及新聞社會系因校舍不敷分配，暫停開辦。此也可見新亞書院成立之初，經濟困難，未能租用較多校舍。[72]

1950至54年書院開辦的文史系、哲學教育系相繼發展，任教的教授及其任教的科目，如下：

文史學系	大學一年級國文、歷代文選、中國文學史、中文各體文習作、歷代詩選、詞曲選、文字學、中國文學名著選讀、一年級英文、英文散文選、英語語言學、英國小說選、英國詩歌選、西洋文學名著選、英文作文、英國文學史、文學批評、莎士比亞、商用英文、中國通史、西洋通史、中國文化史、西洋文化史、中國學術思想史、秦漢史、隋唐史、中西近代史、中國史學史、中國政治制度史、西洋上古史、西津近世史、英國史、美國史

---

[71] 端正（唐端正）：〈亞洲文商學院的回憶〉，《新亞校刊》，頁18。

[72] 見唐端正：〈我隨侍唐師君毅二三事〉，《唐君毅傳略》（香港：法住出版社，2006年），頁132。

哲學教育系	哲學概論、理則學、倫理學、心理學、教育概論、中國哲學史、西洋哲學史、知識論、形上學、中西印哲學名著選讀、文化哲學、印度思想史、教育心理學、中國教育史、西洋教育史、教育行政、中等教育、教育教法、教育統計與測驗、教育哲學、教學實習

　　《校刊》記載了1949至54年任教書院的學者有：錢穆、唐君毅、張丕介、衛聚賢、余天民、楊汝梅、余協中、孫祁壽、羅香林、曾克耑、趙冰、任泰、劉百閔、徐澤予、凌乃說等先生。[73]

　　《校刊》也記述新亞為擴闊學生知識，特於授課之餘，及週末之夜，在桂林街的校舍（日後移往農圃道校舍）特設「文化講座」，邀請任教書院及其他院校的學者到校主講，聽講對象為社會各界人士，凡有興趣對中國歷史文化有興趣者均可以參加，如以1952至53年為例，此年的講者計有：錢穆、任泰、衛聚賢、唐君毅、羅香林、張丕介、張蒓漚、羅夢冊、龍振宗、吳俊升、彭福牧師、程兆熊、印順法師、伍憲子、崔載陽、鍾魯齋、劉百閔、梁寒操、謝扶雅、孫祁壽、陳伯莊、余天柱、裴效遠、凌乃銳、饒宗頤、毛以亨、徐澤予、王書林、佘雪曼、余天民等先生，均就古今中外歷史文化思想、社會經濟等不同課題作專題演講。桂林街校舍的演講場地，雖感到「隘巷穢濁，樓梯窄而黝，盤旋而上，每不得踏足處，講室設座，無憑無靠，危坐不能容百席」，結果卻是「寒暑風雨，聽者常滿，新亞學生僅能環立於旁」，[74]可見不獨新亞學生參加，不少院外人士也旁聽。

　　《校刊》也刊載不少學生的學術成果，如第一期已有哲學系學生唐瑞正在〈我們對中國文化應有的態度〉一文，表述「在國難深重的今天（按；1952），我們來反省五十年來的史程，實在無暇也不應該對過去之偏錯作多餘的責罵了。……今天我們要自省了，一個溝通中西文化，融和這兩極端以匡救人類當前的災難的時代責任，需要我飢這一輩來擔負了」，文中更介紹中國歷史文化的特色，更要說明：「我們反對一切偏激的態度，一切偏激的態度都是有害文化的自身的」；[75]也有文史系學生余

---

[73] 有些人認為此時新亞的教師陣容，可與另一所在香港官方籌辦的香港大學「匹敵」，見周言：〈余英時與五十年代新亞〉，《蘋果日報》E7版，2013年12月15日。

[74] 錢穆：〈序〉，孫鼎宸編：《新亞文化講座錄》（香港：新亞書院，1962年），頁3。有關新亞文化講座的情況，詳見載於此書內的講義及記載。

[75] 唐瑞正：〈我們對中國文化應有的態度〉，《新亞校刊》創刊號，頁5-6。

英時發表〈歷史自由論導言〉一文，指出研究歷史的重要「不僅否定一切唯心或唯物的一元論」，[76]應「擴張歷史研究的範圍」也甚為重要，此文介紹自十九世紀以還西方歷史學者論述歷史性質的觀點，並說明中國人談天人合一的論點為人類經濟發展的重要因素；也有哲學系學生朱光國在〈基督教道德判斷之根據〉一文，指出西洋思想家蘇格拉底、柏拉圖、亞里士多德談及靈魂、道德、文化的課題；[77]商學系學生陳負東發表〈略論中國經濟不進步之原因〉一文，指出中國經濟發展不比西方為遲，如中國的貨幣早已出現在商朝，文中也介紹中西方學者早已解析經濟發展觀點的優劣；[78]經濟系學生列航飛在〈市地投機之流幣與防止之對策〉一文，研究商業發展與土地投資的問題，更談及孫中山提倡平均地權政策，認為中山的觀點為「和平有效的治中國土田問題的良策」；[79]另一位經濟系學生徐祖燊，也發表〈莊學偶談〉一文，研究莊子悲世道人心的思想；[80]哲教系學生周美蓮在〈略論性之善惡兼評荀子〉一文，研究孔孟荀論人性善惡，以見「聖人之能辨明善惡，這就是聖人」；[81]也有學生創作作品，如古梅〈西北話舊〉一文，表述懷念抗戰時西北風景及節日的生活；另一學生筆名習舜在〈無頂天堂〉一文，談及天堂及地獄生活的異同；也有署名立山，發表〈人生雜感〉一文，談及家鄉中學時有同學達文及達志兄弟，喜愛中國歷史文化的達文同學，卻因思想上有分別，終致兩兄弟成為「政敵」，因此發出無限的感慨，並說出「真理到什麼時候才融通呢？他們同樣要求一個和平康樂、民主自由的社會，為什麼在同一理想底下也會產生如此的悲劇呢？」

　　此外，《校刊》也刊載新亞教員發表研究歷史文化的文章，如羅香林〈唐代廣州光孝寺與佛教各宗派之關係──「唐代廣州光孝寺與中印文化」一書之結論〉一文，藉研究廣州佛教發展，得見「粵人一方習於自我開創，一方習於刻苦自持」，故有慧能在南方發展南禪、律宗及密教，也談及廣東的佛教自有去取印度佛化的標準。[82]也有教員的文學作品，如

---

[76] 余英時：〈歷史自由論導言〉，《新亞校刊》創刊號，頁7-8。

[77] 朱光國：〈基督教道德判斷之根據〉，《新亞校刊》創刊號，頁9-10。

[78] 陳負東：〈略論中國經濟不進步之原因〉，《新亞校刊》創刊號，頁13-14。

[79] 列航飛：〈市地投機之流幣與防止之對策〉，《新亞校刊》創刊號，頁15-16。

[80] 徐祖燊：〈莊學偶談〉，《新亞校刊》創刊號，頁17。

[81] 周美蓮：〈略論性之善惡兼評荀子〉，《新亞校刊》創刊號，頁16。

[82] 羅香林：〈唐代廣州光孝寺與佛教各宗派之關係──「唐代廣州光孝寺與中印文化」一書之結

曾克耑先生的〈大千居士屬題所造松蔭畫象〉、〈大千居士屬所造九歌圖卷〉詩歌等。[83]

　　書院的校友也以延伸新亞精神為己任，如《校刊》第五期刊了唐端正的〈預祝錢先生六十壽辰〉一文，除了介紹錢穆的思想以外，也談及錢氏五年前來港創校「歷盡艱辛」，為的是深信中國民族能復興，然而民族復興必然先復興中國民族意識，及復興中國民族對已往歷史文化傳統的自信心，文中更「願我們對錢先生的學識都有更真切的了解，共同近接中華民國民族盛運的再次來臨」。可見，組成新亞精神的原素之一，是錢穆所言保存中國文化教育，從其時剛畢業的唐端正之言論來看，這位畢業生已明白新亞精神的內涵，並以實踐新亞教育為己任。

　　於1951至52年仍在新亞書院就讀的學生，計有：列航飛、余英時、張德民、唐端正、奚會暲、陳負東、朱光國、傅立武、梁崇儉、黃德廉等諸位先生。至1952年夏天書院首三屆的畢業生如下，第一屆畢業生，計有余英時、張德民、陳式；第二屆畢業生有：王懿文、唐端正、朱光國、列航飛、陳負東、陳漢侯、奚會暲、朱清旭、周美蓮；第三屆畢業生有：雷一松、唐修果、林美瓊、上官汝璜等，而以《校刊》所記新亞研究院於1955年成立，公開招考研究生，實踐了錢、唐、張諸位先生，提倡以中國人文學術的教學及研究為中心，以保存及宏揚中國歷史文化於當代世界的辦學宗旨，並實踐了新亞學人所談及使大專以上的畢業生，有志從究中國歷史文化研究的人士，得有一深造的機會，成為推動中國文化「承傳啟後之學者」的心願，以《校刊》第九期所示：新亞研究所開辦研究院第一屆畢業生於1957年誕生，而畢業生計有：柯榮欣、羅球慶、孫國棟、余秉權、唐端正、何佑森（章群）。[84]

　　書院學生也於每周舉辦學術研究會，於1950年8月由其時學生唐端正、列航飛、余英時、張德民、奚會暲、傅立武、朱光國、黎永振、胡弼、鍾中、杜萬榮、陳長水、時鈞、謝振霖、李慧濱、赫世英組成，「該

論〉，《新亞校刊》創刊號，頁11-12。

[83] 如曾克耑：〈大千居士屬題所造松蔭畫象〉、〈大千居士屬所造九歌圖卷〉，《新亞校刊》創刊號，頁16。

[84] 編者：〈歡送余英時張德民兩同學〉，《新亞校刊》創刊號，頁31；參〈本院歷屆畢業生名單〉，《新亞校刊》第9期，頁22；但依《新亞研究所概況（1988-1989）》所示第一屆研究所畢業生除了正文所示的六位外，尚有章群。有關章群是否為第一屆畢業生的問題，尚待考察，因為本文以《校刊》為主要論述的內容，暫未把章群先生列入第一屆畢業生內，有待考證。

會之宗旨是在建樹良好的學術氣氛，要成正確的求真態度，而特別強調須操守學術的立場，不得有任何政治性之活動」，希望脫離其時國、共兩黨的政治鬥爭，以獨立學術研究論事，而研究會的工作綱領是「一為創刊壁報，一為舉辦學術問題研討會，一為創辦師長專題講演會，一為籌創平民夜校或貧童夜學，一為舉種種生活活動」，在第一次全體大會中，更動議籌印新亞同學文摘。[85]

《校刊》第一期所記，在1950至52年，研討會討論過兩個問題，一為「秦行郡縣以後，是封建的結束，還是繼續？」二為「人生之意義」，而講演會也有錢穆的「人生價值之內在觀」，張丕介的「中國的土地與人口」，其後也有新亞同學進行共有30次演講，其要目如下：

次數	講者	題目	次數	講者	題目	次數	講者	題目
第一次	列航飛	民主政治與政黨政治	第二次	余英時	中國近代社會之分析	第三次	張德民	東歐經濟地理之重要性
第四次	唐端正	不朽的我見	第五次	奚會暲	中國近百年來革命運動史	第六次	陳負東	中國經濟不進步之原因
第七次	董保中	談重歐輕亞問題	第八次	胡美琦	我的教育理想	第九次	張德民	美蘇經濟潛力之比較
第十次	朱光國	基督教道德判斷之根據	第十一次	傅立武	我對孫中山先生思想之了解	第十二次	陳負東	歷史唯物論與社會發展史
第十三次	列航飛	兵學瑣談	第十四次	張德民	中東問題之重要性	第十五次	余英時	歷史自由論
第十六次	列航飛	孔子言行（一、二、三）	第十七次	奚會暲	談資本主義經濟	第十八次	唐端正	論自由
第十九次	列航飛	論發達國家資本與發達社會資本	第二十次	陳負東	經濟恐慌初論	第二十一次	唐端正	世界文化之新生
第二十二次	朱光國	漫談以良心為道德標準之正確性	第二十三次	張德民	印度需要糧食嗎？	第二十四次	列航飛	理想中的人文經濟之面貌

---

[85] 〈課外生活紀要〉，《新亞校刊》創刊號，頁28。

第二十五次	余英時	資本主義與工業革命	第二十六次	唐端正	我們的物質與世界	第二十七次	梁崇儉	中國青年問題
第二十八次	黃德廉	略論小說筆法與人物創造	第二十九次	唐端正	談命運	第三十次	奚會暲	民主與效率問題

[86]

　　《校刊》第二期所示，在1953至54年，共舉辦了20次書院學生講座，其要目如下：

次數（上接第三十次）	講者	題目	次數	講者	題目
第三十一次	列航飛	選舉考試	第三十二次	黃德廉	談新詩
第三十三次	列航飛	管子的經濟思想	第三十四次	黃祖植	幾句詩話
第三十五次	列航飛	人的地位	第三十六次	蕭世鹽	信仰是迷信嗎
第三十七次	陳負東	人格的適應	第三十八次	唐端正	辯證法之類型
第三十九次	朱光國	道德學中的利己主義與利他主義	第四十次	奚會暲	社會心理與生活
第四十一次	列航飛	儒家思想與民主政治	第四十二次	蕭世鹽	進化論之內在矛盾
第四十三次	古梅	我的兒童教育理想	第四十四次	唐端正	關於心物的問題
第四十五次	董良民	歷代基督教愛觀之研究	第四十六次	楊遠	怎樣運用我們的筆槍
第四十七次	黃惠模	鴉片對中國社會之影響	第四十八次	列航飛	略論中國農村社會之和平競進與品位對流
第四十九次	唐端正	文化學大義回述	第五十次	唐端正	續談文化學大義

[87]

　　在1954至55年，新亞書院的人文學會也舉辦了7次講座，其要目如下：

次數	講者	題目	次數	講者	題目	次數	講者	題目	次數	講者	題目
第一次	王健武	談管子的經濟思想	第二次	寧仲康	談封建主義	第三次	孫述宇	我對科學的態度	第七次	楊遠	淺談文學上幾個基本範疇
第四次	胡杕昶	亞里士多德的中庸之道	第五次	朱學禹	發展中國經濟之私見	第六次	王明一	談遮托拉斯			

[88]

---

[86]　〈課外生活紀要〉，《新亞校刊》創刊號，頁28。

[87]　見唐端正、蕭世鹽：〈課外生活紀要〉，《新亞校刊》第2期（1953），頁30。

[88]　〈人文學會〉，《新亞校刊》第7期（1955年），頁58。

　　為了更廣泛推動人文精神在校內的傳播，學生們更成立人文學術研究社，1955年的社長是辛未同學，研究社於1954年至55年時，舉辦了二場討論會，題目為「（一）人生善惡問題。（二）人類前途」，並舉辦了多次學術講座：

次數	講者	題目	次數	講者	題目	次數	講者	題目
第一次	梁崇儉	中國文學之起源	第二次	辛未	中國人口問題	第三次	徐匡謀	談翻譯
第四次	彭子游	藝術之欣賞	第五次	楊祖馨	西藏問題	第六次	丁智	要不要再來一次文學革命
第七次	張理泉	孔子在中國文化止之地位	第八次	李仇夷	軍事、政治與文化	第九次	達道	佛教與中國文化

[89]

　　以上演講課題，主要是以中國傳統思想及文化作專題演講，也有旁及時事和政治、經濟課題，討論東西方歷史文化及政經問題時，仍以此與中國的情況作對比，故可見這些課外活動，不是錢穆院長或校方發動，校方因經濟困難自然無力資助這些課外學術活動，而這些講座是同學們自發以傳播中國傳統文化知識為己任，這些論學的內容正是「新亞精神」的內涵之一，由此可見，書院及學生組織的學術演講正好實踐了「新亞精神」。

　　談及「新亞精神」的實踐，不獨要求教員以身教及言教實踐所學，學生也在生活中實踐所學，更重要的是把「新亞精神」延伸至當時的青少年，達到為中國文化教育，培養讀書種子的新亞學人辦學的心願。

　　由是五十年代初的新亞學生，更籌辦新亞夜校，結合《校刊》內刊載〈新亞夜校〉、唐端正及蕭世鹽在〈課外生活紀要〉的文章，得見新亞夜校是由新亞書院大學同學，各位新亞師長的贊助和趙冰先生的幫忙下，於1952年創辦，夜校分為小學六年為高、中低三級，課程編制與普通小學一樣，上課時間為每晚七時至九時，校舍為書院教室，在桂林街時期，夜校主要是桂林街的校舍，教師為「全由大學部同學義務擔任」，任教者均是「實受書院『人文主義之教育精神』所感召」，並成立董事會、校務委員會，校長為列航飛，就讀新亞書院的正式學生及捐款二十元以上者為夜校

---

[89] 同前註，頁60。

教員，其時的教員有：陳漢侯、徐祖桑、朱清旭、周美蓮、余英時、陳負
東、唐修果、傅立武、朱光國、唐端正諸位先生，夜校的經濟來源也來自
外來捐助，於1952年已收生有88人，以低年級同學最多，「全部享受免費
待遇」，中年級學生較少，每月繳費二元，高年級同學最少，每月繳交三
元，中、高級同學之家境貧寒，或成績優異的，可獲免費優待，另外各級
也設有全免、半免學額，以資鼓勵入學，收入除了雜務支出外，餘款撥入
為小學圖書購置費，夜校主要「因鑒於深水埔區失學兒童甚多，且該院沒
有哲學教育系，故為使理論與實踐連繫計，服務社會，特創辦義務性質之
夜校」，此校的宗旨為希望學生在幼年時漸漸學習到吸收知識與做人是同
屬一事的道理，又特別提倡「孝父母」、「敬師長」、「愛同學」及「勤
學業」的「四大校訓」，希望：

> 以翼使學生確能了知為學做內屬一事，使其生活中實踐孝與敬，以
> 培養其家庭之情誼，亦即一切德性之根本。在愛校訓實踐下，使學
> 生習於群體生活，在進德修業方面，又使師生皆能勤勉不息。這是
> 四大校訓提出之理由，希同學皆以文化工作者自任，更願新亞精神
> 從此發揚，人文種子在此廣播。[90]

夜校分為教導及總務兩部門，主要就是希望學生能「以文化工作者自
任，更顯新亞精神從此發揚，人文種子在此廣播」；1955年又分立教務
及訓導兩部，晚上七時上課，有糾察長趕忙派糾察員守候校門，維持校
內的秩序及拒絕衣服不潔或沒有佩校徽的同學進校門。夜校教員授課之
餘，也以講故事的方式把中國的聖賢或偉人，如孔子、孟子、文天祥、
岳飛的故事教導學生，使「學習不只是窄狹的事情，它應該與日常生活
打成一片纔能收效」，教員也為夜校學生成立讀書會、音樂欣賞會、藍
球隊，並定期舉行旅行及除夕晚會。依胡栻昶〈我們的夜校〉一文，指
出夜校教學「使他們對我國之聖賢和偉人有一個最基本的觀念，使他們
那小小的腦袋裏，留下了許多人格和對品德修養的知識，合道『為學做

---

[90] 見扶搖：〈新亞夜校〉，《新亞校刊》創刊號，頁29。此文尚未可以視為新亞夜校成立之宣言，
只可視為描述新亞夜校的活動，文中只是引述新亞夜校成立宗旨，暫時尚未見新亞夜校成立的宣
言或宗旨。

人」的基本條件，使他們將來成為一個不會只偏於求知方面的人，而是兼有做人應有的態度的人」，希望學生知道人生不是單求享有物質生活，而是應有為人類，為社會幸福而貢獻的精神，其時任教的教師也感到「夜校和睦得活像一個溫暖家家庭」，學生的作文及書法成績也不俗，令教員感到安慰的是「在每晚放學後以後，許多小朋友還是依戀在校裏，希望能夠多玩一會兒」。

先看新亞書院校園生活之一，就是成立歌詠團與音樂會，這些學生組織是否呈現「新亞精神」？習舜在〈我們的歌詠團與音樂會〉一文，表述新亞歌詠團在艱苦籌辦中仍愛中華文化的圖像。此文指出歌詠團是由一群「找不出一個引起勁兒來的問題來討論，呆坐著，大家總覺得在生活上缺少了什麼似的」同學組成，為學生自發的組織，故成立之初，沒有校方財政資助，幸黃天榮先生義務任教歌樂團，並任指揮，朱學禹同學為司琴，風琴是借一位周姓同學，也「已修了幾天才可以用」，歌譜也要到處探借，「我們費了九牛二虎之力才設法搬來了一架鋼琴，別忘了，我們是沒有一塊錢作基金的」；同時，雖感到「在香港這些環境，英文歌是比較受歡迎的」，但認為「我們為什麼不能克服環境呢？我們不但要唱中國歌，並且要做到了平民化，大眾化」，終得到很多同學及朋友支持，小組成員「從不缺席」訓練，並在太子道聖德肋撒堂青年會表演，團員演唱歌詞是：「念故鄉，念故鄉，故鄉真可愛，天甚清，風甚涼，鄉愁陣陣來」，因歌曲的感染「很快便撩起大家的鄉愁，自然又會故國神遊了」，經各位同學獨唱及合唱〈長恨歌〉的選曲後，又是全體大合唱〈我所愛的大中華〉，演奏會就是在『祝我中華，萬歲，萬萬歲』的雄壯歌聲中結束」。[91] 經此表述，可知歌樂團雖處在五六十年代歐西歌曲影響下的香港及艱苦困難生活中，仍堅持唱「中國歌」，更重要的是歌唱愛中華文化的歌詞，雖然新亞的不少同學來自中國內地，但也不能否認生活在新亞校園下，受新亞諸賢教導保存中華文化的言論所影響，這股保存及宏揚中華文化的「風」是形塑了校園風氣的重要力量。

又看形塑新亞校園生活的媒介之二是書院師生舉辦的晚會，師生參加娛樂活動之餘，不忘為中國國情的憂心。1953年的〈課外生活紀要〉所記，於1952年十月十日的國慶校慶聯合晚會，在莊穆的會場氣氛中，「我

---

[91] 習舜：〈我們的歌詠團與音樂會〉，《新亞校刊》創刊號，頁29。

們聽著錢院長說：『如果我能一口氣把這四十一支小的和三支大的蠟燭吹滅，那麼明年中華民國的前途便是光明燦爛。』，以後，看著他潤紅了臉龐，鼓滿一口氣，『呼』一聲把蛋糕上的洋燭吹滅了」，大家也頓然感到「為中國學術而努力」。[92]

　　再看形塑新亞校園生活的媒介之三，就是新亞夜校舉辦的讀書會。讀書會在1953年成立，唐端正等學生認為學習只在窄狹課室，應是「與日常生活打成一片纔能收效」，尤以語言學習，更不能離開生活，「於是我們這一群奔向『新亞』旗幟，懷抱『新亞精神』的青年，為內心那不可遏止的學習的熱誠所驅使，在英文教授孫祁壽先生指導下，發起了我們的英文讀書會」，藉辦讀書會希望夜校學生，能「養成自修的讀書能力」、「養成中英互譯的能力」、「養成聽話與說話的能力自修的讀書能力」，又每周請英美人士演講，在英美人士的演講會上，希望學生要說英文，破例說中文者，有定額罰款，學期終不少學生能主動讀英文雜誌，有些同學把《自由中國》雜誌的篇章譯成英文，並把中英文的文章對校，同學們發現「《自由陣線》或《中國之聲》等雜誌上的文章經常有人譯在《虎報》上」，學生也把《虎報》內的文章試譯在中國雜誌上，有些學生讀英文版《莎氏全集》（按：《莎士比亞全集》），有些學生讀英譯亞里士多德原著，有些學生譯了一本十餘萬字的英文書，並在台灣的書局出版，也有「一位同學竟然發起野心，開始翻譯錢院長的近著《文化學大義》一書」，[93]可見讀書會的教學成效。

　　形塑新亞校園生活的媒介之四，就是新亞國劇社。新亞國劇社在1956年成立，曾舉行慶祝國慶校慶及新校舍落成首次公演，表演中國傳統國劇「女起解」、「武家坡」、「登殿」、「坐宮」等，又提供「中國風味」的茶點、中國傳統涼麵及杏仁豆腐，同學們感到這些食物「滋味鮮美，食者均盛讚不已」。[94]

　　就此看來，新亞校園只有中國傳統文化的生活氛圍，其實，校園也有天主教同學會及舉辦基督徒團契，可見校園是實踐新亞教育所標舉東西文化教育並重的特色。1956年5月20日新亞天主教同學會成立，除了在校內

---

[92] 唐端正、蕭世傑：〈課外生活紀要〉，《新亞校刊》創刊號，頁30。

[93] 同前註，頁31。

[94] 〈新亞國劇社〉，《新亞校刊》第9期（1957年），頁54。

有靈修、學術演講及出版會報外，也有舉週年紀念活動及為會員提供獎學金。1957年會員來自中國不同省份的人士約59人。此外，校內基督徒同學的聚會早見於1954年，初時只有查經班，「一九五五年聖誕節的第二天晚上，一群同學在牧愛堂舉行聖誕節崇拜。受聖靈的感動，一致主張在本院（按：新亞書院）組織基督徒團契即推選籌備委員」，至1956年新亞書院才有第一個正式的基督團契，其後又在校園舉行佈道會。[95]

　　至於夜校教育的成效如何？依仰峰在〈成長中的新亞夜校〉一文，所記：「當本期（按：1955）招生的消息傳出之後，不到三天的工夫，報名的已超過了七十人，其實我們的取錄學額只有十幾位，為了免使更多的人失望，我們只得提早截止報名」，已見學生報讀由新亞書院學生籌辦的新亞夜校的盛況，而當作者見到報讀學要進行考試的盛況時，卻「一則以喜，一則以悲」，可喜的是學生「不受環境的限制而放棄求知的念頭」，可悲的是「我們不能盡量收容這一群適齡或超齡的與滿懷熱望來投考的孩子」。於1955年的下學期，教員除了在課堂上講解做人的道理，鼓勵學生向善，更「引導他們走入正途外，這學期又特別在每星期一課後抽出三十分鐘時間，由各先生輪流擔任向學生講解倫理上的各項問題」，更令作者感到欣慰的是，學生們能夠在參加話劇、旅行及組織課外活動時，得見學生們「熱心、誠懇，以及有做事的能力」的成效，作者認為這是新亞夜校教育的成果，也是新亞書院教育成功的地方，他指出新亞夜校的教育宗旨：「是源自於新亞書院的教育精神而來，我們不只是給予他們一些書本上的知識，同時也重視德育」，新亞夜校就是實踐了新亞書院倡導德育與知識並重的教學宗旨。[96]

　　回憶新亞書院創辦首三年及籌辦夜校的艱苦情況時，在面對吃苦的情景下，新亞師生們仍可籌辦多次演講會，新亞夜校也相繼成立，然而支持他們的動力是甚麼？學生指出支持他們的努力，不獨是個人的熱情，「一股熱情外，我們憑什麼去達成呢？」主要是「同學們的熱情和師長們的鼓勵與贊助」，更重要的是任教新亞夜校的新亞書院同學，以「這一切成果的種子，都是在三年前雨暴風狂的時候，錢先生所親手埋下的，今天我們

---

[95] 〈新亞天主教同學會〉，〈新亞基督徒團契〉，《新亞校刊》第9期（1957年），頁55。

[96] 見仰峰：〈成長中的新亞夜校〉，《新亞校刊》第7期（1955年）頁58-59；參〈列航飛先生專訪——我尋新亞〉，《吾繫新亞——新亞五週年特刊》，頁14-15。

回為它的成長而慶幸，但這都是過去慘淡奮鬥的結果」，[97]「新亞夜校的
創立，音樂演奏會的演出與乎校刊的印行，都充份反映了新亞精神之發
展」，[98]既感謝錢院長籌辦新亞所付出努力，也感謝經亞洲文商至新亞籌
辦之初，師生在困難中的堅持辦學的理想，如今新亞夜校的成立，及新亞
師生的校園生活，正好是實踐「新亞精神」的表現。

四、結論

　　時代學風的建立，有待第一代先賢樹立研究方法的典範及建立治學
的精神，第二代、第三代、第四代等學人，在前賢的基礎上，開拓新領
域，由是建立一個地域，一個群體的學風。香港因為特殊政治及地理環
境，既與中國內地緊密相連，又不同於中國內地的政經及文化環境，每於
國內變動，成為學人南下的居所，學人或因此久居，或選暫居，均造就了
居於香港的中國人文研究學者之新任務，既使香港成為「大陸通向世界的
一個學術和思想的港口」，[99]也促成香港學術機構的擴展，學術研究得以
在香港本土植根及成長。[100]畢業於新亞研究所的李金強先生，已從香港史
學發展的角度，指出因錢穆、羅香林等南下的學者，促使「民國以來傳統
及新史學之學風，由是得以移植本地」，導致「民國史學南移」的結果；
另一位在香港中文大學新亞書院完成學業的周佳榮先生，也指出自十九世
紀以來，香港史學發展的「第三個階段」，就是啟自1949年南來香港學
人。周氏指出因為香港年青一代先在南來史家的教導及啟迪下，建立學問
基礎，日後更出外留學，成功結合中國傳統學問與外來研究方法，終導致
70、80年代香港青年學者輩出，「促成香港史學本地化與國際化並駕驅
的發揚時期」，南來學者成為49年至70年代年青學人吸收傳統學問的知
識資源。[101]周、李二氏雖只言香港史學的發展，其實這現象不僅是香港史

---

[97] 見立群：〈課外生活紀要〉，《新亞校刊》創刊號，頁28-29。

[98] 〈課外生活紀要〉，《新亞校刊》創刊號，頁17。

[99] 余英時語，見氏撰：〈香港與中國學術研究──從理雅各和王韜的漢學合作說起〉，《歷史人物
與文化危機》（台北：東大圖書公司，1995年），頁145。

[100] 有關論點參周佳榮：〈華人移民史上的香港〉，《歷史絮語》（Hong Kong: Oxford University
Press, 2004），頁184。

[101] 李金強：〈民國史學南移──左舜生生平與香港史學〉，《香港中國近代史學會會刊》第3期
（1989年），頁85-98；有關香港史學發展在各階段發展的情形，見周佳榮：〈導論──香港

學發展的特色，也是49年以來香港人文及社會科學發展的整體面貌，更重要的是50、60年代，作為團結南來學人，植根在香港高等教育機構的重要力量之一，就是新亞書院及新亞文化教育機構，新亞成為一個重要學術群體的誕生及學人的聚居地方，[102]正如日後成為新亞文化事業發展的重要支柱之一的徐復觀先生，在〈悼唐君毅先生〉一文，曾言：「香港之有一點中國文化氣氛，有少數中國人願站在中國的立場做中國學問，從新亞書院開始」。[103]今天談及戰後開拓香港學術風氣的重要學術機構，有必要研究新亞書院及新亞學術群體的發展，而談及締造新亞學術群體治學風尚的學者，又必要注意錢穆、張丕介、唐君毅諸先生的治學風尚及學術道德人格，「他們三個人，真可謂相依為命，缺一不可」，值49年中國學術文化發展發生重大的變化，在「流亡」南來文化人的帶動下，把中國傳統文化保存於香港，並以香港為傳播及發揚「新」的「亞洲」文化之地，中國文化由「花果飄零」，得以在香港「靈根自植」，日後錢穆、唐君毅及張丕介三位先生，雖不是遷往地方，就是辭世，但三位學人教導的學生及三位建立的「新亞精神」也流播香港，遠至臺灣，當然他們三位學人尤對於香港歷史文化教育界的發展，影響甚大。[104]雖然自新亞創校至今，每一代任教及就讀在新亞的人士對「新亞精神」有不同的詮釋及理解，對「新亞精神」也未必有清楚的定義，卻能心領神會，自視為「新亞人」，「新亞人」更不斷在生活上實踐「新亞精神」，可見「新亞精神」的內涵，除了「喫苦」的精神，及具有保存、宏揚中國傳統文化，進而闡述中西文化並存的特色外，「新亞精神」也應包括一種「艱苦奮進」，在艱苦中不斷

史學的成立和展望〉，周佳榮、劉詠聰主編：《當代香港史學研究》（香港：三聯書店，1994年），頁1-5。

[102] 五、六十年代，團結及凝聚南來學人的高等院校，也有香港大學、珠海書院、浸會學院（日後浸會大學）等，但本文暫談及新亞書院的發展，有關此時高等院校對中國文化教育扮演的重要角色，見區志堅：〈中外文化交融下香港文化之新運：羅香林教授中外文化交流的觀點〉，趙令揚、馬楚堅編：《羅香林教授逝世二十週年紀念論文集》（香港：薈真文化事業出版社，2006年），頁36-52；〈香港成為國際漢學交往的橋樑——從乙堂問學書信看戰後羅香林與海外學人之交往〉，《國際漢學論叢》第2期（2005年），頁251-290。

[103] 徐復觀：〈悼唐君毅先生〉，《紀念集》，頁19。

[104] 詳見李金強：〈新亞研究所師友雜記〉，《當代史學》第7卷第3期（2006年），頁60-63；周佳榮：〈香港史家群像與史學新里程〉，《當代史學》第7卷第3期（2006年），頁57-59；周氏也認為：浸會辦學精神也是與新亞精神是相通的，見氏：〈一代通人：孫國棟師的治學理念〉，《孫國棟教授追思集》，頁62。

要求自己向上之機，自強不息的人生處事態度。然而，若從香港學術思想及海外內新儒學發展的角度而言，更應多研究新亞諸賢的行事及學術成果，傳承新亞諸賢的成果，開創新方向，使新亞學風得以代代相傳，推陳出新。[105]

---

[105]詳見香港中文大學新亞書院編：《誠明古道照顏色──新亞書院55周年紀念文集》（香港：香港中文大學新亞書院，2006年）一書內列出了新亞學人；參區志堅：〈從《新亞生活雙周刊》看六七十年代的「新亞生活」〉（未刊稿），香港三聯書店主辦「學術文化講座」，2010年1月20日。

第十一章　從北京到臺北
——京劇《硃砂痣》演出變遷考略

中央大學中國文學系
李元皓

一、前言

　　就戲曲史而言，編劇、演員彼此間的地位沉浮是個很耐人尋味的問題。傳奇的作者可考，而首先設計演出者則淹沒；到了梆子二黃的時代，演員代表作可考，可以推到第一位以本劇知名的演員，但是編劇為誰，就無從得知。《硃砂痣》看起來只是浩如煙海的京劇劇目當中的一齣，卻正好是我們少數知道編劇的劇目，就上述「編劇、演員」的問題來觀察，本劇有助於吾人認識傳統京劇老戲從編到演的過程，對於經典老戲，如何成為「經典」的發展。

　　本劇編劇是清代的余治（嘉慶十四年－同治十三年，1809-1874），字翼廷，號蓮村、晦齋、寄雲山人。江蘇無錫人，五應鄉試不中，由官吏保荐為訓導，受過完整的儒學教育，在晚清江蘇南部推行教化達五十年，被稱為「余善人」。著有《童蒙必讀》、《水淹鐵淚圖》、《助餉說》、《江南鐵淚圖》、《劫海迴瀾》、《鄉約新編》、《孝女圖說》、《庶幾堂今樂》等書，編有《學堂講語》、《訓學良規》、《繪圖增訂日記故事》、《古文觀止約選》、《名場必得技》、《尊小學齋集》、《得一錄》等書。《硃砂痣》便出於劇本集《庶幾堂今樂》當中。從上述著作可以看出，余治的事業重心不在於編劇，而是勸善。他的勸善行為也不是個人的義舉，而是「明清勸善運動」的一環。

　　晚清士人的地方建設實踐與其影響，可視為傳統儒家地方建設關懷的最後一波，吳震《明末清初勸善運動思想研究》是對於明清時代宗教文

化的思想史研究，指出儒學宗教化與儒學世俗化的面向值得重視。該書以為明末清初的勸善運動在整個清代、成為士人儒者共同的關懷，跨越漢學與宋學的畛域，清代知名士人如王士禛（1634-1711）、惠棟（1697-1758）、袁枚（1716-1797），紀曉嵐（1724-1805）、趙翼（1727-1814）、錢大昕（1728-1804）、朱珪（1730-1806）、直到略小於余治的俞樾（1821-1907）。[1]余治生平經歷了鴉片戰爭（1839-1842）與太平天國（1850-1872）等歷史事件，由於功名無望，余治轉而重視地方教化，收集各種地方教化的法門，也就是他所編著書籍的大方向。余治可說是「善人的典型」，這典型在於余治不汲汲於功名，終生編寫善書，從事地方善舉，以致於清末盛傳余治死後成神，先後成為真人或主壇之神，[2]在民俗文化中是一個相當有效的指標，足以看出余治在勸善運動中的聲望與形象。筆者以為，在勸善運動的波濤漣漪所產生的效應，有當事人始料未及者，值得後續學者給予更大的重視。本文擬討論余治最為後人所知的活動──京劇《硃砂痣》的創作──即是一顯著的例證。

二、余治戲曲的創作過程

　　儘管一生以勸善為志，現在讀者能夠知道余治其人，泰半不是因為他的慈善教化行為，而是因為他是清代創作京劇劇本數量最多的具名作家，其小傳散見《中國京劇史》[3]、《中國戲曲曲藝詞典》[4]、《中國大百科全書‧戲曲曲藝卷》[5]、《中國近現代人名大辭典》等書，內容概為「主要從事皮簧調曲本的創作。其劇多為勸人行善和宣傳忠孝節義，維護封建倫理道德。」[6]相關的專著進一步發展上述觀點，以評論其劇作，如「宣傳愚

---

[1]　吳震：《明末清初勸善運動思想研究》（臺北：台大出版社，2009年），頁508-523。

[2]　游子安：《善與人同──明清以來的慈善與教化》（北京：中華書局，2005年），頁93-95、189-190。

[3]　北京市戲劇藝術研究所、上海藝術研究所：《中國京劇史》（北京：中國戲劇，1990年），上卷，頁566-569。

[4]　上海藝術研究所、中國戲劇家協會上海分會編：《中國戲曲曲藝詞典》（上海：上海辭書，1981年），頁283、284。「皮黃」指京劇主要聲腔〔西皮〕、〔二黃〕。

[5]　中國大百科全書出版社編輯部：《中國大百科全書‧戲曲曲藝卷》（北京：中國大百科全書出版社，1985年），頁549。

[6]　李盛平主編：《中國近現代人名大辭典》（北京：中國國際廣播，1989年），頁316。

忠愚孝和封建迷信思想。」[7]「迂腐地沈浸於教條和幻想之中，試圖用自己微薄之力，在庶民百姓之間，重興已然沒落的道德綱常規範。」[8]等負面評價，對《庶幾堂今樂》持不同論點者少之又少。[9]事實上，余治的劇本價值不高的確是難以否認，就其勸善意圖凌駕戲劇性與文學性一點來進行討論，也並無太大的意義。因此本文的目的不在於肯定或否定《庶幾堂今樂》，而是希望透過《硃砂痣》編演的過程，討論流派經典如何形成並傳播的問題。換句話說，就是老戲如何成為老戲，會如何被保存的問題。

　　首先，《庶幾堂今樂》肯定戲曲的「高台教化」能力，書名也與此有關。卷首的〈自序〉先說「古樂衰而後梨園教習之典興」，文中引用《孝經》：「移風易俗，莫善於樂。」接著引用《周子通書》：「不復古禮，不變今樂，而欲至於治者，遠矣。」文末又引《孟子》「王之好樂甚，則齊其庶幾乎。」說明定書名為《庶幾堂今樂》之意，並以「庶幾哉。一唱百和，大聲疾呼，其於治也，殆庶幾乎。」結語。[10]可見余治想要使用「樂」的手段，達到「治」的目的。而古樂已不能恢復，所以要另訂新樂，這是他創作的初衷。

　　第二篇〈引古〉，廣泛引用前賢的語錄，以建立理論的權威，以次引用陶奭齡（?-1640）「今之院本……較之老生擁皋比講經義，老衲登上座說法，功效百倍。」、王陽明（1472-1529）「今之戲子，尚與古樂意思相近」、丘嘉穗（?）「今之演劇，即古樂之遺也」、張載（1020-1077）「故聖人必放鄭聲，亦是聖人經歷過，但聖人不為物所移耳。」各一條，李光地（1642-1718）《榕村語錄》共七條，肯定戲曲移易風俗，感動人心的力量。末云：「先輩評論梨園處甚多，略舉數則，以見一斑。」[11]上述名單當中，從《周子通書》到《榕村語錄》引用的都是理學名家，不雜佛教、道教等其他宗派，足見余治素所秉持的立場。

7　周妙中：《清代戲曲史》（鄭州：中州古籍，1987年），頁424-31。

8　顏全毅：《清代京劇文學史》（北京：北京出版社，2005年），頁183-217。

9　目前可見唯一的質疑是〈試論余治的京劇活動與思想及其現代啟示〉，認為《清代京劇文學史》對余治純持否定角度是有問題的，如能從京劇發展歷史觀察，《庶幾堂今樂》對於現代京劇發展具有啟示的意義。孫書磊：〈試論余治的京劇活動與思想及其現代啟示〉《江南大學學報（人文社會科學版）》第9卷第1期（2010年1月），頁114-118。

10　余治：《庶幾堂今樂》，《京劇歷史文獻匯編‧清代卷》（南京：鳳凰，2010年），冊8，頁419-420。余治誤將「移風易俗，莫善於樂。」當成《周子通書》的內容加以引用，此處更正。

11　余治：《庶幾堂今樂》，《京劇歷史文獻匯編‧清代卷》，冊8，頁425-428。

　　接著在〈答客問〉當中，設為問答，客人質疑編演新戲的必要性，庶幾堂主人逐條反駁。最後指出之前的戲曲固有鼓勵忠孝節義，只是仍有標新立異，聳動觀眾耳目之嫌。若是針對許多常見的社會問題而言，例如賭風、訟風、詐風、墮胎、溺女、焚棺、搶孀、騙寡、宰牛、捕蛙、輕生自盡、藉屍圖害、爭田奪產、輕棄字紙五穀、殺生害命、好談閨閫、奢華暴殄、虐婢、虐媳等，通俗戲曲並未給予這些行為揭露與勸懲。通俗戲曲人物所遭遇的奇特道德困境，如「成仁」、「捨子」、「殺妻」、「殺嫂」等，是一般人終身不會遭逢劇中的奇遇。譬之治病，觀眾貪看傳奇，就是注目於罕見的疑難雜症，反而忽略了眼前的常見病症，即社會的普遍問題。余治有鑑於此，針對常見問題持續創作，所以《庶幾堂今樂》收錄的二十八個劇本，每個都有特定的主旨。

01.《後勸農》：勸孝弟力田也。

02.《活佛圖》：勸孝也。

03.《同胞案》：勸悌也。

04.《義民記》：勸助餉也。

05.《海烈婦記》：表節烈懲奸惡也。

06.《岳侯訓子》：教忠教孝也。

07.《英雄譜》：懲誨盜也。

08.《風流鑒》：懲誨淫也。

09.《延壽籙》：記修心改相也。

10.《育怪圖》：懲溺女也。

11.《屠牛報》：儆私宰也。

12.《老年福》：勸惜穀也。

13.《文星現》：勸惜字也。

14.《掃螺記》：勸放生也。

15.《前出劫圖》：勸孝也。

16.《後出劫圖》：勸救濟也。

17.《義犬記》：懲負恩也。

18.《回頭案》：嘉賢妻孝女也。

19.《推磨記》：儆虐童媳也。

20.《公平判》：懲不悌也。

21.《陰陽獄》：懲邪逆也。

22.《硃砂痣》：勸全人骨肉也。

23.《同科報》：勸濟急救嬰也。

24.《福善圖》：儆輕生圖詐也。

25.《酒樓記》：戒爭毆也。

26.《綠林鐸》：儆盜也。

27.《劫海圖》：分善惡勸投誠也。

28.《燒香案》：戒婦女入廟也。[12]

　　就現代編劇的角度而言，余治利用戲曲描寫前人未曾言及的社會問題的企圖，類似同時歐美的社會問題劇，無論是元雜劇或明傳奇，如《目連》或者《五倫全備記》，都未曾有編劇以問題取向，主題先行的方式，一題一劇，編演大批劇目者。但是余治的編劇手法停留在道德劇的階段，情節充滿神蹟與巧合，結局總是善有善報，惡有惡報。對於戲劇性的要求，全無自覺，所以難以充分善用劇場的各元素，打動台下的觀眾。但是在演員的努力之下，《硃砂痣》脫穎而出，在十九世紀末成為流行劇目，迄今仍保留在舞臺上，這是本劇值得關注之處。余治出生之前也有一齣名為《硃砂痣》的戲，見於《乾隆三十九年春台班戲目》（1774），[13]內容不詳。《京劇劇目初探》、《京劇劇目辭典》都只記錄了本文所討論的經典老戲，似乎早已消失。在《庶幾堂今樂》的序文中，余治提及書中全部的劇作都是原創，即使《硃砂痣》一劇與乾隆年間春台班所演之《硃砂痣》除了同名之外，可能還有相同的故事關鍵。以當時的眼光來看，這也不影響劇作家宣稱這齣劇本屬於原創的正當性。

　　其次，整理《庶幾堂今樂》編演相關的事件紀錄：

　　1850年，余治創作皮黃戲《後勸農》、《同胞案》、《英雄譜》、《綠林鐸》等劇十餘種，在江陰、常熟等地試演。[14]

　　1872年，同治十一年二月初一日的清宮旨意檔，記錄在長春宮演出《吉曜承歡》、《彩樓配》、《十字坡》、《硃砂痣》、《雙盜鉤》的紀錄。[15]

---

[12] 同前註，頁436-443。

[13] 《京劇歷史文獻匯編・清代卷》（南京：鳳凰，2010年），冊8，頁472。

[14] 王漢民・劉奇玉編：《清代戲曲史編年》（成都：巴蜀書社，2008年），頁239。

[15] 《京劇歷史文獻匯編・清代卷》（南京：鳳凰，2010年），冊3，頁280。

　　1873年，余治攜《庶幾堂今樂》（又名《勸善樂府》）到杭州謁見浙江巡撫楊昌濬（?-1897），得到鼓勵，又得到知名學者俞樾為之作序。[16]

　　1874年，春，余治計畫增定《庶幾堂今樂》，另寫六個劇本，分為三集出版。十月，余治逝世，門人蒐集遺稿，計有原刊本九種，抄本十一種、殘稿十四種。[17]十二月，同治皇帝駕崩，八音遏密，所有戲班奉諭停演，可能也推遲了門人搬演余治劇本的作為。但是余治作品從1850年以來在江南演出，這一年，浙江鴻秀班在上海演出草崑《活佛圖》、《同胞案》等善戲，[18]《庶幾堂今樂》的唱詞形式都是齊言的板腔體，而非長短句式的曲牌體，不知草崑用何種形式演出。

　　1880年，《庶幾堂今樂》由蘇州得見齋刊行，香山鄭官應（1842-1922）作跋，分上下卷，收劇本二十八種，在花部劇中為文人編定的第一本個人劇本集。[19]寫跋文的鄭官應即為鄭觀應，與為《得一錄》寫序的馮桂芬，並為清代「同光中興」時期具有代表性的思想家。二人對於余治著作的肯定，不應視為泛泛的應酬之作，而應視為同光中興時期，士人對於維新的多元思考與實踐，勸善運動也是值得嘗試的方向之一。某些作法在歷史的後見之明看來，或許異想天開，不切實際。但在當時可能是值得一試的主意。其中余治的獨到之處，就在於使用流行戲曲實踐教化的意圖。

　　1883年12月13日的《申報》戲單始有《硃砂痣》演出記錄，此時距離清宮演出本劇已經有十一年之遙了。從1850年到1874年。余治花了二十年以上的時間寫作善戲，先在江蘇組班演出，後續傳播路線仍待考索。1880年代，正好是北京劇壇京劇老生「後三傑」孫菊仙（1841-1931）、譚鑫培（1847-1917）、汪桂芬（1860-1906）先後崛起的時候，余治所著劇本傳到北京，《硃砂痣》成為孫、譚、汪三個流派爭強鬥勝的的擂臺。

[16] 王漢民、劉奇玉編：《清代戲曲史編年》，頁268。
[17] 同前註，頁271。
[18] 趙山林：《中國近代戲曲編年（1840-1919）》（上海：華東師範大學，2008年），頁87。
[19] 王漢民、劉奇玉編：《清代戲曲史編年》，頁290。

三、1900年前後《硃砂痣》流行的程度

　　根據齊如山的回憶，《硃砂痣》的「借燈光」唱段[20]是光緒十幾年以後（也就是1884年以後）的流行唱段，北京路上到處可以聽到：

> 走路的人在大街上隨便唱戲，與戲園子裡頭唱的戲，最有關係。敝人在光緒十幾年進京的時候，大街上的人一張嘴便是「楊延輝」，因為比時楊月樓的《探母》最時興。後來一張嘴就是「小東人」，因為彼時戲園子裡正時興《教子》。再往後滿街上都是「借燈光」、「伍員馬上」、「店主東」、「大喊一聲」等等，因為彼時孫菊仙的《硃砂痣》、汪桂芬的《文昭關》、譚鑫培的《賣馬》、金秀山的《鎖五龍》正走運。後來又改「在月下」，因為黃月山及他徒弟李吉瑞正以《劍鋒山》出名。再往後因為劉鴻聲的《斬黃袍》走運，所以滿街上又改唱「孤王酒醉」了。近來大家隨便唱，不是《南陽關》，就是《珠簾寨》，不然就是「保鏢路過馬蘭關」（連環套），若堂子裡大半是唱「兒的父去投軍無音信」（汾河灣）。[21]

　　《硃砂痣》在清末民初如此熱門，也反映在戲單上。《首都圖書館藏舊京戲報》收錄了1908年到1942年之間北京的八百多張戲單，堪為北京京劇演出的一個抽樣，根據索引，《天降麒麟》、《珠沙痣》、《硃沙痣》、《硃砂痣》是同一齣戲的異名，演出記錄共四十四次。另舉一齣流行老戲來比較，《陳宮計》、《捉曹放操》、《捉曹放曹》、《捉放》、《捉放曹》共計四十九次，[22]雖然不是全貌，也可覷見其經常演出的程度。《五十年來北平戲劇史料》收錄1882年到1932年的戲單，在卷末的統計當中，有23個戲班能演本劇，與《釣金龜》、《捉放曹》同樣熱門，有4個戲班擺在前三齣當中，[23]也可看出本劇的熱門程度。所以《京劇劇目辭典》找出一大堆演員，都以此劇拿手：

---

[20] 見下文表三：《硃砂痣》重要唱詞版本比較。

[21] 齊如山：《齊如山全集》（台北：聯經，1979年），頁818。

[22] 《首都圖書館藏舊京戲報》（北京：學苑出版社，2004），頁270、286、292-293。

[23] 周明泰：《五十年來北平戲劇史料》（臺北：廣文書局，1977年），頁490。

　　據《燕塵菊影錄》、《京劇二百年之歷史》、《菊部群英》、《清
代伶官傳》、《顧曲憶述》：清孫菊仙、夏榮波、王鳳卿、時慧
寶、孟小茹、趙鳳明、陸鳳山、馬俊卿、吳鐵庵、翁梅倩、李桂
芬、孫喜雲、鄭秀蘭、秦鳳寶、陳肅雲、李亦雲、汪桂荷（皓案，
疑是汪桂芬）、李鑫甫、賈洪林、余勝蓀、白文魁（皓案，一作白
文奎）、陳德霖等均工此戲。[24]

由於這齣戲的劇本是原創的，不在崑梆徽漢的脈絡之內，使得後三傑只
能用自己的心得演出劇中主角老生韓廷鳳，因而呈現三人各自不同的特
色，例如徐蘭沅說自己幼時學了《硃砂痣》的娃娃生，先後跟後三傑演
出過，光是娃娃生見到老生說的第一句話就是三個版本，孫菊仙教他
念：「大老爺在上，小人拜揖。」譚鑫培教他念：「晚生拜揖。」汪桂
芬教他念：「小可拜揖。」[25]上述演員不單是男主角，還有老生賈洪林
以飾演男配角吳惠泉聞名，青衣陳德霖以飾演女配角江氏聞名，娃娃生
玉印也成為童伶學習的重要角色，徐蘭沅之所以會此戲，又跟後三傑都
搭配過，就是因為本劇如此熱門。至於後三傑演出的高下，也有公認的
評價，以孫菊仙為最優。

　　　　光緒中葉，汪、孫二人均以《朱砂痣》見長，然唱法各有不同……
　　　　至譚鑫培之《朱砂痣》，當汪、孫盛時絕不演唱，從先演戲，最
　　　　重讓德，名為讓德，實亦藏拙。譚之演此，係在王瑤卿搭入同慶以
　　　　後……總評三人唱法，仍以孫為最，汪次之，譚又次之矣。[26]

〈說說汪孫譚朱砂痣碰板唱法之不同〉也以為譚鑫培不及孫、汪，三個人
對於表演的唱詞、板式基本上沒有改動，全劇使用二黃腔到底，主要是在
唱法上發揮個人流派的風格。《京劇劇目辭典》完全不提譚鑫培「工此
戲」。
　　在具體的表演上面，汪桂芬在聽見義子叫自己「爹爹」時候突現驚喜

[24] 曾白融：《京劇劇目辭典》（北京：中國戲劇，1989年），頁744。
[25] 徐蘭沅：《徐蘭沅操琴生活》（北京：中國戲劇，1998年），集1，頁2。
[26] 〈說說汪孫譚朱砂痣碰板唱法之不同〉，《立言畫刊京劇資料選編》（不著出版地者，2005
　　年），頁452。

的表情，得到好評。但《京劇生行藝術家淺論》認為這齣戲，跟汪的唱腔風格不合，因為劇中描述的是員外家庭悲歡離合的際遇，而汪派善於展現歷史英雄人物與命運的搏鬥，這種悲涼慷慨風格在本劇沒有用武之地；[27]《梨園佳話》也說這一段唱要飄逸，不能悲涼：

> 老生【慢板二黃】戲近日最受歡迎者為《桑園寄子》。為《硃砂痣》。為《舉鼎觀畫》。其【慢板】需聚精會神。方能使聽者滿意。《寄子》中「見墳塋」一段。音主悲涼。《硃砂痣》「借燈光」一段。音主飄逸。雖腔調相類。而各有主音。方能合拍。[28]

這裡的「音主飄逸」，是指「借燈光」唱段的內容是主角在續娶的洞房之夜，看著新人，思緒回到到自己跟前妻的第一個洞房之夜。唱來需要迷離悵惋，展現思緒在新人舊人，過去現在之間擺盪的情境。

　　《戲劇月刊》第二卷第三期有一篇〈譚汪孫硃砂痣不同之點〉，不是敘述三派表演的差異，而只有頭場【二黃慢板】「借燈光」唱段的曲譜，沒有分析與說明，也沒有唱法的提示，如墊字與氣口符號。作者署名道安，應該是上海胡琴名票陳道安（1878-1957），這篇曲譜對琴師的幫助遠大於演員，但是說明了三派唱詞、板腔雖同，但是唱法足以各立一派。譚鑫培在第一場【二黃慢板】第二句「與前妻一樣的風光」的「風光」拖腔使用了老旦腔，內行的評價是用得「非常完美」，[29]可是並未取代孫派的這一唱段。譚派《硃砂痣》主要是以做工取勝，「譚於王瑤卿曩在中和演《朱砂痣》，因非叫座之戲，觀者僅五六百人，不如孫菊仙、汪桂芬上座之盛，惟做工較兩人甚細，認子一場，殆有過之而無不及。」具體指陳了他的做工細膩在何處，[30]「（《朱砂痣》）與王瑤卿演此，吳妻索休書時，面部現佩服色，有重其為人之概。」[31]雖然引文都是平行比較，可是其中還是有分個優劣高下，最後以孫菊仙最受到觀眾肯定，《硃砂痣》這齣戲成為了孫派的代表劇目。

[27] 王庚生：《京劇生行藝術家淺論》（北京：中國戲劇，1981年），頁182。

[28] 王夢生：《梨園佳話》（商務印書館，1915年），頁29。引自《民國京崑史料叢書》第一輯（北京：學苑，2008年）。

[29] 徐蘭沅：《徐蘭沅操琴生活》，集1，頁26。

[30] 〈俠公劇話：記老譚演戰宛城、朱砂痣〉，《立言畫刊京劇資料選編》，頁561。

[31] 〈俠公劇話：譚鑫培演戲之特點〉，《立言畫刊京劇資料選編》，頁10。

四、1900年前後《硃砂痣》的劇情與表演

《硃砂痣》的劇情如下：

> 金兵作亂，太守韓庭鳳妻死子散。商人吳惠泉，因貧病勸妻江氏改
> 嫁。韓庭鳳續娶江氏為繼室。洞房之中，韓見江氏暗自落淚，追
> 問情由，始知江氏有夫，因家貧被賣。韓憐之，贈銀百兩，遣江氏
> 返家。吳惠泉夫婦同到韓府叩謝恩人，知韓無嗣。吳惠泉赴四川經
> 商，代韓買回一子。韓詰問此子身世，疑之。後見左足心有硃砂紅
> 痣，始知果為其失散之子玉印。

具體演出的分場與唱腔，與原著的不同，則以下表加以說明：

表一　《硃砂痣》劇情分場說明

分場劇情	說明
金兵作亂，太守韓庭鳳妻死子散。	此情節未演出，後由韓庭鳳補述。
商人吳惠泉，因貧病勸妻江氏改嫁。	《庶幾堂今樂》有，演出本無，後由江氏補述。
韓庭鳳續娶江氏為繼室。洞房之中，庭鳳見江氏暗自落淚，追問情由，始知江氏有夫，因家貧被賣。韓庭鳳憐之，贈銀百兩，遣江氏返家，	《戲考》與一般通行演出由此開始。 韓庭鳳上場唱【二黃搖板】「今夜晚前後廳燈光明亮」，此段《庶幾堂今樂》原念【引子】。 見江氏唱【二黃慢板】「借燈光觀嬌娘何等容樣」。 聽完江氏哭訴後唱【二黃搖板】「聽她言伊現有婦隨夫唱」。 下場唱【二黃搖板】「她言道本丈夫染病在床」。
江氏返家與夫吳惠泉團聚。	
吳惠泉夫婦同到韓府叩謝恩人，知韓庭鳳無嗣。	上場唱【二黃原板】「勸世人一個個都要學好」。 見吳惠泉夫婦叩謝唱【二黃搖板】「尊二位快請起」。 與吳惠泉夫婦談救難之舉唱【二黃碰板】「我救你的急」，此段《庶幾堂今樂》無。 下場唱【二黃搖板】「他夫妻進門來雙雙跪倒」。
吳惠泉赴四川經商，代韓買回一子。	

韓庭鳳詰問此子身世，疑之。後見左足心有硃砂紅痣，始知果為其失散之子玉印。	上場唱【二黃搖板】「歎光陰去不歸無限煩悶」。感謝吳惠泉贈子唱【四平調】「吳大哥真真是言而有信」。詰問此子身世唱【二黃原板】「我的兒須從容端然坐定」。說明玉印身世唱【二黃搖板】「你是我親生的兒名叫玉印」。

就劇情來說，勸善的主旨太著痕跡，例如「勸世人一個個都要學好」，擺明是要教育觀眾。全劇唱腔板式單純，純用【二黃】腔到底。就技術上而言，老生韓庭鳳要把兩段【原板】，七段【搖板】唱得每一段各有分別，各有精彩就很不容易。本劇用人精簡，只需要六個人，兩位老生，韓庭鳳、吳惠泉；一位青衣江氏，一位賣子的老旦，一位娃娃生，戲班派戲也很方便。

　　根據《京劇劇目辭典》，這齣戲又名《行善得子》、《麒麟報》、《天降麒麟》、《麒麟送子》，因為本劇受到歡迎，所以還有漢劇、徽劇、河北梆子的版本。高慶奎（1890-1942）改排四本《降麒麟》時，更增益首尾，成為四倍長的故事。加入文曲星麒麟送子，韓庭鳳調任途中遇險，妻離子散，大盜冒名上任，韓妻賣身作奴，夫妻團聚等情節。又名《玉印》。[32]不過《京劇劇目辭典》追溯得有一點不夠深入，高慶奎《全本硃砂痣》北京首演於1929年，是1月13日華樂園日戲。[33]而四本《降麒麟》是劉鴻聲（1876-1921）在1912年在上海所唱，當時使用《麒麟送子》的劇名，原《硃砂痣》的情節被安排在第三本：「劉鴻聲連唱四本《麒麟送子》，當推第三本為最佳，一字一珠，不同凡響。乃賣座不敵新新及大舞臺，亦云異哉。」[34]劉鴻聲在唱腔上下了很大的功夫，當時報紙一致給予肯定：

　　　　員外以不忍離人婚姻，而竟得此天倫樂敘，骨肉團圓，此中殆有天意焉。劉鴻聲、吳彩霞合唱此劇，令人心曠神怡，劉唱「借燈光」一段，詞圓聲逸，轉折自然，白口至「銀錢是好寶貝」，將「貝」

---

[32] 曾白融：《京劇劇目辭典》（北京：中國戲劇，1989年），頁744-745。
[33] 周明泰：《五十年來北平戲劇史料》（臺北：廣文書局，1977年），頁1030。
[34] 正秋《民權畫報‧菊部春秋》，《京劇歷史文獻匯編：清代卷》（南京：鳳凰，2010）冊9，頁815。無原刊時間。

字重頓後，緊接「我助你的錢」數句，一氣奔放，從容不迫，毫無力歉之態，尤屬難得。吳亦竭力從事，句句著勁，極抑揚頓挫之妙。[35]

「我助你的錢」即【二黃碰板】「我救你的急」的劉派版本。比後三傑早一輩的演員王九齡（1817-1885）「又善唱全本《麒麟送子》。今人所唱《硃砂痣》即其中最後之一節也。」[36]《硃砂痣》1872年即有在北京演出的紀錄，時間上是有可能，但是沒有其他資料可考。本劇精彩之處不在情節，所以增加情節實非智舉，無怪乎四本《麒麟送子》絕跡於舞臺，唱片亦未收錄新加入的唱段。最成功者還是原來《硃砂痣》的部分。

　　但是最受肯定的仍是孫派《硃砂痣》，講究唱腔與表演的密切結合，很幸運的是張聊公記錄了孫菊仙在七十八歲時演出此戲的情景：

菊老從簾內微笑而出，氣宇神情，活寫出一位樂善好施之員外。上唱「今夜晚前後廳燈光明亮」【搖板】兩句，平平直直，而氣力韻味，卻非常深厚。「借燈光」一段【二黃正板】，如「嬌娘」之娘字，抑揚頓挫，氣盛言宜，「一樣風光」之風光，不耍腔，與譚派異，而卻見大氣，「有什麼衷腸話細說端詳」句，下接以「這又何妨」，聲韻天矯，不可捉摸，而神氣唱工，處處恰合對面說話的態度，非常親切，他伶唱此段時，直如自己唱自己的，菊老唱此段時，則的確是與新娘講話，此菊老唱作最見精到處也。二場「我救你急」一段，神情生動，唱工爽快，為一般老生所萬萬學不到者，以下【搖板】亦均沈著老練，認子一場，唱【平板】及【原板】各段，皆蒼老勁拔，不同凡響，認子後唱「你是我親生的兒」一句，悲涼沈痛，一片肫摯之情，流露而不自覺，真絕唱也。[37]

孫菊仙善用個人的氣質精神來詮釋劇中人，投入在每一個表演的細節，把

---

35 吳下健兒：《申報‧《硃砂痣》一名《行善得子》》，《京劇歷史文獻匯編：清代卷》（南京：鳳凰，2010年）冊4頁707。原刊1911年12月6日。

36 張肖傖：《菊部叢譚》（上海：大東書局，1929年），頁3。

37 張聊公：《聽歌想影錄》（天津：天津書局，1941年），頁181。引自《民國京崑史料叢書》第二輯（北京：學苑，2008年）。菊老，指孫菊仙，這裡紀錄的是他於1918年在北京的演出。【二黃正板】此應指【二黃慢板】，【平板】即【四平調】。

一齣故事並不出奇，過度使用巧合跟演唱來推動劇情的善戲劇本，變成了一場極為精彩的演出。「後三傑」都能兼顧注意到唱腔與表演的結合，但是一般的演員都只能顧及唱腔，「他伶唱此段時，直如自己唱自己的」。由於用人精簡，派戲方便，使得本劇成為二路老生演員鍛鍊唱腔的劇目。《京劇劇目辭典》說「辛亥革命後，多作開場墊戲演出」[38]例如1949年11月7、14、22、30日顧劇團在臺北永樂戲院演出的開場戲就是由鄒福秀、王通發演出的《硃砂痣》，大概七八天演出一次演出次數也不算少，但到了1950年代中則已成為冷門戲了。

五、《硃砂痣》唱片研究

因為《硃砂痣》的成就在唱腔，所以當唱片科技出現於大清帝國之時，《硃砂痣》迅速成為唱片一窩蜂錄製的對象：

表二 《硃砂痣》唱片片目

序號	片目	演員	出版年	出版單位	備註
1	硃砂痣	雙處、小桂芬	1905	物克多一面	孫派
2	硃砂痣	小桂芬	1905	物克多一面	汪派
3	硃砂紅痣	孫菊仙	1906	物克多一面	孫派
4	硃砂紅痣	孫菊仙	1906	物克多一面	孫派
5	硃砂痣	鄧遠芳	1908	百代一面	汪派
6	硃砂痣	韋九峰	1908	百代兩面	奎派
7	硃砂痣	白文奎	1908	百代一面	奎派
8	硃砂痣	王鳳卿	1909	利喊一面	汪派
9	硃砂痣	孫菊仙	1908	物克多一面	孫派
10	朱砂痣	雙處	1910	克倫緶一面	孫派
11	硃砂痣	恩曉峰	1913	百代一面	孫派
12	朱砂痣	真小桂芬	1917	物克多兩面	汪派
13	硃砂痣	夏山樓主	1925	高亭一面	譚派
14	硃砂痣	時慧寶	1928	勝利一面	孫派
15	硃砂痣	譚小培	1929	開明一面	譚派
16	硃砂痣	王鳳卿	1929	蓓開兩面	汪派
17	硃砂痣	李白水	1931	百代一面	
18	硃砂痣	劉叔度	1933？	勝利一面	劉派

---

[38] 曾白融：《京劇劇目辭典》（北京：中國戲劇，1989年），頁744。

十八種唱片當中，前十種都是在1905到1910年之簡短短五年之間錄製的，以【二黃慢板】「借燈光」為主，掛名孫菊仙的就有三種，可見其暢銷程度。而且觀眾希望聽到不同的流派，所以還有汪派、奎派的版本，奎派是老生三傑張二奎（1814-1960）所建立的流派，張二奎去世時，《硃砂痣》劇本尚未出現，所以奎派唱腔是張二奎之後的奎派創造出來的。譚派錄製唱片的時間很晚，可說明雖有獨到之處，但這並不是譚派代表劇目。李白水不在任何一派當中，他的嗓音不能勝任上述任一流派，但是也能按照自己的嗓音創造獨特的唱腔，「世間事全不問落得個自逍自遙」，趕板垛字，居然有些言派巧腔的趣味。

　　這批唱片當中，最值得關注的就是流派代表作的孫菊仙，可惜的是孫菊仙唱片通通都是冒牌貨唱片。[39]但是掛名孫菊仙的唱片並不因為是冒牌貨而沒有價值。孫菊仙在上海大為走紅，在上海有相當多的孫派模仿者，在早期唱片公司的放任之下，有些冒牌唱片唱得不好，製作也很粗糙。如美國「歌林鼻亞」〈烏盆計〉唱片——標籤應做「烏盆記」而非「烏盆計」——「中國京劇老唱片」網站認為是1910年灌錄，〈京劇老唱片版本研究初探〉以為是1901年灌錄的。這張唱片的「品相均較差，音質嘈雜，用78轉鋼針唱機播放，斷斷續續，不成腔調」，[40]看來唱得很不好，連演唱的基本要求都未達到。又如1906年VICTOR灌錄的唱片《硃砂紅痣》，唱片先唱兩句【二黃散板】，接唱最著名的【二黃慢板】唱段「借燈光」，這一段一般唱六句，唱片了四句，但是伴奏在四句唱完之後，還要拉第五句，直到演唱者發出聲音制止，接著再唱四句【二黃搖板】，結束唱片。再如1906年VICTOR的《李陵碰碑》，連唱片標籤上的題目都有問題，這齣戲叫《李陵碑》，又叫《碰碑》，敘述宋朝將領楊業碰「李陵碑」自盡的故事，並沒有漢朝李陵跑出來碰碑的情節，唱片收錄【反二黃慢板】的前六句，第四句是「我楊家倒做了馬前的英豪」，第六句又重複唱了一次。[41]這兩面唱片反映了早期唱片製作尚未形成規範，一些在今日看來不可思議的事，在當時沒有人知道該怎麼辦。所以演員只拿一筆錢，

---

[39] 王安祈：〈京劇名伶灌唱片心態探析——物質文化與非物質文化相遇（以京劇為例之一）〉，《清華學報》第41卷第1期，（新竹：清華大學，2011年），頁200-201。

[40] 俞冰：〈京劇老唱片版本研究初探〉，《書海蟬踪》（北京：學苑出版社，2008年），頁82。「中國京劇老唱片：孫菊仙」網址：http://oldrecords.xikao.com/person.php?name=%E5%AD%99%E8%8F%8A%E4%BB%99。

[41] 劉鼎勛：〈孫菊仙唱片研究〉，《京劇談往錄四篇》（北京：北京出版社，1997年），頁500。

只願意演唱一次，再唱一次要拿第二筆錢，或許反正是丟孫菊仙的臉。唱片灌錄沒有明確詳盡的前置作業，任由演員「場上見」。標籤跟演唱出現問題，錄音師跟華人經理也置若罔聞，或者全不知情，任由這些唱片大量生產發行。這麼說來，1906年出版的VICTOR唱片就一無可取了嗎？不然，底下單就《硃砂紅痣》加以討論，先看唱詞：

> 韓廷鳳：（白）哈哈哈！
> 　　　　【二黃搖板】一霎時前後廳紅燈嘹亮，
> 　　　　　　　　　　不想到年邁人又做新郎！
> 儐　相：（白）韓大爺，花轎到。
> 韓廷鳳：（白）搭上堂來。
> 儐　相：（白）哦，搭上堂來！小人們討賞。
> 韓廷鳳：（白）下面領賞。掌燈待我觀看。
> 家　院：（白）啊！
> 韓廷鳳：【二黃慢板】借燈光暗地裏觀看容貌，
> 　　　　　　　　　　望新人與前妻一樣風光。
> 　　　　　　　　　　問娘行因何故淚流臉上？
> 　　　　　　　　　　有什麼衷腸話細說端詳，說又何妨？
> 　　　　【二黃搖板】你是我親生的兒名叫玉印，
> 　　　　　　　　　　自那日失嬌兒一十二春。
> 　　　　　　　　　　為嬌兒我不做官倒也安靜，
> 　　　　　　　　　　這才是老天爺弄假成真。

　　孫派是一個比較講究即興表演的流派，孫派劇目的唱段雖然動人，但是咬字行腔每次演出都在變化，難以捉摸，有時很精彩，有時被抨擊為「拙、糙、笨」。之所以「拙」，就是因為不斷在嘗試板式唱腔的各種可能性；之所以「糙」，就是因為是在舞台上即興演唱，率意為之。要是那一天演員的狀況不好，表演可以全無精彩，所以被抨擊為「笨」。這些缺點的存在，和孫腔的特點是一體兩面的，《春申舊聞》談到孫菊仙唱腔的即興問題：

> 孫菊仙的唱很像李太白的詩，天才橫逸，佚宕恢弘，不可捉摸，當時迷孫的人，都瞑目屏息，只要聽到一句好的，立刻跑出戲院，

　　自去揣摩。但孫的唱是自然發展的，老年又倚老賣老，竟有坐聆全
　　劇，到底竟聽不到一句好的。有時聽到好的，下次再去聽，又走樣
　　了。[42]

「天才橫逸，佚宕恢弘，不可捉摸」，孫菊仙之所以能列入「後三傑」的
理由在此；孫派之難以被後人繼承，理由也在此，[43]因為沒有一個經典版
可供後學反覆揣摩，朝夕吟詠。《硃砂紅痣》的四句【二黃慢板】唱詞的
版本不是因應唱片時間限制而生的，而是孫派的唱法之一，孫派傳人李東
園1959年在台北演出的就是四句的版本，還引發了陳定山的一場討論，
因為一般都唱六句。

　　唱片最後的四句【二黃搖板】，在現行的譚派孫派都唱【二黃散
板】，後四句【二黃散板】是全劇最後的唱段，也就是上文《聽歌想影
錄》認為「悲涼沈痛，一片肫摯之情，流露而不自覺，真絕唱也。」唱
片改唱尺寸較快的【二黃搖板】，不覺沈痛，倒像是湊滿唱片時間的。
兩段選曲，收錄在一面唱片當中，其實在選曲上是有用心的，可惜唱得
不大精彩，沒有給聽眾「絕唱」之感，錄製過程又復粗糙，瑕疵明顯，
所以並未成為經典唱片。這張唱片未必是孫菊仙唱的，但是保留了孫派
的風貌，筆者可以根據文字聲音等材料，判定這張唱片的價值與侷限，
頗具價值。

　　這批唱片當中最有名的是譚派版本，譚派版本最晚出。因為譚派是
清末民初京劇老生最重要的派別，譚鑫培的《硃砂痣》當時雖然評價不如
孫、汪兩派，但是譚派卻越來越受到普遍的重視，《硃砂痣》因為冷門，
更顯得物以稀為貴。1925年，譚派名票夏山樓主（韓慎先，1897-1962）
跟譚派名琴師陳彥衡（1868-1933）在高亭唱片公司合作錄製了《硃砂
痣》唱片，這張唱片因為琴唱並佳，成為本劇精品，根據譚富英1961年
實況錄音，譚派本段唱詞共六句，唱片因為時間關係，刪節成四句：

---

[42] 陳定山：《春申舊聞續集・孫譚汪南來的回憶》，《春申舊聞》（台北：世界文物，1978年），
　　頁41。

[43] 李元皓：《京劇老生旦行流派之形成與分化轉型研究》（臺北：國家出版社，2008年），頁188-
　　189。

【二黃慢板】借燈光對嬌娘用目觀望，只見她與前妻一樣的風光。
　　　　　　（刪去：為什麼帶愁容淚在臉上，莫不是嫌年邁難配
　　　　　　鸞凰。）
　　　　　　要穿戴衣錦繡衣任你選樣，問娘行因何故兩淚汪汪，
　　　　　　為的是哪樁，你何妨細說端詳？

1930年出版的《二黃尋聲譜正續集》兩冊，對於《硃砂痣》一劇只收錄了
譚派的夏山樓主唱片，並且對唱腔大加褒揚，無一不佳，似乎本劇是譚派
代表作。

> 譚詞《硃砂痣》與汪大同小異。其實皆出長庚。各衍支緒。此片為
> 唱盤所限。中間節去一聯。雖非完璧而精光煥發。固以少許勝人多
> 許也。「借燈光」一段。行腔貴閒適瀟灑。「用目觀望」句神采飛
> 揚。有喜氣寫蘭之快。「只見他」句譚本如是。參用老旦腔。寫其
> 惆悵之懷。「問娘行」以下一氣呵成。溫藹雍容。大方家數。詩窮
> 而後工。富貴語自難著筆也。歌曲亦惟悲憂淒苦之音。致足動人。
> 堂皇歡愉之聲。易趨庸俗。然而善歌者體會入妙。動中發外。無
> 適不可。如《硃砂痣》、《迴龍閣》、《梅龍鎮》諸曲。皆陟樂者
> 也。叫天優為之。不下於悲憂淒苦之《碰碑》、《烏盆》、《鬧
> 府》諸曲。是故聲音之極。能奪造化之妙。其神矣乎。夏山樓主詣
> 譚甚深。天賦師承皆非凡品。因贅此論。為百尺竿頭之勉耳。[44]

長庚是指「三傑」之一的程長庚（1811-1879），長「後三傑」一輩，《硃
砂痣》1872年即有在北京演出的紀錄，程長庚是有可能演過這齣戲，但沒
有資料可考，這齣戲顯然不是他的代表作。譚、汪唱詞的相同，其實源自
余治的原本。「行腔貴閒適瀟灑」與「堂皇歡愉之聲」，說的就是上文引
用《梨園佳話》的「音主飄逸」。《二黃尋聲譜續集》認為譚派唱腔設計
成功，夏山樓主表現精彩。本片的成功，引發第二波《硃砂痣》錄製的
風潮（1925-1929），雖然不如第一波（1905-1910）種類多，但是更為深
入。1928年錄製的時慧寶（1881-1943）是孫派，演唱【二黃原板】「我

---

44 鄭劍西：《二黃尋聲譜續集》（上海：大東，1930年），頁92。叫天，指譚鑫培。

救你的急」一段，並未受到劇評的關注，無法爭回孫派名劇的地位。1929
年王鳳卿（1883-1956）是汪派、譚小培（1883-1953）是譚鑫培的兒子，
當然譚派，不約而同的錄製了末場「認子」的【二黃原板】，擺明就是兩
個流派要別別苗頭。此時觀眾的青睞已經轉移到四大名旦的霸業，老戲叫
好卻不叫座，只能日漸凋零。

六、1950年以後《硃砂痣》的演出變遷

在1950年代《硃砂痣》淪為開場戲，幾次重要的演出都有著特殊的
原因。1951年4月的上海，為了「抗美援朝」戰爭所發動的「捐獻飛機
大砲」第三次京劇義演，已經退休的女老生筱蘭英（1878-1954）當時
七十四歲，特地演出《硃砂痣》，現僅存三分半鐘的鋼絲錄音，嗓音不是
很好，但是口勁十足，猶存典型。在「後三傑」的時代，京劇演員都是男
性。在1890年代，才出現第一代京劇女老生，筱蘭英即是代表之一。[45]
這批女演員開始轉化男性演員的表演經驗，因為女演員的先天條件、後天
訓練，和男演員都不相同，他的女兒姚玉蘭來到臺灣，對本劇做出更好的
詮釋。

1961年大陸提倡「挖掘傳統」，6月北京市文聯召開《硃砂痣》、
《鎖麟囊》座談會，但當時認為《鎖麟囊》是宣揚「緩和階級矛盾及向地
主報恩的反動思想」劇本，按照上述觀點，《硃砂痣》也屬於同類的反動
思想，不便演出。1961年，譚富英演出了譚派《硃砂痣》，是從吳惠泉勸
妻改嫁開始演起，不知是不是「內部演出」，但從此譚派《硃砂痣》成為
大陸的主流，取代了孫派。1989年號稱余派的屬慧蘭錄製本劇錄音。1990
年代，女老生王則昭演出本劇，他是譚小培的徒弟，演出基本上是譚派，
但參考了汪派與劉鴻聲的唱腔。2013年4月，余派女老生王珮瑜演出本
劇，是向譚富英的兒子譚元壽學的。宣稱本劇「六十年沒有唱過」，不知
是如何計算的。

此外留存的《硃砂痣》表演來自配角，戲班管劇中人吳惠泉叫做「病
鬼」而不名，譚鑫培的徒弟賈洪林（1874-1917）在韓庭鳳遣江氏還家並

---

45 王安祈、李元皓：〈京劇表演與性別意識——戲曲史考察的一個視角〉，《漢學研究》第29卷第
2期（臺北：漢學研究中心，2011年），頁163。

且贈銀的下一場戲當中，設計了一連串的表演，表現失去妻子，身染重病的吳惠泉突然看見妻子出現的複雜反應。吳惠泉聽見有人叫門，抱病扶杖開門一看，被賣掉的妻子突然出現，江氏隨即進門，吳惠泉畏懼後退，丟枴杖，甩髯口，左手扶住桌子唱：「你是人你是鬼快說端詳。」演到這裡，必然是滿堂彩聲。[46]《京劇流派》說賈洪林上場時：

> 形容枯槁，台步蹣跚，動作有氣無力，可是一聽說叫門的是江氏，立刻似汗流滿面，毛髮森豎，唱那句：「你是人你是鬼快說分明」，全是用「立音」唱，既有炸音又有顫音，那手中的蠟燈熒熒欲墜。他是聲容並茂，全身是戲，逼得飾韓庭鳳的譚鑫培，在下一場雖不想賣力也不行了。[47]

四大鬚生之一的馬連良（1901-1966）從科班開始，循序演過本劇玉印、吳惠泉、韓庭鳳三個角色，他在科班的綽號是「小賈狗子」——因為賈洪林屬狗，外號「狗子」——以熱愛學習賈洪林聞名。1959年，北京京劇團排演新編歷史劇《趙氏孤兒》，他飾演程嬰，在閉門畫八義圖準備說破孤兒趙武身世之謎時，趙武叫門，程嬰離座扶桌，甩髯口，打哆嗦，唱：「叩門聲嚇得我膽戰心驚。」這裡化用的就是吳惠泉的身段，馬連良告訴許姬傳用上了這組身段心裡頭覺得很痛快。[48]

　　在臺灣，1959年，為了援助反共新疆義胞，在臺北舉辦「新籍義胞冬令救濟公演」，曾在天津拜師孫菊仙的票友李東園在1月29日演出本劇，戲單特別註明「特請碩果僅存孫派名票」、「各界函請失傳孫派骨子老戲」，李東園使用「繼鶴齋主」的別號演出本劇，李東園根據「孫派傳本」演出，唱詞凝煉簡古，跟此前的通行本不大一樣，掌故名家陳定山特寫作〈閒話孫派硃砂痣〉一文予以比較。[49]李東園嗓音高亢，氣力充沛，行腔平實而豪放，能忠實表達孫派唱腔原貌，至足珍貴。例如「借

---

[46] 許姬傳：〈一組珍貴的劇照〉，《許姬傳藝壇漫錄》（北京：中華書局，1994年），頁486-488。

[47] 董維賢：《京劇流派》（北京：中國戲劇，2006年），頁38。吳惠泉的唱詞應該是「你是人你是鬼快說端詳」，此處顯為誤記。

[48] 許姬傳：〈一組珍貴的劇照〉，《許姬傳藝壇漫錄》（北京：中華書局，1994年），頁486-488。

[49] 陳定山：〈閒話孫派硃砂痣〉，《春申續聞》（臺北：世界文物，1976年）。

燈光」、「你是我」唱段的腔與1906年VICTOR唱片《硃砂紅痣》基本相同，而劇場效果更為飽滿，最後的四句【二黃搖板】大氣磅礴，蒼涼動人，為全齣戲作了完美的結束。更為難得的是，整齣戲完整地錄製了下來，而非如同唱片只有個別的唱段，所有零散的唱段，那怕只有兩句，都一筆不苟的唱了出來，保留了一齣完整的孫派戲。配角周亮節、李玉蓉也不弱，吳惠泉夫妻相見的「你是人你是鬼快說端詳」一場，有戲劇張力。若說有遺憾之處，李東園道白的情感如能生動一些，更能符合孫派表演親切如話的要求。再者，孫菊仙「天才橫逸，佚宕恢弘，不可捉摸」的即興部分也無法表達出來。這對票友演員而言，當然只是求全責備。

　　1979年初，「美匪建交」、「中美斷交」是撼動臺灣的重大事件，社會上群情激憤，京劇界特舉辦「自強救國捐獻義演」，4月13日由杜夫人姚玉蘭演出《硃砂痣》，姚玉蘭是筱蘭英的長女，自幼學戲登台演唱，嫁給杜月笙之後離開舞臺，只有義演才會粉墨登場，在台灣以「杜夫人」聞名。杜夫人代表的是女老生的傳統，所以這齣孫派戲不同於李東園，大體是同於《戲考》的通行版本。唱詞唱腔跟筱蘭英的錄音相同，但是比筱蘭英精彩多了，因為筱蘭英嗓音不濟，不易達到孫派唱腔追求的效果。杜夫人嗓音、氣力都不顯疲態，完全不像脫離舞臺之人。【二黃原板】「勸世人一個個都要學好」內容本是說教，被他唱得極為精彩。兩段【二黃碰板】都如彈丸脫手，一氣直下。第二段【二黃碰板】「我多謝你」則是很獨特的唱段，目前聽到的錄音是筱蘭英才開始這麼唱。就詞義而言，不如【四平調】「吳大哥真真的言而有信」來得豐富；但就情感而言，很能表達韓庭鳳乍得此子，稱心如意而口不擇言的感謝之情，為接下來的對話與認子情節作了更好的鋪墊。杜夫人將此劇教給女老生曲復敏，曲在1984年12月演出。1985年12月，「寶島四大鬚生」之一的胡少安在中視錄影本劇，這齣戲高派、譚派都有一點，但不是胡少安的拿手戲，這是本劇在台灣的流傳梗概。

　　最後談到劇本，本劇有十九世紀末的《庶幾堂今樂》、《車王府曲本》、二十世紀初的《戲考》的三個版本可談。《庶幾堂今樂》所收錄的二十八個余治劇本，除《劫海圖》外，餘下二十七個劇本都出現在《車王府曲本》當中。但是只有《硃砂痣》有兩個抄本，一個與《庶幾堂今樂》全同，另一個細節不同，可能就是演員的改動。《戲考》則是1910年代通行的劇本。底下將《庶幾堂今樂》、《車王府曲本》、《戲考》、李東園

錄音、杜夫人錄音的《硃砂痣》唱段差異較大者製成表格，以便比較：

表三　《硃砂痣》重要唱詞版本比較

庶幾堂今樂二集	車王府曲本	戲考	李東園錄音	杜夫人錄音
【引】年老作新郎，還像什麼新郎模樣。	【引】半老作新郎，裝什麼新郎模樣。	【二黃搖板】今夜晚前後廳燈光明亮，我不想年半百又做新郎。	【二黃搖板】霎時間前後廳紅燈嘹亮，不想到年邁人又做新郎！	原錄音缺
【唱】我這裡借燈光觀看嬌娘，與前妻相貌同一樣風光。只見他雙眉皺珠淚汪汪。敢則是嫌我老白髮蒼蒼。要穿衣早備下冬暖夏涼，要吃飯我有稻米成倉。這不是那不是難以猜想，你那裡快說來好做商量。	【唱】借燈光暗地裏戲看嬌娘，與前妻絕色相一樣風光。只見他愁眉皺珠淚汪汪。敢怨我年衰邁難配鸞凰。要穿衣錦繡裳冬暖夏涼，要吃飯真饍味秋水盈倉。這其間好叫我難猜難想，快說來夫妻們好做商量。	【二黃慢板】只見她愁眉皺淚流臉上，莫不是嫌我老難配鸞凰？【二黃原板】要穿衣錦繡衫任你掉樣，你有甚心中事細說端詳，這有何妨？	【二黃慢板】借燈光暗地裏觀看容章，觀其人與前妻一樣風光。尊娘行因何故淚流臉上。有什麼衷腸話細說端詳。	【二黃慢板】借燈光觀嬌娘何等容樣，與前妻相貌同一樣風光。只見他雙眉皺淚流臉上。莫非說嫌年邁難配鸞凰。要穿衣錦繡衫任你選樣，問娘行因甚事兩淚汪汪，為的是哪樁，又何妨細說端詳。
【唱】我平日行方便常常行好，並不曾壞良心與人相交。我也曾把銀前齋僧佈道，我也曾施銀錢補路修橋。累累的行方便卻也不少，為什年半百絕了後苗。	【唱】嘆人生何需要良心壞了，行霸道盡都是天理所昭。	【二黃搖板】勸世人一個個須要學好，皆因是自有那天理昭昭。我當年為太守何等榮耀，遇兵荒妻和子無有下梢。也是我前世裡未曾修道，我若是全不為我自逍自遙。	【二黃原板】想當年為太守何等榮耀，到如今妻和子無有下梢。	【二黃原板】勸世人一個個都要學好，善惡事自有那天理昭昭。想當年為太守何等榮耀，遇兵荒妻和子無有下梢。也是我前世裡未曾修造，懶為官退林下我自逍自遙。
【唱】我這裡認不清即忙還禮，你二人來拜我請起是誰。	【唱】迫忙中挽定了把禮還到，好叫我一時間難解根苗。	【二黃搖板】我救人的急，全人的危，遵古訓教，此小事何須要理順和調。尊二位將請起施禮還到，全大節全忠義遵古天條。	【二黃搖板】尊二位快請起施禮還到，些小事又何必禮順和條。	【二黃搖板】救人急解人難遵古訓教，些小事又何必禮順和條。尊二位且請起施禮還到，成全你情和義方顯天條。

【唱】救你急救你難週濟不到，全你貞全你節全你名標。想世上有錢的總要防老，我無子皆因是命裡所招。	無唱段	【二黃碰板】我救你的急，救你的難，救你的貧困，全你的節，全你的義，全你的婚姻。我無子也是我前生造定，我若是錯婚姻，到後來留下了罵名。	【二黃碰板】我救你的急，救你的難，救你的貧困；全你的節，全你的義，全你的婚姻。我無子也是我前生造定，我若是破婚姻，落下了罵名。	【二黃碰板】我救你的急，救你的難，救你的貧困；全你的節，全你的義，全你的婚姻。無兒子也是我前生造定，我若是破婚姻，到後來留下了罵名。
【唱】他夫妻進門來雙雙拜倒，口聲聲叫恩人喜上眉梢。他的妻我若是鸞鳳顛倒，吳相公他的早歸陰曹。到今日他夫妻團圓和，不愛色不貪財捨得為高。明中去暗裡來神明知道，留得我青山在何愁柴燒。	【唱】非是我將銀兩週濟不要，我豈肯拆姻緣同配鸞交。明中去暗中來神佛知道，留得那青山在好坎柴燒。	【二黃搖板】他夫妻進門來雙膝跪倒，口口聲聲叫恩人珠淚雙拋。我無子前世裡未曾修道，作惡人縱有子枉費心勞。	【二黃搖板】他夫妻進門來雙雙跪倒，口口聲聲叫恩公珠淚雙拋。這也是我贈銀兩他病方好，為人的修善行方有後苗。	【二黃搖板】他夫妻進門來雙雙跪倒，口口聲聲叫恩公珠淚雙拋。這也是我前世裡未曾修造，思念了妻和子好不心焦。
【唱】多謝你蒙愛你恩高意厚，念我無子，一禮相⊠。	【唱】多蒙你好竟兒恩情厚意，（原文如此）只是我真欣羨難以相酬。	【四平調】吳大哥你真真言而有信，你與我謀後代這樣殷勤。多謝你這好心謹慎太勝，改一日我必當另外謝承！	【四平調】吳大哥真真的言而有信，你為我謀子多費辛勤。多謝你這好心將來不易，改一日我父子定有條陳！	【二黃碰板】我多謝你，我再多謝你，這一個頑童是送與我的，我再謝你。

可以看到具體的板式，從「後三傑」以來大體不變，不同的流派在根據自己的條件，與對劇情的體認進行修改，使得本劇的傳承更為豐富，對照李東園、杜夫人錄音看來相當明顯。不得不承認，板式跟流派讓這一齣善戲有了自己的生命。

七、結論

歷史上有許多紅極一時的表演歸於消失，後人只能憑藉文字推論其樣貌，這是無可奈何之事。在影音科技出現之後亦然，許多能夠保留下來的

表演，不是取決於其珍貴罕見的程度，而是取決於其他的因素，如唱片公司洋人經理所能理解上海戲曲市場，華人經理所願意付出的表演酬勞，或是事過境遷，判斷這個表演的流行已經退潮，不能提供發行唱片的利益。以京劇為例，當唱片科技進入大清帝國之時，老生三傑仍有傳人，但是唱片收錄殊少，以致雖有錄音科技，而未能及時保留這些聲音，就戲曲研究而言，不能不說是一件憾事。

作為一個京劇創作的個案，《硃砂痣》經歷了從北到南，再從南到北的地域傳播：從余治所居住的無錫，到京劇發源地的北京，最後到了臺北，幸而留存下了完整的孫派風貌。在北京，本劇與老生「後三傑」的流派創造結合，成為紅極一時的流行戲，進而在二十世紀成為「老戲」，從主角老生，到配角老生、娃娃生都有相對固定的表演。就京劇的流派而言，由於譚派老生的獨大與受到重視，使得本劇的其他流派歸於消失，現在只剩下譚派的版本。

由於李東園和杜夫人選擇定居臺灣，所以這一齣來歷曲折的孫派戲居然能夠保存下來，並且留下完整的錄音資料。這是由於京劇義演文化的作用，從清代的北京開始，演員必須保留幾齣冷門罕見的劇目，在義演時拿出來，以廣招徠。這些戲是平時看不到的，而且還要有一點絕活，觀眾才會覺得難能可貴，也才不會被同台的演員比下去。由於孫菊仙演出的即興性質，使得孫派經典劇目不是那麼的定型化，而擁有一種以上的面貌。臺灣的《硃砂痣》兩種，可說更是珍貴。另一方面，杜夫人傳承了京劇女老生開創的版本，意義更是特殊。

就「善戲」的意識型態而言，《硃砂痣》背後的觀念和戲劇手法，已不為五四運動以後的新文化所接受，觀眾也漸漸不感興趣。到了1949年以後，在中國大陸更被定性為反動思想，但是作為「善戲」而言，本戲仍代表明清勸善運動，在戲曲方面的具體而突出的成就。

第十二章　陶鑄後進：郭廷以與學生的學術承傳[*]

香港教育學院文學及文化學系
侯勵英

> 「量宇師對我們是寬容放任，不加督責，而他不高興時臉色凝重，不怒而威。我是始終懼怕，兢兢克慎。在量宇師門下真是最能發揮才華學識，由於自尊自信、自重自愛，終於能成就傑出史家。」
>
> ──郭廷以學生王爾敏語

一、引言──郭廷以承教於一代良師

　　郭廷以，字量宇，生於1904年1月12日，家鄉在河南省舞陽縣姜元店鎮（即河南中部略為西的位置）。他早歲已授業於柳詒徵（1880-1956）、徐則陵（1896-1972）、羅家倫（1897-1969）、蔣廷黻（1895-1965）等名師，並以努力不懈的治學精神，堅持一生埋首於讀書和研究的領域中，積極發展其學術事業，可謂是學有所成。二十年代，郭廷以曾經在清華大學、中央大學任教，至1949年郭廷以因政局變動而赴台，先出任國立台灣師範大學的教職，後於1955年籌設中央研究院近代史研究所（以下簡稱近史所）。由是他除出任教授職務、著書立說，發表演說之外，還委身於學術的行政工作上。郭氏的一生與中國近代史結下不解之緣，除是時代的見證人之外，還是中國近代史研究的開山鼻祖之一。[1]

───────────

[*] 本文是據筆者的碩士論文改編而成的，參拙文：〈郭廷以（1904-1975）及其史學研究〉，香港浸會大學歷史系碩士論文，1998年。承蒙台北中央研究院近史所研究員王師爾敏、香港浸會大學歷史系林師啟彥、李師金強、周師佳榮賜正，謹此致上萬分感謝，文責當然自負。

[1] 參中央研究院近代史研究所（以下簡稱「中研院近史所」）編：《郭廷以先生訪問紀錄》（台

　　對郭廷以而言，東南大學是其史學訓練的搖籃，該校由校長郭秉文帶領下，提倡「不走極端」，主張中西文化調和之精神，發揚老師認真、學生勤學的校風，使東南大學的發展到達了黃金時期。1923年，郭廷以剛剛入讀東南大學歷史系，當時，教師陣容甚鼎盛，單以文科老師為例，便有：湯用彤（1893-1964）、柳詒徵、徐則陵、陳去病（1874-1933）、梅光迪（1890-1945）、羅家倫、梁實秋（1902-1987）等。其中柳氏和徐氏就是郭廷以的啟蒙老師。[2]在大二時，郭氏便修讀柳詒徵的「中國文化史」、「中國近百年史」、「印度史」、「北亞史」，徐則陵的「史學方法」、「西洋文化史」等科目，漸對中國歷史產生了興趣。[3]1925年，在大三學年放暑假期間，東南大學發生了「易長風潮」──撤換郭秉文，改以蔣維喬（1873-1958）為校長。[4]結果，令到部分教師如柳詒徵等離去，

北：中研院近史所，1987年），頁3、28、39、187、214；錢思亮、張宗良、李新民：〈故中央研究院院士郭廷以先生事略〉，《史流》，5期（1982年12月），頁21。本文所寫的郭廷以之出生日期，乃是根據其在口述歷史訪問記錄的說法，按在郭氏的中華民國公務護照上所記錄的出生日期卻為1904年4月11日。郭廷以在重慶中央大學教授元史、明史、清史、中國近代史、中國現代史、西域史、中西交通史等。參陳儀深訪問；周維朋紀錄：《郭廷以先生門生故舊憶往錄》（台北：中研院近史所，2004年），〈王聿均先生訪問錄〉，頁19。而郭廷以在台灣省立師範大學（1967年改名為國立台灣師範大學）也是教授這些課程，參陳儀深訪問；潘彥蓉紀錄：《郭廷以先生門生故舊憶往錄》，〈李國祁先生訪問紀錄〉，頁141。關於近人對郭廷以的研究，可參郭廷以口述；張朋園等訪問；陳三井、陳存恭紀錄：《郭廷以先生訪問紀錄》（台北：中研院近史所，1987年）；陸寶千主編：《郭廷以先生書信選》（台北：中研院近史所，1995年）；張朋園著：《郭廷以、費正清、韋慕庭：臺灣與美國學術交流個案》（台北：中研院近史所，1997年）；郭廷以著：《郭量宇先生日記殘稿》（台北：中研院近史所，2012年）；陳儀深、黃克武等訪問：《南港學風：郭廷以和中研院近史所的故事》（北京：九州出版社，2013年）；拙文：〈郭廷以（1904-1975）及其史學研究〉，香港浸會大學歷史系碩士論文，1998年；林志宏，〈蔣廷黻、羅家倫、郭廷以：建立「科學的中國近代史」及其詮釋〉，《思與言》，第42第4期（臺北，2004年12月），頁41-81；張維屏：〈郭廷以《中國通史》稿本反映的當代古史觀〉，《思與言》，第42期4期（2004年12月），頁1-39；李曉雲：〈郭廷以近代史學研究〉（華南師範大學碩士論文，2011年）；郭莎：〈郭廷以近代的史學理論成就研究〉（廣西師範大學碩士論文，2012年）；參李金強：〈南港學派的創始者──郭廷以（1904-1975）的生平志業及其弟子〉，李金強編著：《世變中的史學》（桂林：廣西師範大學出版社，2010年），頁172-194等。

[2] 中研院近史所編：《郭廷以先生訪問紀錄》，頁111-125。按頁114-115之內文介紹了東南大學的源流及行政工作之情況，亦詳列各老師之姓名及其執教科目。

[3] 同前註，頁125-131。

[4] 關於這次風潮的背景及經過，可詳參同前註，頁113-147；又孫永如：《柳詒徵評傳》，頁15-16；呂芳上：〈民國十四年的東南大學學潮〉，載於國史館、黨史委員會編：《國父建黨一百周年學術論文集》（台北：國史館，1995年），第一冊，頁125-160；參區志堅：〈碩學名儒　史壇泰斗──南京史學開山始祖柳詒徵〉，載張憲文主編：《民國南京學術人物傳》（南京：南京大學出版社，2005），頁130-132。

改聘一些曾留學歐美的老師以作替補。這些新老師當中以羅家倫對郭氏的影響最大。羅氏任教「西洋近百年史」、「中國近百年史」兩科。得其提示，郭廷以開始注意外文資料，並引導他走上近代史研究之途。由是郭廷以在良師的鞭策與教督下，奠定治學的基礎及方向，終成為近代中國史的開山祖之一。無可否認，郭廷以對中國近代史研究的貢獻和意義確為重大，而本文旨在從他與弟子的師徒關係上作一點闡揚，藉此表達其不辭勞苦、孜孜不倦地扶持後進的功勞。

二、師長的風範——郭廷以對後進的訓練有素

郭廷以對後輩之扶掖堪稱不遺餘力。他可以說是「代表十九世紀末到二十世紀初受教育成長者的典型形象，有儒者的風範」，對後輩的訓練極為嚴謹。[5]由是，經他提攜培訓的學生，大都能致力於「獨力研究」，成就皆能獨當一面，他們的著作均備受學界注視。如中央大學時期的學生唐德剛（1920-2009）可以說是郭廷以早期的入室弟子，為著名的近現代史專家，著述等身，曾著有《李宗仁回憶錄》、《顧維鈞回憶錄》、《胡適口述自傳》、《張學良口述歷史》、《晚清七十年》等而稱譽學界。唐德剛回憶其治學歷程時，便坦率承認「教我造 research 的啟蒙老師」正是郭廷以[6]。還有，以研究近代中蘇外交見稱的王聿均、以研究近代中國海軍見稱的王家儉、以研究近代中國自強運動和基督教見稱的呂實強、以研究清代思想見稱的陸寶千、以研究近代中國鐵路和現代化區域見稱的李國祁、以研究近代軍事、思想、社會文化及基督教見稱的王爾敏、以研究近代礦務和外交見稱的李恩涵、以研究辛亥革命和湖南張朋園、以研究辛亥革命和政黨見稱的張玉法、以研究近代中法和上海見稱的陳三井、以研究近代軍事和推動口述歷史工作見稱的陳存恭等，均是郭廷以的早期學生或近史所草創時期的研究員，他們早期的研究方向和著作或多或少皆經過郭氏的悉心提點、訂正、支持及鼓勵。在繁重的公事和教研等工作之中，郭

---

[5] 李國祁：〈郭廷以先生對近代史的貢獻〉，《史系彙訊》，頁2。關於李國祁的研究工作及貢獻，可參林麗月：〈以「南港學派」的馬前卒為榮：李國祁先生與中國近代史研究〉，《近代中國史研究通訊》22期（1996年9月），頁12-23。

[6] 參唐德剛：〈教我造research的啟蒙老師〉，載於氏著：《晚清七十年》（台北：遠流出版社，1998年），頁23-24。

氏亦願意花上精力和時間對學生的著作逐一作出仔細的修正，實為難能可貴，得見其對栽培後進是何等用心及用力，這也說明其深得後輩之愛戴及敬重的原因。現就李國祁、王爾敏、呂實強、張朋園、張玉法及陳三井的學術歷程來闡發郭氏傳授學生的治學功夫，[7]他們都是早期進入近史所的研究助理，現已在台灣甚至海內外的史學界裏，成為赫赫有名的「研究近代中國史」專家，他們的學術地位備受推崇，故選取他們為例是甚具代表性的。

　　先就治學方面而言，其實以上諸位學者之所以踏上治史之途，是全靠郭廷以的指引的。例如李國祁直認：「郭量宇師可以說是我走入史學研究的啟蒙老師，不僅因此認識史學研究，而且奠定對中國近代史的基礎及興趣。」[8]又如張玉法指出其治學之基乃來自師承，而郭廷以便是其中一位「重要的領航人」。[9]又例如陳三井亦坦言：「個人之所以有幸走上近代史研究的道路，並且以研究中法關係史做為終生職志，無疑地是深受郭師廷以（量宇）的薰陶和影響的。」[10]可見郭廷以對於後輩的治史志趣起了決定性的影響。具體地說，郭廷以扶掖後進使其得以成材莫過於能指引他們學術研究的方向，使他們能在學術界裡獨當一面，佔穩顯赫的位置。誠如王爾敏指出：

> 近代史研究所初期研究重心，集中於中日、中俄、中美外交關係。由其幾位早期熟練大弟子承接擔任。量宇師則令呂實強、李國祁、鄧汝言、李恩涵、王聿以及我自己分別研究自強新政。我是被指定研究兵工業。我們每人都從事寫一本專著。這當然是量宇師帶領我

---

[7] 關於郭廷以學生的回憶錄，可集中參考陳儀深等訪問、王景玲等紀錄：《郭廷以先生門生故舊憶往錄》（台北：中研院近史所，2004年）。又按由於筆者就讀碩士課程的時候，幸有機會得到郭廷以門生的賜見，包括李國祁教授、王爾敏教授、呂實強教授、張朋園教授、張玉法教授及陳三井教授，故本文亦以他們的訪問為重點，並輔以他們的憶述文章，從而說明郭廷以對栽培後學的態度和方法。此外，早期在中央政治學校的學生還有李煥、潘振球等政界紅人，可以說是蔣介石（1887-1975）的助手。

[8] 李國祁：〈憶量宇師〉，載於陳三井主編：《走過憂患的歲月——近史所的故事》（台北：中研院近史所編印，1995年），頁30。

[9] 張玉法：〈走上研究中國現代史的道路〉，載於中國論壇編輯委員會主編：《我的探索》（台北：中國論壇雜誌社，1986），頁238。

[10] 陳三井：〈永懷恩師——記量宇師改變我一生幾次談話〉，載於氏主編：《走過憂患的歲月——近史所的故事》，頁125。

進入學術領域的重要一步。接著又命我撰寫《淮軍志》，完全都經過量宇師的親手修改潤色。[11]

因此之故，王爾敏首先完成了《清季兵工業的興起》，內容涉及中國早期的舊式西洋火器、清季兵工建設之思想背景、清朝三大兵工廠（江南製造總局、天津機器局及漢陽槍礮廠）以至各省二十三多間機器局的建立情況，還有兵工業之成就與影響的說明，資料詳實。及至後期王爾敏發表《淮軍志》，更使王氏聲名大噪。王爾敏明言「本書的寫作，無論題目或大綱，均係出於業師郭廷以先生的指示。撰就之後，又承他詳細的修訂，特別是文字的結構，均經過他極細密的潤色」，[12]王爾敏自言若然缺乏了郭師廷以的提議，恐未必會在此題目下苦功。本書的突出見解在於展示了淮軍是「承借湘軍勢力發展」而成的，兩軍皆代替了綠營的國防任務，成勇營制度的起源。王氏更加推翻了湘、淮軍是軍閥的說法，且進一步以「地方據點的討論」、「淮軍本身的考察」和「李鴻章權力的研究」三方面來反駁淮軍為地方分權說。最後，王氏指出「就湘淮軍領袖與政治之關係而言，則湘軍淮軍均只能構成軍系」，旨在區分黨派，免「軍閥」一詞之易生誤。而王氏解釋勇營之敗因在於「科名制度的局限」、「防汛制度的局限」以及「中央政府之態度」所引致的。[13]由是在郭廷以之指點下，配合王爾敏自身的努力，終見其結成可觀的學術碩果。

郭廷以其實也並不是隨意指點後進的研究方向的，如張朋園本欲選擇「中國外交史」為研究對象，但郭氏則要他轉為研究「中國的內政」。[14]張朋園解釋其理由說：

> 梁啟超研究是我（張朋園）的入門起點。一個研究生能不能找到適合於自己的研究題目，關係他是否能夠進入學術界這個天地。我追隨郭先生學習，在他的指導下我踏進了學術圈子。郭先生要我讀丁文江編輯的《梁任公先生年譜長編初稿》這一部五、六十萬字的年譜，開啟了我的學術生涯。登堂入室，自此我能在學術圈中尋找到

---

[11] 王爾敏：〈地靈人傑〉，頁74。

[12] 王爾敏：《淮軍志》（台北：中研院近史所，1981年），〈敘錄〉，頁400。

[13] 王爾敏：《淮軍志》，頁371-394。

[14] 張朋園：〈回想量宇師〉，載於陳三井主編：《走過憂患的歲月──近史所的故事》，頁92。

一個屬於自己的小天地……梁任公這部年譜更打下了我進一步研究
立憲派的基礎。這是我的學徒生涯，我在郭先生的指導與細心修改
下，完成了三部著作，成為梁啟超研究的先驅者。[15]

　　而郭氏要張朋園研究中國內政史是基於考慮到當時已有一批學生從事
中國外交史之研究。[16]有見及此，郭氏免令某一個題目出現過多研究者，
才替張朋園作了這個決定，可見郭氏之別出心裁，用心良苦。此一建議確
實使張朋園此後成為梁啟超研究的名家。而劉紀曜對張朋園的《梁啟超與
清季革命》的評價，正好說明了張氏著作的權威性：

　　　　一是用很詳實的資料，依序說明了梁啟超從甲午戰爭到辛亥
革命時期思想演變過程，彰顯了梁啟超從變法維新到共和革命，再
到（開明專制）君主立憲的思想發展過程及其意義，尤其是確認了
1903年在梁啟超思想發展轉折上的重要性。
　　　　二是強調肯定梁啟超對清季革命的影響與貢獻，1903年之前，
梁啟超固然積極倡民權、講自由、談破壞、行革命，對革命思想
的傳播與革命形勢的形成有很大的貢獻；就是1903年思想轉變之
後，雖然與革命黨有激烈的論戰，但就其實際效果而言，與革命黨
實有異曲同工之妙，故稱此時期的梁啟超「避革命之名行革命之
實」。[17]

　　事實上，此書確實「反映了當時台灣史學界以革命為正統的論述觀
點」，但亦「同時修正了這個論述觀點」。[18]五十年代的台灣，當「白色
恐怖的日子」尤在，學術研究的自由是有限制的，而學界多斥梁啟超為
「反革命反國民黨的『反動』分子」，郭廷以於再三思量下，仍准許張朋

[15] 張朋園：〈研究生活的回顧──從梁啟超到現代化〉，《近代中國史研究通訊》第23期（1997年
3月），頁35。按張朋園的三部著作是《梁啟超清季革命》（台北：中研院近史所，1964年）、
《立憲派與辛亥革命》（台北：中研院近史所，1969年）及《梁啟超與民國政治》（台北：食貨
史學叢書，1978年）。
[16] 張朋園：〈研究生活的回顧──從梁啟超到現代化〉，頁34。
[17] 劉紀曜：〈從梁啟超、立憲運動到現代化──張朋園先生學術歷程與成就〉，《近代中國史研究
通訊》，23期（1997年3月），頁52-53。
[18] 同前註，頁53。

園以這甚為敏感的「梁啟超與清季革命」為題，開展學術研究，並加以指點、支持及稱許，不能不說郭氏對後學是有所「擔當」的，這種學者的風骨與氣度實為難能可貴。[19]

再者，李國祁最早開始研究「中國早期的鐵路」，也是郭廷以提議和促成的。李氏回憶當時編輯檔案的工作是：

> 先做提要目錄，接著才是圈點，圈點是用老式的方法，亦即用紅色的印泥蓋圈。鐵路檔中有一部分是尚未抄寫的原檔，所以必須先請人抄寫後，我們再加以圈點。我們所寫的提要目錄，郭先生每一個字都看過，有不妥之處，郭先生就要我們修改。說到如何利用檔案資料，年輕一輩的學者，可能都沒有像我們當時下過那麼多功夫，無論是圈點或是提要目錄的撰寫，我們都是科班訓練出身，深受郭先生的影響。在編輯檔案的過程中，我們了解檔案的性質以及資料的運用，確實獲益匪淺。[20]

由此可以了解郭廷以對檔案編輯工作的重視，同時亦可明白郭氏調教學生的方法。其後，李氏運用了編纂《海防檔》時所獲得鐵路檔案資料來探討清季的鐵路問題。他在書中剖析了中國抗建鐵路的原因在於保障國防與維護文化之表現。儘管有識見之士如李鴻章（1823-1901）倡建鐵路，但成效卻不顯著，這是由於官督商辦之局限性使然。而中國在甲午戰爭中敗陣後，借洋債來辦鐵路是迫不得已的做法，從此鐵路的經營便受到列強之干預。此外，自身的經營不善，也是令中國早期的鐵路經營未如理想的其中原因。[21]李氏這本著作與呂實強的《中國早期的輪船經營》也是出於對同一問題的考慮，都是配合郭廷以於近史所內推動的「中國近代化」研究計劃。蓋輪船與鐵路均是「迫使中國近代化的途徑」之一[22]，故研究兩者的經營情況是饒有意義的。呂實強自言由於在編輯《海防檔》時是「負責詴檔的第一部分『購買船砲』，發現裡面有不少關於新式輪

---

[19] 同前註；張朋園：〈回想量宇師〉，頁95-96。

[20] 參陳儀深訪問；潘彥蓉紀錄：《郭廷以先生門生故舊憶往錄》，〈李國祁先生訪問紀錄〉，頁147。

[21] 李國祁：《中國早期的鐵路經營》（台北：中研院近史所，1976年），頁179-190。

[22] 同前註，頁1。

船和輪船航運的資料，遂興起在這一方面做些研究工作的念頭」。[23]結果在郭氏之帶領下，李國祁和呂實強順利完成了這兩項專題研究，並刊印成書。

另外一位弟子張玉法，曾在師大期間修讀郭廷以的「中國近代史」和「明清史」，初期是研究中古史的，撰有〈先秦時代的傳播活動及其對文化與政治的影響〉，後來經郭廷以的提點後，轉以二十世紀的中國歷史為研究目標。要留意的是，當時已有不少近史所研究員對十九世紀的中國歷史進行研究，故二十世紀的中國史是另一個較新的研究方向。[24]在這個時段裡，張玉法以「政黨」為研究重心，研習之始，雖主要從晚清立憲派入手，但不忘蒐集其他革命團體、立憲團體以及一些民初政黨等相關文獻。憑著張氏的毅力，早於七十年已完成《清季的立憲團體》和《清季的革命團體》兩本專書，奠定他成為研究「中國政黨史」的著名學者。時至今日，他更是台灣史學界中研究「中國近現代史」的首席權威大師。張氏在回顧個人學術之路時，曾清楚表明：

> 郭先生要我研究二十世紀的歷史，對我從事現代史研究的影響非常大。雖然當時所裡很多同仁都在研究十九世紀的歷史，但郭先生仍開創許多機會，鼓勵大家研究現代史。譬如設立剪報室以及從1959年開始做口述歷史，這都是為現代史找材料。此外，他經常請研究現代史的學者到所裡演講。從一些紀錄中，我看到李定一先生曾來所裡講「宋教仁」、蔣永敬先生曾來所裡講「鮑羅廷」。不知道是不是為了訓練我們，郭先生還在所裡開了「民國史講座」，由他親自講授，那時候不稱講座，而是不定時的討論會，記得郭先生第一次講的題目是「民國前後的袁世凱」，後來又講「洪憲帝制」、「北洋軍閥勢力的興起」等。在我的印象中，郭先生至少講了四次，每次大概講兩個小時。[25]

---

[23] 呂實強：〈四十年來研究生涯的回顧〉，《近代中國史研究通訊》，第24期（1997年9月），頁35。

[24] 張玉法：〈走上研究中國現代史的道路〉，頁243，246-247。

[25] 游鑑明訪問；周維朋紀錄：《郭廷以先生門生故舊憶往錄》，〈張玉法先生訪問紀錄〉，頁56-57。

從以上的表述，又一次證明郭廷以對栽培學生的勞心，在繁重的行政工作之中，不忘親自講授，身體力行地帶動所內人員投入研究氛圍，增強學風。

另外，陳三井早於入讀師大時已對郭廷以留下深刻的體驗，對於當時郭氏所開授的科目，陳三井從不怠慢，勤學非常。陳氏形容「郭先生打分數打得緊，能拿到八十幾分已經算是不錯了」，而他可以在一連兩個學期的「明清史」課程中獲得A級，另在「中國現代史」的上學期只拿到B級，但在下學期已追回A級，由此可知，陳氏的學習態度認真，努力不懈，而且十分尊敬郭廷以。陳三井描述郭氏是：

> 喜歡穿長袍，戴著一副眼鏡，表情很嚴肅，講課的聲音比較低沉，河南鄉音也很重。郭先生似乎有喉嚨方面的毛病，經常咳嗽、清喉嚨，上課時，課堂上除了他講課和清喉嚨的聲音外，大都是鴉雀無聲。上郭廷以的課要全神貫注，因為他聲音不大，所以必須坐在前面的位子，否則聽不太清楚，而且要猛抄筆記，三堂課下來總是令人疲累不已。郭先生都是坐著講課，講到有些人名或專有名詞時，他也會站起來寫寫黑板。我還保留著郭先生上課的筆記，但研究室的東西太多，一時找不出來。大致上的印象是筆記內容相當豐富，有條理，有深度，而且富啟發性。[26]

從以上這段回憶來看，陳氏對郭氏的教導依然歷歷在目，事隔幾乎二、三十多年，仍完整保存當日課堂筆記，這種師生情懷實在難得。其後，陳三井之所以能成為「研究中法關係史」的佼佼者，也有賴於郭廷以的悉心培育，故陳氏坦言郭氏「像一盞明燈一樣，指引我（陳三井）走上研究中法關係的道路」。[27]此又可見郭氏提攜後進之用心。郭廷以細心和有計劃地指引後進的研究方向，而學生又能虛心承教和不斷努力鑽研之下，終能開創新局，自成一家。由此之故，郭廷以真不愧是一位「引路先鋒」。

郭氏不僅啟發後進踏上「史」途，還引領他們進入「治史」的少林寺——近史所。近史所不僅成為弟子「習武練功」的基地，還是解決弟子生

---

[26] 參許文堂訪問；周維朋紀錄：《郭廷以先生門生故舊憶往錄》，〈陳三井先生訪問紀錄〉，頁89。

[27] 陳三井：〈永懷恩師——記量宇師改變我一生幾次談話〉，頁129。

計的大後方。這是因為被聘為入職近史所後，除有薪俸，還有實物、宿舍等公務員的福利，故此對於當時尚算是初出茅廬的年輕弟子來說，這已經是一份優差，使他們的「生活無虞」，可以安心從事研究工作。[28]李國祁、王爾敏、呂實強、陳三井、張朋園及張玉法全都經過郭廷以親自面談而召入近史所的研究工作行列，他們有感近代史就仿如「一個訓練班」，而郭廷以正好是「這個訓練班的導師」。[29]郭氏清楚了解各人均對歷史研究工作有著無比濃厚的興趣，認為他們是可造之材，故悉心指導他們，按各人的天分而因材施教，希望為史學界培訓出一批有實力的生力軍。郭氏的培訓制度可說是「師徒式」的，也是「家長式」的，「好像父母親教孩子學爬學走」一樣，事事都親力安排與督促。[30]誠如李國祁有以下的回憶說：

> 量宇師當時很嚴肅地問我，真的對近代史有興趣嗎？我不敢毅然的說有興趣，祇是表示興趣是可以培養的。就這樣我進了中央研究院近代史研究所籌備處擔任助理員（相當於大學中的助教），並曾奉量宇師之命，找呂實強兄來所服務。從此我與呂實強兄均成為近代史研究所的元老輩人物，與量宇師的關係進入了另一個階段。[31]

就是這樣，其他弟子也一樣是經過郭廷以的召見、面洽後，才被獲分派在近史所擔任研究助理的工作。而他們最初的工作主要是編索引、造書目、纂檔案，尤其是編製大量的外交檔案。[32]而工作的細則都是由郭氏所構思的。李國祁再指出：

> 由他（郭廷以）的指導如何撰寫提要性目錄，可以看出他治史功力的深厚。
> 由閱讀檔案文件，找出重點，編寫提要目錄的方法中，確實使我們（早期的研究助理）後來對史料的認知大不相同……他對我們

---

[28] 參陸寶千：〈我和郭師量宇的鐸瑟因緣——前緣後賚皆如水——〉，見陳儀深等訪問；王景玲等紀錄：《郭廷以先生門生故舊憶往錄》，頁553。

[29] 參許文堂訪問；周維朋紀錄：《郭廷以先生門生故舊憶往錄》，〈陳三井先生訪問紀錄〉，頁90-91。

[30] 張朋園：〈研究生活的回顧——從梁啟超到現代化〉，頁34。

[31] 李國祁：〈憶量宇師〉，頁32。

[32] 按郭氏安排此項工作主因是當時獲得外交部移交了大量的檔案資料而促成的。

的訓諫一切由根本做起，由查資料，到編索引，圈點文章，編寫提
要目錄，都是最基本的，也都苦工式的……但這種基本訓練使我們
對史料的認識、文字的磨練、學術工作的體驗，均有很大幫助。[33]

由是這一批日夜埋首於編輯檔案的研究助理全是「科班出身」。故此，他
們皆「基礎紮實，熱愛史料，功力深厚」，充分掌握中國近現代原始史料
的運用，這對研究中國近現代問題甚為有利，促使他們晉身為近代中國史
的專家之列，如呂實強、王爾敏能成為近代中國基督教史專家便是全賴於
編製《教務教案檔》時所下的苦功而成的。[34]

而且，這種學術訓練亦對後進帶來一些新的啟發，如王爾敏說：

進入學術界首先要知道替學界他人做方便工作，獻出心力，纔能有
資格在學術界發言，而不內愧於心……本此教導領悟，我（王爾
敏）直到今天都在編輯資料，四十年來，我自己以及同他人合作編
成的書，一共十二種之多。這些都是耗費心血方能有成的工作，我
對他人，對學界可謂鞠盡心力。[35]

故此，王氏治學的精神體現了郭廷以的教導，不注重近功，只講求
為日後學者的研究鋪路，實為「開路粗工」的實踐。[36]又例如稍晚才進入
近史所的陳三井，由於得到郭氏的招攬而聘為研究助理，被編排進行口
述歷史的訪問工作。陳三井憶起於進入近史所前夕，與郭氏的一次深刻的
談話。這次談話主要是郭氏向陳三井解釋工作的細則以至待遇的問題。[37]
無疑，這次談話的確改變了陳三井的學術方向，甚至是造就了他的一生榮
譽，他回憶郭廷以的教導說：

一、〔郭廷以〕改變了我（陳三井）試教一年便已感到厭煩的
教書匠生涯；

---

[33] 李國祁：〈憶量宇師〉，頁37。

[34] 同前註；詳見王爾敏：〈地靈人傑〉，載於陳三井編：《走過憂患的歲月──近代史的故事》，
頁74。

[35] 王爾敏：〈地靈人傑〉，載於陳三井編：《走過憂患的歲月──近代史的故事》，頁69。

[36] 同前註，頁69。又王爾敏對郭廷以不論為學為人各方面皆十分敬重，可參氏著：《新史學圈外史
學》（桂林：廣西師範大學出版社，2010年）。

[37] 陳三井：〈永懷恩師──記量宇師改變我一生幾次談話〉，頁126-127。

二、從中部一無學術氣息的小鎮，轉移到人文薈萃的南港中研
院，就知識層面說，大有鄉下人進城的新鮮和震撼感，自然而然擴
大了我的接觸面，讀到許多以前從來沒有讀過的奇書、好書，大開
眼界。[38]

由此可見郭氏對學生的影響是何等的深遠。

最為難能可貴的是，郭氏除了安排自己的學生或後輩於近史所工作
之外，還引薦和鼓勵他們赴洋留學，使他們的學術造詣能更上一層樓。例
如呂實強赴哈佛大學、王爾敏赴倫敦大學、張朋園和張玉法赴哥倫比亞大
學，而陳三井則赴巴黎大學，使他們眼界大開、獲益良多。無疑，他們當
中得以出國進修，或有賴於美國福特基金會的資助，或得益於政府獎學金
的推動，但要是沒有郭廷以親自大力推薦、鼓勵與安排，恐怕也難於順利
成事。郭氏不僅籌辦他們出國事宜，還替他們找經濟援助，留意他們的學
習情況以至安排他們學成之後回國的工作，凡事皆親力親為，其對後學愛
護之心，可見一斑。[39]

三、承傳與開拓——郭廷以學問的繼往開來

郭廷以一生著作豐富，研究的範圍屬開創性，多集中在近代中國的課
題上，諸如「近代化問題」、「中俄關係」、「太平天國事件」、「台灣
問題」等，均以詳實的史料來深入分析，字字珠璣，言必有據。郭氏的一
些歷史觀點與治史方法，也得到他的弟子繼續發揚光大。李國祁曾由衷地
言及他是承襲郭氏的治史方法的，他說：

二年級跟量宇師修讀「中國近代史」，確確實實使我眼界大開，方
知什麼是歷史研究，什麼是做學問。於是不自覺地在日後從事史
學研究的方法上，深受量宇師的影響，翔實的史實為基礎，一切篤

---

[38] 同前註，頁127。

[39] 參王樹槐：〈國際學術合作〉，載於中研院近史所編：《中央研究院近代史研究所三十年史
稿》，頁319；李國祁：〈憶量宇師〉，頁43-47；張朋園：〈回想量宇師〉，頁100；陳三井：
〈永懷恩師——記量宇師改變我一生幾次談話〉，頁12-131；張玉法：〈走上研究中國現代史旳
道路〉，頁247。參潘光哲訪問和紀錄：《郭廷以先生門生故舊憶往錄》，〈王爾敏先生訪問紀
錄〉，頁172。

實的廣微博引，根據資料作精當的分析，不敢妄作史實不足的推
論。[40]

李氏承認終生治史均貫徹這項原則，一切論點皆建立於詳實之史料上，不
偏倚，不歪曲，不誇言，直認「治史亦以模仿郭師的方法為榮」。[41]

　　另外一位學生王爾敏深悟郭廷以治史方法有像「春秋家派」，「家法
在於年代學」，富有「通鑑」的特點。故此，王氏本人亦身體力行地跟隨
著郭廷以這種以史料編纂為先，以事論事的方法來作研究，力求全面地釐
清歷史事件的因果關係，追溯淵源，藉此呈現歷史的真貌為宗旨。受郭廷
以的影響，王爾敏亦頗重視剪報的材料，認為對「觸發新思考，警覺新論
題」很有作用，能夠從中「建創學問」，這可以說是繼承了郭氏注重當代
史料的學風。[42]

　　此外，關於發揚郭廷以之歷史觀點方面，最受矚目的無疑是李國祁把
郭氏的「台灣內地化理論」發揮得淋漓盡致，更見系統。郭廷以率先提出
台灣「內地化」的觀點，用意加強說明台灣的制度建設、文化推廣等均是
源自中國的系統，闡揚中國與台灣的發展是一脈相承的。[43]他的弟子李國
祁在此基礎上，進一步考察台灣社會的各項特點，以此與中國大陸的情況
相互考勘，從而窺探出台灣社會的發展為「內地化」模式。李氏指出十九
世紀五、六十年代之後，中國正處於列強入侵的時期，而台灣這些邊緣地
區與中國本部各省發展則產生不同的現象。中國本部各省因受外力之衝擊
而漸趨接受西化，但台灣卻「日益內地化，對中國本土文化的向心力極
強」，出現了與中國各省「完全相同社會形態與文化，使中華文化在西力
衝擊下，呈現了收縮與擴張、改變與堅定兩種不同的表徵」。換句話說，
漢人移植台灣，除了增加人口數目之外，還帶來了中國的傳統文化，使台
灣社會漸漸漢化起來。而李國祁解釋台灣內地化的成功，實有賴於宗族制
度的聯結、宗教信仰的統一、經濟活動的北移（此帶動了人口的流動及市
鎮的興起）、文教制度的影響（包括開科取士、移風易俗）及先賢的努力

---

[40] 李國祁：〈憶量宇師〉，頁30。
[41] 同前註，頁31。
[42] 王爾敏：〈地靈人傑〉，頁73，76-77。
[43] 參拙文：〈郭廷以（1904-1975）及其史學研究〉，第三章。

（包括設官分治、開山撫番、同化番民等）所促成。[44]而李氏之論點，引起當時學術界的注視，更激發了「內地化」與「土著化」之論爭，前者以李國祁為代表，而後者則以陳其南為代表。他們的理論可參下表：

表一　台灣學界關於「內地化」與「土著化」兩種理論的比較

提出理論的學者／理論內容	李國祁：內地化理論	陳其南：土著化理論
1.發展模式	內地化	土著化
2.發展進程	移墾社會→文治社會（內地化與現代化合而為一）	移民社會→土著社會（認同台灣為本土的意識）
3.發展結果	與中國傳統社會融為一體	與中國社會產生疏離現象
4.研究指標：a.分類械鬥的演變	地緣械鬥→血緣械鬥（李氏認為這是當時台灣漢人沒有認同現居地的表現。）	地緣械鬥→同籍械鬥（陳氏認為只有台灣漢人定居長久，出現同籍分居，各為利益而起衝突的結果。）
b.民間信仰的演變	李氏認為台灣宗教信仰是「由注重地域小傳統走向我國共同性的大傳統」。	陳氏認為台灣宗教信仰是一種「新的地緣團體建立，祖籍意識被拋棄的表現」。

參考資料：李國祁：〈清代台灣社會的轉型〉，載於《中華學報》，第5卷，第2期（1987年7月），頁131-159；陳其南：〈台灣本土意識的形成及其含意〉，載於黃康顯編：《近代台灣的社會發展與民族意識》（香港：香港大學校外課程部，1987年），頁89-98；陳孔立：〈清代台灣社發展的模式問題——評「土著化」和「內地化」的爭論〉，載於《當代》，第30期（1988年10月），頁61-75。

根據上表來看，可以初步了解李國祁和陳其南如何研究清代台灣漢人社會模式的轉型問題。李國祁與陳其南的理論是分歧的，關鍵之處是前者從歷史學來研究，後者從人類學來研究。[45]李氏著重以政治、經濟及社會三方面來討論內地化的主張，從而表達台灣移墾社會的轉型是取向於與中國本土的社會形態，由初與中國傳統社會相異而邁向「完全相同」的階段。[46]反之，陳氏則注重以「分類械鬥事件」、「宗族的形成」、「族

---

[44] 李國祁：〈清代台灣社會的轉型〉，《中華學報》第5卷第2期（1987年7月），頁131-159，文中自有詳細的說明。又可參李國祁：〈清代台灣社會的轉型——內地化的解釋〉，《歷史月刊》第107期（1996年12月），頁58-66。

[45] 陳孔立：〈清代台灣社會發展的模式問題——評「土著化」和「內地化」的爭論〉，《當代》第30期（1988年10月），頁70。

[46] 參考李國祁：〈清季台灣的政治近代化——開山撫番與建省（1875-1894）〉，《中華文化復興月刊》第8卷第12期（1975年12月），頁5-16。

群關係與政治歸屬」來論析土著化的理論，說明台灣在處於移民社會時，其形態是中華文化的一種延續，但發展至土著社會時，則「與大陸的祖籍社會孤立出來」。[47]而另一位學者陳孔立對於這次論爭便提出了看法，認為清季台灣的政治、社會、文化以至風俗習慣都跟中國閩粵地區相似，但是經濟方面則與中國大陸的關係逐漸削弱，「台灣居民日益紮根在台灣當地」。由是，他提出清代台灣社會的轉型模式應是「雙向型的」，於接近中華文化之同時，又產生對台灣本土的認同意識，過程是雙向發展的。[48]

由此可見，「內地化」一詞雖源出自郭廷以，然經李國祁進一步發揮，起初應用於研究清代台灣社會的轉型問題上，繼而運用於新疆、東三省等地的社會發展的研究上，[49]李氏把這個「內地化」的概念作了理論式的闡釋，可謂「青出於藍」的表現。

除了觀點的承傳外，郭廷以處事風格亦對學生的影響深遠，在潛移默化、日子有功的效益下，郭氏眾門生對史學研究的態度和方法俱嚴謹有度，不容鬆懈，自律性非常強。呂實強深感於這股無形的壓力，正好鞭策他一直向前走，默默埋首於學術工作上。他回想起初進入近史所時，他明白到：

> 此一新所設立的不易，體會到郭先生開闊的構想與久遠的打算，更感於郭先生嚴肅認真的態度與辛勤苦幹的精神，大家也便逐漸產生一種共識：要貫徹朱家驊院長與郭廷以主任創設近代史研究所的理想，只有腳踏實地，一切從根本做起，不辭勞苦，不求近功，早

---

[47] 詳參陳其南：〈台灣本土意識的形成及其含意〉，載於黃康顯編：《近代台灣的社會發展與民族意識》（香港：香港大學校外課程部，1987年），頁89-98。又可詳參陳其南：《台灣的傳中國社會》（台北：允晨文化實業股份有限公司，1987年）一書。

[48] 陳孔立：〈清代台灣社會發展的模式問題——評「土著化」和「內地化」的爭論〉，頁74。按是次論爭之背景，正值是台灣史學界對台灣史研究的熱熾時期。這是由於官方、民間文獻的開放、各大學歷史系的推動與本土運動的出現所影響，然最重要的是政治因素之影響。蓋台灣本省人士不滿外省為主之國民黨之「一黨專政」，發生了「黨外運動」，「政治解嚴」之後，更釀成「台獨訴求」。由是引起「本土意識」、「台灣意識」、「台灣之出路」以及「台獨政治合法化」等相關理論爭相競出。而這次李國祁、陳其南之論爭討論到中國與台灣關係的問題，故備受關注。這些資料可詳參李金強：〈傳承與開拓——一九四九年後台灣之中國近代史研究〉（香港：香港教育圖書公司，1994年），頁62-64，按李氏也對此次論爭作了一個總述。

[49] 李金強：〈傳承與開拓——一九四九年後台灣之中國近代史研究〉，載於香港中國近代史學會編：《中國近代史研究新趨勢》，頁63。

晚總會獲得別人的了解與肯定。所以在那個時期中，大家為趕做工作，完成進度，常常是早到晚退，甚至夜間也會來所，就是星期假日，也不休息。[50]

四、小結──嚴師出高徒的成就

郭廷以對二十世紀的學術界來說，主要是帶動了「中國近代史」的研究風氣，這具體表現不僅可以從他的著述來引證，還可以透過他與弟子的學術情緣得到明證。綜上所論，可以了解郭廷以是用一種「苦工式」的史學訓練來培訓後進，使他們練好基本功──查資料、編索引、校點文章、編寫目錄等，以便熟識史料，然後正確地運用史料，從中也能夠進一步體現出郭氏「重視史料」的治史風格。打穩學生的史學根基之後，郭氏便逐一帶領他們走進專題研究的領域裡，由指引研究題目以至成文期間，經常親自加以提點、訂正錯誤，乃致潤飾文字，務求使他的弟子能發揮所長，開創一番學術成就，可見郭氏對學生之扶助是何等費熬思量和勞心勞力的。

---

[50] 呂實強：〈郭（廷以）所長蓽路藍縷創所與辭職風波〉，《郭廷以先生門生故舊憶往錄》，頁518-519。

讀歷史58　PC0445

北學南移
——港台文史哲溯源（文化卷）

主　　編／鮑紹霖、黃兆強、區志堅
責任編輯／鄭伊庭
圖文排版／莊皓云
封面設計／王嵩賀

發 行 人／宋政坤
法律顧問／毛國樑　律師
出版發行／秀威資訊科技股份有限公司
　　　　　114台北市內湖區瑞光路76巷65號1樓
　　　　　電話：+886-2-2796-3638　傳真：+886-2-2796-1377
　　　　　http://www.showwe.com.tw
劃撥帳號／19563868　戶名：秀威資訊科技股份有限公司
　　　　　讀者服務信箱：service@showwe.com.tw
展售門市／國家書店（松江門市）
　　　　　104台北市中山區松江路209號1樓
　　　　　電話：+886-2-2518-0207　傳真：+886-2-2518-0778
網路訂購／秀威網路書店：http://www.bodbooks.com.tw
　　　　　國家網路書店：http://www.govbooks.com.tw

2015年4月　BOD一版
定價：410元
版權所有　翻印必究
本書如有缺頁、破損或裝訂錯誤，請寄回更換

國家圖書館出版品預行編目

北學南移：港台文史哲溯源. 文化卷 / 鮑紹霖,
黃兆強, 區志堅主編. -- 一版. -- 臺北市：秀威
資訊科技, 2015.04
　　面；　公分. -- (史地傳記類)
BOD版
ISBN 978-986-326-315-9 (平裝)

1. 文化史 2. 文集 3. 香港特別行政區 4. 臺灣

673.84　　　　　　　　　　　　　　103027703

讀 者 回 函 卡

感謝您購買本書，為提升服務品質，請填妥以下資料，將讀者回函卡直接寄
回或傳真本公司，收到您的寶貴意見後，我們會收藏記錄及檢討，謝謝！
如您需要了解本公司最新出版書目、購書優惠或企劃活動，歡迎您上網查詢
或下載相關資料：http:// www.showwe.com.tw

您購買的書名：_____

出生日期：_____年_____月_____日

學歷：□高中 (含) 以下　　　□大專　　□研究所 (含) 以上

職業：□製造業　□金融業　□資訊業　□軍警　□傳播業　□自由業
　　　□服務業　□公務員　□教職　　□學生　□家管　　□其它_____

購書地點：□網路書店　□實體書店　□書展　□郵購　□贈閱　□其他

您從何得知本書的消息？

　　□網路書店　□實體書店　□網路搜尋　□電子報　□書訊　□雜誌

　　□傳播媒體　□親友推薦　□網站推薦　□部落格　□其他_____

您對本書的評價：(請填代號　1.非常滿意　2.滿意　3.尚可　4.再改進)

　　封面設計____　版面編排____　內容____　文／譯筆____　價格____

讀完書後您覺得：

　　□很有收穫　□有收穫　□收穫不多　□沒收穫

對我們的建議：_____

_____

_____

_____

11466
台北市內湖區瑞光路 76 巷 65 號 1 樓

秀威資訊科技股份有限公司　　　收

BOD 數位出版事業部

....

（請沿線對折寄回，謝謝！）

姓　　名：＿＿＿＿＿＿＿＿＿　年齡：＿＿＿＿　性別：□女　□男

郵遞區號：□□□□□

地　　址：＿＿＿＿＿＿＿＿＿＿＿＿＿＿＿＿＿＿＿＿

聯絡電話：(日) ＿＿＿＿＿＿＿＿＿＿　(夜) ＿＿＿＿＿＿＿＿＿＿

E - m a i l：＿＿＿＿＿＿＿＿＿＿＿＿＿＿＿＿＿＿＿＿＿